MECANISMOS DE EQUILÍBRIO ECONÔMICO-FINANCEIRO

UMA ANÁLISE DAS CONCESSÕES DE RODOVIAS FEDERAIS

ANA PAULA PERESI DE SOUZA

Jacintho Arruda Câmara
Prefácio

MECANISMOS DE EQUILÍBRIO ECONÔMICO-FINANCEIRO

UMA ANÁLISE DAS CONCESSÕES DE RODOVIAS FEDERAIS

Belo Horizonte
FORUM
CONHECIMENTO JURÍDICO
2022

© 2022 Editora Fórum Ltda.

É proibida a reprodução total ou parcial desta obra, por qualquer meio eletrônico, inclusive por processos xerográficos, sem autorização expressa do Editor.

Conselho Editorial

Adilson Abreu Dallari
Alécia Paolucci Nogueira Bicalho
Alexandre Coutinho Pagliarini
André Ramos Tavares
Carlos Ayres Britto
Carlos Mário da Silva Velloso
Cármen Lúcia Antunes Rocha
Cesar Augusto Guimarães Pereira
Clovis Beznos
Cristiana Fortini
Dinorá Adelaide Musetti Grotti
Diogo de Figueiredo Moreira Neto (*in memoriam*)
Egon Bockmann Moreira
Emerson Gabardo
Fabrício Motta
Fernando Rossi
Flávio Henrique Unes Pereira
Floriano de Azevedo Marques Neto
Gustavo Justino de Oliveira
Inês Virgínia Prado Soares
Jorge Ulisses Jacoby Fernandes
Juarez Freitas
Luciano Ferraz
Lúcio Delfino
Marcia Carla Pereira Ribeiro
Márcio Cammarosano
Marcos Ehrhardt Jr.
Maria Sylvia Zanella Di Pietro
Ney José de Freitas
Oswaldo Othon de Pontes Saraiva Filho
Paulo Modesto
Romeu Felipe Bacellar Filho
Sérgio Guerra
Walber de Moura Agra

FÓRUM
CONHECIMENTO JURÍDICO

Luís Cláudio Rodrigues Ferreira
Presidente e Editor

Coordenação editorial: Leonardo Eustáquio Siqueira Araújo
Aline Sobreira de Oliveira

Rua Paulo Ribeiro Bastos, 211 – Jardim Atlântico – CEP 31710-430
Belo Horizonte – Minas Gerais – Tel.: (31) 2121.4900
www.editoraforum.com.br – editoraforum@editoraforum.com.br

Técnica. Empenho. Zelo. Esses foram alguns dos cuidados aplicados na edição desta obra. No entanto, podem ocorrer erros de impressão, digitação ou mesmo restar alguma dúvida conceitual. Caso se constate algo assim, solicitamos a gentileza de nos comunicar através do *e-mail* editorial@editoraforum.com.br para que possamos esclarecer, no que couber. A sua contribuição é muito importante para mantermos a excelência editorial. A Editora Fórum agradece a sua contribuição.

Dados Internacionais de Catalogação na Publicação (CIP) de acordo com ISBD

S729m Souza, Ana Paula Peresi de

Mecanismos de equilíbrio econômico-financeiro: uma análise das concessões de rodovias federais / Ana Paula Peresi de Souza. - Belo Horizonte : Fórum, 2022.
270p. ; 14,5cm x 21,5cm.

Inclui bibliografia e apêndice.
ISBN: 978-65-5518-418-1

1. Direito Administrativo. 2. Concessão. 3. Equilíbrio econômico-financeiro. I. Título.

CDD 341.3
2022-1726 CDU 342.9

Elaborado por Odilio Hilario Moreira Junior - CRB-8/9949

Informação bibliográfica deste livro, conforme a NBR 6023:2018 da Associação Brasileira de Normas Técnicas (ABNT):

SOUZA, Ana Paula Peresi de. *Mecanismos de equilíbrio econômico-financeiro*: uma análise das concessões de rodovias federais. Belo Horizonte: Fórum, 2022. 270p. ISBN 978-65-5518-418-1.

Para Eliana e Manoel.

AGRADECIMENTOS

Este livro, fruto de minha dissertação de mestrado, é dedicado aos meus pais, Eliana e Manoel, a quem agradeço por ter me ensinado a importância do comprometimento. Muitos pais educam vocalizando quais valores devem ser seguidos. Já meus pais compartilharam seus valores por meio de atitudes cotidianas, todas naturais a suas personalidades. Ainda hoje me lembro da orientação que me deram enquanto fazia uma das minhas primeiras lições de casa: eu faria sozinha, mas, se depois de muito tentar, eu ainda tivesse dúvida, vocês estariam por perto para ajudar. Desde então, vimos seguindo o nosso combinado. Em todo o momento, mesmo enquanto faço algo tão solitário, como o desenvolvimento desta obra, sei que estão por perto para me ajudar no que for preciso. Esperam que sintam que a recíproca é verdadeira.

Ao meu irmão Marcelo, agradeço pelos dias alegres em família ao lado dos meus lindos sobrinhos, que foram minha felicidade entre os dias de inteira dedicação a este trabalho. Também sou grata às minhas queridas tias Nini e Neuza, que sempre foram tão presentes em minha vida e cujos cuidados me permitiram focar nos estudos.

Agradeço ao professor Jacintho Arruda Câmara pela oportunidade de desenvolver este trabalho sob sua orientação, durante o mestrado na PUC-SP, e pelas diversas ocasiões de convivência durante o mestrado. A gentileza com que trata seus alunos é ímpar, o que faz que lhe admiremos ainda mais.

Sou grata à professora Letícia Queiroz pela atenta leitura do trabalho e os valiosos apontamentos feitos durante a banca de qualificação e, depois, pela instigante arguição durante a minha defesa. De igual modo, agradeço ao professor Egon Bockmann Moreira pela leitura dedicada deste trabalho e pelos excelentes questionamentos apresentados na banca de defesa do trabalho. Ainda, sou grata ao professor André Luiz Freire por seus precisos apontamentos na banca de qualificação.

Também agradeço a Bruna, por ser tão carinhosa e me mostrar que a amizade da vida jovem é capaz de evoluir e tornar-se essencial para nos guiar nos desafios da vida adulta.

Sou igualmente grata a Cláudio, Joseph e Felipe, caros amigos de trabalho cujo comprometimento me possibilitou escrever esta obra com tranquilidade.

Por fim, ao Gabriel, meu amor, sou grata por seu companheirismo nas diferentes jornadas. Agradeço por me incentivar, me tranquilizar diante dos medos, debater ideias, ler atentamente este trabalho, tornar os seus livros em meus, me fazer rir na e da vida. Esta obra foi construída em nosso lar, na sua companhia, parte em tempos de quarentena, então um pouco de você está nas linhas a seguir. Muito obrigada, meu bem.

SUMÁRIO

PREFÁCIO

O livro de Ana Paula Peresi de Souza, "Mecanismos de equilíbrio econômico-financeiro: uma análise das concessões de rodovias federais", é fruto de sua dissertação de mestrado, defendida em banca composta pelos professores Egon Bockmann Moreira, da Universidade Federal do Paraná, Letícia Queiroz, da PUC/SP e por mim, na condição de orientador. A pesquisa integrou as atividades do grupo de pesquisa "Formas contemporâneas de Contratação Pública e seu impacto nas atividades administrativas", vinculado ao programa de pós-graduação *stricto sensu* da PUC/SP.

A obra contém achados relevantes para a formação teórica do jurista, ao mesmo tempo que fornece importantes elementos para nortear a aplicação prática do instituto analisado: o reequilíbrio econômico-financeiro dos contratos de concessão. Este tema é recorrente nos escritos jurídicos sobre contratações públicas. Apontado como traço diferencial dos contratos públicos em relação aos privados, ele é descrito no mais das vezes de modo uniforme e generalista. Equilíbrio econômico-financeiro seria uma garantia, encartada na Constituição e na legislação brasileiras, a gerar resultados uniformes para qualquer espécie de contratação pública. Salvos valorosas exceções, os textos jurídicos brasileiros ainda buscam fórmula unívoca que revele como contratos administrativos devem ter sua estabilidade econômico-financeira preservada.

A procura de uma resposta única, de caráter geral, para a dinâmica do equilíbrio econômico-financeiro está na raiz de muitos problemas de compreensão e aplicação de vários contratos administrativos. Isso porque não há modelo único, determinado na Constituição ou na lei brasileira, para fixar e garantir a manutenção do equilíbrio econômico-financeiro de contratos administrativos. A autora parte dessa premissa – da multiplicidade de formas de se assegurar e implementar o equilíbrio econômico-financeiro – para definir o tema de sua pesquisa. Ao invés de buscar fórmula estanque, única, imutável, traçada abstratamente em texto constitucional ou legal, optou pela investigação metódica dos instrumentos contratuais celebrados pela União para a delegação da gestão de rodovias a particulares.

Com base em levantamento rigoroso dos contratos e das discussões levantadas durante o período de execução desses acordos, o trabalho fornece rico e preciso retrato da evolução do tratamento conferido ao tema e dos debates jurídicos que os diversos modelos de concessões rodoviárias federais suscitaram ao longo dos últimos 30 anos. Esse método de trabalho, construído a partir da investigação empírica de determinado tipo contratual, permitiu extrair achados relevantes para aprimoramento de uma visão teórica sobre o modo de aplicação do equilíbrio econômico-financeiro nas contratações públicas no Brasil. Destaco, em especial, a demonstração cabal de que existe variação entre os modelos para aferir e retomar o equilíbrio de um contrato administrativo.

O setor escolhido para ser o objeto de investigação não foi aleatório. As concessões de rodovias federais reúnem características relevantes a justificar um estudo aprofundado. Neste setor, o modelo de concessão está mais amadurecido, contando com contratos que chegaram ao fim de seu prazo, o que possibilita a observação de seguidos debates sobre seu reequilíbrio e fechamento de contas. Ao longo desses anos, as modelagens contratuais passaram por variações, incorporando mudanças e detalhamentos relevantes sobre o tema do reequilíbrio, que suscitaram debates sobre sua juridicidade. A comparação entre os modelos é também relevante para demonstrar a viabilidade de se conferir tratamento jurídico diverso ao reequilíbrio econômico-financeiro numa mesma categoria contratual. Além disso tudo, esses contratos foram elaborados e tiveram sua execução acompanhada por agência reguladora federal, o que proporcionou bom nível de motivação técnica e jurídica das deliberações, enriquecendo o material de investigação. O Tribunal de Contas da União, como controlador externo da administração federal, também proporcionou rico material de pesquisa, tanto no debate sobre modelos contratuais em elaboração, como na fiscalização pontual de eventos de reequilíbrio. Esses fatores, em conjunto, fizeram das concessões rodoviárias outorgadas pela União o campo de observação ideal para avaliar variados instrumentos de acompanhamento e implementação do reequilíbrio econômico-financeiro.

Embora a pesquisa tenha sido construída a partir do levantamento e da análise de modelos contratuais, o livro tem início com a apresentação didática e bem fundamentada dos conceitos jurídicos gerais aplicáveis ao tema. Foram expostas a noção de equação econômico-financeira dos contratos de concessão e as bases normativas que lhes dão suporte no ordenamento jurídico brasileiro. Também foi abordada a relevante distinção entre duas formas de regulação do regime tarifário: *cost-based* e *non-cost-based*. O capítulo inaugural é arrematado com a apresentação das formas possíveis para a retomada do equilíbrio do contrato.

A segunda parte do livro é destinada à apresentação do que foi chamado de "mecanismos de preservação do equilíbrio econômico-financeiro nas concessões rodoviárias". Neste tópico, encontram-se os principais achados da pesquisa, pois há minuciosa apresentação das variáveis incorporadas às fórmulas de reajuste e revisão tarifária nos diversos modelos contratuais. O capítulo proporciona clara descrição dos conceitos financeiros e contábeis empregados nos contratos e a explicação dos motivos e objetivos que justificaram sua incorporação. Foram esmiuçados os conceitos e funcionamento do fluxo de caixa original, do fluxo de caixa marginal, do fator D (desconto de reequilíbrio), do fator A (acréscimo de reequilíbrio), do fator X, do Fator Q e do Fator E. Esses elementos, por vezes tomados como aspectos exclusivamente financeiros dos contratos, ganham sentido jurídico e explicação acessível, de modo a permitir que o leitor com formação exclusivamente jurídica possa compreender o sentido que essas fórmulas representam e como elas impactam no conjunto de direitos e riscos assumidos pelas partes.

A terceira parte do trabalho aborda debates jurídicos provocados pelos mecanismos de preservação do equilíbrio econômico-financeiro. Foram tratados os temas da alteração dos mecanismos de preservação desse equilíbrio, a regulação de mecanismos deixados em aberto nos contratos, as divergências entre contrato e regulamentação, a discricionariedade na aplicação de certos mecanismos de preservação do equilíbrio e a generalização desses mecanismos. Em relação a cada um deles, a autora expõe as teses conflitantes e apresenta o seu posicionamento, sempre de modo fundamentado.

O final do livro traz a síntese das informações e conclusões obtidas ao longo do trabalho.

O leitor tem em mãos a mais acurada pesquisa sobre o regime jurídico de reequilíbrio econômico-financeiro de um específico modelo contratual adotado no Brasil. Devido ao tema escolhido, o trabalho, por óbvio, possui valor singular para quem quiser estudar o setor de concessões rodoviárias, especialmente as federais. Mas não é só a quem trabalha e pesquisa com esse modelo de contratação que o livro interessa. No plano mais geral, a obra fornece ótimo exemplo de pesquisa jurídica sobre fontes primárias (contratos, resoluções, decisões administrativas), sem descurar de sólida básica acadêmica. A partir dos seus achados, novas reflexões teóricas e revisões sobre o tema do equilíbrio econômico-financeiro podem ser pensadas e debatidas, pois o trabalho joga luz sobre detalhes relevantes da dinâmica das concessões que, de certo modo, não têm merecido adequado enquadramento em formulações generalistas que ainda predominam na literatura jurídica do país.

As virtudes da obra têm conexão com os atributos de pesquisadora que a autora apresenta. Estará enganado quem pensar que Ana Paula Peresi de Souza é profissional especializada em concessões rodoviárias, que tenha passado longa carreira jurídica na administração pública federal ou no assessoramento de concessionárias de rodovia. A suposição é justificável diante do impressionante levantamento feito sobre o programa de concessões rodoviárias federais. Porém, o trabalho não é fruto da vivência profissional da autora.

O minucioso levantamento realizado se deve exclusivamente a um instrumento: a pesquisa científica. Ana Paula é advogada especializada em direito público, mas não detinha experiência relevante no setor rodoviário até iniciar sua pesquisa. Isso, contudo, em nada prejudicou o resultado. Muito pelo contrário. A descrição fiel e completa das mudanças, dos debates, das justificativas para cada movimento pelo qual passou a modelagem das concessões rodoviárias federais foi fruto de incansável disposição para pesquisar. Levantar material, lê-los atentamente e separar o que se mostrava relevante a seu propósito acadêmico. Isto posto, a última lição relevante que a imersão nesse livro proporciona é o exemplo que ele dá ao leitor de como fazer um trabalho jurídico exemplar.

Jacintho Arruda Câmara
Professor dos programas de graduação, mestrado e doutorado em Direito da PUC/SP

INTRODUÇÃO

A tutela jurídica do equilíbrio econômico-financeiro de contratos de concessão é tema que vem sendo desenvolvido há mais de um século nos sistemas jurídicos que se assentam nas noções de serviço público e de sua delegação a particulares. No Brasil, esse tema ganhou novo fôlego após o movimento de desestatização ocorrido na década de 1990, conjugado à edição da Lei nº 8.987, de 1995, que disciplina as concessões de serviço público conhecidas como "concessões comuns". A despeito de a norma abordar a preservação do equilíbrio econômico-financeiro, não foram definidas regras detalhadas sobre o que é e como deve operar esse equilíbrio. Assim, a lei não trata de diferentes aspectos dessa matéria, como o conceito da equação econômico-financeira, todas as hipóteses de reequilíbrio contratual, os mecanismos para preservação do equilíbrio, dentre outros. A tarefa de defini-los ficou para o contrato.

Nos mais de 25 anos desde a edição da Lei nº 8.987, de 1995, os contratos de concessão, especialmente os mais recentes, vêm disciplinando os contornos da preservação do equilíbrio econômico-financeiro, indo além do disposto na lei. Portanto, a abordagem desse tema apenas sob a ótica da lei ou à luz de teorias jurídicas elaboradas de forma dissociada do plano concreto é insuficiente para realmente conhecer o que é o equilíbrio econômico-financeiro na prática, como ocorre sua preservação no curso da concessão e quais são as principais controvérsias jurídicas surgidas em sua aplicação.

Para que se possa verdadeiramente compreender o tema em questão, é preciso olhar para os contratos de concessão e sua incidência no dia a dia, deles depreendendo os distintos aspectos de seu equilíbrio. Mesmo quando a análise foca nos contratos e em sua aplicação, ainda é preciso tomar cuidado para não extrair de um ou de poucos contratos ideias generalizadas que, embora possam ser corretas para uma dada concessão, são impertinentes para outras. Justamente porque parte da premissa de que o assunto é matéria majoritariamente pactuada contratualmente, este livro propõe-se a examinar a preservação do equilíbrio econômico-financeiro, focando em seus mecanismos, a partir dos termos contratuais e de sua aplicação. Busca-se, assim, entender o que verdadeiramente é o equilíbrio econômico-financeiro das concessões, como ele opera e quais são as celeumas jurídicas aí presentes.

Para cumprir o objetivo, foram definidos três recortes. O recorte setorial restringe esta obra aos contratos de concessão de rodovias federais. Ainda, o recorte temporal dado a esse exame contempla os contratos assinados entre 1994 e outubro de 2021. Já o recorte temático atrela-se aos mecanismos de preservação do equilíbrio econômico-financeiro, compreendidos como o conjunto de elementos que regram como preservar o equilíbrio contratual por meio tanto da recomposição da equação econômico-financeira quanto da formação de nova equação econômico-financeira. O termo "mecanismo" foi escolhido em vez de outros termos com sentido aproximado (por exemplo, "metodologia"), a fim de manter consonância com o disposto pelo artigo 9º, §2º, da Lei nº 8.987, de 1995, que o utiliza.

A questão do equilíbrio contratual contempla diferentes etapas: (i) a constatação da ocorrência de evento que potencialmente causa desequilíbrio; (ii) a verificação de que os efeitos do desequilíbrio são arcados pela parte que não assumiu o risco pelo evento que o causou; (iii) o dimensionamento do valor do desequilíbrio; (iv) a escolha da medida que reequilibrará o contrato; e (v) o dimensionamento dessa medida de reequilíbrio. Os mecanismos de preservação do equilíbrio contratual inserem-se a partir do aspecto iii e serão eventualmente chamados, de forma equivalente, de "mecanismos de preservação do equilíbrio contratual".

Conforme restará delineado ao longo da obra, os mecanismos aqui observados abarcam não somente aqueles que promovem a recomposição de uma dada equação econômico-financeira, travada originalmente no contrato ou não, mas também os que promovem a formação de nova equação. Nos últimos anos, além de diversas controvérsias em torno dos mecanismos existentes há tempos utilizados, houve também a adoção de novos, que colocaram em xeque a tradicional noção de preservação do equilíbrio contratual, o que justifica estudá-los.

A presente pesquisa está inserida no campo jurídico, embora haja recorrentes referências às ciências econômica e financeira. O ferramental interdisciplinar permitiu qualificar o olhar jurídico, a fim de trazer um viés crítico e, assim, viabilizar aprimoramento do instituto da tutela da equação econômico-financeira dos contratos de concessão de rodovias federais brasileiras.

Estabelecido o objeto, cabe delimitar o que não está abarcado no âmbito deste livro. Em primeiro lugar, não serão tratados os eventos de desequilíbrio "em espécie". Menções a certos eventos visarão exclusivamente a exemplificar certo ponto ou a elucidar a característica dos mecanismos em estudo, mas não se propõem a estudar o evento de desequilíbrio em si. Em segundo lugar, nos casos de mecanismos em que há margem de discricionariedade para que seja eleito o meio de reequilíbrio em cada circunstância (por exemplo, modificação da tarifa, extensão do prazo contratual e indenização), esta obra não examinará os meios em si, mas tão somente a dinâmica do mecanismo de preservação de equilíbrio contratual no que toca ao cálculo do desequilíbrio. Em terceiro lugar, as concessões regidas pela Lei nº 11.079, de 2004, não são parte desta obra. Embora muitas das ideias desenvolvidas ao longo deste livro possam ser aplicadas às concessões patrocinadas e administrativas, elas foram construídas à luz do regime disposto pela Lei nº 8.987, de 1995, devendo assim ser consideradas.

No capítulo 1, serão apresentadas as premissas da tutela jurídica do equilíbrio econômico-financeiro dos contratos de concessão de serviço público, a fim de subsidiar a posterior análise dos mecanismos de sua preservação. Nesse propósito, o capítulo examinará o conceito da equação econômico-financeira nos contratos de concessão; a abordagem do tema pela literatura jurídica e pela legislação; como a ideia de equilíbrio econômico-financeiro se apresenta em diferentes modelos tarifários; e as duas diferentes formas de preservação do equilíbrio contratual (recomposição da equação e formação de nova equação).

O capítulo 2, parte central desta obra, será dedicado a analisar os contratos de concessão a partir de seus próprios termos. Posteriormente, essa análise será conjugada ao exame de normas editadas pela Agência Nacional de Transportes Terrestres (ANTT), processos administrativos que trataram do tema e precedentes do Tribunal de Contas da União (TCU), bem como à revisão da literatura jurídica e econômica. Além da descrição dos diferentes mecanismos, o capítulo apresentará as controvérsias jurídicas envolvendo cada um deles especificamente.

Na sequência, questões jurídicas que são comuns aos distintos mecanismos de preservação do equilíbrio serão tratadas separadamente no capítulo 3. Ali serão examinados: a possibilidade de supressão, substituição ou modificação dos mecanismos no curso da concessão; os limites da regulação de aspectos dos mecanismos deixados em aberto pelo contrato; a compatibilização entre contrato e regulamento; e os contornos da discricionariedade administrativa da ANTT para promover o parcelamento tarifário no âmbito dos mecanismos Fator C e Fator Q.

Para sintetizar as discussões aqui enfrentadas, o capítulo 4 traz síntese das ideias exploradas. Ao final, serão apresentadas as principais conclusões obtidas.

CAPÍTULO 1

EQUILÍBRIO ECONÔMICO-FINANCEIRO EM CONTRATOS DE CONCESSÃO DE SERVIÇO PÚBLICO

1.1 A equação econômico-financeira do contrato de concessão

Nesta obra, são examinados os mecanismos de preservação do equilíbrio econômico-financeiro dos contratos de concessão de rodovia federal, regidos pela Lei nº 8.987, de 1995. Contudo, do que se fala quando se faz referência a esses mecanismos? Ainda, sob a ótica jurídica, no que esses mecanismos se fundam? Para responder a essas perguntas, é necessário, antes, fixar algumas premissas que serão desenvolvidas ao longo deste capítulo.

A primeira premissa responde à questão: o que é a equação que representa o equilíbrio econômico-financeiro dos contratos de concessão de serviço público? No direito brasileiro, tradicionalmente, a literatura jurídica a explica como a relação entre os encargos impostos à concessionária e a remuneração percebida por ela em contrapartida a esses encargos.[1] Os termos "encargos" e "remuneração" são, muitas vezes, substituídos por outras palavras cujos significados, no entanto, não modificam a ideia central.[2]

---

[1] TÁCITO, Caio. O equilíbrio financeiro na concessão de serviço público. *Revista De Direito Administrativo*, v. 63, p. 3, 1961. Disponível em: https://doi.org/10.12660/rda.v63.1961.21455. Acesso em: 19 nov. 2021.

[2] Por exemplo, Celso Antônio Bandeira de Mello emprega os termos "obrigações" e "remuneração" (BANDEIRA DE MELLO, Celso Antônio. Concessão de serviço público e sua equação econômico-financeira. *Revista De Direito Administrativo*, v. 259, p. 251-272, 2012.

Nossa legislação contemplou esse conceito no que concerne aos contratos de obras, serviços, compras, alienações e locações regidos pela Lei nº 8.666, de 1993, ao mencionar a "relação que as partes pactuaram inicialmente entre os encargos do contratado e a retribuição da administração para a justa remuneração da obra, serviço ou fornecimento".[3] Já a Lei nº 8.987, de 1995, que rege os contratos de concessão, não definiu equilíbrio econômico-financeiro do mesmo modo. A despeito disso, muitas vezes a equação contratual das concessões de serviço público é definida nos termos da norma de 1993.

De acordo com a literatura especializada,[4] o conceito de equilíbrio econômico-financeiro como relação entre encargos e remuneração decorre de manifestação de Leo Blum, comissário do governo no Conselho de Estado francês, que embasou acórdão lavrado em 1910 por aquele órgão (*Arrêt Compagnie Générale Française des tramways*). Na ocasião, o Conselho de Estado decidiu que o contrato de concessão ferroviária sob exame poderia ser modificado unilateralmente pelo Poder Público, mas, em contrapartida, a concessionária deveria ser indenizada ou teria direito a receber remuneração adicional, preservando, assim, a "equivalência honesta" entre as vantagens concedidas à concessionária e as obrigações que lhe eram impostas.[5] Essa "equivalência honesta"

Disponível em: https://doi.org/10.12660/rda.v259.2012.8649. p. 253). Já Marçal Justen Filho refere-se a "encargos" e "vantagens" (JUSTEN-FILHO, Marçal. *Teoria Geral das Concessões de Serviço Público*. São Paulo: Dialética, 2003. p. 360).

[3] A Lei nº 14.133, de 2021, não trouxe esse conceito, apenas remetendo ao "equilíbrio econômico-financeiro inicial", mas sem traçar o conteúdo da equação contratual.

[4] *Cf.* DI PIETRO, Maria Sylvia Zanella. *Parcerias na Administração Pública*. 9. ed. São Paulo: Atlas, 2012. p. 99; LOUREIRO, Gustavo Kaercher. *Estudos sobre o regime econômico-financeiro de contratos de concessão*. São Paulo: Quartier Latin, 2020. p. 60; VÉRAS DE FREITAS, Rafael. O equilíbrio econômico-financeiro nas concessões de rodovias. *Revista de Direito Público da Economia – RDPE*, Belo Horizonte, ano 15, n. 58, p. 118, abr./jun. 2017.

[5] No original: "Messieurs, il est assurément dans la nature d'une concession de tramways, el il est dans l'essence même de tout contrat de concession de rechercher et de réaliser dans la mesure du possible un équilibre entre les avantages qui sont accordéa au concessionnaire et les charges qui lui sont imposées. L'exploitation d'un service public peul être conçue a priori comme onéreuse ou comme rémunératrice. Les avantages consentis au çoncessionnaire et les charges qui lui sont imposées doivent se balancer de façon à former la contre-partie des bénéfices probables el des pertes prévues. Dans tout contrat de concession est aussi impliqué comme un calcul l'équivalence honnête entre ce qui est accordé au concessionnaire et ce qui est exigé de lui. El ce calcul d'équivalence est essentiel au contrat, bien qu'il soit étranger à sa constitution juridique el qu'il n'en modifie pas la nature par la raison qu' il est la base, le fondement même, de l'accord, du consentement. (...) la sujêtion nouvelle qu'imposera le développement du service, bien que prévue par le contrat, n'est pas rémunérée d'avance par lui. Et, dans ce cas, l'aggravation des charges initiales ouvrira, au profit du concessionnaire, dans des conditions variables suiva.nt chaque espèce, un droit à indemnité, ou, plus exactement, le droit de réclamer un supplément de rémunération." Em português: "Senhores, é certamente da natureza de uma concessão de bonde e está na

denota a noção de que a remuneração percebida pela concessionária deve ser adequada, justa, para fazer frente aos encargos a ela atribuídos. Com base nessa noção tradicional de remuneração *versus* encargos, ainda hoje é recorrente a utilização da figura da balança para ilustrar a equação econômico-financeira. Segundo Bandeira de Mello: "Há uma necessária relação entre os encargos fixados no ato concessivo e o lucro então ensejado ao concessionário. Uns e outros, segundo os termos compostos na época, como pesos distribuídos entre dois pratos da balança, fixam uma igualdade de equilíbrio".[6]

Parte da literatura jurídica critica essa ilustração sob o argumento de que ela não representa a complexidade do conteúdo econômico-financeiro de um contrato de concessão de serviço público, que, por diferentes razões, é muito mais intricado do que outras espécies contratuais, como, por exemplo, contratos de obras, serviços, compras, alienações e locações por meio dos quais a Administração Pública desembolsa recursos para "suprir suas necessidades instrumentais em relação aos fins de sua função".[7]

Nos contratos de concessão, há inúmeras circunstâncias fáticas, jurídicas, financeiras e econômicas presentes em um dado momento que influem na formação da equação econômico-financeira, como o prazo contratual, as normas legais e infralegais aplicáveis, os riscos envolvidos, o custo de oportunidade, as projeções dos fluxos de entradas e saídas e o estado da tecnologia.[8] Tais elementos são examinados pelo

---

própria essência de todo contrato de concessão buscar e alcançar, na medida do possível, um equilíbrio entre as vantagens que são concedidas à concessionária e os encargos que lhe são impostos. (...) As vantagens concedidas ao concessionário e os encargos que lhe incidem devem ser equilibrados de forma a constituir a contrapartida dos lucros prováveis e das perdas esperadas. Em qualquer contrato de concessão está também implícita como cálculo a equivalência honesta entre o que é concedido ao concessionário e o que lhe é exigido. E esse cálculo de equivalência é essencial para o contrato, embora seja estranho à sua constituição jurídica e não modifique sua natureza, porque é a base, o próprio fundamento, do acordo, do consentimento. (...) a nova sujeição imposta pelo desenvolvimento do serviço, embora prevista no contrato, não é remunerada antecipadamente por ele. E, neste caso, o aumento dos encargos iniciais dará, em benefício da concessionária, em condições variáveis consoante a cada espécie, o direito à indenização, ou, mais precisamente, o direito de reclamar uma remuneração adicional." (JÈZE, Gaston. *Revue du droit public et de la science politique en France et à l'étranger*, Paris: Librairie générale de droit et de jurisprudence, 1910, n. 27, p. 270 *et seq*. Disponível em: https://gallica.bnf.fr/ark:/12148/bpt6k7124051r/f279.item. Acesso em 19 out. 2021. Tradução nossa).

[6] BANDEIRA DE MELLO, Celso Antônio. *Curso de Direito Administrativo*. 35. ed. São Paulo: Malheiros, 2021. p. 712.

[7] ALMEIDA, Fernando Dias Menezes de. *Contrato Administrativo*. Quartier Latin: São Paulo, 2012. p. 239.

[8] Nesse sentido, trata-se do "estado de coisas que permitiu a elaboração e a concretização daquele específico projeto concessionário (interesse público primário e sua densificação por

proponente, que apresenta o que considera a remuneração adequada frente a esse conjunto de circunstâncias. Não se trata, assim, da figura de meros encargos atribuídos ao contratado face à remuneração por ele recebida.[9] Também não se trata de uma mera remuneração sempre exata e oriunda de desembolso por parte da Administração Pública. Na concessão de serviço público, a remuneração decorre de receitas tarifárias pagas por diferentes usuários, em muitos casos não uniformes entre si, bem como de receitas extraordinárias decorrentes da exploração do serviço concedido. Ao lado disso, diferentemente da balança em que há apenas dois lados, há uma multiplicidade de relações jurídicas envolvidas no contrato de concessão. Todos esses elementos tornam a ilustração em comento inadequada, de acordo com Moreira.[10]

Justamente em razão da variedade de elementos que formam a equação econômico-financeira do contrato de concessão, é inviável buscar uma definição categórica em abstrato de seu conteúdo. Isso não é um problema, mas sim algo inerente a essa equação. Conforme Arruda Câmara, "a indeterminação faz parte do conceito de equilíbrio econômico-financeiro dos contratos administrativos. Ele não pode ser

meio de leis, debates públicos, regulamentos, edital e contrato; metas a serem atingidas; qualificação e cooperação das partes; fluxos e custos; taxas de rentabilidades; alocação de riscos etc.)", conforme afirma Egon Bockmann Moreira (MOREIRA, Egon Bockmann. *Direito das concessões de serviço público:* inteligência da lei 8.987/1995 (parte geral). São Paulo: Malheiros, 2010. p. 403).

[9] Como exemplo desse entendimento, *cf.*: "Aliás, utiliza-se o binômino encargos/remuneração apenas como referência abstrata que permita um vínculo com a noção tradicional de equilíbrio econômico-financeiro, visto que, no rigor do exame, as variáveis nos contratos de concessão revelam um espectro bem mais alargado, englobando, entre tantos outros componentes, fatores como o volume de investimentos, fluxo de caixa projetado, custo do capital próprio do acionista e custo do capital obtido com terceiros por meio de financiamento, receitas tarifárias (se for o caso), receitas alternativas, cronogramas de desembolsos, variações cambiais – a revelar que essa é uma temática complexa (...)" (GARCIA, Flávio Amaral. *A mutabilidade nos contratos de concessão.* São Paulo: Malheiros, 2021. p. 211).

[10] Nesse sentido, *cf.*: "Nestes tipos contratuais, a figura da balança é inadequada, pois existe um negócio firmado entre concedente e concessionário que se destina à eficiência de outros contratos, fragmentados e espalhados no tempo, celebrados com todos e cada um dos usuários (...) Assim, se balança houver, ela tem muitos pratos, de diferentes tamanhos e perspectivas, muito deles presentes e outros tantos futuros. Em suma, não se está diante de uma relação de igualdade – qualitativa e quantitativa – entre receitas e despesas arcadas por apenas dois sujeitos, mas sim defronte de amplo conjunto de atos, fatos e sujeitos que, projetados para um longo período, deram nascimento ao contrato administrativo de longo prazo" (MOREIRA, Egon Bockmann. Contratos Administrativos de longo prazo: a lógica de seu equilíbrio econômico-financeiro *In*: MOREIRA, Egon Bockmann (Coord.). *Tratado de equilíbrio econômico-financeiro*: contratos administrativos, concessões, parcerias público-privadas, Taxa Interna de Retorno, prorrogação antecipada e relicitação. 2. ed. Belo Horizonte: Fórum, 2016a. p. 96).

preso a fórmulas estanques, preconcebidas em análises abstratas, mesmo se feitas para aplicação a uma dada categoria".[11]

Anteriormente, a seguinte pergunta foi apresentada: o que é a equação que representa o estado de equilíbrio econômico-financeiro dos contratos de concessão de serviço público? Isto é, qual é o parâmetro do contrato em estado de equilíbrio? Como visto, o exato conteúdo dessa equação somente pode ser extraído da análise de cada contrato de concessão em concreto. Ainda assim, em termos abstratos, é possível definir a equação econômico-financeira como a equivalência adequada entre a remuneração da concessionária e o conjunto de circunstâncias relativas à formação e execução do contrato de concessão. Essa sugestão de conceituação distingue-se da noção corriqueira de encargos *versus* remuneração, mas mantém a ideia de equivalência, ainda que o espectro de elementos que compõem a equação seja mais alargado.

Pressupõe-se haver meios para que, na fase pré-contratual, seja selecionada proposta que contemple a adequada equivalência entre a remuneração e o conjunto de circunstâncias consideradas no momento de formação da proposta.[12] Quando celebrada a avença fundada nessa proposta, o contrato crava que a equivalência é de fato adequada – ou, em outros termos, "honesta" –, motivo pelo qual passa a representar o contrato em estado de equilíbrio econômico-financeiro.[13] Como veremos, isso não significa que sempre há óbice à modificação da equação travada no momento de celebração do contrato.

1.2 O equilíbrio econômico-financeiro segundo a literatura jurídica

A partir do exposto, surgem outras questões: para fins jurídicos, por que conceituar a equação econômico-financeira da concessão? Importa porque essa equação é tutelada pelo Direito. Mas em que sentido se dá essa tutela? A busca por essa resposta não abordará os eventos de desequilíbrio a fim de fazer um estudo minucioso sobre o que enseja o direito à recomposição do equilíbrio contratual, conforme indicado na introdução desta obra. A ideia é apresentar as linhas gerais da teoria do equilíbrio econômico-financeiro para entender como foi

---

[11] ARRUDA CÂMARA, Jacintho. *Tarifa nas concessões*. 2. ed. São Paulo: Malheiros, 2009. p. 169.

[12] ALENCAR, Leticia Lins. *Equilíbrio na concessão*. Belo Horizonte: Fórum, 2019. p. 50.

[13] JUSTEN-FILHO, 2003, p. 398.

cunhada, compreendendo as bases dos mecanismos de preservação do equilíbrio dos contratos de concessão de rodovia federal, objeto central deste livro.

Como em tantas outras matérias do direito administrativo brasileiro, a tutela jurídica do equilíbrio econômico-financeiro foi tratada de modo mais minucioso, primeiramente, por nossa literatura jurídica. Apenas mais tarde, a legislação versou sobre a matéria mais robustamente.[14] Tão somente em razão dessa sequência histórica, para endereçar a pergunta já posta, aborda-se primeiramente a literatura jurídica brasileira e, em seguida, a legislação em matéria de concessões de serviço público.

A teoria brasileira sobre o equilíbrio econômico-financeiro dos contratos de concessão tem como base a jurisprudência do Conselho de Estado francês. Naquele país, há duas figuras jurídicas que são pressupostos lógicos da referida teoria: o serviço público e a concessão desse serviço – figuras essas que não existem em outros ordenamentos jurídicos nos mesmos moldes, como ocorre, por exemplo, nos Estados Unidos da América.[15] De acordo com Tácito, no modelo francês, a concessionária desempenha as atividades objeto do serviço público delegado por sua conta e risco, incumbindo a ela "a álea normal do contrato".[16] Essa caraterística da concessão marca sua diferença em relação à figura da administração interessada, na qual a Administração Pública "assume inclusive os riscos da execução".[17] Contudo, a ideia

---

[14] Como argumenta Almeida: "O período histórico que antecede este ao qual agora se dá atenção, situado entre os anos de 1930 e 1980, foi apontado como aquele em que progressivamente chega ao auge o fenômeno do ganho de precedência da doutrina sobre a legislação e a jurisprudência no direito administrativo. Mas esse panorama começa a mudar após a promulgação da Constituição de 1988, basicamente como consequência de um salto considerável no volume de legiferação do direito administrativo" (ALMEIDA, Fernando Dias Menezes de. *Formação da Teoria do Direito Administrativo no Brasil*. São Paulo: Quartier Latin, 2015. p. 345).

[15] Nos Estados Unidos da América, não se fala em serviço público, mas sim em figura diversa nomeada de *public utilities*, que são atividades econômicas privadas com relevância social e sobre as quais, em alguns casos, incidem falhas de um mercado competitivo que não permitem seu desenvolvimento adequado, o que justifica sua regulação pelo Estado. As atividades tidas como *public utilities* são exercidas por particulares sem que haja um contrato, justamente porque não se trata de uma atividade de competência do Estado que seria delegável ao particular. Sobre esses pontos e sua diferença com as ideias francesas de serviço público e concessão, *Cf.* LOUREIRO, Gustavo Kaercher. *Estudos sobre o regime econômico-financeiro de contratos de concessão*. São Paulo: Quartier Latin, 2020.

[16] TÁCITO, 1961, p. 1.

[17] PAIVA, Alfredo de Almeida Paiva. Execução de obra pública: o contrato de empreitada e o sistema da administração interessada ou contratada. *Revista De Direito Administrativo*, n. 46, p. 488-493, 1956. Disponível em: https://doi.org/10.12660/rda.v46.1956.16541. Acesso em: 7 out. 2021.

de que as concessionárias são responsáveis "por sua conta e risco" não obstou o surgimento do direito à manutenção da já mencionada equivalência honesta.

No curso de sua evolução jurisprudencial, o Conselho Francês concebeu que o contrato de concessão é mutável e, em razão disso, o Poder Concedente pode valer-se de suas prerrogativas exorbitantes para alterar as condições do serviço público concedido como forma de manter constante atendimento ao interesse público, naturalmente variável. Em contrapartida à prerrogativa de alteração unilateral do contrato de concessão pela Administração Pública, surge a noção de intangibilidade do equilíbrio financeiro.[18] Formou-se, assim, a concepção de que apenas as condições do serviço público podem ser modificadas (as chamadas cláusulas regulamentares), enquanto "as cláusulas financeiras não podem ser afetadas";[19] por isso, a alteração unilateral deve vir acompanhada da reposição do equilíbrio financeiro.

O Conselho de Estado também construiu a teoria da imprevisão, segundo a qual a concessionária deve ser indenizada nos casos de eventos "imprevisíveis, externos às partes e que causam uma perturbação na economia do contrato"[20] e que, em razão disso, colocam em risco a prestação do serviço público. Conforme a teoria, por meio do pagamento de indenização do Poder Concedente à concessionária, há repartição dos prejuízos entre eles a fim de evitar que o serviço público pare. Essa indenização corresponde ao exato montante necessário para que a concessionária possa dar continuidade ao serviço público, o que significa que não há uma reparação integral dos prejuízos.[21] De acordo

---

[18] Os acórdãos franceses no início do século XX faziam referência apenas ao equilíbrio financeiro. (Como exemplo, *Cf.* CONSEIL D'ETÁT. *Compagnie nouvelle du gaz de Deville-lès-Rouen*. 10 janvier, 1902. Disponível em: https://www.conseil-etat.fr/ressources/decisions-contentieuses/les-grandes-decisions-du-conseil-d-etat/ce-10-janvier-1902-compagnie-nouvelle-du-gaz-de-deville-les-rouen. Acesso em: 6 out. 2021.) A evolução dessa questão trouxe luz ao aspecto econômico da equação. Fala-se, assim, em equação "econômico-financeira", pois a equivalência financeira refere-se ao equilíbrio entre os fluxos de entradas e saídas operacionais, enquanto a equivalência econômica concerne, em termos gerais, ao prêmio pela aplicação dos recursos financeiros na concessão, em vez do emprego desses mesmos recursos em outros investimentos.

[19] *Ibid.*, tradução nossa. No original: "les clauses financières ne sauraient être touchées".

[20] *Id. Decision nº 59928,* lecture du 30 mars 1916a. Disponível em: https://www.conseil-etat.fr/fr/arianeweb/CE/decision/1916-03-30/59928. Acesso em: 7 out. 2021. Tradução nossa. No original: "La jurisprudence ultérieure précisa les conditions d'application de la théorie de l'imprévision: les événements affectant l'exécution du contrat doivent être imprévisibles, extérieurs aux parties et doivent entraîner un bouleversement de l'économie du contrat."

[21] A literatura aponta acórdão de 1916, que discutia indenização da concessionária de iluminação pública pelo aumento excepcional do carvão durante a primeira guerra mundial, como pontapé inicial para desenvolvimento da teoria da imprevisão em contrato de concessão

com Loureiro,[22] o desenvolvimento da teoria da imprevisão não se calcou na ideia de justiça comutativa que outrora norteara a ideia de intangibilidade do equilíbrio financeiro face a alterações unilaterais; porém, com o passar do tempo, a teoria da imprevisão aproximou-se da concepção de preservação do equilíbrio contratual.[23]

Ainda na França, o Conselho de Estado desenvolveu a teoria do Fato do Príncipe, que remete à hipótese em que ato governamental afete a equivalência contratual para além dos riscos inerentes à gestão do negócio. Nesse campo, segundo a leitura apresentada por Tácito, distingue-se a circunstância em que o ato é tomado na esfera da Administração Pública Concedente da situação em que a medida decorre de ato praticado por ente público de esfera estranha ao contrato de concessão. No primeiro caso, a circunstância está abarcada pelo Fato do Príncipe, enquanto o segundo caso remete à teoria da imprevisão. Há, ainda, outra distinção: quando a medida for geral, afetando a equação contratual da concessão tal como outros administrados, não se invoca o Fato do Príncipe; ele só incide se a medida geral afetar diretamente o pacto concessório.[24]

A conjugação dos entendimentos desenvolvidos pelo Conselho de Estado francês formou a denominada "teoria das áleas". Resumidamente, essa teoria concebe que estão abarcados na "álea ordinária" eventos inerentes à gestão do negócio que devem ser suportados pela concessionária, assim não ensejando a recomposição do equilíbrio contratual. Diversamente, eventos que se enquadram nas hipóteses mencionadas caracterizam-se como álea extraordinária – que é dividida em álea administrativa e álea econômica – e autorizam a recomposição da equação. A ideia geral da teoria das áleas funda-se nesses termos, ainda que haja divergências quanto ao campo de abrangência de cada categoria mesmo na França.[25]

(*Id. Compagnie générale d'éclairage de Bordeaux*, lecture du 30 mars 1916b. Disponível em: http://www.conseil-etat.fr/fr/arianeweb/CE/analyse/1916-03-30/59928. Acesso em: 7 out. 2021).

22 LOUREIRO, G., 2020, p. 61.

23 A exposição de Arruda Câmara assume sentido semelhante: "(...) para os contratos administrativos (concessões incluídas), a teoria da imprevisão foi encampada pela garantia da manutenção do equilíbrio econômico-financeiro do contrato" (2019, p. 165).

24 Apresenta-se os contornos indicados por Caio Tácito (1961, p. 9), mas consigna-se haver divergências sobre essa classificação, conforme narra Gustavo Loureiro (2020, p. 64).

25 BANDEIRA DE MELLO, 2021, p. 713.

A literatura jurídica brasileira afiliou-se à teoria das áleas e a reproduziu vastamente.[26] É verdade que a teoria aqui desenvolvida tem algumas diferenças em relação aos contornos dados a ela na França.[27] Também é fato que a literatura nacional diverge sobre as classificações das áleas e sobre o enquadramento de certos eventos no conceito de uma ou outra álea.[28] No entanto, ainda assim, é patente que a influência francesa na formação do Direito Administrativo brasileiro resultou na importação dessa teoria para nosso país, de modo que, ainda que haja distinções, os contornos aqui desenvolvidos assemelham-se altamente com as ideias desenvolvidas pela jurisprudência administrativa francesa.

Justamente em razão dessa influência, ainda hoje parte da literatura jurídica adota o já mencionado conceito de equação contratual da concessão como a relação entre encargos e remuneração; concebe a ideia de que, ainda que as grandezas dos encargos e da remuneração possam ser modificadas, deve sempre ser mantida a proporção inicial entre encargos e remuneração estabelecida por ocasião da celebração do contrato de concessão; e entende que o equilíbrio econômico-financeiro tem como objetivo assegurar a continuidade do serviço público.

No entanto, outra parte da literatura jurídica distancia-se dos entendimentos mencionados sob diferentes aspectos. São exemplos disso: (i) a ideia de maleabilidade da equação econômico-financeira;[29] (ii) a noção de que a equação econômico-financeira original pode ser inteiramente descartada para, então, ser formada uma nova equação

---

[26] JURKSAITIS, Guilherme Jardim. *Uma proposta de releitura para o direito ao equilíbrio econômico-financeiro nos contratos administrativos*. 2019. 153 f. Tese (Doutorado em Direito do Estado) – Faculdade de Direito da Universidade de São Paulo, São Paulo, 2019. p. 102.

[27] Como exemplo, *cf.* o exposto por Bandeira De Mello: "Entre nós, todavia, a noção de álea ordinária – ou seja, do risco que o concessionário deve suportar – é mais restrita, de sorte que se beneficia de uma proteção maior. De outro lado, no que se refere à álea econômica, quando invocável a teoria da imprevisão, o resguardo do concessionário é completo, e não apenas parcial, como no Direito francês. Em suma: no Brasil a noção de equilíbrio econômico-financeiro da concessão e da proteção que se lhe deve conferir é mais generosa para o concessionário" (BANDEIRA DE MELLO, *op. cit.*, p. 714).

[28] Por exemplo, Maria Sylvia Di Pietro insere no campo das áleas administrativas o chamado "Fato da Administração", que compreende "qualquer conduta ou comportamento da Administração que, como parte contratual, pode tornar impossível a execução do contrato ou provocar seu desequilíbrio econômico" (DI PIETRO, Maria Sylvia. *Direito Administrativo*. 33. ed. Rio de Janeiro: Forense, 2020). Já Bandeira De Mello refuta que essa circunstância se qualificaria como álea administrativa, pois, em sua visão, trata-se, na verdade, de um comportamento irregular da Administração Pública contratante que viola os direitos do contratado (BANDEIRA DE MELLO, *op. cit.*, p. 600).

[29] ALENCAR, 2019, p. 147.

de tempos em tempos no curso da concessão;[30] (iii) a concepção de que eventos enquadráveis na álea ordinária podem ensejar a modificação da equação contratual;[31] (iv) a ideia de que o advento de certos eventos que se enquadrariam na teoria do Fato do Príncipe ou na teoria da imprevisão nem sempre precisam ensejar a repactuação integral, sendo possível às partes renegociarem os termos da avença a fim de partilhar esses riscos.[32]

A seguir, de modo a cravar as premissas essenciais para análise dos mecanismos de preservação do equilíbrio contratual e suas respectivas controvérsias jurídicas, serão apresentados alguns desses pontos de vista.

1.3 O equilíbrio econômico-financeiro segundo a legislação

Anteriormente, perguntou-se em que sentido a equação econômico-financeira da concessão é tutelada pelo Direito. Em primeiro lugar, foram examinadas as bases em que tradicionalmente se fundou nossa literatura jurídica. Agora, cabe olhar para a lei, fonte primária do ordenamento jurídico.

1.3.1 Artigo 37, XXI, da CRFB

O artigo 37, XXI, da Constituição da República Federativa do Brasil (CRFB) é recorrentemente apontado como o fundamento constitucional do equilíbrio econômico-financeiro de contratos administrativos, dentre os quais os contratos de concessão de serviço público, regidos pela Lei nº 8.987, de 1995. De acordo com esse artigo, obras, serviços, compras e alienações serão objetos de contratos com cláusulas que "estabeleçam obrigações de pagamento, mantidas as condições efetivas da proposta, nos termos da lei".[33] Para os autores que apontam esse

---

[30] LOUREIRO, Gustavo Kaercher; NÓBREGA, Marcos. *Equilíbrio econômico-financeiro de concessões à luz de um exame de caso*: incompletude contratual, não ergodicidade e incerteza estratégica. 2020. Disponível em: https://www.researchgate.net/publication/345322633_EQUILIBRIO_ECONOMICO-FINANCEIRO_DE_CONCESSOES_A_LUZ_DE_UM_EXAME_DE_CASO_INCOMPLETUDE_CONTRATUAL_NAO_ERGODICIDADE_E_INCERTEZA_ESTRATEGICA. Acesso em: 28 set. 2021.

[31] MOREIRA, 2016a, p. 102.

[32] JURKSAITIS, 2019, p. 144.

[33] Eis seu inteiro teor: "ressalvados os casos especificados na legislação, as obras, serviços, compras e alienações serão contratados mediante processo de licitação pública que assegure igualdade de condições a todos os concorrentes, com cláusulas que estabeleçam obrigações

dispositivo como o assento constitucional do equilíbrio contratual, o trecho expressaria a ideia de que os termos econômicos da proposta, ou seja, suas "condições efetivas", refletem o estado do contrato em equilíbrio, motivo pelo qual devem ser mantidos durante todo o seu curso.[34] Segundo essa interpretação, admite-se mudança das grandezas dos elementos que compõem a equação contratual que expressa o equilíbrio econômico-financeiro.

Embora seja amplamente difundida, parte da literatura jurídica contesta essa interpretação. Há o entendimento de que esse artigo constitucional consagra a garantia ao equilíbrio contratual, mas não nos contratos de concessão. Por exemplo, Di Pietro afirma que "é uma garantia de âmbito restrito, pois não abrange todas as modalidades de contratos da Administração".[35]

Diversamente, há quem compreenda que o artigo 37, XXI, da CRFB, não expressaria a intangibilidade da equação econômico-financeira, pois os termos "mantidas as condições efetivas da proposta" tratariam de outra questão que não a em comento. Loureiro afirma que essa expressão nada mais faz do que remeter ao princípio do *pacta sunt servanda* e que guarda relação com outras espécies de contratos que não o contrato de concessão de serviço público.[36] Também nesse sentido, Alencar entende que aqueles termos traduzem a força obrigatória do contrato administrativo, assim impondo às partes – em especial à Administração Pública – o dever de respeitar o pactuado. Com isso, segundo a autora, o constituinte teria pretendido tornar a alteração unilateral do contrato pela Administração Pública algo excepcional.[37] Esse entendimento embasa-se em discussão havida na Assembleia Constituinte em que o deputado Luis Roberto Ponte afirmou que:

> precisamente o que se busca é manter-se as condições da proposta. Não se faça como o Governo, hoje, que, diante de uma proposta, ele

---

de pagamento, mantidas as condições efetivas da proposta, nos termos da lei, o qual somente permitirá as exigências de qualificação técnica e econômica indispensáveis à garantia do cumprimento das obrigações."

[34] BANDEIRA DE MELLO, 2021, p. 715; CINTRA DO AMARAL, Antônio Carlos. *Concessão de Serviços Públicos*: Novas Tendências. São Paulo: Quartier Latin, 2012. p. 129. Lúcia Valle Figueiredo também aponta o artigo em questão como fundamento constitucional do equilíbrio dos contratos administrativos em geral, mas pondera que essa previsão não consta de "maneira tão clara" (FIGUEIREDO, Lúcia Valle. *Curso de Direito Administrativo*. 8. ed. São Paulo: Malheiros, 2006. p. 535).

[35] DI PIETRO, 2012, p. 106. Outro exemplo nesse sentido está em Jurksaitis (2019, p. 118).

[36] LOUREIRO, G., 2020, p. 89.

[37] ALENCAR, 2019, p. 69.

a muda unilateralmente e discricionariamente (...) a idéia da palavra "mantidas" é manter íntegras todas as condições da proposta. E não somente a parte de pagamento.[38]

É adequada a referência trazida por Alencar, mas merecem atenção as proposições e discussões que antecederam a fala do mencionado constituinte. No curso daquela assembleia, mais de uma vez foi proposta a inserção de artigo que previsse o dever de licitação. Contudo, proposta nesse sentido foi inicialmente rejeitada, sob o argumento de que não se tratava de matéria constitucional.[39]

Adiante no curso da Assembleia Constituinte, nova emenda, dessa vez coletiva, sugeriu dispositivo constitucional que previsse o dever de licitar e, também, que estabelecesse regra segundo a qual seria "garantido o pagamento pelo valor corrigido".[40] Portanto, o texto sugerido previa apenas que o contratado teria direito a receber o valor pactuado com correção monetária, não trazendo qualquer menção à manutenção das condições efetivas da proposta. Não houve apresentação de justificativa a respeito da proposição sugerida.

Previamente à votação, houve a apresentação de destaques: um deles favorável à aprovação e outro chamando a atenção justamente para a parte final da sugestão de dispositivo – "garantido o pagamento pelo valor corrigido".[41] Diante disso, levou-se ao plenário a sugestão da

---

[38] BRASIL. Assembleia Nacional Constituinte. *8ª Reunião Ordinária da Comissão de Redação*. Brasília, DF, 1988a. Disponível em: https://www.senado.leg.br/publicacoes/anais/constituinte/redacao.pdf . Acesso em: 9 out. 2021.

[39] Consta da Emenda nº 00794 da Fase G: "O exame da Emenda e respectiva justificação nos leva a concluir, com a devida vênia, que a matéria por ela tratada melhor se compreende no contexto da legislação infraconstitucional. Considerando que o texto Constitucional deve, tanto quanto possível, circunscrever-se aos assuntos basilares da vida nacional, somos pela rejeição da Emenda" (BRASIL. Câmara dos Deputados. *Quadro histórico dos dispositivos constitucionais*: Art. 37, XXI, c2021a. Disponível em: https://bd.camara.leg.br/bd/handle/bdcamara/35543. Acesso em: 9 out. 2021).

[40] *Cf.* o inteiro teor da emenda coletiva do "centrão" nº 2043 (erroneamente grafada como 1043): artigo 202, §2º: "Ressalvados os casos especificados em lei, as obras, serviços, compras e alienações da Administração Pública direta e indireta, nos três níveis de governo, serão contratados mediante processo de licitação que assegure igualdade de condições a todos os concorrentes, respeitadas as exigências de qualificações técnicas e econômicas e garantido o pagamento pelo valor corrigido." (BRASIL. Assembleia Nacional Constituinte. *Emenda substitutiva nº 2P1043-1*. Brasília, DF, 1988h. Disponível em: https://www2.camara.leg.br/atividade-legislativa/legislacao/Constituicoes_Brasileiras/constituicao-cidada/o-processo-constituinte/plenario/vol255_centrao_aprovadas.pdf. Acesso em: 9 out. 2021).

[41] Respectivamente, destaques 1299 e 2131 de Luis Roberto Ponte e Mario Covas (BRASIL. Assembleia Nacional Constituinte. *Destaques da Fase S*. Brasília, DF, 1988g. Disponível em: https://www.camara.leg.br/internet/constituicao20anos/DocumentosAvulsos/vol-262.pdf. Acesso em: 9 out. 2021).

fusão da emenda coletiva com os destaques.[42] Dentre outros pontos, a fusão sugerida excluiu os termos "garantido o pagamento pelo valor corrigido" e incluiu os termos "com cláusulas que estabeleçam obrigações de pagamento, mantidas as condições efetivas da proposta".[43] A razão para essa mudança é explicada pelo constituinte Luis Roberto Ponte nos seguintes termos:

> Retirou-se a palavra "correção", à qual muitos faziam restrição, a despeito da grande justiça que estabeleceria, e deu-se uma redação que diz apenas que "o Governo tem de manter as condições da proposta". Vale dizer que não pode o Governo unilateralmente, modificar aquilo que recebeu como proposta para fazer. Essa redação enseja uma correção futura, sem colocar a expressão "correção monetária", à qual, também, muitos faziam restrição.[44]

Segundo a fala do constituinte, a inserção dos termos "mantidas as condições da proposta" pretendia impedir a modificação unilateral do pactuado pela Administração Pública contratante. Em seu entendimento, isso ensejaria a garantia de que o preço pactuado em contrato, quando pago, estaria corrigido monetariamente, ainda que o texto não mais previsse os termos "garantido o pagamento pelo valor corrigido", que havia constado da redação original da emenda. Em plenário, o texto oriundo da fusão foi aprovado.

---

[42] De acordo com fala do senador Mario Covas (PMDB-SP), a redação do texto fruto da fusão ficou a cargo de alguns constituintes, dentre os quais, o senador Fernando Henrique Cardoso (PMDB-SP): "Aqui, em plenário, pedi a alguns companheiros, inclusive ao constituinte Fernando Henrique Cardoso (...) que produzisse um texto que, afinal, pudesse representar uma fusão satisfatória. Vou até falar com o constituinte Fernando Henrique Cardoso, que mostrou essa redação a várias das lideranças presentes." Depois, o mencionado constituinte Fernando Henrique Cardoso afirmou que tratou dessa questão com certos partidos políticos e, também, com o constituinte Luís Roberto Ponte: "Sr. Presidente, quero apenas dizer que efetivamente consultei os representantes do PT, PDT e PCV e falei a respeito deste texto com o constituinte Luís Roberto Ponte, que consultou os representantes do PFL e do PDS. Portanto, o texto foi efetivamente objeto de consultas em Plenário" (BRASIL. Assembleia Nacional Constituinte. *257ª sessão*. Brasília, DF, p. 9931, 1988b. Disponível em: http://imagem.camara.gov.br/Imagem/d/pdf/234anc28abr1988.pdf. Acesso em: 9 out. 2021.).

[43] *Cf.* o inteiro teor da fusão: "Ressalvados os casos especificados na legislação, as obras, serviços, compras e alienações da administração pública direta e indireta, nos três níveis de governo, serão contratados mediante processo de licitação que assegure igualdade de condições a todos os concorrentes, com cláusulas que estabeleçam obrigações de pagamento, mantidas as condições efetivas da proposta, nos termos da lei, a qual somente permitirá as exigências de qualificação técnica e econômica indispensáveis à garantia do cumprimento das obrigações" (*Ibid.*, p. 9931).

[44] *Ibid.*, p. 9931.

Mais à frente, nova redação foi sugerida no sentido de substituir o termo "mantidas" por "que mantenham" ou "que preservem", sob o fundamento de que "a substituição desta palavra torna mais claro o texto, o qual pretende evitar que a Administração possa, unilateral, injusta e autoritariamente, modificar as condições efetivas da proposta apresentada, através da inadimplência nos pagamentos",[45] ainda segundo o constituinte Luis Roberto Ponte. Havia preocupação em impedir que a Administração Pública inadimplisse sua obrigação de pagamento, sob o fundamento de que a ação consistiria em uma modificação unilateral das condições da proposta. Parece, portanto, ter havido mais atenção à questão do inadimplemento das obrigações de pagamento do que à possibilidade de modificar outros aspectos do contrato.

Essa sugestão de alteração foi rejeitada, sob o entendimento de que com a mudança de "cláusulas que estabeleçam obrigações de pagamento, mantidas as condições efetivas da proposta" para "cláusulas que estabeleçam obrigações de pagamento, que preservem/ mantenham as condições efetivas da proposta", a vinculação seria imposta "somente aos pagamentos".[46] De acordo com esse argumento, a mudança não era adequada, pois a redação pretendida, ao associar os termos "que preservem/mantenham" à expressão "obrigações de pagamento", autorizaria a alteração unilateral de todas as condições da proposta, com exceção das cláusulas de pagamento. Considerando essa interpretação, o constituinte retirou sua sugestão e explicou que, de fato, pretendia-se a manutenção de todas as condições da proposta "e não somente a parte de pagamento", conforme trecho já destacado, referido por Alencar. Posteriormente, o artigo sofreu apenas correção gramatical e houve inclusão do termo "pública" após "licitação", tendo, assim, se formado o texto final que consta do artigo 37, XXI, da CRFB de 1988. O quadro a seguir apresenta as três versões.

---

[45] BRASIL. Assembleia Nacional Constituinte. *257ª sessão*. Emenda nº 822 da Fase W. Brasília, DF, 1988c. Disponível em: https://www.camara.leg.br/internet/constituicao20anos/DocumentosAvulsos/vol-315.pdf. Acesso em: 9 out. 2021.

[46] BRASIL, Assembleia Nacional Constituinte, 1988a.

Emenda Coletiva nº 2043	Texto resultante da fusão	Art. 37, XXI, da CRFB de 1988
Ressalvados os casos especificados em lei, as obras, serviços, compras e alienações da *Administração Pública direta e indireta, nos três níveis de governo*, serão contratados mediante processo de licitação que assegure igualdade de condições a todos os concorrentes, *respeitadas as exigências de qualificações técnicas e econômicas e garantido o pagamento pelo valor corrigido."*	Ressalvados os casos especificados na legislação, as obras, serviços, compras e alienações da *Administração Pública direta e indireta, nos três níveis de governo*, serão contratados mediante processo de licitação que assegure igualdade de condições a todos os concorrentes, *com cláusulas que estabeleçam obrigações de pagamento, mantidas as condições efetivas da proposta, nos termos da lei, a qual somente permitirá as exigências de qualificação técnica e econômica indispensáveis à garantia do cumprimento das obrigações.*	Ressalvados os casos especificados na legislação, as obras, serviços, compras e alienações serão contratados mediante processo de licitação *pública* que assegure igualdade de condições a todos os concorrentes, com cláusulas que estabeleçam obrigações de pagamento, mantidas as condições efetivas da proposta, nos termos da lei, o qual somente permitirá as exigências de qualificação técnica e econômica indispensáveis à garantia do cumprimento das obrigações.

Fonte: A autora, 2021.

Extrai-se dessa análise duas conclusões. Em primeiro lugar, o artigo 37, XXI da Constituição, não abarca a concessão de serviço público da Lei nº 8.987, de 1995, pois no nascedouro dos termos "mantidas as condições da proposta" está a obrigação de pagamento pela Administração Pública, algo incompatível com o regime das concessões. Em segundo lugar, aquela expressão não é o fundamento constitucional do equilíbrio econômico-financeiro nem mesmo em relação aos contratos disciplinados por essa norma, porque seu objetivo é obstar as alterações unilaterais pela Administração Pública contratante em relação a todas as condições da proposta.

Poderia ser levantada a hipótese de que, como o contrato não seria passível de modificação unilateral, então, por consequência, os termos "mantidas as condições da proposta" garantiriam o equilíbrio econômico-financeiro estabelecido no contrato. Contudo, interpretação nesse sentido não consideraria que o desequilíbrio pode advir de outros eventos além da alteração unilateral, o que mostra ser incorreto pretender depreender daqueles termos conclusão nesse sentido. Portanto, a referida expressão trata puramente da impossibilidade de modificação das condições da proposta unilateralmente pela Administração Pública, assim não sendo o assento constitucional da garantia ao equilíbrio econômico-financeiro, ao contrário do que é recorrentemente referido.[47]

1.3.2 Artigo 175 da CRFB

O melhor candidato para eventualmente tratar do equilíbrio econômico-financeiro dos contratos de concessão de serviço público seria o artigo 175 da CRFB, que prescreve a prestação de serviço público por meio desse contrato ou de permissão. Todavia, a norma nada prevê a esse respeito, limitando-se a dispor que lei infraconstitucional trataria de aspectos desses contratos, dentre os quais, a política tarifária.

De acordo com Loureiro, o constituinte de 1988 optou conscientemente por não tratar a matéria do equilíbrio econômico-financeiro dos contratos de concessão de regime público. A Constituição de 1967, com a Emenda Constitucional nº 1, de 1969, definia os contornos mínimos da política tarifária e, por consequência, do equilíbrio contratual, ao prever que lei ordinária estabeleceria "tarifas que permitam a justa remuneração do capital, o melhoramento e a expansão dos serviços e assegurem o equilíbrio econômico e financeiro do contrato" (artigo 167, II). A CRFB de 1988 não trouxe disposição nesse sentido. No lugar disso, o constituinte deixou a matéria em questão em aberto para que viesse a ser disciplinada pelo legislador ordinário.[48] Segundo o autor, não houve um mero acaso ao não se prescrever os contornos da política tarifária, mas sim opção deliberada de não empregar as mesmas disposições da Constituição anterior.

Analisando os trabalhos da Assembleia Constituinte, percebe-se que o primeiro ímpeto consistiu em reproduzir os exatos termos do texto constitucional anterior acerca da matéria sob comento: a lei disporá sobre "tarifas que permitam a justa remuneração do capital,

---

[47] Essa segunda conclusão traz uma dúvida: se a Assembleia Constituinte quis vedar todo e qualquer tipo de alteração unilateral pela Administração Pública nos contratos abarcados pelo art. 37, XXI, da CRFB – aí não incluída a concessão de serviço público da Lei nº 8987, de 1995, como visto – seriam inconstitucionais as normas infraconstitucionais que autorizam a alteração unilateral? Em sua interpretação, Alencar (2019) indica que o Constituinte quis tornar a modificação unilateral algo excepcional, não tendo, portanto, vedado-a completamente. Contudo, as falas acima trazidas parecem demonstrar o intuito de completa vedação às alterações unilaterais pela Administração Pública Contratante. Embora a questão mereça atenção e debate, sua intepretação fugiria ao escopo desta obra que trata dos mecanismos de preservação do equilíbrio contratual, não abordando exame jurídico das hipóteses de desequilíbrio, motivo pelo qual não será aqui debatida.

[48] LOUREIRO, G., 2020, p. 157.

o melhoramento e a expansão dos serviços e assegurem o equilíbrio econômico e financeiro do contrato".[49]

Posteriormente, os constituintes eliminaram a expressão "equilíbrio econômico e financeiro" e mantiveram "justa remuneração",[50] ora trazendo-a isoladamente ("tarifas que permitam a justa remuneração do capital"), ora conjugando-a novamente à expansão e ao melhoramento dos serviços e à depreciação dos equipamentos, por exemplo, "tarifas que permitam cobrir o custo, a remuneração do capital, a depreciação de equipamentos e o melhoramento dos serviços".[51] Até aí, prevalecia o entendimento de que a lei deveria dispor sobre as tarifas de modo detalhado, mas que incumbia à Constituição definir os parâmetros mínimos ao prescrever o que a tarifa deveria cobrir.

Naquele contexto, emendas sugeriram o retorno da expressão, sob o argumento, por exemplo, de que "no moderno Direito Administrativo, a manutenção do equilíbrio econômico-financeiro do contrato é condição, entre outras, para permitir a continuidade do serviço público e sua prestação de modo adequado".[52] Porém, proposições nesse sentido foram rejeitadas, sob o fundamento de que "se o Estado garante tarifas que permitam a justa remuneração do capital, no sentido econômico e financeiro", incluir a garantia a esse equilíbrio tornaria o texto redundante (BRASIL, [s.d]b),[53] ou seja, se as tarifas cobrem aquilo que está definido no pretendido artigo constitucional (como a justa remuneração e a depreciação dos ativos), o contrato está em equilíbrio, sendo, portanto, desnecessário dizer que a tarifa deve garanti-lo.

Em fase seguinte, nova emenda suprimiu a menção à lei que viria a dispor sobre tarifas que permitissem cobrir o custo, a remuneração do capital, a depreciação de equipamentos e o melhoramento dos serviços. No lugar disso, sugeriu-se estabelecer que a norma infraconstitucional

---

49 BRASIL. Assembleia Nacional Constituinte. *Comissão da Ordem Econômica.* Fase C – Anteprojeto da subcomissão. Brasília, DF, 1988e. Disponível em: https://www.camara.leg.br/internet/constituicao20anos/DocumentosAvulsos/vol-171.pdf. Acesso em: 9 out. 2021.

50 Essa eliminação ocorreu na Fase F – Substitutivo do relator da Comissão Temática da Ordem Econômica.

51 BRASIL. Assembleia Nacional Constituinte. *Comissão de Sistematização.* Fase P: Segundo substitutivo do relator da. Brasília, DF, 1988f. Disponível em: https://www.camara.leg.br/internet/constituicao20anos/DocumentosAvulsos/vol-242.pdf. Acesso em: 9 out. 2021.

52 Emenda 1478, do Constituinte Paulo Pimentel, na Fase M. Em sentido semelhante: Emendas 21871 e 33349, ambas da Fase O. (BRASIL. Câmara dos Deputados. *Quadro histórico dos dispositivos constitucionais.* Art. 175. c2021b. Disponível em: https://bd.camara.leg.br/bd/handle/bdcamara/31059. Acesso em: 9 out. 2021.)

53 Parecer sobre a Emenda 1478, do Constituinte Paulo Pimentel, na Fase M. No mesmo sentido: parecer sobre as Emendas 21871 e 33349, ambas da Fase O. (BRASIL. Câmara dos Deputados, c2021b).

trataria da "política tarifária", tão apenas. Assim, a emenda não trouxe qualquer menção aos contornos da tarifa. Foi apresentada a seguinte justificativa: "Trata-se de precisar o texto aprovado pela Comissão de Sistematização a fim de não se criar barreiras que impeçam o Poder Público, nas diversas esferas, de fixar as políticas tarifárias mais adequadas para os serviços públicos prestados à população",[54] isto é, ao propor a mudança do texto, pretendeu-se que caberia ao Poder Público definir como a tarifa seria em cada caso. Em um primeiro momento, o parecer foi pela rejeição, sob o entendimento que a "política tarifária deve ser objeto de restrições constitucionais".[55] Já em plenário, após fusão dessa emenda com o texto em votação, houve a aprovação da proposição,[56] daí originando o artigo 175, III, da CRFB.[57]

Tanto a formação da tarifa quanto o equilíbrio econômico-financeiro em contratos de concessão de serviço público ficaram de fora do texto constitucional. Deliberadamente, ao aprovar a última emenda mencionada, a Assembleia Constituinte deixou para a lei ordinária a missão de dispor sobre a política tarifária. Ainda mais, a fundamentação dessa emenda estabeleceu a ideia de que a formação da tarifa fica a cargo do Poder Público. Já o equilíbrio econômico-financeiro não foi previsto na CRFB, pois o texto em debate, até certo momento, previa como a tarifa deveria ser formada e mantida, e seria, portanto, desnecessário trazer a intangibilidade da equação contratual. Uma vez suprimido o texto que previa a formação da tarifa, o constituinte até poderia ter discutido se seria o caso de voltar a inserção dessa garantia, porém nenhum debate houve nesse sentido.

Em conclusão, a Constituição Federal atual não disciplina o equilíbrio econômico-financeiro dos contratos administrativos, aí

---

[54] Emenda nº 1212, de Irma Passoni, na Fase S – Comissão de Sistematização (BRASIL. Assembleia Nacional Constituinte. *Emendas oferecidas em plenário.* Volume II. Brasília, DF, 1988i. Disponível em: https://www.camara.leg.br/internet/InfDoc/Constituicao20anos/vol-255_FaseSEmendas2P.pdf. Acesso em: 9 out. 2021).

[55] BRASIL. Assembleia Nacional Constituinte. *Relatórios sobre as emendas oferecidas em plenário.* Volume II. Brasília, DF, 1988j. Disponível em: https://www.camara.leg.br/internet/constituicao20anos/DocumentosAvulsos/vol-259.pdf. Acesso em: 9 out. 2021.

[56] BRASIL. Assembleia Nacional Constituinte. *258ª sessão.* Brasília, DF, 1988d. Disponível em: http://imagem.camara.gov.br/Imagem/d/pdf/235anc29abr1988.pdf. Acesso em: 9 out. 2021.

[57] *Cf.* seu inteiro teor: Art. 175. Incumbe ao Poder Público, na forma da lei, diretamente ou sob regime de concessão ou permissão, sempre através de licitação, a prestação de serviços públicos. Parágrafo único. A lei disporá sobre: I – o regime das empresas concessionárias e permissionárias de serviços públicos, o caráter especial de seu contrato e de sua prorrogação, bem como as condições de caducidade, fiscalização e rescisão da concessão ou permissão; II – os direitos dos usuários; III – política tarifária; IV – a obrigação de manter serviço adequado.

incluído o contrato de concessão de serviço público. Isso não significa que o ordenamento jurídico não tutele a questão, pois, como é consabido, o tema ficou a cargo da legislação ordinária que disciplinou a matéria nos moldes que serão apresentados a seguir.

1.3.3 A legislação ordinária

O regime das concessões de serviço público comum[58] está disciplinado na Lei nº 8.987, de 1995. Dentre os diversos aspectos tratados pela norma está a política tarifária desses contratos, incluído o tema do equilíbrio econômico-financeiro. Vejamos os dispositivos que tratam da matéria em estudo.

O artigo 2º estabelece que o objeto contratual será executado pela concessionária "por sua conta e risco". Embora esses termos tenham gerado diversas divergências a respeito da extensão do risco assumido pelo contratado, é certo que isso não significa que a concessionária responda por todos os riscos da concessão. Isso não é uma novidade. Tácito já defendia que "a imposição do risco não é, contudo, irrestrita", dispondo que a teoria das áleas desenvolvida na França restringiu o conceito de "por sua conta e risco" às áleas ordinárias do negócio.[59] A própria Lei nº 8.987, de 1995, criou exceção à total assunção de riscos pela concessionária ao prescrever o direito ao reequilíbrio da equação contratual em duas hipóteses (artigo 9º, §§3º e 4º). Também, parte da literatura jurídica e, ainda mais relevante, as práticas contratuais mais recentes consolidaram a percepção de que "não existe uma divisão natural de riscos, mas que esta matéria é tipicamente contratual",[60] que deve ser conduzida não pela separação álea ordinária *versus* álea extraordinária, mas sim por critérios de eficiência contratual segundo os quais o risco deve ser alocado àquele que detém melhores condições de evitá-lo ou de geri-lo.[61]

---

[58] Esse termo é aqui utilizado pela diferenciar a concessão regida pela Lei nº 8.987, de 1995 das concessões administrativas e patrocinadas (parcerias público-privadas) disciplinadas pela Lei nº 11.079, de 2004.

[59] TÁCITO, 1961, p.1.

[60] MONTEIRO, Vera. *Concessão*. São Paulo: Malheiros, 2010. p. 170.

[61] RIBEIRO, Mauricio Portugal. Concessões e PPPs: melhores práticas em licitações e contratos. Portugal Ribeiro Advogados, 2011. Disponível em: https://portugalribeiro.com.br/ebooks/concessoes-e-ppps/as-melhores-praticas-para-modelagem-de-contratos-de-concessoes-e-ppps-alinhando-os-incentivos-para-a-prestacao-adequada-e-eficiente-dos-servicos/distribuicao-de-riscos-e-equilibrio-economico-financeiro/. Acesso em: 12 jun. 12021.

Em seu artigo 10, a Lei nº 8.987, de 1995, prescreve que sempre que atendidas as condições do contrato, está mantido seu equilíbrio econômico-financeiro. De acordo com essa norma, é o contrato que dita os contornos de seu estado de equilíbrio. No conceito de condições do contrato estão abarcadas não apenas as regras contratuais – dentre elas, as que disciplinam a prestação do serviço e, ainda, o tema do equilíbrio econômico-financeiro –, mas também todas as demais circunstâncias relativas à formação e execução do contrato de concessão,[62] como visto na seção 1.1. No momento zero da concessão, esse estado de equilíbrio é expresso pela equação econômico-financeira da proposta posteriormente cristalizada na avença. No curso da concessão, o equilíbrio econômico-financeiro deve ser preservado, o que pode ocorrer por meio tanto da recomposição da equação econômico-financeira quanto da formação de nova equação.

Já o artigo 9º, *caput* e §2º, estabelece que, para que seja mantido o equilíbrio econômico-financeiro, a tarifa deve ser preservada por meio de revisão. Conforme essa norma, a tarifa é revista, ou seja, modificada no curso da concessão para que possa viabilizar a manutenção do equilíbrio econômico-financeiro. É assente o entendimento de que a referência à revisão da tarifa não obsta o reequilíbrio econômico-financeiro por outras formas, como a extensão do prazo contratual ou a indenização, por exemplo. A modificação da tarifa trata-se, apenas, de um dos meios de promover a recomposição da equação, apontada por alguns autores como a forma preferencial, segundo a lei.[63] Ademais, embora o dispositivo use o termo "poderão", passando a ideia de facultatividade, o artigo 23, IV, da Lei nº 8.987, de 1995, estabelece que o contrato deve necessariamente disciplinar a revisão da tarifa. Ainda, vê-se que a norma não prescreve como e em que extensão se dá a revisão voltada a manter o equilíbrio.

---

[62] Filia-se ao entendimento assim expresso: "As condições do contrato, como prescreve o artigo 10 da Lei nº 8987/1995, são o critério-chave para a manutenção do equilíbrio econômico-financeiro da concessão dos serviços público. (...) Conforme já mencionado, as condições do contrato remetem às circunstâncias institucionais nas quais ele foi celebrado. O estado de coisas que permitiu a elaboração e a concretização daquele específico projeto concessionário" (MOREIRA, 2010, p. 402-403).

[63] Como exemplo, *cf.*: "A Lei nº 8.987/1995 (art. 9º, §§2º e 3º) elege a revisão tarifária como mecanismo preferencial de reequilíbrio. A revisão tarifária, porém, não é nem o único, nem sempre o mais conveniente método de recomposição do equilíbrio. O reequilíbrio pode ser buscado mediante a extensão ou o encurtamento de prazo de concessão (pois o tempo de exploração impacta o balanço contratual), mediante o incremento ou o alívio de investimentos do particular, ou mesmo por meio de indenização compensatória paga por uma das partes" (MARQUES-NETO, Floriano de Azevedo. *Concessões*. Belo Horizonte: Fórum, 2015. p. 195).

Sobre esse aspecto da norma, é pertinente notar que o projeto original que deu origem à Lei nº 8.987, de 1995, trazia a seguinte redação: "Os contratos poderão prever mecanismos de revisão periódica, a fim de manter-se o equilíbrio econômico-financeiro originalmente existente" (artigo 9, *caput*).[64] Na Câmara dos Deputados, o projeto foi alterado nos seguintes termos: "A proposta de revisão das tarifas poderá ser de iniciativa do poder concedente ou da concessionária e terá por objetivo restabelecer o inicial equilíbrio econômico-financeiro" (artigo 9, §2º).[65] De volta ao Senado, houve alteração da proposta da Câmara e sua substituição pelo texto do projeto original do qual, contudo, foram excluídas as palavras "periódica" e "originalmente existente".[66] Assim, deixou-se de prever "a revisão periódica", passando a constar apenas o termo "revisão". A remoção decorreu da preocupação em não garantir, por lei, o direito à revisão periódica.[67] Ainda, deixou de ser prevista a preservação "do equilíbrio econômico-financeiro originalmente existente" para prescrever apenas a preservação "do equilíbrio econômico-financeiro", daí tendo resultado o texto de lei aprovado e ainda hoje vigente.

---

[64] BRASIL. Senado. *Projeto de Lei nº 179, de 1990*. Apresentado pelo senador Fernando Henrique Cardoso. Lei de Concessões. Dispõe sobre o regime de prestação de serviços públicos pela iniciativa privada, previsto no art. 175 da Constituição, e regula a concessão de obra pública. Disponível em: https://www25.senado.leg.br/web/atividade/materias/-/materia/29077. Acesso em: 8 nov. 2021. O projeto foi apresentado pelo senador Fernando Henrique Cardoso (PSDB-SP).

[65] Redação Final do substitutivo da Câmara dos Deputados ao Projeto de Lei do Senado Federal nº 202-F, de 1991 (nº 179 na origem), de 10 de junho de 1992.

[66] Essa deliberação decorreu da aprovação do Requerimento nº 107, de 1995, do senador José Fogaça (PMDB-RS): "Nos termos do art. 312, alínea b, do Regimento Interno, requeiro destaque, para votação em separado, do artigo 9º do texto original do Senado, que excluiu as expressões 'periódicas' e 'originalmente existente', a fim de que conste como §2º do art. 9º do Substitutivo da Câmara" (BRASIL. Senado. *Requerimento nº 107*. 1995. Disponível em: https://www.senado.leg.br/publicacoes/anais/pdf/Anais_Republica/1995/1995%20Livro%202.pdf. Acesso em: 17 out. 2021).

[67] *Cf.* os termos da fala do senador José Fogaça (PMDB-RS): "Quando digo que os contratos poderão prever mecanismos de revisão periódica, isso significa que, desde logo, estamos assegurando às concessionárias o direito de estabelecer períodos para revisão de tarifas, que é próprio de uma cultura também inflacionária. Por outro lado, significa favorecer o concessionário em desfavor do usuário porque, ao estabelecer em lei que há uma periodicidade necessária de revisão de tarifas, estou garantindo ao concessionário, ao prestador do serviço, que eventualmente será uma empresa privada, a possibilidade de revisar tarifas numa periodicidade que possa ser contrária ao interesse coletivo, ao interesse do cidadão, ao interesse dos usuários" (*Ibid.*).

A Lei nº 8.987, de 1995, prevê duas circunstâncias que alteram a equação econômico-financeira e autorizam sua recomposição: (i) a alteração unilateral do contrato pela Administração Pública (artigo 9º, §4º) e (ii) a criação, a alteração ou a extinção de tributos e encargos legais, com exceção de tributo sobre a renda, após a apresentação da proposta, quando comprovado o impacto sobre a equação (artigo 9º, §3º). O fato de a norma aludir apenas a essas duas hipóteses de evento de desequilíbrio poderia passar a impressão de que não haveria outras. Essa é uma falsa impressão, pois o mencionado artigo 10 estabelece que são as condições do contrato que definem quando ele está equilibrado, assim possibilitando que sejam previstas outras hipóteses que ensejem a recomposição contratual.

Ademais, a Lei nº 8.987, de 1995, estabelece as disposições já comentadas, mas não prescreve, em nenhum momento, quais são os mecanismos de preservação do equilíbrio econômico-financeiro. Por conta disso, Sundfeld aponta que o regramento dessa matéria cabe ao contrato de concessão:

> Mas como o desequilíbrio deve ser apurado e compensado? Esse tema não foi disciplinado na legislação. Trata-se de questão a ser definida pelo Poder Público, ao elaborar as condições de contratação, e pela pessoa contratada, a quem cabe anuir com o método proposto. É, em suma, matéria a ser contratada.[68]

Partindo dessa mesma ideia, Marques Neto e Loureiro afirmam que "(...) a concessão pode ter seu equilíbrio conformado numa série de parâmetros diversos e que não se sujeita a uma análise maniqueísta de certo ou errado".[69] Assim, a Lei nº 8.987, de 1995, deixou para que o Poder Público, ao estabelecer os termos da minuta do contrato, e para

---

[68] SUNDFELD, Carlos Ari. Risco da concessão e sua base de cálculo: receita estimada ou receita real? *In*: SUNDFELD, Carlos Ari. *Pareceres, Vol. II*. São Paulo: Thomson Reuters – Revista dos Tribunais, 2013. p. 57.

[69] MARQUES-NETO, Floriano de Azevedo; LOUREIRO, Caio de Souza. O equilíbrio econômico e financeiro nas concessões: dinamismo e segurança jurídica na experiência brasileira. *In:* MOREIRA, Egon Bockmann (Coord.). *Tratado de equilíbrio econômico-financeiro:* contratos administrativos, concessões, parcerias público-privadas, Taxa Interna de Retorno, prorrogação antecipada e relicitação. 2. ed. Belo Horizonte: Fórum, 2019. p. 148. Também nesse sentido, *cf.* GUERRA, Sérgio; SANTOS, José Marinho Séves Santos. Mutação regulatória e equilíbrio econômico-financeiro: caso ARTESP–TAM – Processo nº 1040986-29.2014.8.26.0053. *In:* MARQUES-NETO, Floriano de Azevedo; MOREIRA, Egon Bockmann; GUERRA, Sérgio. *Dinâmica da regulação:* estudos de casos da jurisprudência brasileira. A convivência dos tribunais e órgãos de controle com agências reguladoras, autoridade de concorrência e livre iniciativa. 2. ed. Belo Horizonte: Fórum, 2021. p. 222.

o contratado, ao anuir com os termos da avença, definir como calcular e reequilibrar a equação contratual, devendo a questão ser guiada mais por outras ciências, como economia e finanças, do que pelo Direito.

Essa conclusão extrai-se dos artigos 18, VIII, XIV e 23, IV da Lei nº 8.987, de 1995, que estabelecem que o edital de licitação conterá os critérios de revisão da tarifa e que o contrato prescreverá, além dos critérios, os procedimentos dessa revisão. Disso se depreende que é cláusula essencial do contrato aquela que disciplina os mecanismos de preservação do equilíbrio contratual. Porém, pode surgir a dúvida se esses mecanismos estariam, de fato, abarcados nos conceitos de "critérios e procedimentos" da revisão tarifária, o que torna as explicações a seguir necessárias.

Em primeiro lugar, nos termos dessa norma, a revisão tem a função de preservar a tarifa (artigo 9º, *caput*) para que seja mantido o equilíbrio econômico-financeiro (artigo 9º, §2º). Como visto anteriormente, conquanto a norma fale em "revisão da tarifa", quando se refere a isso, a Lei nº 8.987, de 1995, está tratando da preservação do equilíbrio contratual. A menção à revisão não significa que não seja possível o reequilíbrio econômico-financeiro por outras formas. Por essa razão, quando os artigos 18, VIII, XIV e 23, IV falam em "critérios e procedimentos" de "revisão da tarifa", está tratando, na verdade, da manutenção do equilíbrio econômico-financeiro de modo geral – e não apenas de um dos meios de recomposição do equilíbrio contratual. Daí se conclui que os referidos artigos prescrevem que a regra contratual que estabelece critérios e procedimentos para preservação do equilíbrio econômico-financeiro é cláusula essencial do pacto concessório.

Em segundo lugar, a manutenção do equilíbrio econômico-financeiro envolve diferentes aspectos: (i) a constatação da ocorrência de evento que potencialmente cause desequilíbrio contratual; (ii) a verificação de que os efeitos do desequilíbrio sejam arcados pela parte que não assumiu o risco pelo evento de desequilíbrio; (iii) o dimensionamento do valor do desequilíbrio; (iv) a escolha da medida que reequilibrará o contrato; e (v) o dimensionamento dessa medida. Os mecanismos de preservação do equilíbrio contratual inserem-se no aspecto iii e nos seguintes.

Se a lei exigiu que os contratos sempre prevejam "critérios e procedimentos" de revisão, elevando-os à condição de cláusula essencial, estão incluídos aí os mecanismos de preservação do equilíbrio contratual, dada sua centralidade e substancialidade na preservação do equilíbrio econômico-financeiro. Pouco sentido faria os contratos preverem, como cláusula essencial, aspectos laterais da revisão (por exemplo, o encadeamento de atos procedimentais) e deixar de fora parte substancial da manutenção do equilíbrio contratual. Nesse sentido, ao referir-se ao artigo 23, IV, da Lei nº 8.987, de 1995, Arruda Câmara afirma que o dispositivo não traz "mera exigência de um rito burocrático para produção de determinado ato administrativo", mas que "a existência de procedimento atende a uma necessidade jurídica de cunho substancial".[70] Disso se depreende que os dispositivos legais elencam como cláusula essencial do contrato de concessão a regra que disciplina os mecanismos de preservação do equilíbrio contratual.[71]

Em suma, a Lei nº 8.987, de 1995, não prescreve os mecanismos de preservação do equilíbrio econômico-financeiro, mas impõe que isso seja disciplinado pelo contrato de concessão. A despeito disso, mais recentemente, a Lei nº 13.448, de 2017, introduziu no plano legal referência a esses mecanismos. Em seu artigo 24, a norma estabelece que o Poder Executivo deverá regulamentar diretrizes sobre o Fluxo de Caixa Marginal. Já o artigo 7º da mesma lei dispõe que os aditivos de prorrogação dos contratos devem incorporar "mecanismos que desestimulem eventuais inexecuções ou atrasos de obrigações, como o desconto anual de reequilíbrio". Há, portanto, norma que busca incentivar o Poder Público a adotar certos mecanismos. Fala-se em incentivar, pois a norma não é mandatória quanto à adoção. No caso do Fluxo de Caixa Marginal, o dispositivo dispõe que caberá regulamentar sua incidência, o que possibilita ao Poder Público estabelecer as circunstâncias sob as quais lhe pareça adequado empregá-lo. Já no caso do Desconto Anual de Reequilíbrio, a norma refere-se a ele como um mero exemplo, não impondo sua adoção. Portanto, permanece adequado o entendimento de que a legislação ordinária deixa para o contrato o dever de definir os mecanismos de equilíbrio contratual casuisticamente.

Por fim, há discussão sobre a incidência do artigo 65, II, "d", da Lei nº 8.666, de 1993, no campo das concessões regidas pela Lei nº 8.987,

---

[70] ARRUDA CÂMARA, 2009, p. 202.

[71] Nesse sentido: "O contrato de concessão e de PPP há de especificar não apenas as formas jurídicas que podem ser utilizadas para a recomposição do equilíbrio contratual, como os prazos, procedimentos e requisitos documentais exigíveis, assim como – principalmente – as metodologias e os critérios que orientarão a compensação econômica" (GUIMARÃES, Fernando Vernalha. O equilíbrio econômico-financeiro nas concessões e PPPs: formação e metodologias para recomposição. *In:* MOREIRA, Egon Bockmann (Coord.). *Tratado de equilíbrio econômico-financeiro:* contratos administrativos, concessões, parcerias público-privadas, Taxa Interna de Retorno, prorrogação antecipada e relicitação. 2. ed. Belo Horizonte: Fórum, 2019. p. 110).

de 1995. Esse dispositivo estabelece as hipóteses que se caracterizam como álea extraordinária, ensejando reequilíbrio em favor do contratado. Ao examiná-lo, parte da literatura jurídica compreende que os eventos enquadrados como "fatos imprevisíveis, ou previsíveis porém de consequências incalculáveis, retardadores ou impeditivos da execução do ajustado, ou, ainda, em caso de força maior, caso fortuito ou fato do príncipe", tal como prescrito por aquela norma, caracterizam-se como riscos que devem sempre ser alocados ao ente público contratante. Em outras palavras, tais riscos não podem ser pactuados contratualmente de forma distinta da previsão legal, de acordo com essa visão. De outra banda, outros autores entendem que os eventos mencionados no artigo 65, II, "d", podem ser compartilhados contratualmente entre as partes, inexistindo uma alocação legal obrigatória de determinado risco à Administração Pública.[72] O artigo 124, I, "d", da Lei nº 14.133, de 2021, pareceu querer solucionar essa controvérsia, ao prescrever que a regra que disciplina certos eventos como parte da álea extraordinária cede ao que estiver prescrito na matriz de risco contratual, prevalecendo essa última sobre a regra legal.

A despeito dessa mudança legislativa, ainda é válido o seguinte exercício: se analisássemos apenas o artigo 65, II, "d", da Lei nº 8.666, de 1993, que vigorou por tanto tempo e ainda vigorará por mais alguns anos,[73] pressupondo como correto o entendimento de que esse artigo não admite alocação de risco distinta daquela estabelecida na norma legal, tal como entendem muitos autores, essa regra seria aplicável aos contratos de concessão regidos pela Lei nº 8.987, de 1995?

A Lei nº 8.987, de 1995, não prescreve a aplicação supletiva ou subsidiária da Lei nº 8.666, de 1993, nem da Lei nº 14.133, de 2021, mas também não veda sua incidência. Já o artigo 124 da Lei nº 8.666, de 1993, prevê que seus dispositivos se aplicam aos contratos de concessão quando não conflitarem com a legislação específica sobre o assunto.

Frente a esse quadro normativo, de um lado, há autores que defendem sua incidência nos casos não disciplinados pela Lei nº 8.987, de 1995, e no contrato, vez que a regra disposta na Lei nº 8.666, de 1993, é conciliável com o regime da concessão.[74] De outro lado, parte

---

[72] Como exemplo, *vide*: RIBEIRO, Maurício Portugal; PRADO, Lucas Navarro. Comentários à Lei de PPP: fundamentos econômico-jurídicos. São Paulo: Malheiros, 2007. p. 122.

[73] É o que se depreende dos artigos 190 e 191 da Lei nº 14.133, de 2021, que estabelecem a aplicação das regras da Lei nº 8.666, de 1993, aos contratos firmados antes da entrada em vigor daquela primeira norma e àqueles firmados depois de sua vigência, mas regidos pela regra de 1993.

[74] DI PIETRO, 2020, p. 107; ALENCAR, 2019, p. 79; GUIMARÃES, F., 2019, p. 109.

da literatura jurídica entende que o artigo 65, II, "d" não se aplica a concessões. Moreira, por exemplo, compreende ser inaplicável, pois o contrato de concessão e o contrato regido pela Lei nº 8.666 não possuem a mesma lógica econômico-financeira, bem como porque inexiste a ideia de desequilíbrio em desfavor de uma parte ou de outra, tal como há nos contratos da Lei nº 8.666, de 1993.[75] Para Bernardo Guimarães, igualmente, não se aplica a Lei nº 8.666, de 1993, devendo o reequilíbrio econômico-financeiro ser guiado pela ideia de melhor gerenciamento do risco, ou seja, a parte que estiver mais apta a impedir a ocorrência do evento ou a melhor lidar com ele caso ocorra, deverá assumi-lo.[76]

Concordamos com o segundo posicionamento. O artigo 65, II, "d", da Lei nº 8.666, de 1993, não incide sobre os contratos de concessão de serviços públicos disciplinados pela Lei nº 8.987, de 1995, pois essas normas disciplinam contratos com lógicas distintas. A alocação de risco contratual em concessões e, via de consequência, as hipóteses de reequilíbrio contratual não comportam solução pré-estabelecida em lei – ainda que se admita que, mesmo no campo da Lei nº 8.666, de 1993, essa alocação não seja absoluta, tal como parte da literatura compreende. Cumpre ao contrato previamente definir quem responderá por cada risco e, no caso de silêncio contratual, incumbe às partes pactuar essa questão, tomando em consideração o critério de melhor gerenciamento do risco.

Em conclusão, a descrição e a análise dos termos da Lei nº 8.987, de 1995, apresentadas demonstram que não houve extenso regramento sobre o tema do equilíbrio econômico-financeiro. A lei incorpora elementos da teoria das áleas, como a noção de equilíbrio econômico-financeiro e sua preservação diante de certas hipóteses, mas não há uma completa vinculação do texto legal a essa teoria. Isso fica claro na comparação dessa norma com a Lei nº 8.666, de 1993, especialmente ao seu artigo 65, II, "d", que claramente se funda na teoria das áleas, inclusive aludindo a "álea econômica e extraordinária e contratual" e ao "fato do príncipe", conceitos que somente podem ser compreendidos quando conhecida essa teoria. A percepção pode ser extraída também do fato de que ficou de fora a prescrição de hipóteses que, segundo essa teoria,

---

[75] MOREIRA, 2019, p. 92.

[76] GUIMARÃES, Bernardo Strobel. Os contratos de concessão como técnica de efetivação de benefícios sociais e os reflexos no seu equilíbrio econômico-financeiro. *In:* TAFUR, Diego Jacome; JURKSAITIS, Guilherme Jardim; ISSA, Rafael Hazme. *Experiências práticas em concessões e PPP*: estudos em homenagem aos 25 anos da Lei de Concessões. v. II. São Paulo: Quartier Latin, 2021. p. 358.

se qualificariam como teoria da imprevisão. Em suma, há apenas regras-chave sobre a tutela jurídica da equação econômico-financeira da concessão. Essas regras ensejam diversos desafios de interpretação, conforme se depreenderá da abordagem posta ao longo desta obra.

1.4 Regulação *cost-based* e *non-cost-based*

Visto que a legislação traz apenas regras-chave sobre o equilíbrio econômico-financeiro dos contratos, indaga-se se a preservação desse equilíbrio ocorre nos mesmos moldes nos diferentes modelos regulatórios. Busca-se responder a essa questão nesta seção.

A literatura trata dos modelos de formação da tarifa na regulação *cost-based* e na regulação *non-cost based*. Antes de abordar cada uma delas, cabe uma ressalva: há diversas minúcias em cada um dos aspectos desses modelos, mas, para fins desta obra, vale apenas delinear seus traços gerais. Ainda, "(...) na prática, as estratégias não se limitam às duas categorias distintas aqui analisadas, podendo resultar de uma combinação de elementos dessas abordagens",[77] ou seja, um dado aspecto de um determinado modelo pode ser aplicado em contrato no qual prevalecem características do outro modelo. Daí porque as descrições a seguir representam as formas gerais desses modelos, de modo que somente a análise de contratos em concreto revela os reais contornos dos modelos tarifários de cada avença.

A regulação *cost-based* caracteriza-se pela "definição dos preços praticados pela empresa regulada por meio de revisões periódicas (RTP) promovidas pelo agente regulador, tendo-se em vista a obtenção de receitas suficientes para cobrir os custos da atividade".[78] Logo, sua principal característica consiste em, no curso da concessão, considerar os custos da concessionária e sua justa remuneração, para, então, formar a tarifa a ser empregada dali em diante, de tempos em tempos. Esse modelo busca "impedir que o monopólio natural resulte em preço tarifário acima do que deveria ser se houvesse condições concorrenciais

---

[77] CAMACHO, Fernando Tavares; RODRIGUES, Bruno da Costa Lucas. Regulação econômica de infraestruturas: como escolher o modelo mais adequado? *Revista do BNDES*, n. 41, p. 260, jun. 2014.

[78] PRADO, Lucas Navarro; GAMELL, Denis Austin. Regulação econômica de infraestrutura e equilíbrio econômico-financeiro: reflexos do modelo de regulação sobre o mecanismo de reequilíbrio a ser adotado. *In:* MOREIRA, Egon Bockmann (Coord.). *Tratado de equilíbrio econômico-financeiro*: contratos administrativos, concessões, parcerias público-privadas, Taxa Interna de Retorno, prorrogação antecipada e relicitação. 2. ed. Belo Horizonte: Fórum, 2019. p. 254.

ideias",[79] ou seja, "a intenção é estimar custos que seriam obtidos em um mercado competitivo".[80] A literatura apresenta duas principais espécies desse modelo: preço-teto (*price cap* ou RPI-X) e por custo de serviço (*cost plus* ou *rate of return* – ROR).

Na regulação *cost-based* por preço-teto, periodicamente, a tarifa é revisada para contemplar os custos em que a concessionária incorrerá no período tarifário seguinte, ou seja, os custos futuros. Trata-se, portanto, de regulação *ex ante*. Nesse âmbito, de forma sintética, os custos eficientes são estimados e, então, é projetada a receita necessária para que eles sejam cobertos e, também, para que haja remuneração por uma determinada taxa de retorno considerada justa, que pode – e costuma – ser recalculada periodicamente. Após examinada essa receita face à estimativa de demanda para o próximo período tarifário, é determinado o preço-teto da tarifa.

São possíveis vantagens da regulação *cost-based* por preço-teto: (i) os incentivos à eficiência da concessionária, já que a tarifa que cobre os custos não será revisada no intervalo entre uma revisão tarifária e outra e, naturalmente, haverá a minoração da tarifa pela incidência desse fator;[81] (ii) a existência de flexibilidade regulatória, já que "o regulador tem flexibilidade para adaptá-la à flutuação dos cenários econômicos".[82]

De outro lado, há as seguintes potenciais desvantagens: (i) o incentivo para minorar custos pode culminar na diminuição da qualidade do serviço – o que precisa ser combatido por outros mecanismos, como, por exemplo, fatores de qualidade que impactam a tarifa;[83] (ii) como a tarifa é baseada em custos futuros, logicamente estimados, e não em custos já incorridos, o negócio é mais arriscado, resultando em maior custo de capital;[84] (iii) a espécie demanda atuação constante e especializada pelo regulador, o que eleva o custo da regulação para o Poder Público.[85]

Na regulação *cost-based* por custo de serviço (*cost plus* ou *rate of return* – ROR), tal como na espécie anterior, a tarifa é, de tempos em tempos, revisada com base nos custos ao longo da execução contratual. Todavia, diferentemente da espécie preço-teto, são considerados os

---

[79] *Ibid.*, p. 255.
[80] CAMACHO; RODRIGUES, *op. cit.*, p. 261.
[81] CAMACHO; RODRIGUES, 2014, p. 266.
[82] PRADO; GAMELL, 2019, p. 256.
[83] *Ibid.*, p. 257.
[84] CAMACHO; RODRIGUES, *op. cit.*, p. 267.
[85] PRADO; GAMELL, *op. cit.*, p. 257.

custos nos quais a concessionária incorreu no último período, o que a qualifica como uma regulação *ex post*. Analisados os custos e afastados aqueles tidos como ineficientes, é estipulada a receita necessária para que a concessionária seja remunerada por uma taxa de retorno, que pode ou não ser aquela previamente estabelecida no momento da licitação.[86] Com isso, forma-se o valor da tarifa a ser cobrada dali em diante.

A espécie custo por serviço apresenta três potenciais vantagens: (i) uma vez que os custos com investimentos serão necessariamente remunerados por meio da revisão da tarifa, há incentivo para investir adequadamente e, assim, manter a qualidade do serviço;[87] (ii) há flexibilidade regulatória, "pois a definição do preço também acompanha a dinâmica dos custos nas flutuações da economia";[88] e (iii) como os custos incorridos, quando eficientes, serão necessariamente remunerados, a concessionária corre menos riscos, o que diminui o custo do capital.[89]

Por outro lado, essa espécie de regulação traz como possíveis desvantagens: (i) sabendo que será remunerada pelos custos incorridos e que o regulador não conhece bem a dinâmica de custos desse negócio (assimetria de informações), a concessionária pode deixar de manejar os custos de forma eficiente, assim incorrendo em maiores custos; e (ii) pelas mesmas razões, a concessionária pode superdimensionar sua base de ativos.[90]

Já na regulação *non cost-based*, a formação da tarifa não considera, no curso da concessão, os custos nos quais a concessionária incorreu ou incorrerá. A tarifa é formada no momento de celebração do contrato de concessão como resultado do processo competitivo havido na licitação. Consiste, assim, em uma regulação *ex ante*, pois a tarifa é definida antes que a concessionária incorra nos custos. Como visto, na regulação *cost-based*, a tarifa é revisada para incorporar os efeitos de uma simulação de mercado competitivo. Já na regulação *non cost-based*, como não há essa forma de revisão, os efeitos da competição sobre a tarifa são necessariamente capturados apenas na concorrência havida na licitação. "Ou seja, a intenção é considerar de início no contrato

---

[86] A esse respeito: "Também, com cada vez mais frequência, as agências não se prendem à taxa de retorno da proposta original obtida juntamente com o leilão, passando a recalcular essa taxa periodicamente." (*Ibid.*, p. 259).

[87] CAMACHO; RODRIGUES, *op. cit.*, p. 265.

[88] PRADO; GAMELL, *op. cit.*, p. 258.

[89] CAMACHO; RODRIGUES, *op. cit.*, p. 265.

[90] PRADO; GAMELL, 2019, p. 258.

parâmetros econômicos que resultem de um mercado competitivo".[91] Isso exige que o certame seja muito bem desenhado. Ademais:

> de partida, são estabelecidos para todo o período do contrato, por exemplo, o preço-teto inicial por serviço e a regra de reajuste anual, investimentos obrigatórios e gatilhos de investimento, o nível mínimo de qualidade a ser atendido, a alocação de riscos entre o público e o privado e as regras para reequilíbrio econômico-financeiro do contrato.[92]

São apontadas as seguintes vantagens da regulação *non cost-based*: (i) baixo custo regulatório para o Poder Público, já que não há revisões periódicas nos mesmos moldes da regulação *cost-based,* isto é, aquela que repassa toda a estrutura de custos da concessão a fim de formar nova tarifa;[93] (ii) incentivo à eficiência, pois, para ganhar a licitação, a concessionária tende a otimizar sua projeção de custos e, durante a execução contratual, tendo em vista que o preço da tarifa não é revisto com base em seus custos, tende a minorá-los, a fim de melhorar seu retorno;[94] (iii) como diversos aspectos do contrato são bem delimitados, o risco do negócio e, via de consequência, o custo de capital são menores.[95]

Por outro lado, são potenciais desvantagens desse modelo: (i) desincentivo ao adequado investimento, já que a concessionária, para ganhar eficiência, tende a minorar seus custos por meio do subinvestimento, assim impactando a qualidade do serviço concedido – o que deve ser mitigado por outros mecanismos, como a incidência de fatores de qualidade, já citados; (ii) menor flexibilidade para definir a execução do contrato durante seu curso.[96]

Os modelos tarifários apresentados demonstram não somente formas distintas de formar a tarifa, mas também ideias diferentes de equilíbrio econômico-financeiro. Na regulação *cost-based,* a equação econômico-financeira original, travada no momento da celebração da proposta, é periodicamente modificada, de modo que "as premissas do contrato original acabam por ser atualizadas, periodicamente".[97] Não há compromisso em manter a mesma equação como parâmetro do equilíbrio contratual por toda a concessão. De tempos em tempos,

---

[91] CAMACHO; RODRIGUES, 2014, p. 271.

[92] *Ibid.*, p. 270.

[93] PRADO; GAMELL, *op. cit.*, p. 261.

[94] CAMACHO; RODRIGUES, *op. cit.*, p. 271.

[95] PRADO; GAMELL, *op. cit.*, p. 261.

[96] PRADO; GAMELL, 2019, p. 262.

[97] *Ibid.*, p. 262.

a equação vigente é revista e a nova passa a servir como parâmetro do equilíbrio contratual por dado período.

Na regulação *non cost-based*, a equação econômico-financeira é cristalizada no momento da celebração do ajuste e somente é modificada no curso da concessão a fim de promover sua recomposição por meio da revisão que terá lugar diante do advento de certos eventos que ensejam o reequilíbrio da equação econômico-financeira, seja à luz da teoria das áleas, seja por conta da matriz de risco definida contratualmente.[98] Essa é a ideia da regulação *non cost-based* em sua forma "pura". No entanto, contratos recentes que adotam primordialmente esse modelo tarifário passaram a permitir a modificação da equação econômico-financeira original em si diante de certas circunstâncias, conforme veremos no decorrer desta obra. Essa nova equação passa a servir como o parâmetro do equilíbrio contratual. Nesse caso, diferentemente do que ocorre na regulação *cost-based*, não há um total descarte da equação econômico-financeira original e sua substituição por uma nova; ela permanece como o ponto de partida para sua alteração.

Conforme ficará claro adiante, os tipos de concessão examinados nesta obra inserem-se na regulação *non cost-based*. Isso, porém, não impediu que certos mecanismos nascidos na regulação *cost-based* fossem incorporados nessas concessões.

1.5 A recomposição da equação contratual e a formação de nova equação como formas distintas de preservação do equilíbrio

O contrato em estado de equilíbrio é expresso pela preservação da equação econômico-financeira, isto é, pela preservação da equivalência adequada entre a remuneração da concessionária e o conjunto de circunstâncias relativas à formação e à execução do contrato de concessão. Essa equivalência pode corresponder tanto à equação originalmente travada no momento de celebração do contrato quanto a uma nova surgida no curso da concessão, tudo a depender do modelo adotado em cada contrato. Há, portanto, duas formas de preservar o equilíbrio: por meio da recomposição de uma dada equação tida como a expressão do contrato de equilíbrio contratual e por meio da formação de uma

---

[98] "Após o leilão, tais preços são revisados apenas em função da necessidade de correção monetária e para refletir a alocação de riscos entre as partes contratantes" (*Ibid*, p. 269).

nova equação. Em ambas as hipóteses, há a preservação do equilíbrio econômico-financeiro, mas altera-se o parâmetro do estado de equilíbrio.

1.5.1 A recomposição da equação contratual

Tradicionalmente, a ideia de preservação do equilíbrio contratual da concessão está atrelada à circunstância em que certo evento abala a equação econômico-financeira original travada no momento de celebração do contrato, ensejando a sua recomposição. Essa equação é o parâmetro do contrato em estado de equilíbrio que expressa adequada equivalência entre a remuneração da concessionária e o conjunto de circunstâncias relativas à formação e execução do contrato de concessão. Abalada essa equação, para que o equilíbrio contratual seja preservado, é necessário recompô-la. Com isso, retorna-se o ajuste a um dado estado no qual o contrato é tido como em equilíbrio.

Essa ideia é a compreensão mais corriqueira do tema, pois decorre da já mencionada teoria das áleas, tratada na seção 1.2, segundo a qual alterações unilaterais impostas pelo Concedente, eventos imprevisíveis e extracontratuais e certos atos governamentais autorizam a recomposição da equação originalmente estabelecida. Mesmo o estabelecimento de regra contratual que defina quais riscos estão alocados à concessionária e quais são assumidos pelo Poder Concedente (matriz de risco) não altera, por si só, a ideia de que o equilíbrio contratual é preservado por meio da recomposição da equação econômico-financeira original.

Trata-se da hipótese aqui chamada de preservação do equilíbrio contratual por meio da recomposição da equação econômico-financeira. É o caso, por exemplo, da criação de tributo (evento imprevisível) que incida sobre a receita da concessionária (impacto sobre a equação que é suportado pela parte a quem o risco não está alocado). Dimensionados os impactos da criação do tributo sobre a equação econômico-financeira, para que o equilíbrio seja preservado, será empregado algum meio de recomposição – a modificação do valor da tarifa, por exemplo – para recompor a equação já estabelecida e que é tida como o parâmetro do contrato em equilíbrio.

1.5.2 A formação de nova equação contratual

Embora a preservação do equilíbrio contratual passe, tradicionalmente, pela ideia ora descrita, o equilíbrio contratual da concessão pode ser preservado de outra forma, qual seja, por meio da modificação completa ou parcial da equação econômico-financeira, que é tida como o parâmetro do contrato em estado de equilíbrio em dado momento de sua vigência.

Nessa hipótese, não está sendo tratada a questão da recomposição de uma dada equação econômico-financeira que tenha sido abalada em razão da mudança das suas grandezas, como tratado anteriormente. Aqui, aborda-se aspecto distinto: a modificação da equação econômico-financeira em si, ou seja, daquilo que é considerado o parâmetro do contrato em estado de equilíbrio. Nesse caso, para que o contrato esteja equilibrado, forma-se uma nova equação contratual no curso da concessão, uma nova dimensão da adequada equivalência entre a remuneração e o conjunto de circunstâncias.

Admite-se a maleabilidade dessa equação, que pode ser inteiramente modificada ou sofrer ou apenas modificação parcial. Em qualquer hipótese, há como resultado uma equação econômico-financeira diversa da equação anterior que até então expressava o estado de equilíbrio do contrato. Trata-se da hipótese aqui chamada de preservação do equilíbrio contratual por meio da formação de nova equação econômico-financeira. Por exemplo, ao inserir novo investimento na concessão, constrói-se equação específica para esse novo investimento que deve refletir a remuneração adequada para fazer frente a circunstâncias objetivas envolvidas na inserção e execução de novo investimento. Essa nova equação conjuga-se à equação original, formando, ao final, uma nova equação.[99] Outro exemplo: no caso de concessões insertas no modelo regulatório baseado nos custos (*cost-based regulation*) em que, de tempos em tempos, forma-se nova equação econômico-financeira.

Nesse caso, pouco importa que os eventos que são o gatilho para a formação da nova equação contratual estejam previstos no contrato (ou seja, que o contrato preveja em que hipóteses e de que forma a equação será modificada), pois a ideia não mais é a de preservação do equilíbrio contratual apenas sob o viés da recomposição de uma dada equação, tida como o parâmetro do equilíbrio diante de um evento alocado na teoria das áleas ou na matriz contratual como risco do Concedente. A noção aqui é mais ampla, conforme já demonstrado.

---

[99] Nesse sentido, *vide*: "Em relação aos novos investimentos, a teoria e a prática têm evoluído para considerar que há a formação de uma nova equação econômico-financeira, ou seja, os impactos decorrentes dos custos e fluxos de receitas e despesas serão valorados conforme as premissas econômicas vigentes na data do aditivo contratual" (XAVIER, Eduardo; PINHEIRO, Luís Felipe Valerim. Atualidades e casuística sobre alteração dos contratos de concessão de infraestrutura. *In:* PEREIRA-NETO, Caio Mario da Silva; PINHEIRO, Luís Felipe Valerim (coords.). *Direito da Infraestrutura*. v. 2. São Paulo: Saraiva-FGV, 2017. p. 141).

Dadas essas características, a concepção mais alargada de preservação da equação econômico-financeira não parte sempre da premissa, presente na formação da teoria das áleas e ainda hoje referenciada por nossa literatura, de que o instituto do reequilíbrio contratual visa à continuidade da prestação do serviço concedido.[100] Isso é verdade para algumas hipóteses, mas não para todas. Por exemplo, a alteração unilateral que imputa caros encargos à concessionária enseja a recomposição da equação contratual para que a concessionária tenha condições econômicas e financeiras de seguir prestando o serviço concedido adequadamente. Para esse caso, é verdade que o reequilíbrio tenha como objetivo viabilizar a continuidade do serviço. Todavia, em outras hipóteses, a preservação do equilíbrio contratual objetiva, tão apenas, promover a equivalência mais adequada entre a remuneração da concessionária e as circunstâncias objetivas envolvidas na formação e execução do contrato, ainda que a continuidade da prestação do serviço público não esteja em risco. Em suma, a proposta de encarar a ideia de preservação do equilíbrio contratual de modo mais amplo, admitindo a formação de nova equação, visa a compreender que seu mote é viabilizar a equivalência adequada (ou "honesta", como dito pelo Conselho de Estado francês) entre a remuneração da concessionária e circunstâncias objetivas envolvidas no contrato de concessão durante todo o seu curso.

A formação de uma nova equação econômico-financeira deve estar prevista no contrato de concessão, inexistindo a possibilidade de que ela seja modificada sem que isso esteja previsto no instrumento contratual, seja em sua versão original, seja por meio de termo aditivo bilateral. Essa conclusão decorre do artigo 23, IV, da Lei nº 8.987, de 1995, que estabelece que o contrato prescreverá os mecanismos de preservação contratual.

A ideia de modificação da equação contratual como forma de preservar seu equilíbrio pode ser colocada em dúvida com base no entendimento de que a equação econômico-financeira travada no contrato no momento de sua assinatura deve ser sempre o parâmetro do contrato em estado de equilíbrio, o que impediria sua maleabilidade no curso da concessão. Essa ideia é correta ou admite-se que a equação seja maleável, podendo ser modificada no curso da concessão – total ou parcialmente –, de modo que a nova equação se torne o novo parâmetro do equilíbrio contratual?

---

[100] *Cf.* MARQUES-NETO; LOUREIRO, 2019, p. 136.

Meirelles e Bandeira de Mello comungam o entendimento de que a equação estipulada na proposta "deve perdurar ao longo de toda duração do vínculo e é uma garantia do contratado".[101] Admitem que, por mais que as grandezas dos elementos da equação extraída da proposta possam ser modificadas, a proporção entre elas deve sempre ser mantida, concretizando-se o direito ao equilíbrio econômico-financeiro por meio da recomposição da equação original. Para eles e outros autores que defendem essa intepretação, não seria possível modificar a equação econômico-financeira em si travada no contrato no momento de sua celebração para pactuar outra equação que passe a ser o novo parâmetro de equilíbrio.

Questionando esse entendimento, Loureiro e Nóbrega trazem exemplo de contrato de concessão do setor elétrico que se enquadra no modelo de regulação *cost-based*. No âmbito dessa avença, a equação econômico-financeira é repactuada de tempos em tempos, em revisões que reexaminam toda a estrutura de custo da concessão.[102] Portanto, não há uma única equação econômico-financeira definida no momento da assinatura da avença e que, por ser o parâmetro do estado em equilíbrio, deva ser preservada ao longo do contrato de concessão. Sendo assim, a interpretação de que ela deve prevalecer durante todo o contrato tornaria antijurídica a cláusula daquele contrato de concessão, o que não lhes parece correto.

Em razão disso, os autores sugerem uma leitura da Lei nº 8.987, de 1995, que parta exclusivamente da interpretação da lei – e não da teoria das áleas que, em suas visões, foi apenas parcialmente incorporada por aquela norma. Ao assim fazerem, os autores defendem o seguinte: (i) o artigo 9, §2º, da Lei nº 8.987, de 1995, ao trazer os termos "equilíbrio econômico-financeiro", não indica seu significado, motivo pelo qual pode ser interpretado tanto como a manutenção da equação original,

---

[101] BANDEIRA DE MELLO, 2012, p. 253. Também nesse sentido: "Essa relação 'encargo-remuneração' deve ser mantida durante toda a execução do contrato" (MEIRELLES, Hely Lopes. *Direito Administrativo Brasileiro*. 37. ed. São Paulo: Malheiros, 2011. p. 221).

[102] Nesse sentido: "Já essas poucas indicações permitem constatar que esse mecanismo não tem por objetivo assegurar a manutenção de uma equação econômico-financeira original, obtida no momento T0. Trata-se, justamente, do oposto: de destruir a equação original (e as sucessivas à original), para, em seu lugar, instituir ciclicamente um novo aranjo [sic] econômico, condizente com as condições econômicas e negociais vigentes para o período em exame. (...) a mudança na regulação tarifária – em especial a RTO – tinha por objetivo desconfigurar e reconfigurar, de tempos em tempos, a situação econômico-financeira anterior do concessionário, e não manter a equação T0 (supondo-se que se a tenha fixado quando da celebração do contrato, o que aparentemente não foi o caso). Trata-se de buscar distintos e variados 'equilíbrios'" (LOUREIRO; NÓBREGA, 2020, p. 15).

quanto como a manutenção de uma outra equação reputada, no curso da concessão, como parâmetro do contrato em equilíbrio; (ii) ao prescrever "poderão", o mencionado artigo possibilita que o contrato preveja, ou não, mecanismos de revisão das tarifas, assim deixando espaço para decisão regulatória optar, ou não, pela manutenção da mesma equação por todo o contrato de concessão; e (iii) o artigo 10 da mesma lei estabelece "a centralidade do contrato para disciplinar questões atinentes ao equilíbrio econômico-financeiro".[103]

Com base nessas razões, os autores concluíram que a lei não "define, em momento algum, o que seja o 'equilíbrio econômico-financeiro'; não se postula a manutenção da equação T0; (...) não se veda o uso de mecanismos que reconfiguram, continuamente, o arranjo econômico da concessão",[104] o que torna, em suas visões, perfeitamente possível a revisão acordada no contrato de concessão de energia elétrica que permite a sucessiva formação de nova equação econômico-financeira.

A modificação da equação econômico-financeira originalmente estabelecida que enseja um novo parâmetro do equilíbrio contratual é também admitida por Alencar, no âmbito da regulação *non cost-based*. Ao citar alguns dos mecanismos que serão apresentados no capítulo 2, a autora concluiu que:

> A incorporação destes ou de alguns destes critérios em fórmulas de reajustes ou revisões periódicas acaba por permitir que a equação econômico-financeira seja, ao longo do tempo, maleável (...) garanta-se que o crivo de equilíbrio contratual seja volátil e possa ser modificado, de forma substancial, ao longo do tempo (...).[105]

Apresentando contraponto a essa ideia, sobretudo ao defendido por Loureiro e Nóbrega, Ribeiro e Sande concordam que o mencionado contrato de energia elétrica possibilita vários retratos do contrato em estado de equilíbrio, não havendo o dever de manter a equação originalmente estabelecida. Porém, pontuam que essa espécie de regulação é excepcional, o que impossibilita a aplicação do mesmo raciocínio a casos de regulação *non cost-based*. Nesse sentido, defendem que, com exceção dos contratos fundados na regulação *cost-based*, "sempre se volta a uma condição anterior àquela da ocorrência do evento de desequilíbrio, usando, para tanto, modelos ou planilhas representativas do contrato

---

[103] *Ibid.*, p. 22.

[104] LOUREIRO; NÓBREGA, 2020, p. 26.

[105] ALENCAR, 2019, p. 147 e p. 149.

em estado de equilíbrio",[106] ou seja, sempre se busca preservar uma dada equação econômico-financeira estabelecida contratualmente. Daí, concluem que seria mais pertinente distinguir "regras sobre modelos regulatórios (que são aquelas que estabelecem as condições e limites para mudança periódica do retrato do contrato em estado de equilíbrio)" de "regras sobre equilíbrio econômico-financeiro (que seriam apenas aquelas sobre o cálculo das compensações entre as partes pela ocorrência de Evento de Desequilíbrio)".[107]

De fato, há lógicas distintas na regulação *cost-based* e na regulação *non cost-based*, conforme visto acima. Porém, diversamente do que afirmam os dois últimos autores, isso não significa que a noção de equilíbrio econômico-financeiro na regulação *cost-based* seja uma mera exceção que, por assim ser, não seria capaz de afastar a ideia de que a equação inicial deve ser sempre o parâmetro de equilíbrio. Ainda que a regulação *cost-based* possa ser tida como menos frequente, é correto o entendimento de que nem sempre uma dada equação caracteriza-se eternamente como parâmetro de equilíbrio – ainda que, para alguns contratos, isso possa ser verdade.

O importante é compreender que a manutenção da equação contratual inicial por toda concessão não é uma regra estabelecida em lei. Isso porque o ordenamento jurídico preocupa-se com a preservação do equilíbrio econômico-financeiro, mas traz apenas duas hipóteses de sua preservação por meio da recomposição da equação contratual (modificação de impostos e encargos legais e alteração unilateral), nada prescrevendo sobre a preservação do equilíbrio contratual por meio da formação de nova equação contratual, nem para autorizá-la, nem para vedá-la.

O artigo 10 da Lei nº 8.987, de 1995, estabelece meramente que está mantido o equilíbrio econômico-financeiro sempre que forem atendidas as condições do contrato. Seus termos e as circunstâncias nas quais fora foi pactuado frente à remuneração acordada ditam seu estado de equilíbrio. Sendo assim, se o contrato estabelece a alteração da equação para formar um novo parâmetro de equilíbrio, há atendimento

---

[106] RIBEIRO, Mauricio Portugal; SANDE, Felipe. Mitos, incompreensões e equívocos sobre o uso da TIR – Taxa Interna de Retorno para equilíbrio econômico-financeiro de contratos administrativos: um estudo sobre o estado da análise econômica do direito no direito administrativo. *SSRN Papers*, p. 24, 2021. Disponível em: https://papers.ssrn.com/sol3/papers.cfm?abstract_id=3771770. Acesso em: 28 fev. 2021.

[107] *Ibid.*, p. 25.

às condições do contrato se essa alteração ocorrer de acordo com as regras nele estabelecidas.

Já o artigo 9º, §2º, da mesma norma, prescreve que "os contratos poderão prever mecanismos de revisão das tarifas, a fim de manter-se o equilíbrio econômico-financeiro". No item 1.3.3, viu-se que essa norma não estabelece como e em que extensão se dá a revisão voltada a manter um dado equilíbrio econômico-financeiro, bem como foram examinadas as alterações havidas no curso dos processos legislativos que resultaram na supressão dos termos "revisão periódica" e "equilíbrio econômico-financeiro originalmente existente". Disso, extraem-se duas conclusões: (i) embora a lei não tenha previsto a revisão periódica, também não a vedou, motivo pelo qual é possível que o contrato, ao estabelecer suas "condições", preveja a revisão periódica como uma forma de reexaminar toda a estrutura de custo da concessão, dentro do modelo de regulação *cost-based;* e (ii) a alteração promovida pelo Senado infirmou a imposição de que deveria ser mantido o equilíbrio econômico-financeiro "originalmente existente", por isso, inexiste no ordenamento jurídico vedação à formação de nova equação econômico-financeira no curso da concessão, assim sendo possível sua maleabilidade, na extensão definida no contrato, a fim de formar um novo parâmetro de equilíbrio.

Ainda, a menção ao termo "inicial" empregado no artigo 10, §4º, da Lei nº 8.987, de 1995, ("em havendo alteração unilateral do contrato que afete o seu inicial equilíbrio econômico-financeiro, o poder concedente deverá restabelecê-lo, concomitantemente à alteração") também não impõe que haja uma única equação econômico-financeira formada no momento de celebração do contrato e mantida durante toda a concessão, via de consequência, não obstando a formação de nova equação econômico-financeira no curso da concessão. O "inicial equilíbrio econômico-financeiro" referido por essa norma não trata do equilíbrio econômico-financeiro originalmente existente, mas sim à condição de equilíbrio contratual anterior à alteração unilateral, isto é, à equação econômico-financeira vigente no momento da alteração unilateral. Em tese, a equação a ser recomposta pode ser tanto aquela do momento de celebração da avença, caso ainda não tenha sido substituída por uma nova equação, como a nova equação formada no curso da concessão.

Observe-se que o termo "inicial" se distingue da expressão "originalmente existente" constante do projeto de lei (artigo 9º, §2º), mas excluídas da versão final. "Originalmente existente" não deixava dúvida de que estava se tratando da equação travada no momento da celebração do contrato; enquanto o termo "inicial" não tem esse mesmo significado. Disso, depreende-se que esse dispositivo legal: (i) não obsta a formação de nova equação econômico-financeira no curso da concessão; e (ii) prescreve que, havida alteração unilateral, o equilíbrio econômico-financeiro deve ser preservado por meio da recomposição da equação contratual que, no momento da alteração unilateral, consista no parâmetro do equilíbrio contratual, seja ela a equação original ou não.

Vista a legislação, tem-se que a equação econômico-financeira pode ser maleável, não havendo, por lei, a obrigatoriedade de manter a equação travada no momento de celebração do contrato. Se o contrato estabelecer a maleabilidade, a equação pode ser modificada no curso da concessão, de modo que a nova equação se torne o novo parâmetro do equilíbrio contratual. A extensão dessa maleabilidade é dada por cada contrato de acordo com o modelo tarifário em que ele esteja inserido. Em alguns casos, a equação original é inteiramente revista, dando origem a sucessivas equações formatadas de tempos em tempos; em outros, a equação inicial é parcialmente alterada, como ocorre em parte dos contratos objeto desta obra. Em ambos os casos, há a ideia de assegurar a equivalência entre a adequada remuneração da concessionária e o conjunto de circunstâncias relativas à formação e execução do contrato de concessão.

Em conclusão, a formação de nova equação econômico-financeira no curso da concessão é juridicamente aceita, podendo essa possibilidade ser prevista no contrato de concessão, assim caracterizando-se como uma forma de preservação do equilíbrio contratual.

1.5.3 A conjugação das duas formas de preservação do equilíbrio contratual

Até aqui, foram demonstradas duas formas de preservação do equilíbrio: de um lado, a recomposição de uma dada equação econômico-financeira que é o parâmetro do contrato em estado de equilíbrio; de outro, a formação de uma nova equação contratual que, após formada, passa a ser o novo parâmetro do equilíbrio contratual. Nem todos os contratos de concessão preveem essas duas formas de preservação. Os mais antigos, via de regra, limitaram-se à preservação do equilíbrio contratual por meio da recomposição da equação econômico-financeira originalmente travada. Os contratos mais recentes, por seu turno, já incorporaram a ideia de equilíbrio por meio da formação de uma nova equação.

No segundo caso, há conjugação da formação da equação econômico-financeira com a sua recomposição. Não são, portanto, ideias separadas. Pelo contrário, as duas formas de preservação do equilíbrio contratual trabalham juntas, nos seguintes moldes: (i) há uma equação econômico-financeira que é o parâmetro do contrato em estado de equilíbrio; (ii) essa equação econômico-financeira é maleável, se o contrato assim estabelecer; (iii) incidindo as hipóteses contratuais que autorizam a maleabilidade da equação econômico-financeira, uma nova equação é formada; (iv) essa nova equação econômico-financeira passa a ser o novo parâmetro do equilíbrio contratual; (v) a partir daí, se certos eventos de desequilíbrio a abalarem, ensejando sua recomposição e não a formação de uma nova equação, será promovida a recomposição da "nova" equação econômico-financeira (formada nos termos dos itens iii e iv), para então retornar o contrato ao seu estado de equilíbrio vigente naquele momento.

Naturalmente, são distintas as hipóteses de formação de nova equação e de recomposição da equação que é o parâmetro do equilíbrio contratual em um dado momento do contrato. Por exemplo, caso se torne necessária a realização de novo investimento, para que o equilíbrio seja preservado, forma-se uma nova equação econômico-financeira com rubricas distintas daquelas constantes da equação anterior (preservação do equilíbrio contratual por meio da formação de nova equação econômico-financeira). A partir daí, essa nova equação passa a ser o parâmetro do contrato em estado de equilíbrio. Se criado tributo que onere a concessionária, deverá ser retomado o equilíbrio contratual por meio da recomposição da equação econômico-financeira formada mais recentemente, qual seja, aquela formada após a inclusão do novo investimento, pois ela passou a expressar o estado de equilíbrio contratual (preservação do equilíbrio contratual por meio da preservação da equação econômico-financeira).[108]

---

[108] Vale referência ao argumento de Ribeiro e Sande em relação aos contratos de regulação *cost-based*: "Portanto, o retrato do contrato em estado de equilíbrio nos contratos submetidos à regulação discricionária é revisado periodicamente. Para essa revisão, usa-se a TIR Regulatória. Por outro lado, nesses contratos, quando ocorre um Evento de Desequilíbrio, usa-se o retrato do contrato em estado de equilíbrio aprovado na última revisão ordinária e a TIR Regulatória nele prevista se converte em TIR para Reequilíbrio, cuja função, como já dissemos acima, é neutralizar os impactos do Empréstimo Compulsório que é consequência da ocorrência de Eventos de Desequilíbrio" (RIBEIRO; SANDE, 2021, p. 22).

Diante desses contornos, quando dizemos "recomposição da equação econômico-financeira" não estamos falando, necessariamente, da recomposição da equação original travada na celebração do contrato de concessão, mas sim da recomposição de certa equação, que em um dado momento da vida da concessão, é o parâmetro do equilíbrio contratual. Esse parâmetro pode ser a equação original ou pode ser uma nova equação formada no curso do contrato. Em outras palavras, nos contratos que admitem a formação de uma nova equação econômico-financeira, as duas formas de preservação de equilíbrio contratual aqui abordadas não são excludentes. Pelo contrário, trabalham conjuntamente no contrato: uma para formar uma nova equação e outra para, quando for o caso, recompor a nova equação formada, cada qual dentro de suas hipóteses de incidência.

CAPÍTULO 2

OS MECANISMOS DE PRESERVAÇÃO DO EQUILÍBRIO ECONÔMICO-FINANCEIRO NAS CONCESSÕES DE RODOVIAS FEDERAIS

Neste capítulo, serão examinados os mecanismos de preservação do equilíbrio econômico-financeiro adotados nos 26 contratos de concessão de rodovias celebrados no âmbito das quatro diferentes etapas do Programa de Concessões de Rodovias Federais – PROCROFE, entre dezembro de 1994 e outubro de 2021.[109]

---

[109] A primeira etapa do PROCROFE abarca sete contratos de concessão, assinados entre 1994 a 1998: Contrato de Concessão PG nº 154/94-00, firmado com a Concessionária Ponte Rio-Niterói S.A.; Contrato PG nº 137/95-00 com a Concessionária da Rodovia Presidente Dutra S.A.; Contrato de Concessão PG nº 138/95-00, firmado com a Companhia de Concessão Rodoviária Juiz de Fora – Rio; Contrato de Concessão PG nº 156/95-00, firmado com a Concessionária Rio-Teresópolis S.A.; Contrato de Concessão PG nº 016/97-00, firmado com a Rodoviária Osório – Porto Alegre S.A. – CONCEPA; Contrato nº PJ/CD/215/98 celebrado com a Empresa Concessionária de Rodovias do Sul S/A – ECOSUL; Contrato nº PJ/CD/215/98 celebrado com a Empresa Concessionária de Rodovias do Sul S/A – ECOSUL. A segunda etapa do PROCROFE divide-se em duas fases. A primeira delas reúne sete contratos de concessão firmados em 2008 (Contrato de concessão da BR-381/MG/SP celebrado com a Autopista Fernão Dias S/A; Contrato de concessão da BR-101/RJ celebrado com a Autopista Fluminense S/A; Contrato de concessão da BR-116/376/PR e 101/SC celebrado com a Autopista Litoral Sul S/A; Contrato de concessão da BR-116/376/PR celebrado com a Autopista Planalto Sul S/A; Contrato de concessão da BR-116/SP/BR celebrado com a Autopista Régis Bittencourt S/A; Contrato de concessão da BR-393/RJ celebrado com a Concessionária Rodovia do Aço S.A.; Contrato de concessão da BR-153/SP celebrado com a Transbrasiliana Concessionária de Rodovia S.A.) e a segunda fase corresponde ao Contrato de concessão da BR-116/BA e BR 324/BA celebrado com a ViaBahia Concessionária de Rodovias S/A. A terceira etapa do PROCROFE iniciou-se em 2013 e prosseguiu até 2015, contemplando oito contratos de concessão: Contrato de concessão da BR-101/ES/BA firmado com a ECO101 Concessionária de Rodovias S.A; Contrato de concessão da BR-050/GO/MG celebrado com a Concessionária de Rodovias Minas Gerais Goiás S.A.; Contrato de concessão da BR-060, BR-153 e BR-262-DF/GO/MG celebrado com a CONCEBRA – Concessionária Das Rodovias Centrais Do Brasil S.A; Contrato de concessão da BR-163/MS firmado com a Concessionária de Rodovia Sul-Matogrossense S.A.; Contrato de concessão da BR-040

Este exame baseou-se, primeiramente, na leitura de editais de licitação, propostas comerciais, contratos de concessão e seus termos aditivos, com o propósito de compreender os elementos ali previstos por si só, a partir de sua leitura "seca". Em um segundo momento, esta obra examinou normas editadas pela Agência Nacional de Transportes Terrestres (ANTT), bem como processos administrativos que trataram dos mecanismos de preservação do equilíbrio econômico-financeiro. Posteriormente, a análise foi incrementada pela revisão da literatura jurídica e econômica, além de pesquisa jurisprudencial de precedentes do Tribunal de Contas da União (TCU).[110]

O resultado deste exame será apresentado em seções que analisarão os principais aspectos jurídicos e econômicos de cada um dos mecanismos de preservação do equilíbrio econômico-financeiro. Portanto, no corpo deste capítulo, além dos contornos dos diferentes mecanismos, serão apresentadas as controvérsias jurídicas específicas em torno de cada um deles. Meramente para fins de melhor organização do texto, questões jurídicas que são comuns aos distintos mecanismos de preservação do equilíbrio serão tratadas separadamente no capítulo 3.

2.1 Revisões

Os mecanismos de preservação do equilíbrio econômico-financeiro dos contratos de concessão de rodovias federais são aplicados no momento da revisão contratual, motivo pelo qual, antes de abordá-los, vale trazer breve panorama sobre essas revisões.

No âmbito dos contratos em questão, a revisão classifica-se como revisão ordinária, anual e quinquenal, e extraordinária. Essa

---

celebrado com a Concessionária BR 040 S.A. (Via040); Contrato de concessão da BR-163/MT e BR-163/MT e 28,1 km na MT-407 firmado com a Rota do Oeste – Concessionária Rota do Oeste S.A.; Contrato de concessão da BR-153/TO/GO firmado com a Concessionária De Rodovias Galvão BR-153 SPE S.A.; Contrato de concessão da BR-101/RJ celebrado com a Concessionária Ponte Rio-Niterói S.A. – ECOPONTE. Nomeia-se como quarta etapa do PROCROFE a fase que contempla os quatro contratos de concessão de rodovias federais celebrados a partir de 2019: Contrato de concessão da BR-101/290/386/448/RS firmado com a Concessionária das Rodovias Integradas do Sul; Contrato de concessão da BR-364/365/GO/MG celebrado com a Concessionária Ecovias do Cerrado S.A.; Contrato de concessão da BR-101/SC firmado com a Concessionária Catarinense de Rodovias S.A.; e Contrato de concessão da BR/153/414/080/TO/GO firmado com a Eco153.

[110] Esta obra não adotou a pesquisa jurisprudencial como metodologia de pesquisa central, tendo apenas realizado pesquisa não sistemática de precedentes do TCU a respeito de cada um dos mecanismos de preservação do equilíbrio econômico-financeiro. Foram selecionados e apresentados os precedentes que incrementam o entendimento a respeito dos temas abordados.

classificação aplica-se aos contratos em estudo, de modo que outras concessões podem dar contornos e denominações distintas às revisões da equação econômico-financeira.

A Resolução nº 675, de 2004, posteriormente modificada pelas Resoluções nº 1.578, de 2006, nº 2.172, de 2016 e nº 5.89, de 2019, disciplinou as revisões ordinárias anuais e, posteriormente, contemplou as revisões extraordinárias e ordinárias quinquenais.

A revisão ordinária anual ocorre no momento do reajuste tarifário. Nela, são contempladas as repercussões dos eventos ocorridos rotineiramente na concessão, como, por exemplo, a incorporação dos impactos das receitas extraordinárias e da diferença entre a receita estimada no ano anterior e a receita efetivamente concretizada decorrente do arredondamento tarifário. Nos contratos em que há mecanismos de preservação do equilíbrio econômico-financeiro que incidem anualmente (por exemplo, Desconto de Reequilíbrio), os impactos desses mecanismos são incorporados por ocasião da revisão ordinária anual.

Essa forma de revisão ordinária difere-se de outras formas de revisões ordinárias que repassem a estrutura econômica da concessão e, assim, "repactuam as premissas econômicas e financeiras para, tomado o crivo contratual e a divisão dos riscos, manter o contrato em situação de neutralidade".[111] Distingue-se, assim, das revisões voltadas a reavaliar os custos da concessionária para estabelecer equação econômico-financeira inteiramente nova e, como consequência, nova tarifa, tal como ocorre nos contratos inseridos na regulação *cost-based*. Nos contratos em análise, ainda que haja a preservação do equilíbrio contratual por meio da formação de nova equação econômico-financeira, a equação original não é inteiramente descartada, mas sim parcialmente modificada.

Já as revisões ordinárias quinquenais, também marcadas pela periodicidade, embora antes já prescritas em alguns contratos, passaram a ser previstas na norma em 2016. Elas abarcam as repercussões decorrentes de modificações por alteração, inclusão, exclusão, antecipação ou postergação de obras ou serviços, para compatibilizar o PER com "as necessidades apontadas por usuários, concessionária e corpo técnico da ANTT, decorrentes da dinâmica do Sistema Rodoviário", conforme artigo 2-B da Resolução nº 675, de 2004. "O objetivo aqui é racionalizar o acompanhamento contratual por parte da agência",[112] buscando concentrar as discussões sobre alterações no escopo da concessão em

---

[111] MARQUES-NETO, 2015, p. 194.

[112] BRASIL. Tribunal de Contas da União. *Acórdão nº 4037/2020*. Ministro Relator: Benjamin Zymler. Brasília, DF, 8 dez. 2020c.

um único momento. A partir de 2016, a norma passou a estabelecer que a revisão quinquenal contará com a participação social (artigo 2º-B, parágrafo único, da Resolução nº 675, de 2004), prescrição essa que foi reproduzida pelos contratos mais recentes. Os contratos da terceira etapa não previram a revisão quinquenal, que voltou a ser prescrita contratualmente nas avenças da quarta etapa.

Por sua vez, as revisões extraordinárias não são marcadas pela periodicidade, mas tem "lugar sempre que se verificar um fator imprevisto suficiente para desequilibrar o balanço contratual".[113] Nas concessões de rodovias em estudo, de acordo com as referidas normas, as revisões extraordinárias congregam os impactos oriundos dos eventos alocados como riscos do Poder Concedente. Para os contratos em que não há cláusula estabelecendo matriz de riscos devidamente delineada, aplica-se a regra segundo a qual a revisão extraordinária se dá diante da alteração unilateral do contrato, força maior, caso fortuito, Fato do Príncipe, além de eventos "que resultem, comprovadamente, em alteração dos encargos da concessionária, ou que comprometam ou possa comprometer a solvência da Concessionária e/ou continuidade da execução/prestação dos serviços" (artigo 2º-A, parágrafo único, da Resolução nº 675, de 2004).

As revisões extraordinárias podem ser realizadas a qualquer momento, mas seus efeitos financeiros serão considerados na revisão ordinária subsequente (artigo 1º, §2º, da Resolução nº 675, de 2004). A exceção é o contrato de concessão firmado em 2021 (Eco 103), que modificou parcialmente a dinâmica da revisão extraordinária, pois estabeleceu que ela deve ocorrer a cada cinco anos, salvo quando "houver risco de descumprimento iminente de obrigações da Concessionária que ensejem vencimento antecipado e/ou aceleração do vencimento nos financiamentos contratados perante os financiadores"; "o desequilíbrio econômico-financeiro vislumbrado, em razão da materialização de um único evento de desequilíbrio ou de um conjunto de eventos, seja superior a 5% da Receita Bruta dos últimos 12 (doze) meses anteriores ao momento do requerimento"; houver "atraso na abertura de praças de pedágio por fato que configure risco alocado ao Poder Concedente"; dentre outras exceções dispostas no contrato. Logo, a regra é concentrar a análise dos pleitos de reequilíbrio em um único momento a cada cinco anos, como forma de diminuir o custo regulatório.

---

[113] MARQUES-NETO, 2015, p. 195.

Passemos agora a examinar os mecanismos de preservação do equilíbrio econômico-financeiro dos contratos de concessões em estudo.

2.2 Fluxo de Caixa Original (FCO)

Em algumas licitações que precederam a celebração dos contratos de concessão do PROCROFE, o Poder Concedente exigiu que os proponentes apresentassem, junto a sua proposta, o plano de negócios da concessão,[114] que é o "conjunto de informações necessárias para caracterizar um novo negócio ou empreendimento".[115] Dentre elas está o Fluxo de Caixa Original do projeto, que é o coração do plano de negócios, do qual "constam informações sobre estimativas de receitas e custos de investimento e operação ano a ano, custos financeiros, de capital próprio e de terceiros, forma de financiamento, e demais premissas financeiras utilizadas pelo participante da licitação para planejamento da concessão".[116] Essas premissas abarcam a Taxa Interna de Retorno (TIR), elemento que assumiu protagonismo em matéria de equilíbrio econômico-financeiro nos contratos sob exame.

Convém esclarecer que o termo Fluxo de Caixa Original aqui empregado refere-se justamente ao fluxo constante do plano de negócios apresentado pelo licitante no curso dos certames que exigiram sua apresentação. Há também o fluxo de caixa elaborado pelo proponente, ainda que não seja apresentado ao Poder Concedente, e o Fluxo de Caixa Original Regulatório. Em relação a esse último, em diversas licitações, foi proibida a apresentação do plano de negócios, conforme veremos adiante. Nesses casos, como o fluxo de caixa não é conhecido pela ANTT, a agência cria um fluxo correspondente a uma projeção do que se supõe ser o fluxo de caixa elaborado por ocasião da apresentação da proposta no certame, assim formando o chamado Fluxo de Caixa Original Regulatório. Aqui, não se aborda o Fluxo de Caixa Original Regulatório nem aquele construído pela concessionária, mas não apresentado na licitação. Trata-se, apenas, do Fluxo de Caixa Original, nos contornos acima explicitados.

---

[114] Conforme veremos na subseção 2.1.4, a partir da terceira etapa, os editais de licitação não apenas deixaram de exigir a apresentação do plano de negócios, mas sim expressamente proibiram sua apresentação pelos licitantes.

[115] RIBEIRO, Mauricio Portugal. Concessões e PPPs: melhores práticas em licitações e contratos. Portugal Ribeiro Advogados, 2011. Disponível em: https://portugalribeiro.com.br/ebooks/concessoes-e-ppps/. Acesso em: 12 jun. 2021.

[116] *Ibid.*, p. 33.

Nos contratos originais da primeira etapa, não havia qualquer indicação do mecanismo a ser empregado para aferir o desequilíbrio e reequilibrar a equação econômico-financeira. À mingua de disposição normativa e contratual, prevaleceu o uso do Fluxo de Caixa Original constante da proposta comercial da licitante, incluindo o uso da TIR – indicada no plano de negócio como indicador de retorno do projeto – como critério de aferição do equilíbrio contratual.[117] O silêncio a respeito desses mecanismos foi rompido em 2011, em razão da edição da Resolução nº 3.651, de 2011, e dos termos aditivos pactuados nos seis contratos de concessão da primeira etapa, que passaram a prever dois mecanismos distintos para hipóteses diferentes: no caso de novos investimentos, o reequilíbrio deveria ser feito por meio do Fluxo de Caixa Marginal, ao passo que, nas demais hipóteses, o reequilíbrio deveria se nortear pelo Fluxo de Caixa Original do projeto, tal como havia sido feito até então.

Diversamente das avenças da primeira etapa, os editais de licitação e os contratos da primeira fase da segunda etapa do PROCROFE estabeleceram expressamente que o equilíbrio econômico-financeiro é definido pelo fluxo de caixa que assegure a TIR. Portanto, em outros termos, elegeu-se expressamente o Fluxo de Caixa Original apresentado no plano de negócios, de modo que a TIR Não Alavancada, que não considera o capital de terceiros, caracterizou-se como a medida de referência do contrato em equilíbrio. Já na segunda fase da segunda etapa do PROCROFE, embora tenha inicialmente pretendido infirmar o uso do Fluxo de Caixa Original como mecanismo de preservação do equilíbrio contratual,[118] a versão final do edital de licitação o manteve

[117] "Como decorrência, difundiu-se a utilização de uma solução financeira para identificar o equilíbrio inicial e para promover o restabelecimento da relação quando tal se fizer necessário. Trata-se da figura da Taxa Interna de Retorno – TIR" (JUSTEN-FILHO, Marçal. Parecer sobre a recomposição de equação econômico-financeira de concessão de rodovia em virtude de elevação de carga tributária. 2021. *In:* BRASIL. Tribunal de Justiça do Estado de São Paulo. *Recurso de apelação nº 1040370-54.2014.8.26.0053*. p. 6689).

[118] A primeira versão do edital de licitação previu que o Plano de Negócios, parte da proposta apresentada ao Poder Concedente, não teria qualquer utilidade para fins de reequilíbrio econômico-financeiro, diferentemente do que ocorria nos demais contratos até aquele momento. Ao descartar a utilidade do plano de negócios, por consequência, descartou-se a utilidade do Fluxo de Caixa ali disposto: "Conforme disposto no item 16.3.7 do Edital, o Plano de Negócios será destinado exclusivamente à mera informação do Ministério dos Transportes e ANTT, não sendo de qualquer forma vinculante para quaisquer fins relacionados à Concessão ou ao Contrato, incluindo, sem limitação, a recomposição do equilíbrio econômico-financeiro da Concessão" (BRASIL. Agência Nacional de Transportes Terrestres. *Memorando nº 269/2008/SUREF*. Processo nº 50500.083799/2008-64. Brasília, DF, 2008). No entanto, o modelo pretendido não foi incorporado à versão definitiva do edital.

somente para as hipóteses não abarcadas pelos mecanismos Fluxo de Caixa Marginal e Desconto de Reequilíbrio. Na terceira etapa, o único contrato de concessão que adotou o Fluxo de Caixa Original manteve essa dinâmica. Os demais contratos, firmados posteriormente, deixaram de prever o uso desse mecanismo, substituindo-o pela conjugação de outros, que serão abordados posteriormente.

Quando adotado o mecanismo de preservação do equilíbrio econômico-financeiro baseado no Fluxo de Caixa Original, a aferição do desequilíbrio toma em consideração os dados presentes nesse documento, dentre eles, por exemplo, a TIR e a projeção de receita que decorre do estudo de demanda (tráfego) da rodovia apresentado pela concessionária em seu plano de negócios no curso de licitação. *A contrario sensu*, tomando esses mesmos exemplos, significa que não poderão ser empregados os dados da demanda real ocorrida no curso da concessão nem TIR distinta daquela projetada inicialmente. Prevalecem, assim, as premissas estabelecidas no fluxo de caixa constante da proposta da concessionária por ocasião da licitação que exigiu a apresentação de plano de negócios. É essa a regra prescrita no artigo 2º da Resolução nº 5.850, de 18 de julho de 2019, editada pela ANTT, e prevista em 15 dos 26 contratos de concessão rodoviária federal examinados.

No campo de aplicação desse mecanismo, dois aspectos merecem destaque: o uso da TIR ao longo de toda a concessão para impactos que abalem o Fluxo de Caixa Original e a adoção de dados projetados para fins de mensuração do desequilíbrio contratual, ambos os aspectos examinados nas seções a seguir.

2.2.1 A Taxa Interna de Retorno (TIR)

Antes de iniciarmos, uma questão terminológica merece destaque. São comuns menções ao mecanismo baseado no Fluxo de Caixa Original como "mecanismo da Taxa Interna de Retorno".[119] Ainda que o uso da taxa constante do plano de negócios como crivo da aferição do contrato em equilíbrio e sua manutenção ao longo de toda concessão seja característica marcante, tendo sido, inclusive, objeto de intenso debate jurídico, essa definição é insuficiente. Primeiro, porque o Fluxo de Caixa Original considera outros aspectos além da manutenção

[119] Como exemplo: "Para esse efeito, dois são os principais métodos que poderão ser utilizados para calcular a compensação do concessionário no tempo: o da Taxa Interna de Retorno (TIR) ou o do Fluxo de Caixa Marginal" (VÉRAS DE FREITAS, 2017, p. 204).

da TIR. Segundo, porque outro mecanismo, denominado Fluxo de Caixa Marginal, também é norteado por uma TIR mantida ao longo da concessão.

2.2.1.1 TIR para precificação

Antes de abordarmos o uso da TIR como um dos elementos do mecanismo de preservação do equilíbrio contratual baseado no Fluxo de Caixa Original, cabe compreendermos seu uso específico para fins de precificação do projeto licitado pela licitante, ao formatar sua proposta comercial.[120] Para isso, traça-se o seguinte roteiro: compreensão do conceito de Taxa Mínima de Atratividade (TMA); apresentação dos dois indicadores de rentabilidade de projetos usualmente empregados no setor em análise, Valor Presente Líquido (VPL) e Taxa Interna de Retorno (TIR); bem como apontamentos sobre a relação entre a TIR e a TMA.

Sob a ótica econômico-financeira, quando o agente privado decide celebrar contrato de concessão de serviço público, está tomando decisão que lhe aproxima de um "financiador" do Poder Concedente.[121] Isso porque o agente privado deixa de empregar seus recursos financeiros em qualquer outro investimento ou projeto para aportá-los na concessão sob a forma de investimentos em bens e serviços públicos, realizados em diferentes momentos ao longo da concessão. Em contrapartida a esses investimentos, a concessionária detém a expectativa de receber remuneração no longo prazo.

Tal como qualquer outro financiador, o agente privado somente deterá interesse em aportar seu recurso financeiro se for remunerado por prêmio igual ou superior ao que receberia caso investisse em

---

[120] O Poder Concedente também estabelece uma TIR ao formatar o projeto que será licitado. Consabido, os contratos de concessão são antecedidos por estudos elaborados pelo Poder Concedente que, dentre outros objetivos, visa a precificar a concessão, assim estabelecendo uma previsão do percentual da Taxa Interna de Retorno que acredita que estará contemplada nas propostas a serem apresentadas pelo mercado. Também, a precificação feita por esses estudos busca definir o valor da tarifa-teto no caso de licitações que adotem o critério menor preço. O método utilizado pelo Concedente para definir essa TIR costuma ser o mesmo empregado pelas licitantes (WACC, como visto a seguir). É importante termos claro que essa TIR, presente nos estudos elaborados pelo Concedente, não influi no equilíbrio contratual que, em concessões que adotam o mecanismo Fluxo de Caixa Original, é norteada pela TIR constante da proposta da concessionária.

[121] GALÍPOLO, Gabriel Muricca; HENRIQUES, Ewerton de Souza. Rentabilidade e equilíbrio econômico-financeiro do contrato. *In:* MOREIRA, Egon Bockmann (Coord.). *Contratos administrativos, equilíbrio econômico-financeiro e a Taxa Interna de Retorno*: a lógica das concessões e parcerias público-privadas. Belo Horizonte: Fórum, 2016. p. 458.

outro projeto com risco similar. Isso significa que a remuneração da concessionária não visa a cobrir meramente seus custos e uma certa quantidade de lucro operacional, mas sim abarcar o prêmio por financiar o projeto de concessão em vez de ter investido seus recursos financeiros de outra maneira.

É aqui que entra o denominado custo de oportunidade, que é "o que se deixa de ganhar por não se poder fazer o investimento correspondente àquela oportunidade",[122] ou seja, "o quanto a empresa sacrificou em termos de remuneração por ter aplicado seus recursos em uma opção ao invés de outra".[123] A representação numérica do custo de oportunidade forma a denominada Taxa Mínima de Atratividade (TMA), também referida como taxa mínima de retorno e *hurdle rate*.[124] Portanto, "a taxa mínima de retorno deve representar o custo de oportunidade do capital para a empresa",[125] vale dizer, no caso de concessão, o quanto o agente privado receberia de prêmio em qualquer outro investimento de risco similar à concessão.

De início, cabe ficar claro que a TMA nada influi na questão do equilíbrio contratual, pois, em termos simples, trata-se de um elemento considerado pelo licitante para definir, sob a ótica econômico-financeira, se o projeto é um investimento interessante e, caso positivo, em que medida. Contudo, é importante compreendê-la, dada sua relação com a Taxa Interna de Retorno.

Nos projetos de infraestrutura, a TMA vem sendo composta por duas rubricas distintas: uma relacionada ao custo de capital próprio (custo do dinheiro daqueles que investem na concessão, isto é, acionistas, bem como custo do dinheiro do próprio caixa da concessionária decorrente dos lucros retidos e reinvestidos)[126] e outra referente ao custo de capital de terceiros (custo de financiamentos e debêntures).

---

[122] EHRLICH, Pierre Jacques; MORAES, Edmilson Alves. *Engenharia econômica*: avaliação e seleção de projetos de investimento. 6. ed. São Paulo: Atlas, 2005. p.6.

[123] GALÍPOLO; HENRIQUES, 2016, p. 458.

[124] SANVICENTE, Antonio Zoratto. Problemas de estimação de custo de capital de empresas concessionárias no Brasil: uma aplicação à regulamentação de concessões rodoviárias. *Rev. Adm.*, São Paulo, v. 47, n. 1, p. 86, 2012.

[125] SOUZA, Alceu; CLEMENTE, Ademir. *Decisões Financeiras e Análise de investimentos*: fundamentos, técnicos e aplicações. 6. ed. São Paulo: Atlas, 2008. p. 14.

[126] "O custo de capital próprio é, por sua vez, o custo de oportunidade para investidores que fornecem capital próprio a uma empresa, o que, no caso de uma sociedade por ações, provém da subscrição de ações, em dinheiro ou outros bens, e com isso os investidores passam a ser acionistas da empresa. Com o passar do tempo e a geração de resultados, o valor total de lucros retidos e reinvestidos na própria empresa passa a fazer parte do capital próprio acumulado (capital de acionistas)" (SANVICENTE, *op. cit.*, p. 87).

Hipoteticamente, uma concessionária pode financiar-se inteiramente com capital próprio ou com capital de terceiros. No entanto, na prática, "em geral, as empresas e os projetos de investimento são financiados por combinações de capital próprio e capital de terceiros".[127] Em primeiro lugar, porque, regra geral, os investidores não reunirão todo o capital necessário para fazer frente ao investimento em sua totalidade, o que torna necessário o uso de capital de terceiros, por exemplo, financiamentos. Em segundo lugar, porque o capital de terceiros é mais barato que o capital próprio: enquanto os licitantes suportam todos os riscos da concessão e são os últimos a serem remunerados, quem empresta o capital arca apenas com o risco de inadimplência.[128] Em terceiro lugar, porque as concessionárias de rodovias têm tomado financiamentos de longo prazo com o BNDES, que oferece custo abaixo do mercado. Isso permite a diminuição do custo de capital, reduzindo, por consequência, a receita necessária para fazer frente aos gastos incorridos pela concessionária. Reduzida a quantidade de receita necessária, a tarifa também diminuirá. Há, assim, política de financiamento estabelecida pelo Estado com vistas à modicidade tarifária, que acaba por incentivar o uso de capital de terceiros.[129]

Sendo assim, a TMA consiste na "taxa de juros que deixa de ser obtida na melhor aplicação alternativa quando há emprego de capital próprio, ou é a menor taxa de juros que tem de ser paga quando recursos de terceiros são aplicados",[130] ou, ainda, na combinação de ambos caso o projeto conjugue capital próprio e capital de terceiros, como comumente ocorre. O valor da taxa pode ser conhecido por meio de distintos métodos, mas projetos de concessão de rodovia federal vêm usualmente empregando o Custo Médio Ponderado de Capital (CMPC), também conhecido por seu acrônimo em inglês WACC (*Weighted Average*

---

[127] *Ibid.*, p. 87.

[128] A esse respeito, *cf.*: "De modo semelhante, o risco de financiar um determinado negócio é afetado pela forma institucional específica do financiamento. Por exemplo: a remuneração do capital dos acionistas de um projeto depende dos resultados específicos do negócio; já a remuneração do capital de terceiros (emprestado por bancos e outros organismos financeiros) é prefixada contratualmente. Os acionistas devem arcar com todos os riscos do negócio. Os bancos e outras organizações financeiras precisam arcar apenas com o risco de inadimplência. Por essa razão, o custo do capital próprio, ou seja, a remuneração necessária para induzir os acionistas a participar de um projeto específico, costuma ser mais elevado do que o custo de capital de terceiros, isto é, a remuneração necessária para que os bancos e instituição financeiras aceitem financiar parte do negócio" (OLIVEIRA, Roberto Guena (coord.). *Avaliação de Equilíbrio Econômico-Financeiro dos Contratos de Concessão de Rodovias.* São Paulo: FIPE/USP, 2001. p. 30).

[129] GALÍPOLO; HENRIQUES, 2016, p. 470.

[130] SOUZA; CLEMENTE, 2008, p. 14.

Cost of Capital). O método recebe esse nome por ser considerado a taxa média de retorno exigida, para os capitais próprios e de terceiros, que financiará as atividades e investimentos do projeto em análise".[131]

A TMA é calculada pelo licitante no momento da elaboração do plano de negócios que compõe a proposta apresentada pelo agente privado no curso da licitação. Dificilmente, a TMA daquele momento permanecerá a mesma em anos posteriores, pois a natural flutuação macroeconômica gera, a cada momento, novos preços para os custos de capital próprio e os custos de terceiros que logicamente a modificam a todo momento. Conhecida a TMA no momento de formulação do plano de negócios, caberá ao agente privado avaliar o retorno do projeto específico diante de si (no caso ora em estudo, a concessão que está sendo licitada). O objetivo é compreender se a concessão gera retorno que exceda a TMA, pois "o conceito de riqueza gerada deve levar em conta somente o excedente sobre aquilo que já se tem, isto é, o que será obtido além da aplicação do capital na TMA".[132]

Há diferentes indicadores de análise da rentabilidade de projetos de investimentos. Para fins desta obra, cabe mencionar aqueles usualmente empregados nas licitações que antecederam os contratos de concessão de rodovias federais, quais sejam, o Valor Presente Líquido (VPL) e a Taxa Interna de Retorno (TIR).

O VPL resulta do fluxo de caixa do projeto com as entradas e saídas projetadas para todos os anos do período da concessão descontadas por uma dada taxa que representa "o retorno mínimo que um projeto deve gerar para satisfazer os investidores da empresa",[133] isto é, a TMA anteriormente referida.[134] Primeiramente, é formado o fluxo com todas as suas entradas e saídas. A TMA é, então, aplicada a esse fluxo para descontar os valores dessas entradas e saídas. Os fluxos descontados de todos os anos devem ser somados e o investimento subtraído do produto da soma, daí resultando o VPL.[135] Se o resultado for igual a zero, isso "significa que os fluxos de caixa do projeto são exatamente suficientes para recuperar o capital investido e proporcionar a taxa de

[131] QUINTELLA, Marcus; SUCENA, Marcelo. *Controvérsias e utilização equivocada da Taxa Interna de Retorno (TIR) nas concessões e PPPs. FGV Transportes, 2021*. Disponível em: https://www.linkedin.com/feed/update/urn:li:activity:6790080010951630848/. Acesso em: 18 nov. 2021.

[132] SOUZA; CLEMENTE, 2008, p. 70.

[133] GITMAN, Lawrence; ZUTTER, Chad J. *Princípios de Administração Financeira*. 14. ed. São Paulo: Pearson, 2017. p. 403.

[134] SOUZA; CLEMENTE, *op. cit.*, p. 73.

[135] BRIGHAM, Eugene F; HOUSTON, Joel F. *Fundamentos da Moderna Administração Financeira*. Rio de Janeiro: Campus, 1999. p. 383.

retorno exigida naquele capital",[136] assim não gerando excedente para além da TMA. Se o resultado for superior a zero (positivo), isso quer dizer que o resultado recupera o investimento feito, remunera o que teria sido ganho caso o capital tivesse sido aplicado em investimento que remunerasse pelo patamar da TMA e gera excesso de caixa que "reverte unicamente em favor dos acionistas da empresa".[137] Já se o resultado for inferior a zero (negativo), os fluxos de caixa não serão suficientes para recuperar o capital investido e proporcionar a TMA.

O projeto somente valerá a pena se o VPL for positivo ou ao menos igual a zero. "Quanto maior o VPL, mais atrativo será o projeto de investimento, pois esse valor positivo representa o quanto a remuneração adicional à taxa mínima de atratividade e custo de oportunidade dos investidores o projeto oferece a valor presente".[138] Já quando o VPL for igual ao zero, "isso não significa que o projeto é financeiramente inviável, pois o mesmo é capaz de produzir retorno igual à taxa mínima de atratividade da empresa, sendo equivalente a demais oportunidades de emprego do capital disponível aos investidores".[139]

Até um projeto com VPL negativo pode deter lucro operacional, pois esse indicador não mede a quantidade de lucro, mas sim se a rentabilidade auferida no projeto é, ou não, suficiente para remunerar ao menos a TMA. Daí porque "mesmo apresentando lucro operacional todos os anos um projeto pode apresentar valor presente líquido negativo",[140] uma vez que os fluxos de caixa, mesmo gerando lucro operacional, serão insuficientes para superar o retorno mínimo exigido para o projeto (a taxa mínima de retorno). Tal circunstância demonstra que o projeto é examinado não por si só, mas sim em comparação ao custo de oportunidade daquele que investe, isto é, à luz do que o investidor obteria de retorno caso tivesse investido seu dinheiro de outra maneira.

Outro indicador da análise de projetos de investimentos voltada a medir sua rentabilidade é a Taxa Interna de Retorno (TIR), que pode ser usada ao lado do VPL a fim de robustecer a avaliação do projeto.

Em termos conceituais, Ribeiro traz a seguinte definição:

> A Taxa Interna de Retorno do projeto lançada no plano de negócios mede a rentabilidade que se espera do valor investido no projeto. Isto é, ela

[136] *Ibid.*, p. 384.
[137] *Ibid.*, p. 384.
[138] GALÍPOLO; HENRIQUES, 2016, p. 465.
[139] GALÍPOLO; HENRIQUES, 2016, p. 465.
[140] *Ibid.*, p. 465.

espelha o que, além dos valores investidos no projeto, o concessionário receberá, por ter colocado em risco o montante investido. Como medida de rentabilidade do projeto, essa taxa é uma resultante dos custos (de investimento, operação, financeiros etc.) para implantação e operação do projeto e das receitas que o parceiro privado estima que o projeto gerará. Nesse sentido, a Taxa Interna de Retorno do projeto é uma variável resultante dos dados inseridos nas planilhas do plano de negócios e a sua coerência com os números apresentados na planilha pode ser facilmente checada pelo Poder Público.[141]

Já em termos financeiros, a TIR é a taxa de desconto que "iguala o custo de um projeto ao valor presente de suas receitas",[142] assim levando o VPL ao valor zero. A TIR representa, assim, "um limite superior para a estimativa de rentabilidade do projeto",[143] já que o percentual máximo de retorno faz com que o VPL seja igual a zero. Se continuarmos elevando a taxa de desconto para além do ponto em que o VPL torna-se nulo, chegar-se-á a um VPL negativo, o que torna o projeto não atraente. Logo, a taxa de desconto não pode ser elevada a ponto de tornar o VPL inferior a zero, daí porque a TIR é o limite da rentabilidade esperada.[144]

Quando se aplica o método VPL, já se sabe a taxa de desconto aplicada (TMA) e busca-se encontrar o valor do VPL, para saber se o projeto é, ou não, atraente. Diferentemente, quando se aplica o método TIR, já se sabe o valor do VPL, que é zero, e busca-se encontrar a taxa de desconto que faz com que o VPL seja igual zero,[145] a fim de conhecer a rentabilidade máxima do projeto. O cálculo para descobrir a Taxa Interna de Retorno considerará sempre os fluxos de caixa da concessão ainda não descontados, ou seja, ainda não levados a presente líquido, justamente porque busca encontrar a taxa de desconto que leva o valor ao presente líquido zero.[146] Portanto, o cálculo da TIR não envolve a TMA, pois ambas são taxas de descontos usadas para levar os montantes dos

---

[141] RIBEIRO, 2011.

[142] BRIGHAM; HOUSTON, 1999, p. 386.

[143] SOUZA; CLEMENTE, 2008, p. 83.

[144] "Novamente, a TIR é a taxa de desconto para o qual o VPL de um projeto é igual a zero e, em fluxos convencionais, é o limite da TMA ou WACC para manter o projeto viável" (QUINTELLA; SUCENA, 2021, p. 6).

[145] BRIGHAM; HOUSTON, 1999, p. 386.

[146] É, portanto, equivocado basear-se nos fluxos de caixa descontados a uma determinada taxa para, então, descobrir a TIR. Esse apontamento é umas das críticas feitas por Ribeiro e Sande a exemplo exposto por Justen Filho sobre o funcionamento da TIR (RIBEIRO; SANDE, 2021, p.8).

fluxos de caixa de cada ano da concessão a valores presentes líquidos, cada qual dentro de seu próprio método de indicador de análise de projetos.

É recorrente a afirmação de que o qualificativo "interna" da TIR se deve ao fato de que ela considera apenas os fluxos de caixa do projeto.[147] No entanto, a afirmação merece ressalva, pois "a TIR é calculada a partir dos fluxos de caixa projetados pelo licitante, e esse certamente incluirá em suas projeções variáveis que representam fatores de risco endógenos e exógenos, de sua responsabilidade ou não".[148] Sendo assim, é mais adequado compreender o qualificativo "interna" não como o método que desconsidera variáveis externas, mas que não depende do exame do custo de oportunidade (TMA).

Por outro lado, muito embora o método que apura a TIR não se relacione com a TMA, a comparação entre elas é de suma importância para avaliação do projeto. A TMA é, como o próprio nome diz, a taxa mínima exigida de retorno, enquanto a TIR é a taxa esperada de retorno.[149] "Justamente a comparação entre a TIR calculada numa proposta e o custo de oportunidade do capital relevante [representada pela taxa mínima de atratividade] que determina se a proposta econômico-financeira apresentada por uma empresa licitante é viável (ou exequível), no sentido econômico".[150]

É possível que a TIR seja inferior, igual ou superior à TMA. "Quando a TIR de um projeto for superior à TMA, o projeto deverá ser aceito, pois, além de superar os custos do projeto de investimento e pagar o custo de capital, remunera o empreendedor a uma taxa atrativa".[151] Quanto maior for a TIR em comparação à TMA, mais atraente será o projeto. Por outro lado, à medida que a TIR e a TMA aproximam-se, menos atraente o projeto será. "Isso decorre do fato de o VPL (ganho) ir decrescendo à medida que a TMA se aproxima da TIR. Se a TMA for igual à TIR, então o ganho do projeto será igual a zero",[152] ou seja, o projeto

---

[147] *Cf.* MOREIRA, Egon Bockmann; GUZELA, Rafaella Peçanha. Contratos administrativos de longo prazo, equilíbrio econômico-financeiro e Taxa Interna de Retorno (TIR). *In:* MOREIRA, Egon Bockmann (Coord.). *Contratos administrativos, equilíbrio econômico-financeiro e a Taxa Interna de Retorno:* a lógica das concessões e parcerias público-privadas. Belo Horizonte: Fórum, 2016b. p. 428. No entanto, na nota de rodapé nº 16, os autores fazem ressalva a essa afirmação na linha do que está sendo apontado nesta obra.

[148] SANVICENTE, 2012, p. 86.

[149] *Ibid.*, p. 86.

[150] SANVICENTE, 2012, p. 86.

[151] GALÍPOLO; HENRIQUES, 2016, p. 467.

[152] SOUZA; CLEMENTE, 2008, p. 86.

trará retorno igual à TMA, sendo equivalente às demais oportunidades de emprego dos recursos financeiros pelo investidor. Já se a TIR for inferior à TMA, o projeto não será atraente, pois a concessionária será remunerada em montante inferior ao que seria remunerada caso tivesse investido seu dinheiro de modo diferente. Nesse sentido:

> Por que a taxa de desconto específica que iguala o custo de um projeto ao valor presente de suas receitas (a TIR) é tão especial? A razão está baseada na seguinte lógica: (1) a TIR de um projeto é a sua taxa de retorno esperada. (2) Se a Taxa Interna de Retorno é maior que o custo dos fundos utilizados para financiar o projeto [taxa mínima de atratividade], após pagar o capital resta uma sobra, e essa sobra vai para os acionistas da empresa. (3) Portanto, o empreendimento de um projeto cuja TIR é maior que seu custo de capital aumenta a riqueza dos acionistas. Por outro lado, se a Taxa Interna de Retorno é menor que o custo do capital, o empreendimento do projeto impõe um custo sobre os atuais acionistas. É esta característica de "equilíbrio" que torna a TIR útil na avaliação de projeto de capital.[153]

É comum a menção de que a TIR representaria a rentabilidade do projeto.[154] Em termos financeiros, isso nem sempre é verdade. A rentabilidade esperada pelo investidor é a TMA que gere VPL positivo, assim recuperando o investimento, remunerando-o pelo patamar da TMA e, ainda, agregando riqueza ao projeto. A TIR não gera VPL positivo, mas sim zera esse VPL, deixando, portanto, de agregar a riqueza, limitando-se a permitir a recuperação do investimento e da remuneração pelo patamar da TMA. Nada obstante, em alguns projetos, a TIR pode coincidir com a TMA, única situação em que pode ser afirmado que a TIR representa a rentabilidade do projeto. Nesse sentido, Sanvicente afirma que "um dos enganos mais comuns é referir-se à TIR como a rentabilidade do projeto. (...) a TIR somente poderá ser considerada como representativa da rentabilidade do projeto se houver coincidência de valores entre as taxas, isto é, TIR igual à TMA".[155]

Nos projetos de infraestrutura, tem sido comum que a TIR que resulta do fluxo de caixa não alavancado seja igual à TMA, essa última

---

[153] BRIGHAM; HOUSTON, 1999, p. 386.

[154] *Cf.*: "Cabe ressaltar que a Taxa Interna de Retorno – TIR é extraída diretamente da proposta vencedora da licitante e expressa a rentabilidade que o investidor espera do empreendimento" (BRASIL. Tribunal de Contas da União. *Acórdão nº 393/2002*. Plenário. Ministro Relator: Walter Alencar Rodrigues. Brasília, DF, 11 nov. 2002).

[155] SOUZA; CLEMENTE, 2008, p. 85.

calculada pelo método denominado como Custo Médio Ponderado de Capital (CMPC), também conhecido por seu acrônimo em inglês WACC (*Weighted Average Cost of Capital*). Segundo o Tribunal de Contas, nos estudos de viabilidade que antecederam os editais de licitação da segunda etapa do PROCROFE, a taxa de desconto que zera o VPL "passou a ser calculada pelo método do Custo Médio Ponderado de Capitais (WACC, iniciais em inglês) e igualada à Taxa Interna de Retorno (TIR)".[156] Já por ocasião da formulação das propostas pelos licitantes, "em geral, os profissionais responsáveis pela modelagem econômico-financeira de concessões impõem que a rentabilidade estimada para o Fluxo de Caixa Livre de Projeto equivalha ao WACC – *Weighted Average Cost of Capital* esperado".[157]

Em suma, a "TIR para Precificação"[158] é "estimativa para – considerando os custos e a demanda estimada pelos estudos realizados pelo participante da licitação – calcular o valor da sua proposta de preço na licitação".[159] Uma vez apurada a TIR, há o indicador que mede o retorno do investimento. Essa TIR, porém, se formará "gradualmente ao longo dos anos, sendo eventualmente alcançada apenas ao final da concessão".[160/161]

Por exigência de parte dos editais de licitação que o demandam, os licitantes devem indicar a TIR projetada no plano de negócios,[162] a fim de que a comissão licitante possa considerá-la ao lado de outros dados econômico-financeiros, como forma de examinar a exequibilidade

---

[156] BRASIL. Tribunal de Contas da União. *Acórdão nº 2759/2012*. Ministro Relator: José Múcio Monteiro. Brasília, DF, 31 out. 2012c.

[157] RIBEIRO; SANDE, 2021, p. 4. Também nesse sentido: "Na análise de investimentos, sob o ponto de vista do projeto, a TMA assume o nome de custo médio ponderado do capital, conhecido por WACC, por ser considerada como a taxa média de retorno exigida, para os capitais próprios e de terceiros, que financiará as atividades e investimentos do projeto em análise. No caso de análise de um projeto de investimento, com fluxo desalavancado, como é o caso dos projetos de infraestrutura, o WACC será a taxa de desconto para os cálculos do Valor Presente Líquido (VPL) e para comparação com a TIR" (QUINTELLA; SUCENA, 2021).

[158] RIBEIRO; SANDE, *op. cit.*, p.3.

[159] *Ibid.*, p. 4.

[160] GALÍPOLO; HENRIQUES, 2016, p. 471.

[161] É bastante provável que essa TIR, constante do plano de negócios por ocasião da licitação, não se concretize na exata medida prevista, uma vez que as entradas e saídas projetadas dificilmente refletirão as entradas e saídas ocorridas no curso da concessão. Essa circunstância, no entanto, é indiferente para o contrato de concessão, pois deve se ater à TIR contratual, isto é, aquela Taxa Interna de Retorno da proposta comercial que representa uma projeção – e não aquela observada na realidade.

[162] Como será visto posteriormente, nem todos os editais de licitação foram claros sobre qual a TIR a ser indicada no plano de negócios: se a alavancada ou a não alavancada.

da proposta submetida. É o que se observa, por exemplo, no Anexo III da Fase 3 do Edital de Licitação que precedeu o contrato de concessão da Ponte Rio-Niterói: o item 47 desse instrumento estabeleceu que cabia ao licitante apresentar seu plano de negócios, que contemplou o fluxo de caixa do empreendimento, "de modo a permitir a estimação da Taxa Interna de Retorno, do Valor Atual Líquido e do Período de Retorno do Capital Investido",[163] a fim de averiguar a exequibilidade das propostas ofertadas.[164/165]

Sob a ótica matemática e financeira, o uso da TIR para precificação de projetos sofre certas críticas que apontam fragilidades. No entanto, conforme Ribeiro e Sande, tais fragilidades "não impedem o uso da TIR para Precificação. Por isso, apesar de há vários anos esses problemas terem sido notados, analisados e discutidos entre financistas, a TIR para Precificação continua sendo um instrumento utilizado em larga escala no mercado financeiro".[166] De fato, conforme apontado nesta obra, o método TIR foi largamente empregado nas licitações que antecederam os contratos de concessão rodoviários federais até a terceira etapa do PROCROFE. Diante da delimitação do escopo, descabe nos debruçarmos sobre as fragilidades apontadas por outras ciências nesta

---

163 BRASIL. Ministério dos Transportes. *Concorrência para concessão de exploração da Ponte Presidente Costa e Silva (Rio de Janeiro-Niterói)*. 1993. Disponível em: https://portal.antt.gov.br/documents/359170/2393381/Editais+Fases+I%2C+II+e+III.pdf/e0f4b084-5d5b-244c-f0e3-0801e31e699d?t=1613695362807. Acesso em: 28 fev. 2021.

164 Como exemplo da análise da TIR para fins de aferição da exequibilidade da proposta comercial, vejamos parecer da comissão licitante da concessão do Polo Pelotas: "Concluímos que a rentabilidade básica sugerida na Proposta de 17,55% ao ano, na hipótese de cobertura total com recursos próprios (sem financiamento) e de 22,69% ao ano considerando a parcela com capitais de terceiros (com financiamento), calculadas pela Taxa Interna de Retorno, expressa com segurança o retorno previsível dos capitais que serão investidos no Pólo, nas condições e hipóteses definidas na Proposta. Desta forma, a Proposta além de preencher os requisitos definidos no Edital nº 69/96, apresenta plena viabilidade e exequibilidade, razão pela qual sugerimos sua aceitação" (BRASIL. Governo do Estado do Rio Grande do Sul. Departamento Autônomo de Estradas e Rodagem. *Expediente nº 15193*. Porto Alegre, RS, 11 dez. 1997).

165 Há autores que criticam o uso do plano de negócios apresentado pela licitante para fins de aferição da exequibilidade da proposta, sob o entendimento de que o Poder Público raramente reúne condições de avaliar a correspondência entre as estimativas previstas no plano de negócios e a realidade, conseguindo, no máximo, apenas constatar a coerência interna das informações veiculadas. Nesse sentido, *Cf.* RIBEIRO, Maurício Portugal. Erros e acertos no uso do Plano de Negócios e da metodologia do fluxo de caixa marginal. *Portugal Ribeiro Advogados*, 2013. Disponível em: https://portugalribeiro.com.br/erros-e-acertos-no-uso-do-plano-de-negocios-e-da-metodologia-do-fluxo-de-caixa-marginal/. Acesso em: 28 fev. 2021.

166 RIBEIRO; SANDE, 2021, p. 16. Nesse sentido: "Portanto, o cálculo da TIR Efetiva de uma concessão ou PPP só é possível quando do seu encerramento. Qualquer cálculo efetuado em momento anterior não refletirá a TIR Efetiva do projeto." (*Ibid.*, p. 6).

obra, cumprindo examinar o método, sob a lente jurídica, justamente porque é empregado amplamente em diversas concessões.

2.2.1.2 TIR para reequilíbrio

Após ser adotada como crivo da precificação do projeto pela licitante, a Taxa Interna de Retorno torna-se o parâmetro do contrato em equilíbrio no curso de sua execução. Trata-se do mesmo dado, mas utilizado em momentos distintos de formas diferentes. Nesse sentido:

> A função primordial da TIR é a avaliação da rentabilidade de empreendimentos, segundo projeções realizadas num determinado momento e tomando em vista uma estimativa quanto às variações produzidas pelo decurso do tempo. (...) Mas a TIR passou a ser utilizada também para determinar a extensão de desequilíbrios contratuais.[167]

Nos termos do então denominado Ministério da Fazenda, a Taxa Interna de Retorno é a "medida de referência para o equilíbrio econômico-financeiro",[168] sendo ela que determina quando o contrato está, ou não, equilibrado sob o ponto de vista econômico-financeiro, tomando como base a alocação de riscos contratual.[169] Assim, por

---

[167] JUSTEN-FILHO, c2021, p.30.

[168] BRASIL. Ministério da Fazenda. *Nota Técnica nº 64 STN/SEAE/MF*. Brasília, DF, 2007. p. 2.

[169] No que concerne à alocação de risco nos contratos de concessão de rodovias federais, consigna-se que os contratos avençados na primeira etapa não contêm cláusula prevendo matriz de risco dedicada a explicitar a distribuição dos riscos entre a concessionária e o Poder Concedente. Há menção de que, exceto nos casos em que o contrário resulte do contrato, a concessionária assume integral responsabilidade por todos os riscos, destacando expressamente o risco de variação de demanda (há apenas uma pequena exceção no contrato de concessão da Ponte Rio-Niterói, que estabelece que o risco de variação de demanda é da concessionária, exceto no caso de outra ponte que concorra com o volume do trânsito) e, em alguns contratos, o risco de financiamento. Apenas por ocasião de termos aditivos celebrados anos após a assinatura do contrato, houve a repartição de riscos, em alguns casos. Por exemplo, o 14º Termo Aditivo e Modificativo do contrato de concessão celebrado com a CONCEPA, assinado em 2017, distribuiu riscos entre a concessionária e o Poder Concedente durante o período de extensão do prazo contratual. Em todas as avenças celebradas nessa etapa, as regras de reequilíbrio econômico-financeiro eram genéricas, reproduzindo o exato teor do artigo 10 da Lei nº 8.987, de 1995, e estabelecendo que deve haver equilíbrio, em caráter permanente, entre os encargos das concessionárias e as receitas da concessão. Ainda, com exceção do primeiro contrato de concessão celebrado (Ponte Rio-Niterói), todas as avenças prescrevem que o reequilíbrio será, em relação ao evento que deu causa ao desequilíbrio, único, completo e final, para todo o período da concessão, o que obstava novo reequilíbrio em razão de evento de desequilíbrio que já houvesse sido objeto de reposição – tal cláusula merece atenção. Também, os contratos elencam as hipóteses em que nasce o direito ao reequilíbrio em favor da concessionária, como, por exemplo, a modificação unilateral do contrato, força maior, caso fortuito, entre outras,

exemplo, caso um evento de desequilíbrio cujo risco esteja alocado ao Poder Concedente impacte a concessionária e reduza a Taxa Interna de Retorno – passando, por exemplo, de 10%, conforme previsto na proposta, a 9,2% –, e, por consequência, diminua o VPL do projeto,[170] a concessionária fará jus ao reequilíbrio destinado a retomar o percentual da taxa prevista em sua proposta. Nas palavras de Ribeiro e Sande, dessa forma, a TIR é "usada apenas como uma taxa destinada a deslocar valores no tempo com objetivo de neutralizar os impactos sobre a rentabilidade do projeto na ocorrência de eventos de desequilíbrio".[171] É o que autores chamam de "TIR para reequilíbrio".

Como visto, os contratos de concessão da primeira etapa inicialmente não prescreviam o mecanismo a ser empregado para manter o equilíbrio contratual. Também por muitos anos não houve regulamento disciplinando os mecanismos aplicáveis às concessões de rodovias federais. Diante desse silêncio, interpretou-se que a Taxa Interna de Retorno constante do plano de negócios, que reflete o retorno esperado pela concessionária, representava o parâmetro do contrato em equilíbrio.

---

todas muito próximas à lógica de reequilíbrio tradicionalmente adotada por força da lei geral de licitação e contratos então em vigor, Lei nº 8.666, de 1993. Os contratos avençados nessa segunda etapa avançaram no tema da distribuição de riscos. Na primeira fase, houve definição mais clara dos riscos atribuídos à concessionária. De acordo com os documentos, a concessionária assume riscos (i) pelos erros na determinação de quantitativos ou de fatores que puderiam ter sido identificados à época da formulação da proposta; (ii) pelos danos que deveriam ser objeto de seguro; (iii) pelo risco de variação de insumos, mão de obra e financiamento; (iv) pela regularização do passivo ambiental; (v) pela variação do tráfego, inclusive sua redução decorrente de transferência de trânsito para outra rodovia, além de todos os demais riscos que não estejam expressamente atribuídos ao Poder Concedente. Já esse último assume os riscos pela (a) modificação de impostos, ressalvados os impostos sobre a renda, com repercussões nos custos; (b) acréscimo ou supressão de encargos no PER; (c) força maior, caso fortuito, fato da Administração, interferências imprevistas que resultem em variação extraordinária nos custos da concessionária; (d) desapropriação, servidão ou limitação administrativa, desde que o total pago anualmente seja inferior ou superior à verba indenizatória prevista no PER; (e) alteração unilateral. Ainda, foi tomada em consideração a cobertura de certos riscos por seguros (riscos asseguráveis), algo sem paralelo na primeira etapa. O avanço mais substancial ocorreu na segunda fase, na medida em que edital e contrato elencaram, de forma bem mais detalhada, os riscos alocados não apenas à concessionária, mas também ao Poder Concedente. Ainda, esses instrumentos expressamente dispuseram que o reequilíbrio econômico-financeiro não pode gerar transferência de risco de uma parte contratual para outra. Atribuiu-se, portanto, maior peso à matriz de risco contratual. Seguindo o padrão inaugurado na segunda fase da segunda etapa do PROCROFE, os contratos da terceira e quarta etapas em questão trouxeram matriz de risco contratual ainda mais detalhada e expressamente alertaram que reequilíbrio econômico-financeiro não pode gerar transferência de risco de uma parte contratual para outra.

170 Uma vez que a TIR é a taxa de desconto que iguala o VPL a zero, sua redução ocasiona a diminuição do VPL.

171 RIBEIRO; SANDE, 2021, p. 3.

Logo, reequilibrar significava levar essa taxa ao mesmo número previsto no plano de negócios da proposta.

Em acórdão proferido em 2002 que tratava do equilíbrio das concessões de rodovias federais, o TCU afirmou que o processo de revisão tarifária "tem por objetivo restituir a Taxa Interna de Retorno ao seu valor original", uma vez que ela "é garantia tanto do Poder Público, quanto da concessionária, e sua modificação dá ensejo à revisão contratual, na forma prevista na lei e no contrato".[172] Tal precedente denota que reequilibrar significava permitir que o contrato voltasse a auferir o retorno indicado pela TIR Não Alavancada apresentada na proposta comercial da concessionária.

Ribeiro e Sande explicitam que a perda de receita ou o aumento de custo que impacte uma parte (geralmente, a concessionária) gerado por evento cujo risco seja atribuído à outra parte contratual (geralmente, o Poder Concedente) costuma ser arcado por meses ou anos pela parte impactada.[173] "Quando o concessionário arca com esses custos adicionais ou com essas perdas de receita, é como se o Poder Concedente/usuários tomasse um empréstimo compulsório".[174] Uma vez que a concessionária "empresta dinheiro" para fazer frente à perda de receita ou ao aumento de custo, deve ser remunerada a certa taxa, no caso, a Taxa Interna de Retorno. Por isso a TIR "é a rentabilidade estimada, oficialmente prevista para o projeto. Essa é a rentabilidade que oficialmente o parceiro privado espera ter com o projeto".[175] Caso fosse utilizada uma taxa distinta, o retorno esperado do projeto seria diferente daquele projetado pela concessionária no momento em que decidiu investir seus recursos financeiros no projeto da concessão.

Embora a TIR para reequilíbrio tenha sido adotada e aceita amplamente nos primeiros anos de concessão, seu uso começou a

---

[172] BRASIL. Tribunal de Contas da União, 2002.

[173] Ribeiro traz as razões pelas quais a compensação pelo evento de desequilíbrio muito raramente é imediata e à vista: "Na prática, o Poder Concedente nunca reembolsa a concessionária à vista. Em primeiro lugar, porque o processo orçamentário público torna essa opção difícil. Em segundo lugar, porque os agentes políticos temem que ganhe publicidade o fato de eles pagarem a concessionárias enquanto há percepção da população de que faltam recursos em montante adequado para custear outras demandas, como um melhor serviço de saúde pública ou atividades nas escolas públicas" (RIBEIRO, Maurício Portugal. O que todo profissional de infraestrutura precisa saber sobre o equilíbrio econômico-financeiro de concessões e PPPs (mas os nossos juristas não sabem). *In:* MOREIRA, Egon Bockmann (Coord.). *Contratos administrativos, equilíbrio econômico-financeiro e a Taxa Interna de Retorno:* a lógica das concessões e parcerias público-privadas. Belo Horizonte: Fórum, 2016. p. 540).

[174] RIBEIRO; SANDE, 2021, p. 5.

[175] *Ibid.*, p. 6.

sofrer intensas críticas após ser constatado que a melhora no cenário macroeconômico permite a redução da TMA e, por consequência, leva ao distanciamento entre ela e a TIR indicada nos planos de negócios das concessões da primeira etapa. Constatou-se, assim, que a TIR muito acima da TMA permite excedente maior aos acionistas do que aquele que seria percebido caso a TMA permanecesse idêntica à apurada no momento da formulação nos planos de negócios das concessões da primeira etapa. Esse debate será apresentado posteriormente, a fim de demonstrar como os questionamentos ensejaram a adoção do mecanismo denominado Fluxo de Caixa Marginal.

2.2.1.2.1 TIR Não Alavancada e TIR Alavancada

Uma vez compreendido o uso da TIR como crivo do equilíbrio contratual, surge a seguinte questão: qual TIR deve ser empregada para fins de reequilíbrio, a TIR Não Alavancada ou a TIR Alavancada?

A TIR Não Alavancada (ou desalavancada) é obtida a partir de um fluxo de caixa operacional (também chamado de fluxo de caixa desalavancado) "que corresponde a uma planilha em que são indicados os investimentos e custos da concessionária, de acordo com o seu plano de negócios",[176] além das receitas oriundas da exploração da rodovia. Mais importante, o fluxo de caixa operacional não considera entradas e saídas atinentes ao capital de terceiros (financiamento, amortizações e juros). Logo, a construção da TIR Não Alavancada funda-se em hipotético fluxo de caixa que incorpora entradas e saídas como se o projeto fosse financiado apenas com capital próprio.

Já a TIR Alavancada é resultado da combinação do fluxo de caixa operacional com o fluxo de caixa do financiamento,[177] que leva em consideração os efeitos do uso do capital de terceiros, de modo que "recebimentos de empréstimos são incorporados ao fluxo de caixa enquanto receitas, assim como o pagamento do principal [amortização] e dos juros sobre os empréstimos são incorporados enquanto saídas,

---

[176] BRASIL. Tribunal de Contas da União. *Acórdão nº 1447/2018*. Relator: Ministro Augusto Nardes. Brasília, DF, 11 jul. 2018a.

[177] BRASIL. Banco Nacional de Desenvolvimento Econômico e Social. *Estruturação de projeto de parceria público-privada destinada à modernização, eficientização, expansão, operação e manutenção da infraestrutura da rede de iluminação pública do município de Macapá – AP*. c2021. p. 11. Disponível em: https://macapa.ap.gov.br/arquivos/publicacoes/consulta_publica/iluminacao/3%20-%20BNDES%20-%20Relatorio%20Economico-Financeiro%20final_V_Consulta_Publica.pdf. Acesso em: 3 abr. 2021.

resultando no fluxo de caixa do financiamento".[178] Conforme Santos de Vasconcelos, "o fluxo de caixa alavancado e não alavancado é o mesmo quanto a receitas, custos operacionais, investimentos etc. A diferença está simplesmente na retirada das rubricas de financiamento, amortização e juros do fluxo alavancado".[179] Ao combinar o fluxo de caixa operacional (não alavancado) com o fluxo de caixa de financiamento, surge o fluxo de caixa alavancado do qual decorre a TIR Alavancada.

Essas taxas naturalmente apresentam valores diferentes uma vez que partem de fluxos de caixa distintos. O uso de capital de terceiros proporciona retorno superior ao que seria obtido caso fosse empregado apenas capital próprio. Por exemplo, nos contratos da primeira etapa do PROCROFE, a proposta comercial apresentada pelo licitante que veio a formar a concessionária Ecosul apontou tanto a TIR Alavancada quanto a TIR Não Alavancada: 22,69% e 17,55%, respectivamente. Isso ocorreu, porque "i) o custo do capital de terceiros é menor que o custo do capital próprio e ii) as despesas financeiras com o capital de terceiros são passíveis do benefício da dedutibilidade fiscal".[180]

Quanto maior for a diferença entre a TIR Alavancada e a TIR Não Alavancada, mais eficiente é a estrutura financeira definida pela concessionária.[181] Sendo assim, o uso de capital de terceiros em proporção superior ao uso de capital próprio (por exemplo, projeto financiado com 70% de capital de terceiros e 30% de capital próprio) resultará em maior diferença entre a TIR Alavancada e a Não Alavancada. Também, quanto mais barato for o custo de capital de terceiros, maior será a diferença entre a TIR Alavancada e a Não Alavancada. Isso demonstra a importância do manejo do capital de terceiros como forma de proporcionar mais rentabilidade ao investidor, que ganha mais ao conjugar capital próprio e de terceiros do que ganharia caso usasse apenas capital próprio.

Conclui-se que, enquanto a TIR Não Alavancada permite ao investidor avaliar se o projeto é, ou não, um bom investimento a partir de sua comparação com a taxa mínima de atratividade ("TMA"), a TIR Alavancada demonstrará o retorno econômico do projeto oriundo do uso de capital de terceiros e capital próprio, algo mais próximo à

---

[178] *Ibid.*, p. 434.

[179] SANTOS DE VASCONCELOS, Adalberto. *O equilíbrio econômico-financeiro nas concessões de rodovias federais no Brasil*. 2004. 159f. Monografia (Especialização em Controle Externo) – Instituto Serzedello Corrêa do Tribunal de Contas da União, Brasília, 2004. p. 97.

[180] BRASIL. Banco Nacional de Desenvolvimento Econômico e Social, *op. cit.* p. 11.

[181] *Cf.* RIBEIRO, 2011.

realidade, uma vez que dificilmente projetos de infraestrutura fazem uso apenas de capital próprio.

Ao lado disso, cabe trazer a **distinção entre a TIR Alavancada e a TIR do Acionista**. São comuns textos de cunho jurídico que se referem a essas taxas como sinônimos.[182] No entanto, Moreira e Guzela alertam que "há diferenças entre a TIR do Acionista e a TIR Alavancada".[183] Em pedido de esclarecimentos apresentado no curso das licitações da primeira fase da segunda etapa do PROCROFE, o interessado indagou se a taxa referida em determinada passagem do edital tratava-se "da TIR de Projeto Alavancada, ou da TIR do Acionista do Projeto (uma vez que há substanciais diferenças entre ambos)".[184] Alguns editais de licitação de outros setores estabelecem que o licitante apresente a TIR Alavancada, a TIR Não Alavancada e a TIR do Acionista. Sua distinção é, assim, necessária. Tanto a TIR Alavancada quanto a TIR do Acionista computam as entradas e saídas oriundas do uso de capital de terceiros, ao contrário do que ocorre na TIR Não Alavancada. Porém, além dos efeitos dos financiamentos, a TIR do Acionista observada no curso da concessão também resulta dos "efeitos das decisões sobre integralização de capital e distribuição de dividendos".[185]

Valem, ainda, **outras duas distinções**. Ao referirem-se à TIR do Acionista, alguns autores não tratam da taxa que reflete a estrutura de financiamento e gestão de dividendos, mas sim da "taxa de retorno dos recursos próprios alocados no projeto",[186] ou seja, a "Taxa Interna de Retorno do investidor é a rentabilidade que o projeto tem para o investidor, isto é, a rentabilidade do projeto sobre o capital próprio daquele que investiu na concessionária".[187] Também, a "TIR do projeto" é usada em diferentes sentidos. Muitos autores usam essa denominação como sinônimo da TIR Não Alavancada, enquanto outros referem-se a ela como a "taxa de retorno de todo o *mix* ou *funding* de recursos

---

[182] *Cf.*: "Combinado o fluxo de caixa operacional com o fluxo de caixa de financiamento, resulta o fluxo de caixa do acionista ou fluxo de caixa alavancado. A taxa que iguala as entradas e saídas desse fluxo de caixa é a TIR alavancada ou TIR do acionista" (BRASIL. Tribunal de Contas da União, 2018b).

[183] MOREIRA; GUZELA, 2016, p. 436.

[184] BRASIL. Agência Nacional de Transportes Terrestres. *Resposta às consultas formuladas*. 2007. Brasília, DF. Disponível em: https://portal.antt.gov.br/documents/359170/91654cdb-fe40-75d7-2a16-d686482cd995. Acesso em: 27 mar. 2021.

[185] FUNDAÇÃO GETÚLO VARGAS. *Projeto de estruturação organizacional*. Relatório 3. Mecanismos de Gestão de Contratos. Reequilíbrio Econômico-Financeiro, 2010. p. 10.

[186] CASAROTO-FILHO, Nelson. *Análise de Investimentos*: manual para solução de problemas e tomadas de decisão. 12. ed. São Paulo: Atlas, 2020. p. 191.

[187] RIBEIRO, 2011.

envolvidos",[188] isto é, a taxa "resultado da soma ponderada da taxa de retorno do investidor com o custo de financiamento".[189] Portanto, ao deparar-se com os termos TIR do Acionista ou TIR do Projeto, é necessário saber em que sentido as denominações estão sendo usadas.

Nesse cenário, questiona-se qual TIR representa o crivo do contrato em equilíbrio. De acordo com o artigo 2º, I, da Resolução nº 5.850, de 16 de julho de 2019, editada pela ANTT, deve ser empregada a Taxa Interna de Retorno Não Alavancada (desalavancada).[190] Essa escolha baseia-se na compreensão de que "o risco de financiamento da concessão ou da PPP é da concessionária e do seu acionista. Assim, o reequilíbrio deveria tomar como referência a taxa interna de retorno do projeto, desconsiderando eventuais ganhos que possam decorrer da realização de financiamento".[191] Ademais, a TIR Alavancada abarca "fatores correspondentes à engenharia financeira personalíssima, com itens exógenos ao contrato de concessão, cujo impacto nem sempre precisa ser transmitido ao projeto".[192] Ainda, a assimetria de informações entre concessionária e ANTT é considerada como um terceiro óbice ao uso da TIR Alavancada, pois, de acordo com o TCU, a agência reguladora dificilmente conhece as reais condições dos financiamentos contratados pela concessionária, em virtude do sigilo comercial.[193] Esse último ponto de vista não parece correto, pois os contratos de concessão costumam exigir que a concessionária apresente cópia dos contratos de financiamento à ANTT.[194]

Antes mesmo da Resolução nº 5.850, de 16 de julho de 2019, a TIR Não Alavancada vinha sendo adotada como crivo do contrato em

[188] CASAROTO-FILHO, 2020, p. 191.

[189] RIBEIRO, 2016, p. 541.

[190] Como exemplo, há cláusulas que constaram de todos os contratos de concessão da primeira fase da segunda etapa do PROCROFE: "O equilíbrio econômico-financeiro do Contrato de Concessão é definido pelo fluxo de caixa descontado considerado que assegure a Concessionária a Taxa Interna de Retomo Não Alavancada pactuada quando da assinatura deste Contrato de Concessão." Também: "O equilíbrio econômico-financeiro do Contrato de Concessão será mantido ao longo da sua vigência e considerado nos processos de revisão tarifária, de modo a assegurar a Taxa Interna de Retomo Não Alavancada, assumida no Leilão e especificada segundo as condições do Edital de Licitação".

[191] RIBEIRO, *op. cit.*, p. 342.

[192] MOREIRA; GUZELA, 2016, p. 434.

[193] *Cf.* BRASIL. Tribunal de Contas da União, 2018b.

[194] Nesse sentido, *cf.* cláusula 25.2 do contrato de concessão da Ecoponte: "A Concessionária deverá apresentar à ANTT cópia autenticada dos contratos de financiamento e de garantia que venha a celebrar e de documentos representativos dos títulos e valores mobiliários que venha a emitir, bem como quaisquer alterações a esses instrumentos, no prazo de 10 (dez) dias úteis da data de sua assinatura e emissão, conforme o caso".

equilíbrio há bastante tempo, mesmo antes de haver previsão a esse respeito nos contratos de concessão. Por exemplo, no ano de 2003, a ANTT consignou que o processo de revisão da equação econômico-financeira do contrato de concessão firmado com a concessionária Ecosul, já referido, deveria manter a TIR Não Alavancada, na casa de 17,55%, e não a TIR Alavancada, de 22,69%.

No entanto, a aplicação da TIR Não Alavancada como crivo do equilíbrio econômico-financeiro nem sempre foi linear. Diferentemente do que ocorreu no caso da Ecosul, a maior parte das propostas comerciais da primeira etapa que trouxeram o plano de negócios não indicou as duas espécies de TIR, pois os editais de licitação dessa etapa não dispuseram se a TIR a ser indicada pelo licitante seria a Alavancada ou a Não Alavancada, ao contrário do que houve nos instrumentos convocatórios da etapa seguinte, nos quais houve expressa menção de que a tarifa proposta pela licitante seria definida pelo fluxo de caixa não alavancado e, portanto, pela TIR Não Alavancada.

Por exemplo, na primeira etapa do PROCROFE, a proposta da concessionária CRT indicou o fluxo de caixa alavancado, pois o edital de licitação apresentou modelo de fluxo de caixa que contemplava entradas e saídas atinentes ao financiamento (capital de terceiros). Esse modelo deveria ser seguido pelas licitantes ao formularem seu plano de negócios. Ainda, o edital exigiu a indicação da TIR para fins de avaliação da exequibilidade da proposta, mas não indicou a espécie de taxa a ser indicada: a alavancada ou a não alavancada. Levando isso em consideração, em sua proposta, a CRT interpretou que deveria ser apresentado o fluxo de caixa alavancado e, por consequência, a TIR Alavancada.

Os primeiros reequilíbrios realizados no contrato de concessão celebrado com a CRT retomaram a TIR Alavancada prescrita na proposta, tendo sido ela, portanto, utilizada como crivo do contrato em equilíbrio. Posteriormente, percebendo que o método destoava dos reequilíbrios realizados em outras concessões, a ANTT e a concessionária pactuaram que passariam a empregar a TIR Não Alavancada, que foi calculada por meio da exclusão das entradas e saídas referentes ao financiamento do fluxo de caixa trazido na proposta.[195] Em 2004, ao examinar o contrato de concessão firmado com a CRT, o TCU entendeu ser adequado o uso da TIR Não Alavancada como crivo do equilíbrio econômico-financeiro,

---

[195] A esse respeito, *cf.* BRASIL. Tribunal de Contas da União. *Acórdão nº 988/2004*. Ministro Relator: Marcos Vinicios Vilaça. Brasília, DF, 21 jul. 2004.

sob o entendimento de que as condições de financiamento não devem influenciar o fluxo de caixa, uma vez que "financiamentos não são receitas da concessão e os juros pagos por eles não são encargos previstos no PER".[196] Sendo assim, a alteração das condições de financiamento não enseja direito ao reequilíbrio a nenhuma das partes contratuais.

Anos mais tarde, em acórdão proferido em 2018, o TCU voltou a examinar se seria realmente adequado o uso da TIR Não Alavancada como crivo do contrato em equilíbrio. Esse exame decorreu da constatação de que reequilíbrios feitos no âmbito da concessão da Eco101 (contrato da terceira etapa) em decorrência da inexecução ou do atraso nos investimentos foram guiados pela manutenção da TIR Não Alavancada, mas os desequilíbrios contratuais resultam na majoração da TIR Alavancada.

De acordo com a Secretaria de Fiscalização de Infraestrutura Rodoviária e Aeroportuária do TCU, a concessionária estaria auferindo retorno superior ao que seria percebido caso realizasse os investimentos de acordo com o cronograma físico-financeiro inicialmente pactuado. Constatados o atraso ou a inexecução, os valores a eles referentes são deslocados para o ano seguinte no fluxo de caixa operacional. No entanto, "ao postergar investimentos e corrigir o valor pela TIR Não Alavancada, há como consequência uma majoração da TIR Alavancada (TIR do fluxo de caixa do acionista) para qualquer nível de inexecução e a qualquer tempo, devido justamente ao efeito da alavancagem financeira".[197] O retorno aumenta, pois a concessionária permanece auferindo a receita tarifária, mas reduz seus custos na medida em que não realiza ou atrasa os investimentos. Tal circunstância gera saldo positivo, diminuindo, então, "a necessidade de a concessionária realizar operações de crédito (empréstimos) junto a credores, o que minora ainda mais suas despesas, visto que decrescem também os gastos com os pagamentos dos juros relacionados a esses empréstimos."[198] Daí decorreria a majoração da TIR Alavancada.

Ao analisar o tema, o Ministro Relator do caso expressou que o uso da TIR Não Alavancada não promoveria desequilíbrio econômico-financeiro, tampouco incentivaria o atraso ou a inexecução dos investimentos. Em sua visão, na medida em que o risco do financiamento está alocado à concessionária, não lhe cabe "invocar qualquer disposição, cláusula

---

[196] BRASIL. Tribunal de Contas da União, 2004.

[197] BRASIL. Tribunal de Contas da União. *Secretaria de Fiscalização de Infraestrutura Rodoviária e de Aviação Civil*. Brasília DF, 19 jun. 2017d.

[198] BRASIL. Tribunal de Contas da União, 2018b.

ou condição dos contratos de financiamento, ou mesmo qualquer atraso no desembolso dos recursos para eximir-se, total ou parcialmente, das obrigações assumidas no contrato de concessão".[199] Ademais, além de estar obstado pelo contrato de concessão, o uso da TIR Alavancada encontraria diversas dificuldades práticas, conforme acima assinalado. Concluiu, assim, que a elevação do retorno da concessionária não decorreu do emprego da TIR Não Alavancada como norte do reequilíbrio contratual, mas sim de "postura leniente da agência reguladora em não promover firme e eficiente regulação dos serviços delegados a fim de que os atrasos e inexecuções de investimentos previstos no plano de negócios sejam devidamente compensados".[200] Esse entendimento foi seguido pelo colegiado, que corroborou o uso da TIR Não Alavancada como crivo do equilíbrio e afastou o entendimento de que seu uso seria incentivo negativo ao cumprimento das obrigações de investimento.

Por outro lado, o TCU determinou que a redução da tarifa de pedágios, realizada como forma de reequilibrar a equação econômico--financeira em razão de atraso ou inexecução de investimentos, fosse concentrada em um único ano, imediatamente após constatado o atraso ou a inexecução, em vez de diluir essa redução ao longo de todo o período da concessão. A concentração da redução em um único ano permite que a TIR Alavancada seja majorada em patamar inferior ao que seria caso o desconto fosse diluído por todo o prazo de vigência do contrato.[201] Portanto, muito embora o TCU tenha compreendido que a majoração da TIR Alavancada não consiste em incentivo negativo promovido pelo uso da TIR Não Alavancada como crivo do equilíbrio contratual, o tribunal administrativo determinou o emprego de mecanismo que obsta o aumento, em patamar superior, da TIR Alavancada em decorrência de atraso ou inexecução contratual.

Apresentados os contornos acima, concorda-se que a preservação do equilíbrio contratual baseado no Fluxo de Caixa Original dever nortear-se pela TIR Não Alavancada sempre que o contrato de concessão alocar o risco de obtenção e manejo de financiamento à concessionária –

---

[199] *Ibid.*

[200] BRASIL. Tribunal de Contas da União, 2018b.

[201] "Foi realizada, no relatório de fiscalização (peça 96), uma análise de sensibilidade da TIR Alavancada frente aos ajustes elaborados pela ANTT no fluxo de caixa, diante das inexecuções de investimentos. Constatou-se que o aumento na TIR Alavancada é menor quando a compensação pela não execução dos investimentos é integralmente realizada no ano subsequente à apuração das inexecuções, e não diluído pelo prazo remanescente da concessão" (BRASIL. Tribunal de Contas da União, 2017b).

o que tem sido a regra.[202] Nesses casos, o equilíbrio contratual não deve estar atrelado às consequências oriundas das decisões empresariais em relação ao manejo do capital de terceiros – cujos reflexos formam a TIR Alavancada, como visto –, especialmente nos casos em que o edital de licitação expressamente tenha prescrito que a tarifa é formada a partir do fluxo de caixa não alavancado. Assim, se o equilíbrio contratual, definido na proposta vencedora, é construído sem considerar o uso de capital de terceiros e se o risco de financiamento é da concessionária, a recomposição da equação contratual deve guiar-se pela TIR Não Alavancada. Consigna-se que essa conclusão decorre da observância dos dois aspectos citados (alocação do risco e formação da proposta com base em certos parâmetros previstos no edital). Caso o contrato tenha alocado o risco de financiamento de forma distinta e o edital não tenho previsto que a tarifa é formada a partir do fluxo de caixa não alavancado, pode-se chegar à conclusão diversa, pois aqui não se parte da premissa de que haveria uma única solução juridicamente correta em tese sobre qual TIR a ser utilizada, aplicável a qualquer caso, mas sim de que uma há solução adequada a partir dos contornos definidos contratualmente em cada avença.

Como o percentual da TIR Alavancada observado no curso da concessão deve ser indiferente para matéria de equilíbrio contratual, não é correto o apontamento da unidade técnica do TCU, que indicou preocupação com o aumento dessa TIR, colocando em xeque o uso da TIR Não Alavancada para preservação do equilíbrio contratual. Embora o órgão colegiado do Tribunal de Contas não tenha acatado o entendimento da unidade técnica, mantendo o entendimento de que a TIR Não Alavancada é o crivo do equilíbrio contratual, vimos que a solução adotada no caso (concentração da redução tarifária em

[202] Embora o risco de financiamento venha sendo alocado à concessionária, há críticas que defendem que os efeitos da dificuldade de obtenção de financiamento pela concessionária devem ser considerados para fins de preservação do equilíbrio contratual sempre que esse obstáculo decorrer de um evento de desequilíbrio cujo risco é do Poder Concedente. Nessa ordem de ideias, refuta-se a hipótese de a promoção do reequilíbrio considerar apenas os impactos diretos do evento do desequilíbrio, ignorando que a ocorrência desse evento também prejudica a obtenção de financiamento, fazendo com que a concessionária tenha que usar mais capital próprio do que capital de terceiros, daí resultando em alteração na mudança da alavancagem do projeto, ou seja, alterando a proporção capital próprio-capital de terceiros (MOREIRA; GUZELA, 2016, p. 435). Contudo, entende-se que a solução nessas hipóteses dependerá da alocação de risco contratual. Se o risco de financiamento está alocado à concessionária para toda e qualquer hipótese, independentemente do que gera a dificuldade na obtenção desse financiamento, os efeitos dessa dificuldade não ensejam recomposição da equação contratual em prol da concessionária, mesmo que ela seja decorrência de evento cujo risco é do Poder Concedente.

um único ano, imediatamente após a inexecução contratual) buscou controlar a majoração da TIR Alavancada. Contudo, o nível da TIR Alavancada não deve ser um aspecto considerado em matéria de equilíbrio contratual, devendo não importar se ela sofreu diminuição ou majoração, nem mesmo para apurar a melhor forma de reequilibrar o contrato, diferentemente do que feito no caso acima mencionado. Naquele âmbito, a avaliação da pertinência da diluição da redução da tarifa ou de sua concentração em um único ano deveria ter sido feita à luz dos impactos na TIR Não Alavancada. Somente dessa forma seria mantida coerência quanto aos fundamentos que impedem o uso da TIR Alavancada para fins de preservação do equilíbrio contratual.

2.2.2 Consonância com a alocação de riscos contratual

Em parte dos contratos de concessão em análise, a TIR é o parâmetro do equilíbrio contratual. Isso poderia levar à impressão de que a TIR equivaleria a uma garantia de rentabilidade do projeto, pois, se assim fosse, sempre que houvesse modificação de seu percentual, a parte impactada por essa alteração faria jus ao reequilíbrio, ainda que o risco pelo advento do evento de desequilíbrio seja a ela alocado contratualmente, conforme descrito por Guimarães:

> A ideia de considerar a TIR como um fator para definir o equilíbrio contratual, já considerada em alguns contratos do ciclo passado de concessões na área de transportes, conflita com a ideia de garantir a estabilidade de matriz de riscos contratada. Garantir a manutenção da TIR significará neutralizar a variação de despesas e receitas ocorridas em face da materialização dos riscos alocados às partes no contrato. (...) Em razão disso, sempre que um contrato de concessão ou PPP acolha a TIR ou qualquer taxa de rentabilidade como fator de reequilíbrio econômico-financeiro estará instalando uma antinomia contratual, em virtude de um potencial conflito com a sua matriz de riscos.[203]

Todavia, não basta verificar se a TIR concretizada no curso da concessão é ou não é a prevista no fluxo de caixa original. Deve ser apurado se o evento que promoveu a modificação da TIR está alocado à parte contratual impactada pelo evento de desequilíbrio.[204] A alocação de risco é pressuposto do equilíbrio contratual. Por exemplo,

---

[203] GUIMARÃES, F., 2019, p. 115.

[204] *Cf.*: GARCIA, F., 2021, p. 237.

a concessionária somente terá direito ao reequilíbrio se o evento de desequilíbrio que a atinge for risco do Poder Concedente. De outro lado:

> Quando o risco do evento é do concessionário, a atividade de reequilíbrio simplesmente não deve ser realizada, (porque a rigor não há Evento de Desequilíbrio nesse caso), e, por isso, os efeitos de aumento de custos e redução de receitas simplesmente não são incluídos na planilha representativa do plano de negócios para cálculo do desequilíbrio e do reequilíbrio do contrato.[205]

Em suma, "a ocorrência do evento superveniente que está compreendido no risco do particular não afeta a relação original pactuada entre as partes".[206]

Por conseguinte, constatado que o risco é do Poder Concedente e, assim, que a concessionária tem direito ao reequilíbrio, o cálculo que o dimensiona deve considerar apenas as rubricas que foram afetadas pelo evento de desequilíbrio cujo risco seja alocado ao Poder Concedente. Com isso, evita-se que o cálculo abarque outras rubricas impactadas por evento cujo risco esteja alocado à concessionária, evitando-se, assim, que haja distorção da alocação de riscos. Nesse sentido, Moreira e Guzela afirmam:

> No cálculo do valor devido a título de reequilíbrio, somente as variáveis afetas aos eventos propulsores do desequilíbrio devem ser substituídas no fluxo de caixa originário, na justa medida da oscilação de tal evento decorrente. As demais devem ser reaplicadas e preservadas tal como projetadas originalmente, ainda que com o fluir do contrato saibam-se equivocadas, sob pena de distorcer-se a matriz de riscos e de restituir eventuais perdas ou distorções no retorno esperado que não refletem desequilíbrios, mas oscilações ordinárias do negócio.[207]

Portanto, o uso da TIR como crivo do contrato em equilíbrio não distorce a alocação de riscos. Pelo contrário, concessionária e Poder Concedente partem da alocação de riscos a fim de averiguar, em primeiro lugar, se a parte impactada faz jus ao reequilíbrio. Caso sim, em segundo lugar, as partes baseiam-se na distribuição de risco para apurar quais rubricas devem e não devem ser substituídas no fluxo de caixa para apurar a extensão do desequilíbrio e, posteriormente,

---

[205] RIBEIRO; SANDE, 2021, p. 13.

[206] JUSTEN-FILHO, c2021, p. 13.

[207] MOREIRA; GUZELA, 2016, p. 433.

calcular o reequilíbrio. Por essa razão, não basta dizer que a TIR é a medida de referência do contrato em equilíbrio. Deve, também, ser dito que ela é medida de referência quando observada à luz da matriz de risco contratual.

Guiada por essa lógica, o contrato de concessão firmado com a ViaBahia no âmbito da segunda fase da segunda etapa prescreve que: "A Concessionária não fará jus à recomposição do equilíbrio econômico-financeiro caso quaisquer dos riscos por ela assumidos no Contrato venha a se materializar" e "Os processos de recomposição do equilíbrio econômico-financeiro não poderão alterar a alocação de riscos originalmente prevista no Contrato".[208] Disposições semelhantes a essas foram reproduzidas nos contratos firmados posteriormente à concessão da ViaBahia, ocorrida na segunda fase da segunda etapa do PROCROFE.

2.2.3 O uso de dados reais ou projetados

Além de nortear-se pela manutenção da mesma TIR ao longo de toda concessão para grande parte dos eventos de desequilíbrio, o reequilíbrio baseado no Fluxo de Caixa Original da concessão também é marcado pela adoção dos dados projetados no plano de negócios da proposta comercial da licitante vencedora para o cálculo de mensuração do desequilíbrio.[209] Assim, para calcular a extensão do desequilíbrio econômico-financeiro, a concessionária e a ANTT olham para os dados projetados antes do início da concessão, constantes do plano de negócios da concessionária, como, por exemplo, a projeção de tráfego e de receita tarifária. Não são, assim, consideradas as receitas realizadas no curso da concessão. Essa é a regra prescrita na Resolução nº 5.850, de 16 de julho de 2019, em seu artigo 2º, §2º, que estabelece que o processo

---

[208] Cláusulas 19.1.5 e 20.4.1.

[209] O cálculo de mensuração do desequilíbrio é distinto do cálculo para promoção do reequilíbrio. Aquele primeiro avalia os impactos do evento de desequilíbrio sobre a equação contratual. O resultado desse cálculo é, então, considerado no cálculo de promoção do reequilíbrio cujo formato variará conforme o modo de reequilíbrio escolhido. Por exemplo, caso seja escolhida a modificação da tarifa, deverá ser determinado o valor de tarifa a ser futuramente cobrada, diante de um certo cenário de projeção de tráfego, que neutralizará o desequilíbrio apurado. Já se a opção for pela modificação do prazo contratual, será averiguado o tempo adicional de vigência da concessão para permitir a cobrança de tarifas, em um dado cenário de projeção de demanda, apta a permitir a neutralização do desequilíbrio. Nesta obra, são tratados exclusivamente do cálculo do desequilíbrio, pois as discussões observadas por esta pesquisa referem-se ao uso dos dados reais ou projetados no bojo do cálculo de mensuração do desequilíbrio – e não sobre o cálculo de promoção do reequilíbrio.

de recomposição baseado no Fluxo de Caixa Original deverá manter algumas premissas do plano de negócio vencedor do leilão, dentre elas, a projeção de tráfego.[210]

Por exemplo, havendo majoração da alíquota de um determinado tributo que incide sobre a receita tarifária decorrente da demanda, considerando que esse risco é alocado ao Poder Concedente, o impacto sobre a equação econômico-financeira sofrido até a data de promoção do reequilíbrio contratual é medido com base nos dados projetados, assim calculando-se os efeitos dessa majoração sobre a receita projetada no plano de negócios – que é base de cálculo do tributo –, ainda que essa receita estimada não tenha se concretizado na prática. Logo, é indiferente o valor efetivamente adimplido em razão da majoração da alíquota do tributo incidente sobre a receita tarifária realmente auferida.

De igual modo, em relação aos efeitos desse evento de desequilíbrio para o futuro, isto é, para depois do momento em que realizado o reequilíbrio, as partes contratuais também se basearão na projeção constante do plano de negócios, ainda que, àquela altura, essa projeção não mais se coadune com a realidade observada no curso da concessão. Portanto, ao reequilibrar com base no Fluxo de Caixa Original, os futuros impactos do evento desequilíbrio não são calculados sobre uma nova projeção mais atual do que aquela constante do plano de negócios, bem como não há uma revisão das projeções a fim de compatibilizá-las com a realidade de tempos em tempos.

O uso dos dados projetados nos planos de negócios para fins de reequilíbrio econômico-financeiro foi contestado em certas ocasiões. Muito embora as concessões estaduais não integrem o recorte temático desta obra, é pertinente observar que, em 2014, o Estado de São Paulo e a Agência de Transporte do Estado de São Paulo (ARTESP) propuseram ações judiciais[211] visando a anular termos aditivos de distintos contratos de concessões de rodovias estaduais que, anos antes, haviam promovido reequilíbrio econômico-financeiro. Segundo a linha de argumentação da Fazenda Pública e da agência reguladora (ARTESP), referidos termos aditivos estariam eivados de nulidade, pois aplicaram, para fins de apuração de desequilíbrio da equação contratual, as estimativas previstas

---

[210] As demais premissas a serem mantidas são: Taxa Interna de Retorno Não Alavancada, projeção de tráfego, alíquotas e base de cálculo do Imposto de Renda e contribuição Social Sobre Lucro Líquido; Incidência de Receitas financeiras sobre a receita de pedágio; e vinculação da tarifa que equilibra o FCO com o período remanescente da concessão.

[211] Ações Declaratórias nº 1040370-54.2014.8.26.0053; nº 1007766-40.2014.8.26.0053; nº 1019684-41.2014.8.26.0053; nº 1022983-26.2014.8.26.0053; nº 1045799-02.2014.8.26.0053; nº 1027267-77.2014.8.26.0053; nº 1040986-29.2014.8.26.0053; nº 1013617-60.2014.8.26.0053.

no plano de negócios em vez dos dados efetivamente realizados no curso da concessão, o que teria proporcionado revisão mais benéfica às concessionárias, conforme explica Carlos Ari Sundfeld:

> A principal impugnação contra o método do cálculo previsto contratualmente, e aplicado quando do aditivo, é a de que ele causaria prejuízo ao erário e enriquecimento indevido da concessionária. O raciocínio se baseia na comparação entre o que seria ressarcido se o cálculo considerasse as receitas reais da concessionária e o que foi ressarcido no caso, a partir do impacto sobre a receita estimada na proposta. Como, no caso concreto, durante certo período a receita estimada era maior do que a real, o ressarcimento foi maior do que seria se o método de revisão fosse outro. O método adotado, nessa visão, teria propiciado revisão mais benéfica à concessionária do que a devida, pois teria proporcionado reposição maior do que o prejuízo efetivamente suportado. Esta, em suma, a razão da suposta ilegitimidade do método empregado.[212]

De um lado, de acordo com o Estado de São Paulo e a ARTESP, somente a aplicação dos dados reais atende às prescrições legais que regem o direito à manutenção da equação econômico-financeira. De outro, as concessionárias suscitam que as cláusulas contratuais prescreveram que o reequilíbrio deveria basear-se nas projeções financeiras constantes do plano de negócios, sendo essa a única maneira de permitir que o reequilíbrio seja único, completo e final até o contrato da concessão, tal como impõe a avença.

Nesses casos, o Poder Judiciário vem firmando entendimento a respeito da ilegalidade ou legalidade do mecanismo de preservação do equilíbrio contratual que se baseia nos dados projetados no Fluxo de Caixa Original. Até o momento de finalização desta obra, tem prevalecido a compreensão de que o reequilíbrio deve considerar os dados reais – e não aqueles projetados no plano de negócios. Como exemplo de pronunciamento nesse sentido, cita-se acórdão proferido pela 10ª Câmara de Direito Público do Tribunal de Justiça de São Paulo, sob relatoria do Desembargador Marcelo Semer, que afirmou que o reequilíbrio realizado com base nos dados do plano de negócios consiste em "modelo *contra legem* de correção de desequilíbrio".[213]

---

[212] SUNDFELD, 2013, p. 58.

[213] "Nesse sentido, não deve haver apego a eventual cláusula contratual que fixa modelo de correção de desequilíbrio baseado, exclusivamente, na projeção financeira dos impactos a que tal contrato está sujeito. (...) Nesse sentido, com a adoção dos fatores projetados para a correção do desequilíbrio, foram devolvidos à concessionária valores não desembolsados por ela, em evidente enriquecimento sem causa em seu favor, com o que não se pode

Parte das concessionárias envolvidas nesses litígios acabou por firmar acordo com o Poder Concedente,[214] no qual pactuaram (i) o recálculo do desequilíbrio objeto do litígio considerando o "fluxo de tráfego real, ressalvados exclusivamente aqueles não impactados por tal circunstância" (cláusula 4.1) e (ii) que os outros desequilíbrios considerarão, para o período futuro, a projeção de tráfego a ser futuramente substituída após conhecido o tráfego efetivamente ocorrido em cada período (cláusula 6.9). Portanto, o acordo prescreveu o uso dos dados reais, mais especificamente, do tráfego (demanda) real, tal como defendido pelo Poder Concedente e ARTESP. Ainda, foram pactuadas modificações nas cláusulas contratuais.

Ao examinar o referido litígio, Bandeira de Mello afirmou que há, nos contratos de concessões, um equilíbrio econômico-financeiro estipulativo definido pelas partes, no momento da celebração da avença, com base em certas pressuposições de receitas definidas pela concessionária, que assume a concessão por sua conta e risco. Assim, "o acordo se formou e se estratificou em vista de uma certa previsão de receita",[215] daí porque não seria possível empregar dados reais de receita, distintos daqueles projetados quando da definição do equilíbrio contratual, sob pena de violar o direito à manutenção da equação econômico-financeira.

Também à luz do litígio acima narrado, Justen Filho entende que a mensuração do desequilíbrio contratual deve pautar-se pelo uso dos dados projetados, haja vista o quanto prescrito pelas cláusulas daqueles contratos. No entanto, antes mesmo de examinar tais cláusulas, analisando a questão sob ótica meramente em tese, o autor entende que o uso

---

concordar. (...) Não há, desse modo, como se sustentar tal enriquecimento indevido em cláusula contratual que determina modelo *contra legem* de correção de desequilíbrio" (BRASIL, Tribunal de Justiça do Estado de São Paulo. *Apelação nº 1014891-25.2015.8.26.0053*. Relator: Desembargador Marcelo Semer, São Paulo, SP, 25 maio 2018).

[214] BRASIL. Agência de Transporte do Estado de São Paulo. *Edital, contrato e termos aditivos e modificativos*. Contratos de concessão. Disponível em: http://www.artesp.sp.gov.br/Style%20 Library/extranet/transparencia/contratos-de-concessao.aspx. Acesso em: 17 jul. 2021.

[215] *Cf.* trecho completo: "Conseqüência jurídica inexorável do que se vem dizer é que, de direito, não pode ser alegado para fins de invalidação de um aditivo, um desacordo entre o que foi estipulado entre as partes como previsão de receita e uma receita diversa, a maior, afinal efetuada. É que o acordo se formou e se estratificou em vista de uma certa previsão de receita. Logo, nos termos contratuais, é ela que rege o equilíbrio do contrato. Se tal equilíbrio foi obedecido, o contrato, quanto a isto, como é óbvio foi obedecido. Assim sendo, não há falar em nulidade de um aditivo, por haver se estruturado com obediência fiel aos termos da equação em torno da qual as partes coincidiram e se ajustaram" (BANDEIRA DE MELLO, Celso Antônio. *Consulta*. c2021. *In:* TRIBUNAL DE JUSTIÇA DO ESTADO DE SÃO PAULO. *Recurso de apelação nº 1040370-54.2014.8.26.0053*. 6 fev. 2017. p. 6711-6731).

dos dados projetados é inerente às características do pacto concessório, no qual a concessionária assume riscos e, a partir disso, formula plano de negócios com base em projeções de receitas e despesas. De acordo com o autor, essa circunstância distingue-se da presente nos chamados contratos de colaboração – por exemplo, contratos de obras públicas –, nos quais o contratado estipula seus preços e remuneração com base em dados muito próximos à realidade. Partindo da distinção entre os contratos de colaboração e os de concessão, Justen Filho conclui que o uso dos dados reais em vez dos projetados equivaleria "a transformar um contrato de concessão em um contrato de obra pública".[216]

Sob diferente ótica, Ribeiro traz outra ponderação a respeito do uso dos dados projetados para fins de mensuração do cálculo do desequilíbrio contratual. Em sua visão, é inadequado utilizar os dados projetados no plano de negócios para apuração do desequilíbrio em toda hipótese de desequilíbrio que enseja a revisão com base no Fluxo de Caixa Original.[217] Para aquele autor, a regra geral deve ser o uso dos dados reais como forma de manter totalmente indene a parte impactada, assim sendo posta na condição anterior à ocorrência do evento de desequilíbrio. Já a exceção consistiria no uso dos dados projetados somente na hipótese em que os dados reais são resultados, a um só tempo, de riscos alocados ao Poder Concedente e à concessionária, pois cabe "separar os aspectos do dado real que são produto da atividade de gerenciamento do risco por uma das partes, dos aspectos que são produto da atividade de gerenciamento pela outra parte dos riscos que lhe são atribuídos por lei ou contrato".[218] Todavia, Ribeiro relata que, na prática, é muito mais comum a aplicação da exceção do que da regra. O estabelecimento da regra e da exceção tem como premissa a manutenção da distribuição de risco contratual. Segundo o autor, o processo de reequilíbrio não pode resultar em distorção da alocação de risco, transferindo ao Poder Concedente risco alocado à concessionária e vice-versa em razão do uso de dados reais.

Dentre os exemplos apresentados por Ribeiro, vale menção à hipótese de majoração da alíquota que incide sobre a receita tarifária,

---

[216] JUSTEN-FILHO, c2021, p. 42.

[217] Seguindo essa mesma linha de raciocínio, também lhe parece inadequado sempre usar os dados reais em revisões pautadas pelo fluxo de caixa marginal.

[218] RIBEIRO, Mauricio Portugal. Dimensionamento do desequilíbrio de contratos de concessão e PPP: quando se deve usar dados projetados e quando se deve usar dados reais? *Portugal Ribeiro Advogados*, 2019. Disponível em: https://portugalribeiro.com.br/dimensionamento-do-desequilibrio-de-contratos-de-concessao-e-ppp-quando-se-deve-usar-dados-projetados-e-quando-se-deve-usar-dados-reais-2. Acesso em: 21 mar. 2021, p. 5.

na mesma linha do exemplo já trazido. Para o autor, aplica-se a exceção à regra. Isso porque (i) o tributo tem como base de cálculo a receita tarifária produto da demanda havida no curso da concessão, cujo risco de variação está atribuído à concessionária, (ii) ao mesmo tempo em que a majoração da alíquota é risco assumido pelo Poder Concedente. Daí porque o cálculo do desequilíbrio deve empregar os dados projetados, de modo que "o desequilíbrio seria igual nesse caso à variação da alíquota do tributo vezes a sua base de cálculo, a receita operacional do concessionário projetada para toda a concessão".[219] Caso fossem empregados os dados reais, o Poder Concedente arcaria com a majoração da alíquota em montante que acompanha a variação da demanda. Sendo a demanda superior ao estimado e, por consequência, a receita tarifária maior do que o estimado, o Poder Concedente faria frente à majoração da alíquota em montante superior ao que arcaria caso empregados os dados projetados, ocorrendo o oposto caso a demanda fosse inferior ao estimado. Nesse caso, o Poder Concedente ficaria atrelado à variação da demanda, que não é gerida por ele, mas sim pela concessionária. Haveria, assim, a transferência do risco de variação de demanda ao Poder Concedente ao menos nesse aspecto.[220]

A partir do cenário descrito, o uso de dados projetados ou de dados reais para mensuração do desequilíbrio contratual é questão atrelada ao espaço de risco da concessionária definido em cada modelo concessório. Uma vez que a lei geral de concessões não define todos os contornos de um contrato de concessão, relegando essa tarefa à própria avença, a norma permite que, em cada contrato, seja definido um espaço

---

[219] RIBEIRO, 2019, p. 9.

[220] *Cf.* "Vale a pena explorar os efeitos sobre o Exemplo 3 do cenário de mensuração do desequilíbrio com base em dados reais. Ao reequilibrar com base em dados reais – isso é, considerando o valor que o concessionário efetivamente pagou a mais ao fisco em virtude do aumento de tributos – o poder público arca integralmente com o custo decorrente do aumento de tributo, tanto no caso de a demanda estar abaixo, quanto no caso de a demanda estar acima do originalmente estimado. Portanto, seja sobre uma receita maior em virtude de demanda maior que a esperada, seja em virtude de uma receita menor, usando o dado real para dimensionar o desequilíbrio, o Poder Concedente arcará com a diferença de custo tributário por consequência do aumento da alíquota do tributo. O problema dessa forma de mensurar o desequilíbrio é que, nesse caso, a compensação a ser paga pelo poder público ao concessionário vai variar conforme o risco de demanda, que nesse caso é do concessionário. O poder público vai pagar mais pela mudança da alíquota do tributo se a demanda do concessionário for maior, e pagará menos se a demanda pelo serviço for menor. O montante, portanto, da compensação pelo poder público ao concessionário fica dependente de risco alocado ao concessionário, em uma situação de clara contaminação do dado real (valor do pagamento pelo concessionário ao fisco em virtude da variação da alíquota tributária) pelos efeitos da gestão do risco de demanda pelo concessionário" (*Ibid.*, p. 9).

de risco da concessionária maior ou menor. Isso é visto, por exemplo, na questão da tomada de decisões atinentes à prestação do serviço público. Em certas concessões, o Poder Público é o grande responsável pela definição da estruturação do serviço concedido, cabendo à concessionária a função de somente implementar a estruturação definida pelo Concedente. Nesse caso, o espaço de risco da concessionária é menor. Em outras concessões, a concessionária tem papel mais ativo na definição da estruturação do serviço público, mitigando a função exercida pelo Concedente; há, nesses casos, maior espaço de risco para a concessionária.[221]

A mesma lógica aplica-se no campo do uso de dados reais ou dados projetados. O uso de dados reais proporciona menor espaço de risco para a concessionária, pois a mantém indene dos efeitos do evento de desequilíbrio, isto é, após impactada pelo evento de desequilíbrio, a concessionária não perderá nem ganhará, pois o reequilíbrio será na exata medida do desequilíbrio. Já o uso dos dados projetados pode resultar em reequilíbrio no qual a parte impactada não será integralmente levada à condição anterior ao desequilíbrio caso os dados projetados não correspondam exatamente à realidade, o que costuma ocorrer. Nessa hipótese, há maior espaço de risco para a concessionária, mesmo nos casos em que o reequilíbrio venha a ser a seu favor, podendo a empresa ganhar ou perder com a repactuação da equação contratual.[222]

Assim, não há uma forma correta, oriunda da interpretação da norma legal, em matéria de uso de dados projetados e dados reais. Seu uso não decorre da lei, mas sim daquilo que é definido em cada contrato de concessão de acordo com o modelo concessório que se queira adotar (atribuição de maior ou menor espaço de risco à concessionária). Com isso, discorda-se dos entendimentos de Bandeira de Mello e Justen Filho, já referidos, para quem a assunção dos riscos pela concessionária

---

[221] Arruda Câmara traz essa distinção, assim diferenciando o que chama de "concessão de serviço público interventiva" da "concessão de serviço liberal" (ARRUDA CÂMARA, Jacintho. Licitação e contratos administrativos. *In:* DI PIETRO, Maria Sylvia Zanella (Coord.). *Tratado de direito administrativo.* v. 6, 2. ed. São Paulo: Thomson Reuters Brasil, 2019. p. 500).

[222] Em sentido semelhante, ao analisar o litígio acerca dos contratos de concessão rodoviária paulista, acima referido, Sundfeld afirma que houve, naquelas avenças, a escolha de maior risco à concessionária na medida em que o contrato prescreve o uso de dados projetados: "A situação em análise, contudo, decorre da aplicação de método livremente pactuado pelas partes. Além disso, ao contrário do sustentado, não há nada de necessariamente injusto ou desequilibrado em sua adoção. Trata-se apenas de modelo pelo qual se reforça o papel vinculante das estimativas da proposta, conferindo-se menor peso ao resultado efetivo das receitas com a execução do contrato. Em suma, é sistema contratual que transfere maior risco à concessionária" (SUNDFELD, 2013, p. 58).

tem como consequência inarredável o uso de dados projetados para mensuração do desequilíbrio. Não basta tomar em consideração que a concessionária assume o risco de gerir a concessão. Também é necessário compreender como cada contrato de concessão definiu o espaço de risco de cada concessão – que não é igual em todo contrato –, para, então, concluir quais dados devem ser utilizados.

Uma vez definido o espaço de risco em cada concessão, é de suma importância que os contratos reflitam tal escolha de forma precisa, pois são as disposições contratuais que norteiam quais dados devem ser empregados. Vejamos dois exemplos nos quais os termos contratuais mostram-se relevantes para definir essa questão.

Vamos ao primeiro exemplo. Em tese, há duas alternativas para calcular a extensão do desequilíbrio caso o evento de desequilíbrio propague seu impacto para momento posterior à data em que promovido o reequilíbrio, quais sejam: (i) calcular o impacto futuro com base nas projeções e, posteriormente, de tempos em tempos, substituir esses dados projetados pelos dados reais de fato ocorridos à medida em que forem se concretizando, daí apurando-se a diferença entre a projeção e a realidade, ou (ii) calcular o impacto futuro com base nas projeções, sem realizar a posterior substituição pelos dados reais. Na primeira etapa do PROCROFE, com exceção do primeiro contrato de concessão celebrado (Ponte Rio-Niterói), todas as avenças prescrevem que o reequilíbrio será, em relação ao evento que deu causa ao desequilíbrio, único, completo e final, para todo o período da concessão. Os contratos das etapas seguintes não prescreveram cláusula nesse sentido. Nos contratos em que há essa cláusula, é vedada a periódica substituição dos dados projetados pelos dados reais para dimensionar o desequilíbrio cujos impactos permanecem ocorrendo após o reequilíbrio, pois isso promoveria não apenas um mero recálculo, mas um verdadeiro novo reequilíbrio relativo a um evento de desequilíbrio já equacionado, assim se contrapondo à regra contratual que impõe que o reequilíbrio seja único, completo e final.[223] Logo, enquanto mantida tal cláusula

---

[223] Cláusula semelhante existe nos primeiros contratos de concessão de rodovias do estado de São Paulo. Ao examinar o impacto desse cálculo sobre o uso dos dados reais nessas concessões, Sundfeld afirmou: "Com a adoção dessa regra, está excluída a possibilidade de revisão contratual baseada na receita real da concessionária. Deveras, fosse esse o método escolhido pelo contrato, haveria necessidade de aferição periódica da receita real, a fim de aplicá-la em diversos cálculos revisionais até o término do prazo contratual. Seria impossível estabelecer uma única, completa e final revisão em decorrência de dado evento. A necessidade de consideração de valores reais para o cálculo de recomposição exigiria o oposto do que determina a cláusula, ou seja, o reequilíbrio da equação econômico-financeira

contratual, os impactos futuros do evento de desequilíbrio devem ser calculados com base nos dados projetados, que não poderão ser substituídos pelos dados reais.[224/225]

Vejamos o segundo exemplo. Nos contratos da terceira etapa do PROCROFE, inexiste plano de negócios. Em razão disso, não é possível apurar o desequilíbrio contratual com base em dados projetados pela concessionária, já que tais informações não são conhecidas. Assim, caso certo cálculo de apuração do desequilíbrio precise contemplar o valor da receita percebida pela concessionária (por exemplo, alteração da alíquota de imposto que incide sobre a receita), as partes considerarão o tráfego real a fim de descobrir a receita efetivamente auferida. Nesse caso, não será indiferente a variação do tráfego (demanda). Pelo contrário, o tráfego real é a base do cálculo da extensão do desequilíbrio que está a ele atrelado. Contudo, de acordo com o contrato, a variação da demanda é risco alocado à concessionária. Daí porque, a princípio, caso houvesse a apuração do desequilíbrio com base no tráfego real, o risco de demanda acabaria sendo transferido da concessionária ao Poder Concedente, pois a compensação pelo desequilíbrio a ser paga pelo Poder Concedente fica atrelada à demanda cujo risco de gestão é da concessionária. Haveria, nessa hipótese, contraposição à alocação de risco contratual, incorrendo na vedação prevista por grande parte dos contratos em análise no sentido de que o reequilíbrio econômico-financeiro não pode gerar transferência de risco de uma parte contratual para outra. Os contratos da terceira etapa estabeleceram que o risco

---

demandaria revisões múltiplas, parciais e sucessivas, de tempos em tempos" (SUNDFELD, 2013, p. 56).

[224] Ribeiro entende que cláusula nesse sentido não deve mais constar dos contratos de concessão, pois somente pode haver um único reequilíbrio para dado evento de desequilíbrio se houver acesso aos dados que demonstram o impacto futuro do evento por toda concessão, algo que não é possível quando utilizados dados reais: "Deve-se também eliminar dos próximos contratos de concessão ou de PPP a exigência de que o reequilíbrio seja único para cada evento de desequilíbrio. Essa exigência em regra está suportada pela suposta possibilidade de realizar qualquer reequilíbrio usando dados disponíveis no momento da mensuração do desequilíbrio. Isso, contudo, nem sempre é possível, particularmente nos casos em que a mensuração do desequilíbrio deve considerar dados reais" (RIBEIRO, 2019). Como visto acima, cláusula nesse sentido constou apenas nos contratos da primeira etapa do PROCROFE, alguns ainda hoje em vigor.

[225] Esse entendimento não significa que os impactos do evento de desequilíbrio já ocorridos, ou seja, impactos pretéritos à data em que realizado o reequilíbrio, não devam ser baseados nos dados reais. Referida cláusula consiste em óbice apenas à base do cálculo dos impactos futuros que, logicamente, só podem ser apurados com base em projeções. Caso não haja outra cláusula contratual que conduza ao uso dos dados reais para os impactos já sofridos – como, por exemplo, cláusula que aloque o risco de variação de demanda ao concessionário sem qualquer exceção –, a utilização dessa espécie de dados nessa hipótese parece-nos correta.

de demanda é da concessionária, com exceção das hipóteses em que aplicados os mecanismos de reequilíbrio econômico-financeiro Fluxo de Caixa Marginal e Fator C, no quais são adotados os dados reais de tráfego.[226] Assim, naqueles contratos, há cláusula contratual que autoriza a transferência do risco de demanda, oriunda do uso de dados reais, na específica hipótese definida em contrato.[227]

Nos demais contratos no quais não haja cláusula nesse sentido ou no caso de aplicação de outros dados reais não relativos ao tráfego, o uso dos dados deve nortear-se pela alocação de risco contratual, não permitindo transferência de risco não autorizada pelo contrato. Nesses casos, os dados reais podem até chegar a ser empregados, desde que o contrato seja aditado para estabelecer alocação de riscos que autorize seu uso.

Logo, a matriz de risco contratual não se presta apenas a determinar quando a parte impactada deve, ou não, ser compensada pelo evento de desequilíbrio, devendo também ser observada por ocasião dos cálculos de apuração do desequilíbrio a fim de evitar que o uso dos dados resulte em uma mudança da alocação dos riscos.

Ainda sobre a impossibilidade de o cálculo de mensuração do desequilíbrio culminar na modificação da alocação de risco contratual, vale destacarmos dinâmica adotada em aditivo a contrato de concessão da segunda etapa do PROCROFE, que pactuou a alteração da localização de uma das praças de pedágio. Essa modificação ocasionou desequilíbrio que impactou a concessionária, que perdeu receita em razão da diferença entre a receita prevista no Fluxo de Caixa Original em relação à praça

---

[226] Como exemplo, *cf.* cláusula do contrato de concessão celebrado com a Ecoponte: "20.1 Com exceção das hipóteses da subcláusula 20.2, a Concessionária é integral e exclusivamente responsável por todos os riscos relacionados à concessão, inclusive, mas sem limitação, pelos seguintes riscos: 20.1.1 volume de tráfego em desacordo com as projeções da Concessionária ou do Poder Concedente, com exceção do disposto na subcláusula 21.5 [que prevê a aplicação do Fluxo de Caixa Marginal] e na aplicação do Fator C."

[227] Acerca da transferência do risco de demanda por ocasião da incidência do Fluxo de Caixa Marginal, vejamos o quanto afirmado pela ANTT: "Conforme se observa, especificamente no âmbito dos processos de recomposição em que se utiliza a metodologia em questão – o que ocorre, por exemplo, para as hipóteses de inclusão de novos investimentos –, o risco de tráfego é eliminado, eis que o volume de veículos passantes que, ao final do processo, passará a determinar o valor das receitas marginais para fins de recomposição, será o volume efetivamente verificado, e não haverá, portanto, qualquer possibilidade de variação em relação a um volume projetado pelo Poder Concedente ou pela concessionária. Dessa forma, o risco de tráfego é eliminado aqui somente para o restrito fim da determinação das receitas necessárias para reequilibrar os custos ocasionados com o advento do fato gerador do reequilíbrio. Isso acontecerá em todos os casos em que incidir a metodologia do Fluxo de Caixa Marginal como meio de reequilíbrio" (BRASIL. Agência Nacional de Transportes Terrestres. *Memorando nº 202/2014/GEROR/SUINF*. Brasília, DF, 18 dez. 2014a).

de pedágio na localização original e a receita estimada para a nova localização da praça no seu primeiro ano de operação. Essa estimativa de receita atinente à nova localização da praça baseou-se em estudo, apresentado pela concessionária, mais atual que aquele que contemplado no plano de negócios apresentado na licitação. Apurada a estimativa para o primeiro ano da operação, as receitas projetadas para os anos seguintes da concessão seguiram a taxa de crescimento indicada no plano de negócios. Essa projeção foi incorporada ao Fluxo de Caixa Original da concessão.

No entanto, o termo aditivo prescreveu que, após o primeiro ano da operação da praça de pedágio, a receita projetada deveria ser substituída pelo tráfego real apurado no período, dando ensejo ao reequilíbrio contratual caso houvesse desequilíbrio decorrente da diferença entre o dado projetado e o real. Ainda, estipulou que o tráfego real apurado no primeiro ano da operação seria o volume-base para projeção dos anos seguintes com incidência da taxa de crescimento. Portanto, a projeção da receita da praça de pedágio em sua nova localização seria substituída pelo tráfego real após o primeiro ano da operação e o dado real, por seu turno, serviria de base para projeção dos demais anos da concessão. Essa projeção seria mantida durante toda a concessão, não sendo mais substituída pelo tráfego real.[228]

Assim, o aditivo do contrato de concessão proporcionou compartilhamento do risco de demanda entre Poder Concedente e concessionária, já que, em um dado momento, a projeção de demanda, estipulada em estudo apresentado pela concessionária, deveria ser substituída pelo tráfego real, que se tornaria o volume-base para projeção de demanda a

---

[228] *Cf.*: "Para efeito de cálculo dos valores tarifários, considerou-se como tráfego na nova localização da Praça de Pedágio PS (km 243), no Fluxo de Caixa Original, uma estimativa do volume para o seu primeiro ano-concessão de operação. O tráfego até o final do prazo da Concessão foi projetado segundo as taxas anuais de crescimento previstas para a localização original da Praça de Pedágio PS (km 221), conforme projeção constante do Plano de Negócios apresentado no processo licitatório. §1º Após a apuração do tráfego pedagiado na nova localização da Praça de Pedágio PS durante o ano concessão de início de sua operação, o volume preliminarmente considerado no Fluxo de Caixa Original será substituído pelo tráfego apurado e deverá ser considerado para fins de reequilíbrio econômico-financeiro. §2º Após a apuração do tráfego pedagiado na nova localização da Praça de Pedágio PS durante o ano-concessão subsequente ao início de sua operação, o volume preliminarmente considerado no Fluxo de Caixa Original será substituído pelo tráfego apurado e deverá ser considerado para fins de reequilíbrio econômico-financeiro. O volume-base para a projeção será este tráfego pedagiado apurado, respeitada sua projeção a partir desse ano pelo crescimento constante da Proposta Original da Concessionária. Este tráfego a partir daí permanecerá inalterado para os anos subsequentes no que diz respeito a Fluxo de Caixa Original" (BRASIL. Agência Nacional de Transportes Terrestres. *1º Termo Aditivo ao Contrato Relativo ao Edital nº 003/2007*. Brasília, DF, 2013).

ser considerada para todos os anos seguintes da concessão. Justamente em razão do anteriormente afirmado, seria necessário que o termo aditivo que estabeleceu essa dinâmica tivesse promovido alteração da alocação do risco disposta contratualmente a fim de refletir adequadamente essa assunção pontual do risco de demanda pelo Poder Concedente.

Em suma, o modelo concessório adotado em cada contrato ditará se o cálculo de mensuração do desequilíbrio contratual deve empregar dados reais ou dados projetados, motivo pelo qual é imprescindível que as disposições contratuais sejam precisas e harmônicas entre si, a fim de evitar que o uso de uma espécie ou outra de dados possa ocasionar violação ao contrato.

2.2.4 Vedação à apresentação do plano de negócios

Na terceira etapa do PROCROFE, com exceção da licitação que deu origem ao contrato celebrado com a concessionária Eco101, os certames vedaram a apresentação do plano de negócios, estabelecendo que a sua inclusão no corpo da proposta econômica ensejaria a desclassificação do proponente, além da aplicação de multa equivalente ao valor da garantia da proposta.[229] No lugar do plano de negócios, coube às licitantes apresentarem duas cartas: uma subscrita por instituição financeira declarando a viabilidade e a exequibilidade do plano e outra assinada por empresa de auditoria independente atestando a adequação do plano de negócios sob as óticas contábil e tributária.

Por não ter acesso aos planos de negócios, o Poder Concedente não conheceu o Fluxo de Caixa Original da concessão estipulada pela licitante ao formular sua proposta, assim não tendo ciência dos dados projetados nesse fluxo pelo proponente, tampouco da Taxa Interna de Retorno ali refletida. Disso decorreram duas consequências: (i) o Poder Concedente deixou de avaliar a exequibilidade da proposta, tendo essa atividade ficado a cargo de instituições financeiras e empresas de auditoria independentes; e (ii) mais importante para esta obra, os

[229] Ribeiro aponta as razões pelas quais o plano de negócios deixou de ser exigido: "Nos setores de transportes, no âmbito da União, houve uma demonização política do PN: ele é visto como instrumento que cria risco de atrasos desnecessários nas licitações e que permite ganhos inadequados do concessionário nos processos de recomposição do equilíbrio econômico-financeiro dos contratos" (RIBEIRO, Maurício Portugal. 10 anos da Lei de PPP e 20 anos da Lei de Concessões: viabilizando a implantação e melhoria de infraestruturas para o desenvolvimento econômico-social. *Portugal Ribeiro Advogados*, p. 160, 2015. Disponível em: https://portugalribeiro.com.br/wp-content/uploads/10-anos-lei-ppps-20anos-lei-concessoes.pdf. em: Acesso em: 1 maio 2021).

contratos dessa etapa em diante passaram a não mais prever a preservação do equilíbrio contratual com base no Fluxo de Caixa Original.

Os três primeiros certames da quarta etapa seguiram o mesmo modelo da etapa anterior. Já o edital da licitação aberto em 2021 deixou de prever tal vedação, não tendo proibido nem demandado a apresentação do plano de negócios. No âmbito dessa concessão mais recente, o plano de negócios é referido pelo contrato apenas no corpo da cláusula 17.1.1, que prescreve que o fluxo de caixa alavancado não será utilizado como referência à remuneração da concessionária, não cabendo qualquer reequilíbrio em função das suas variações. O mesmo edital deixou de exigir cartas de instituição financeira declarando a viabilidade e a exequibilidade do plano e de empresa de auditoria independente atestando a adequação da proposta, não havendo análise da exequibilidade da proposta do licitante com base no plano de negócios, nem nas mencionadas cartas. Examina-se apenas a habilitação jurídica e a qualificação econômico-financeira da proponente e, para assegurar que a companhia reúne condições para executar o plano por ela formatado, exige-se garantias da proposta e de execução contratual, além de seguros.[230]

A ausência de apresentação do plano de negócios no curso da licitação alterou substancialmente a dinâmica dos mecanismos de preservação do equilíbrio econômico-financeiro. Sem ele, deixou de existir parâmetro inicial para mensuração do impacto do evento de desequilíbrio e da extensão da medida necessária para recompor o equilíbrio contratual, representado pelas rubricas contidas no Fluxo de Caixa Original. Não estando mais previsto esse mecanismo de preservação do equilíbrio contratual, os contratos celebrados na terceira e quarta etapas estipularam a aplicação de outros, que serão apresentados a seguir.

---

[230] Nesse sentido, *cf.* o exposto pela ANTT: "Para assegurar que a empresa participante do leilão tenha condições de executar o projeto proposto, nos editais de concessão de rodovias é prevista a exigência de apresentação pela interessada de seguros e garantias de execução do contrato, além de documentos comprobatórios. No projeto de concessão do sistema rodoviário da BR-153/414/080/TO/GO, foi prevista no edital a apresentação de Garantia da Proposta e a Garantia de Execução do contrato. (...) O Anexo 5 do Edital traz ainda os documentos de qualificação exigidos à Proponente vencedora como condição prévia à assinatura do contrato de concessão, estabelecendo-se os requisitos necessários para participação de grupos de porte compatível com o vulto do objeto a ser concedido. A tabela V, do Anexo 5 destaca os documentos relativos à qualificação econômico-financeira da proponente, conforme tabela anexa. Deste modo, a concessão será delegada a pessoa jurídica que demonstre capacidade para o seu desempenho, com conformidade com o art. 2º da Lei nº 8.987/1995" (BRASIL. Agência Nacional de Transportes Terrestres. *Resposta ao pedido de acesso à informação nº 50001.031069/2021-86*. Brasília, DF, 15 jun. 2021k).

2.3 Fluxo de Caixa Marginal (FCM)

A partir de agora, serão apresentadas as minúcias do Fluxo de Caixa Marginal (FCM), começando pelo seu histórico e, depois, abordando seus principais aspectos à luz dos contratos e dos regulamentos vigentes e, por fim, analisando eventuais limites à inserção de novos investimentos reequilibrados via esse mecanismo.

2.3.1 Histórico do Fluxo de Caixa Marginal

O Fluxo de Caixa Marginal foi introduzido nas concessões de rodovias federais em 2006, no curso dos estudos de modelagem da outorga das rodovias BR-116 e BR-324, contempladas na segunda fase da segunda etapa do PROCROFE. Por meio da aplicação desse mecanismo de preservação do equilíbrio econômico-financeiro, o evento de desequilíbrio consistente em novo investimento é tratado de forma apartada do fluxo de caixa do empreendimento, por meio da criação de um fluxo de caixa paralelo, chamado de marginal. Com isso, objetivou-se compatibilizar o novo investimento com o cenário macroeconômico do momento em que tomada a decisão de sua realização.[231] De acordo com a lógica subjacente ao Fluxo de Caixa Marginal, o retorno proporcionado pelo novo investimento não deve ser norteado pelas condições da época da licitação – como, por exemplo, a Taxa Interna de Retorno e a estimativa de receita então apuradas. Isso porque, no momento inicial, a concessionária não sabia que viria a fazer novo investimento, não tendo, assim, o considerado em sua proposta. Assim, o novo investimento equipara-se à uma "nova contratação", que deve ser remunerada de acordo com as condições econômico-financeiras do momento da tomada da decisão de sua realização do novo investimento. Segundo Moreira e Guzela, "faz-se necessário analisar o custo de oportunidade e o contexto econômico presente no momento da nova decisão de investimento para rentabilizá-lo de modo correto".[232]

Ao analisar a modelagem então em curso, o Tribunal de Contas da União indicou que a "nova metodologia representa avanço importante

---

[231] "A ideia fundamental dessa metodologia é privilegiar o contexto econômico do momento em que é tomada a decisão do novo investimento." (RIBEIRO, 2013, p. 21). *Cf.*: DIREITO DE INFRAESTRUTURA E DIREITO REGULATÓRIO. *Por que o fluxo de caixa marginal foi criado para reequilíbrio de contratos de concessão e PPP?* Youtube, 12 maio 2021. Disponível em: https://www.youtube.com/watch?v=On8fYHkMw-g. Acesso em: 13 maio 2021.

[232] MOREIRA; GUZELA, 2016, p. 438.

nas práticas usualmente adotadas nas concessões rodoviárias vigentes".[233] Com algumas modificações em relação ao modelo inicialmente pensado durante a modelagem da concessão, o mecanismo foi previsto no contrato de concessão das rodovias (ViaBahia) assinado em 2009. Na primeira versão do edital, a ANTT propôs uso mais amplo do Fluxo de Caixa Marginal, porém, posteriormente, por ocasião da republicação do instrumento convocatório, limitou seu emprego aos desequilíbrios advindos de novos investimentos. Ainda, no modelo inicialmente cogitado em 2006, a Taxa Interna de Retorno aplicada seria aquela prevista na proposta, mas limitada por nova taxa contemporânea ao evento de desequilíbrio.[234] Depois, no modelo efetivamente concretizado no setor rodoviário, previu-se a aplicação sempre de uma nova taxa que não guarda qualquer relação com a Taxa Interna de Retorno da proposta, que não serve como limite mínimo nem como limite máximo.

Previsto inicialmente no mencionado contrato, inserido na segunda fase da segunda etapa do PROCROFE, o Fluxo de Caixa Marginal passou a ser empregado nas concessões da primeira etapa e da primeira fase da segunda etapa por força, respectivamente, de termos aditivos e da incidência da resolução editada pela ANTT.

A incidência desse mecanismo é fruto de controvérsia travada entre TCU e ANTT. Em 2007, o TCU determinou à ANTT que averiguasse se as concessões de rodovias federais da primeira etapa estavam equilibradas.[235] Essa determinação baseou-se na compreensão de que as TIRs daquelas concessões eram significativamente superiores às das concessões da segunda etapa do PROCROFE, então recentemente licitadas. Apontou-se que as TIRs Não Alavancadas das concessões da primeira etapa variavam entre 17% a 24%, enquanto as da segunda

---

[233] BRASIL. Tribunal de Contas da União. *Acórdão nº 101/2007*. Ministro Relator: Augusto Nardes. Brasília, DF, 7 fev. 2007a.

[234] *Cf.* o exposto pelo Ministério do Planejamento, Orçamento e Gestão: "Além disso, o contrato estabelece que a recomposição do equilíbrio econômico-financeiro se dará por meio de uma compensação do evento causador do desequilíbrio. A regra para calcular a recomposição do equilíbrio econômico-financeiro consiste em igualar (a) o valor presente líquido do Fluxo de Caixa marginal projetado resultante da recomposição do equilíbrio econômico-financeiro ao (b) valor presente líquido do Fluxo de Caixa marginal projetado resultante do evento que deu origem ao reequilíbrio. Os valores serão descontados pela taxa de retorno real do projeto, implícita no Plano de Negócios, limitada à taxa obtida mediante utilização da fórmula seguinte (...)" (BRASIL, Ministério do Planejamento, Orçamento e Gestão. *Nota Técnica nº 35/2006-ASSEC*. Brasília, DF, 14 ago. 2006.)

[235] BRASIL. Tribunal de Contas da União. *Acórdão nº 2154/2007*. Plenário. Ministro Relator: Ubiratan Aguiar. Brasília, DF, 15 out. 2007b.

etapa eram de, no máximo, 8,95%.[236] Tal diferença decorreu dos distintos cenários macroeconômicos à época das licitações da primeira (1994 a 1998) e da segunda etapa (2007). No primeiro momento, a instabilidade econômica da década de 90 culminou em uma taxa mínima de atratividade mais alta, ao passo que a melhora econômica desde aquele período até 2007 ensejou significativa redução dessa taxa, tendo em vista a modificação de variáveis importantes (em especial, taxa básica de juros e risco-país) da metodologia (Custo Médio Ponderado de Capital) que afere a TMA (Taxa Mínima de Atratividade) do projeto. Com base nisso, o tribunal questionou a existência do que veio a ser chamado de modelo de equilíbrio contratual "estático", no qual as rubricas que compõem o Fluxo de Caixa Original da concessão e a Taxa Interna de Retorno constante da proposta comercial permanecem iguais ao longo de todo o pacto concessório.

A partir daí, instaurou-se controvérsia focada na possibilidade de substituir a Taxa Interna de Retorno das concessões da primeira etapa, que havia sido prevista na proposta comercial, a fim de aproximá-la da TMA que seria obtida à luz do cenário macroeconômico daquele momento mais atual,[237] ou seja, substituir as taxas que variavam entre 17% e 24% pela taxa de 8,95%.

Em distintas manifestações, a ANTT explicitou que os contratos estavam equilibrados se levada em consideração a modelagem contratual eleita – isto é, a TIR Não Alavancada prevista na proposta comercial da concessionária como crivo do equilíbrio do contrato. Também aduziu que variações decorrentes do custo de financiamento, inflação e demais efeitos oriundos de incertezas macroeconômicas são riscos da concessionária, o que impediria a modificação da taxa apontada pela concessionária na licitação. Ainda, a agência reguladora argumentou que o TCU, em oportunidades pretéritas, firmara o entendimento de

236 *Cf.* BRASIL. Ministério da Fazenda, 2007. As licitações dos contratos da segunda etapa foram precedidas por estudos – conforme artigo 30 do Decreto nº 2.594, de 15 de maio de 1988, que regulamenta a Lei nº 9.491, de 9 de setembro de 1997 – que estipularam o preço-teto das tarifas das futuras concessões e, também, o custo médio ponderado de capital que serviu de referência para a Taxa Interna de Retorno compatível com o cenário macroeconômico daquele período – qual seja, 8,95%. Os preços da tarifa definidos em tais estudos serviram de teto às propostas das licitantes, que deveriam apresentar proposta comercial com tarifa igual ou inferior ao preço definido pelo Conselho Nacional de Desestatização. Já a Taxa Interna de Retorno definida pelos estudos serviu apenas de referencial e "não representa critério de eliminação da proponente" (BRASIL. Agência Nacional de Transportes Terrestres. 2007). Ainda, *cf.* BRASIL. Conselho Nacional de Desestatização. *Resolução nº 8, de 14 de agosto de 2007.* Aprova as condições gerais para a licitação da concessão de trechos rodoviários de que trata a Resolução CND nº 05/2007. Brasília, DF, 2007.

237 Nesse sentido, *cf.* VÉRAS DE FREITAS, 2017, p. 231.

que o contrato de concessão está equilibrado quando mantida a TIR prevista na proposta comercial.

Em sentido inverso, a unidade técnica do Tribunal de Contas sustentou, inicialmente, a pertinência de ajustar a TIR ao cenário macroeconômico daquele momento, o que acabaria por reduzi-la, alcançando o mesmo patamar das taxas de desconto observadas nas licitações da segunda etapa do PROCROFE. Defendia-se, assim, que "conquanto a TIR seja um indicador preciso da rentabilidade resultante do fluxo de caixa operacional da concessão, não há respaldo legal ou contratual para defender a manutenção da TIR original por toda a vigência do contrato".[238] Em diversas passagens, a unidade técnica aludiu ao princípio da economicidade a fim de sustentar seu posicionamento.

Apenas em um segundo momento, a unidade técnica do TCU contemporizou a controvérsia. Após ouvidas todas as concessionárias da primeira etapa e diante do esclarecimento de que a ANTT tinha intenção de aplicar a todas as concessões o mecanismo de Fluxo de Caixa Marginal, previsto no contrato de concessão da segunda fase da segunda etapa do PROCROFE, o tribunal de contas afirmou que a determinação de "ajuste" da Taxa Interna de Retorno referia-se, apenas, a novos investimentos. Logo, de um lado, o TCU aclarou que não havia determinado a mudança da TIR para todas as hipóteses de preservação do equilíbrio contratual, na medida em que "os parâmetros e quantitativos iniciais de investimentos estabelecidos em contrato não devem ser alterados, pois nortearam a montagem dos fluxos de caixa e as estratégias de financiamento das concessionárias",[239] bem como porque o risco de financiamento deve ser mantido com a concessionária.

De outro lado, a unidade técnica do tribunal entendia cabível o emprego de taxa de desconto consentânea com o cenário macroeconômico contemporâneo para os casos em que o desequilíbrio decorria da inserção de novos investimentos, já que o estabelecimento de nova Taxa Interna de Retorno em decorrência do novo investimento não impactaria o Fluxo de Caixa Original da concessão, uma vez que o investimento não fora previsto originalmente. Sendo assim, ao pactuar novo investimento, as partes contratuais criam uma "nova contratação", que deve ser remunerada de acordo com a realidade macroeconômica vivenciada no momento em que acordado o novo investimento, o que será refletido pela TIR, enquanto indicador de rentabilidade. Esse

---

238 BRASIL. Tribunal de Contas da União. *Acórdão nº 2927/2011*. Plenário. Ministro Relator: Walter Alencar Rodrigues. Brasília, DF, 18. nov. 2011, p. 17.

239 BRASIL. Tribunal de Contas da União, 2011, p. 42.

mesmo raciocínio seria aplicável aos casos de desequilíbrios oriundos de remanejamento e adequação de investimentos previstos originalmente com aumento de valor.

Essa controvérsia foi apreciada pelo Acórdão nº 2927, de 2011, cujo relator entendeu que os contratos de concessão da primeira estavam, sim, desequilibrados, uma vez que a redução do custo do capital em virtude da melhora do cenário macroeconômico teria desequilibrado a equação contratual e, assim, estaria proporcionando à concessionária ganho indevido, tendo em vista a diferença entre o percentual da TIR originalmente prevista e a nova taxa que seria obtida naquele momento. De acordo com o voto, na medida em que a redução do custo do capital caracteriza-se como álea extraordinária, teria surgido direito de revisão, naquele caso, em favor do Poder Concedente/usuário. Ainda de acordo com o relator, o estabelecimento do Fluxo de Caixa Marginal para reequilibrar impactos oriundos de novos investimentos – que, à época do voto, já havia sido previsto na Resolução nº 3651, de 7 de abril de 2011 e incorporada a alguns dos contratos de concessão da primeira etapa – seria insuficiente para contornar tal desequilíbrio, pois seus efeitos já haviam sido sentidos ao longo dos anos. A despeito desse entendimento contundente que se afastou das últimas manifestações da unidade técnica, o relator consignou que caberia à ANTT escolher a forma de reequilibrar e o momento inicial desse reequilíbrio. No final, o acórdão acabou, tão somente, determinando à ANTT que, em relação às concessões da primeira etapa, adotasse o Fluxo de Caixa Marginal para a hipótese de novos investimentos e remanejamento ou adequação de investimentos previstos originalmente, desde que houvesse o aumento de valor. Logo, deixou de lado a determinação de que fosse revista a TIR prevista na proposta comercial da concessionária e que era e permaneceu sendo aplicada como crivo do equilíbrio para todas as demais hipóteses de reequilíbrio.

Assim, o Fluxo de Caixa Marginal foi introduzido nas concessões de rodovias federais da primeira e segunda etapas do PROCROFE e, posteriormente, foi previsto em todos os contratos de concessão, ainda que com certas distinções em cada etapa, como veremos a seguir.

Embora formatado pela primeira vez em 2006 e previsto contratualmente desde 2009, o Fluxo de Caixa Marginal passou a ser previsto em norma legal apenas em 2017, com a edição da Lei nº 13.448, de 2017. A norma prescreve que caberá ao Poder Executivo elaborar diretrizes para utilização desse mecanismo para fins de recomposição do equilíbrio econômico-financeiro dos contratos de parceria dos setores rodoviário, ferroviário e aeroportuário da Administração Pública Federal.

A seguir, serão apresentados os contornos do Fluxo de Caixa Marginal conferidos pelos contratos de concessão de todas as etapas, que ora prescrevem a aplicação desse mecanismo de modo bastante semelhante, muitas vezes reproduzindo os termos da Resolução nº 3.651, de 7 de abril de 2011 editada pela ANTT,[240] ora se limitam a dispor que o mecanismo de preservação do equilíbrio econômico-financeiro observará os regulamentos daquela agência reguladora. Serão tratados os seguintes aspectos: (i) os eventos de desequilíbrio que ensejam a formação do Fluxo de Caixa Marginal; (ii) o momento de formação desse fluxo; (iii) os custos e as receitas inseridas no fluxo; (iv) a Taxa Interna de Retorno do Fluxo de Caixa Marginal; e (v) a revisão do fluxo após sua formação.

2.3.2 Eventos de desequilíbrio

Quais eventos de desequilíbrio ensejam a formação de um Fluxo de Caixa Marginal? Os contratos que disciplinam detalhadamente a aplicação do Fluxo de Caixa Marginal tratam a caracterização dos eventos de desequilíbrio de diferentes maneiras: (i) alguns mencionam apenas novos investimentos, conceituando-os como "obras e serviços não constantes do PER" (por exemplo, termos aditivos dos contratos da primeira etapa); (ii) outro refere-se apenas a novos investimentos, sem explicar seu conceito (contrato da segunda fase da segunda etapa); (iii) um deles menciona novos investimentos, entendidos como obras e serviços não constantes do PER, e também refere-se a incremento de valores de investimento constantes do PER (contrato da Eco101 firmado na terceira etapa); (iv) outros não definem os eventos de desequilíbrio, prescrevendo que o Fluxo de Caixa Marginal será formado sempre que não incidirem as hipóteses de aplicação dos demais mecanismos (contrato da Rota do Oeste firmado na terceira etapa).

Parte desses contratos relega a disciplina da matéria à Resolução nº 3.651, de 7 de abril de 2011, que, desde modificação introduzida em

---

[240] Conforme disposto pela própria resolução, sua edição tomou em consideração o Acórdão nº 2154/2007, do Tribunal de Contas da União, já citado, que determinou à ANTT que averiguasse se as concessões de rodovias federais da primeira etapa estavam equilibradas. Ademais, inicialmente editada para regular o fluxo de caixa marginal na primeira etapa e primeira fase da segunda etapa do PROCROFE, a Resolução nº 3.651, de 7 de abril de 2011 foi modificada em 2014 para recair sobre todas as concessões das diferentes etapas.

2014, prescreve que (i) a inclusão de obras e serviços não previstos no PER e (ii) o incremento de obras e serviços originalmente previstos no PER com alteração de valores são eventos de desequilíbrio que devem ser recompostos via Fluxo de Caixa Marginal. De outro lado, de acordo com esse regulamento, não se aplica o mecanismo nos casos de alterações de obras e serviços que não culminem em aumento de valores e, nos contratos da primeira etapa e da primeira fase da segunda etapa, nem no caso de novos investimentos feitos entre a assinatura do contrato e a publicação da mencionada resolução.

Diante desse conjunto de normas contratuais e regulatórias, de um lado, é certo que a inserção de obras e serviços não previstos no PER enseja reequilíbrio via Fluxo de Caixa Marginal; de outro, porém, pode haver dúvidas sobre sua formação para reequilíbrio do incremento de obras e serviços originalmente previstos no PER. Como visto, alguns contratos não fazem referência a esse evento de desequilíbrio e o regulamento que disciplina o mecanismo passou a abarcar expressamente esse incremento apenas após 2014.

Vejamos debate havido no TCU por ocasião do reequilíbrio contratual relativo aos impactos oriundos do aumento do limite de tolerância de peso previsto pela Lei dos Caminhoneiros (Lei nº 13.103/2015). O aumento gerou majoração dos custos da concessionária com manutenção do pavimento, ensejando desequilíbrio contratual. Nos casos em que a licitação exigiu a apresentação de plano de negócios, tais custos haviam sido previstos no Fluxo do Caixa Original da proposta concessionária, mas em dimensão menor do que aquela que veio a ser tornar necessária após a alteração legal.

Nesse cenário, discutiu-se se o reequilíbrio deveria ser feito via Fluxo de Caixa Marginal, que contempla os custos a preços do momento de formação do fluxo ou se deveria basear-se nos valores dos serviços de manutenção previstos no plano de negócios apresentado durante a licitação. Naquele caso, os custos com manutenção do pavimento orçados à época do reequilíbrio eram superiores aos valores constantes da proposta. Em decisão cautelar, o TCU determinou que o reequilíbrio deveria contemplar "os valores dos serviços de manutenção apresentados pela ECO101 em seu plano de negócios, como base de referência para compensar os efeitos do artigo 16 da Lei nº 13.103/2015".[241] Segundo aquele órgão de controle, a decisão se justificava, pois "anômala e

[241] BRASIL. Tribunal de Contas da União. *Acórdão nº 1461/2018*. Ministro Relator: Augusto Nardes. Brasília, DF, 12 jul. 2017a.

irregular é a situação em que a Administração contrate, do mesmo fornecedor, investimentos já prescritos contratualmente a partir de custos destacadamente superiores à proposta comercial",[242] especialmente considerando que tal circunstância resulta na perda do desconto obtido no processo licitatório. Portanto, a despeito do regulamento que prevê o reequilíbrio de incremento de obras e serviços originalmente previstos no PER com alteração de valores via Fluxo de Caixa Marginal, o tribunal de contas entendeu que os custos adicionais com serviços cujo custo estava previsto no plano de negócios deveria basear-se nos valores ali contemplados, em vez de serem orçados novos preços à época do reequilíbrio contratual, algo que é inerente ao Fluxo de Caixa Marginal. Logo, o cumprimento da determinação da decisão do Tribunal de Contas acarretaria infirmar a incidência do Fluxo de Caixa Marginal para reequilíbrio do evento em questão.

Posteriormente, o TCU esclareceu que a medida imposta cautelarmente tratava-se de uma solução provisória que deveria ser adotada até a finalização dos estudos definitivos sobre o impacto do evento de desequilíbrio.[243] Ademais, o tribunal indicou que haveria contradição entre as cláusulas 20.4.2.i., 20.4.2.iii e 20.5.1 do contrato de concessão em análise naquele caso concreto (Eco 101).[244] A primeira cláusula dispôs que novos investimentos, entendidos como obras e serviços não constantes do PER, deveriam ser reequilibrados pelo Fluxo de Caixa Marginal. Já a cláusula 20.4.2.iii prescreveu que os demais eventos de desequilíbrio deveriam ser recompostos via Fluxo de Caixa Original e que o Fluxo de Caixa Marginal contemplaria desequilíbrios oriundos de incremento de valores de investimento constantes do PER. Em outras palavras, haveria contradição sobre a possibilidade de incremento de obras e serviços originalmente previstos no PER serem reequilibrados via Fluxo de Caixa Marginal, uma vez que a primeira cláusula não contemplou esse evento, que, contudo, foi mencionado como passível de reequilíbrio pelo mecanismo em questão por outra cláusula. Dada essa contradição, o TCU consignou que caberia à ANTT verificar a melhor solução a ser adotada.[245]

---

[242] BRASIL. Tribunal de Contas da União. *Acórdão nº 1473/2017*. Ministro Relator: Augusto Nardes. Brasília, DF, 20 mar. 2017b.

[243] BRASIL. Tribunal de Contas da União. *Acórdão nº 2175/2019*. Ministro Relator: Bruno Dantas. Brasília, DF, 23 set. 2019b.

[244] *Ibid.*

[245] *Ibid.*

Frente a isso, a agência reguladora optou por reequilibrar o evento com base nos dados do Fluxo do Caixa Original do plano de negócios da concessionária[246] em vez de formar Fluxo de Caixa Marginal baseado em preços correntes à época do reequilíbrio. Não está clara a motivação dessa escolha, mas fato é que a ANTT optou por solução distinta daquela prevista na resolução e disposta no contrato da concessão da Eco10, ainda que pudesse ser ali vislumbrada eventual contradição em seus termos. Para o futuro, resta a dúvida se o incremento de obras e serviços originalmente previstos no PER com alteração de valores consiste, de fato, em evento de desequilíbrio ensejador da formação do Fluxo de Caixa Marginal ou se enseja o reequilíbrio com base no Fluxo de Caixa Original, nos casos em que o plano de negócios foi apresentado na licitação, e no Fluxo de Caixa Original Regulatório nas demais hipóteses.

Aqui, entendemos que o incremento de obras e serviços ensejam Fluxo de Caixa Marginal, com incidência dos preços correntes ao momento de sua formação, pois, embora os custos com serviço de manutenção tenham sido previstos no plano de negócios, esses custos logicamente basearam-se em uma certa quantidade de serviço a ser executada prevista à época da licitação. Modificada essa quantidade em razão de evento cujo risco não está alocado à concessionária, haverá custos adicionais que devem ser remunerados a preços do momento em que se conheceu a necessidade desses custos. De todo modo, independentemente da solução a ser fixada na hipótese, é certo que, uma vez definida, essa solução deva ser aplicada a todo e qualquer caso, não podendo a regra ser modificada de acordo com a circunstância financeira de cada caso concreto.

Em suma, novos investimentos (obras e serviços não previstos no PER) sempre são reequilibrados por meio desse mecanismo, enquanto atualmente pairam dúvidas sobre sua formação para reequilibrar o incremento de obras e serviços originalmente previstos no PER. Porém, não é só. A partir da terceira etapa do PROCROFE, o uso do Fluxo de Caixa Marginal foi expandido, passando a ser aplicado sempre que o evento de desequilíbrio não ensejar a incidência de outros mecanismos previstos contratualmente. Assim, a partir dessa etapa, o Fluxo de

[246] "Em consonância com as recomendações e determinações do TCU, especificamente o constante nos itens 9.2.1 e 9.2.2 do Acórdão nº 1461/2018–TCU–Plenário, o percentual obtido a partir do estudo específico elaborado acima, será aplicado sobre os valores dos serviços de manutenção apresentados pela Concessionária em seu plano de negócios, como base de referência para compensar os efeitos do art. 16 da Lei nº 13.103/2015" (BRASIL. Agência Nacional de Transportes Terrestres. *Nota Técnica nº 2693/2020/GEFIR/SUROD/DIR*. Processo Administrativo nº 50500.056439/2020-86. Brasília, DF, 2020c, p. 12).

Caixa Marginal passou a ser utilizado também quando há outros eventos de reequilíbrio que acarretem custos econômicos arcados pela concessionária, como, por exemplo, custos de desmobilização de pessoal e equipamentos em decorrência da suspensão onerosa das obras em virtude de evento cujo risco esteja alocado ao Poder Concedente.[247]

2.3.3 Momento de formação

A segunda pergunta a ser respondida é: quando o Fluxo de Caixa Marginal deve ser elaborado? A resolução que disciplina esse mecanismo prescrevia que a recomposição deveria ser realizada na revisão ordinária subsequente à conclusão da obra ou serviço, ou seja, somente após concluir o novo investimento, seria iniciado o procedimento destinado à recomposição, por ocasião da revisão ordinária. "Isso traz como vantagem clara um incentivo à execução das obrigações contratuais, assim como a percepção do usuário sobre a tarifa como contrapartida ao incremento qualitativo do serviço, que vem após a melhoria". Contudo, "impõe-se um maior impacto tarifário na diluição no fluxo de caixa aos concessionários, o que pode denotar inclusive desafio à financiabilidade para obras de maior complexidade e valor",[248] conforme a ANTT.

Diante dessa constatação, a agência reguladora editou a Resolução nº 5.940, de 18 de maio de 2021, dispondo que a regra é a recomposição na revisão ordinária subsequente à conclusão da obra ou serviço, tal

---

[247] Concessionárias da terceira etapa do PROCROFE chegaram a questionar a aplicação do Fluxo de Caixa Marginal para reequilíbrio de certos eventos, sob o fundamento de que esse mecanismo seria inadequado e de que inexistira outro estabelecido contratualmente apto a promover o reequilíbrio. Por exemplo, em pleito de reequilíbrio formulado em 2016, a concessionária Rota do Oeste requereu a recomposição de desequilíbrio contratual causado pela mudança das condições de financiamento a cargo do BNDES que teria acarretado alteração na estrutura de capital da concessão. De acordo com a concessionária, o desequilíbrio somente poderia ser mensurado por meio de comparação entre o fluxo de caixa que contempla as condições de financiamento originais e o fluxo de caixa que reflete as novas condições de financiamento. A formação de Fluxo de Caixa Marginal não seria capaz de mensurar o desequilíbrio, já que não reflete um fluxo de caixa completo, mas sim um fluxo marginal formado a partir de um único evento, o que obsta a comparação necessária para que se mensure o desequilíbrio. Nesse caso, vista a necessidade de comparação e considerando que o fluxo de caixa original da concessão não pôde ser apresentado por ocasião da licitação em razão de restrição do edital, a concessionária sugeriu que a comparação partisse do fluxo de caixa constante dos estudos de viabilidade (EVTE), único fluxo tornado público no curso da licitação. Após o pleito de reequilíbrio ser negado pela ANTT, a questão está sendo debatida no Procedimento Arbitral CCI nº 23960/GSS/PFF.

[248] BRASIL. Agência Nacional de Transportes Terrestres. *Nota Técnica nº 4683/2020/GERER/SUROD/DIR*. Brasília, DF, 13 nov. 2020e.

como vinha sendo feito, mas passando a admitir hipóteses excepcionais que autorizam a recomposição parcial durante a execução do novo investimento, de forma escalonada. Busca-se, assim, evitar o estrangulamento financeiro da concessionária durante a realização de novas obras e serviços de alta monta que representem percentual significativo de seu faturamento.

2.3.4 Dispêndios e receitas

Diante do evento de desequilíbrio, cabe formatar novo fluxo de caixa exclusivamente para esse evento, apartado do fluxo tomado em consideração pelo proponente à época da licitação.[249] Nos casos em que houve a apresentação do plano de negócios no curso do certame, esse fluxo está contemplado no plano de negócios, tratando-se do Fluxo de Caixa Original, abordado anteriormente. Já nos casos em que houve a vedação de apresentação do plano de negócios no curso do certame, o fluxo corresponde a uma projeção, construída pela ANTT, do que se supõe ser o Fluxo de Caixa Original; é o chamado "Fluxo de Caixa Original Regulatório". A cada novo evento, um novo Fluxo de Caixa Marginal é formado, apartado do Fluxo de Caixa Original ou do Fluxo de Caixa Original Regulatório, de modo que uma mesma concessão pode conviver, a um só tempo, com diversos fluxos de caixa marginais, cada qual formado a partir de um evento de desequilíbrio. Nesse novo fluxo, estão abarcados os fluxos dos dispêndios marginais e os fluxos das receitas marginais resultantes do evento que deu origem à recomposição. Assim, o "Fluxo de Caixa Marginal deve conter apenas as entradas e saídas geradas/provocadas pelo evento que ensejou o pedido de reequilíbrio".[250]

Nesse cenário, questiona-se: como custos e receitas são considerados no Fluxo de Caixa Marginal? Vejamos, primeiramente, a questão do **fluxo de dispêndios marginais**. Para estimá-los, a concessionária

[249] A separação entre o fluxo original do projeto e o Fluxo de Caixa Marginal fica clara na Nota Técnica nº 171/GEROR/SUINF/ANTT/2010, em que a ANTT relata que, em vista da decisão do TCU, retirou os novos investimentos que haviam sido incluídos no fluxo de caixa original e os incluiu em um fluxo de caixa apartado, específico: "Os investimentos e serviços que tinham sido inseridos no PER, desde 10.10.2007 até a presente data, foram retirados do fluxo de caixa original e inseridos em um novo Fluxo de Caixa específico para o evento que denominaremos 'Fluxo de Caixa Marginal'" (BRASIL. Agência Nacional de Transportes Terrestres. *Nota Técnica nº 171/GEROR/SUINF/ANTT/2010*. Processo Administrativo nº 50500.010568/2010-56. Brasília, DF, 2010. p. 399).

[250] GALÍPOLO; HENRIQUES, 2016, p. 471.

deverá basear o valor dos investimentos, custos e despesas em "critérios de mercado" à época da formação do fluxo, conforme previsto nos contratos de concessão da primeira etapa. Os contratos das demais etapas, por sua vez, são norteados, nesse aspecto, pela Resolução nº 3.651, de 7 de abril de 2011, que estabelece que o valor das obras e serviços deve basear-se na composição de custos do Sistema de Custos Rodoviários – SICRO, gerido pelo Departamento Nacional de Infraestrutura de Transportes – DNIT.[251] Na impossibilidade de utilização do SICRO, caberá basear-se em outros sistemas oficiais de composição de custos, como aqueles editados por estados e municípios. Se ainda assim não for possível basear-se nesses sistemas, desde 2014, a referida norma autoriza que a concessionária estime seus dispêndios a partir de três cotações de mercado.

No caso de incremento de obras e serviços originalmente previstos no PER que acarretarem alteração de valores, de acordo com o regulamento, será aplicado o Fluxo de Caixa Marginal, de modo que o orçamento das obras e serviços também seguirá a sistemática já descrita: estimativa com base em sistemas oficiais de composição de custos e, subsidiariamente, em cotações de mercado. Posteriormente, será contemplado no Fluxo de Caixa Marginal apenas a diferença entre o novo orçamento e aquele previsto inicialmente, estipulado no Fluxo de Caixa Original, conforme disposto pelo artigo 3º, §§6º e 7º, da Resolução nº 3.651, de 7 de abril de 2011.

No específico caso de inclusão de contornos urbanos em substituição a obras de travessia urbana previstas originalmente no PER,[252] os contratos da quarta etapa estabelecem que, após constatada a vantajosidade da substituição, a concessionária deve elaborar dois projetos executivos, um para o trecho substituído e outro para o contorno, estipulando os custos em cada um. A diferença entre os custos da obra

---

[251] A respeito do SICRO, ver: "O sistema SICRO foi desenvolvido pelo Departamento Nacional de Infraestrutura de Transportes (DNIT) para ser utilizado para simulação do processo pelo qual empresas privadas precificam obras de infraestrutura rodoviária. (...) Quando da sua criação, o objetivo tanto do sistema SICRO quanto da tabela SINAPI era estabelecer preços de referência para contratação de obras públicas. Esses preços de referência, na nossa sistemática de contratação pública, passaram a funcionar necessariamente como preço-teto, ou, como preferem os economistas, preço de reserva" (RIBEIRO, Mauricio Portugal; PINTO, Gabriela M. Engler. Veto à exigência da LDO de uso do Sicro e Sinapi: quais os seus efeitos? *Portugal Ribeiro Advogados*, p. 3, 2014. Disponível em: https://portugalribeiro.com.br/veto-a-exigencia-da-ldo-de-uso-do-sicro-e-sinapi-quais-os-seus-efeitos/. Acesso em: 23 mar. 2021).

[252] De acordo com esses contratos, a substituição deve ocorrer sempre que a travessia urbana originalmente prevista no PER não mais atender aos preceitos de segurança viária e modicidade tarifária ou caso haja algum impedimento do ponto de vista socioambiental.

original e da obra que a substitui (contornos urbanos) será computada no Fluxo de Caixa Marginal como o fluxo de dispêndio marginal.[253/254]

Nas três hipóteses, a estipulação dos custos da nova obra, da obra substituta ou do incremento de obras e serviços originalmente previstos no PER deve calcar-se, primeiramente, em sistemas de preços públicos. Somente à mingua desses sistemas, a concessionária poderá socorrer-se de cotações de mercado, muito embora alguns contratos de concessão que disciplinam a aplicação do Fluxo de Caixa Marginal mencionem a estipulação dos dispêndios com base em "critérios de mercado".

Surge, então, a seguinte questão: faz sentido usar os preços cheios do SICRO ou há outra opção melhor? Na visão de Ribeiro, o uso de sistema de preços públicos em vez de preços de mercado distorce a lógica subjacente ao Fluxo de Caixa Marginal, pois obsta que esse mecanismo reflita o real contexto macroeconômico vigente por ocasião da decisão de novo investimento.[255] O uso do SICRO para fins de estipulação do valor dos custos também foi questionado pelo TCU, sob o argumento de que o uso do valor cheio previsto nesse sistema de composição de preço não incorpora os descontos naturalmente oriundos de um processo competitivo e, ainda, incentiva a concessionária a buscar a realização de novos investimentos ao mesmo tempo que busca suprimir obras e serviços previstos no PER desde o início da concessão. Isso porque, segundo o órgão de controle, seria mais interessante para a concessionária realizar investimentos baseados nos preços cheios prescritos no SICRO, sem qualquer deságio, como é o caso dos novos investimentos reequilibrados via Fluxo de Caixa Marginal, a realizar obras e serviços previstos originalmente no contrato, que incorporaram o deságio constante da proposta apresentada no certame.

---

[253] Essa forma de recomposição do equilíbrio contratual é uma alternativa à exclusão da obra originalmente prevista por meio do Fator D e a posterior formação de Fluxo de Caixa Marginal para inclusão da obra substituta com consideração de seus custos integrais.

[254] Essa possibilidade foi questionada por unidade técnica do TCU, que entendeu que a substituição de uma obra por outra seguida de mensuração do desequilíbrio com base na comparação de projetos executivos elaborados pela concessionária resultaria em (i) assimetria de informação e (ii) "enriquecimento extraordinário da concessionária", pois ela seria remunerada pela obra segundo o valor que indicar, o qual não absorve os efeitos benéficos de processo competitivo. Daí porque sugeriu a exclusão da substituição de obras de travessias urbanas por contornos urbanos. Embora concordando com as preocupações da unidade técnica, o plenário entendeu que deve ser mantida a possibilidade de substituição de obra de travessia urbana por contorno urbano, desde que haja mais rigidez na análise dos projetos e orçamentos. *Cf.*: BRASIL. Tribunal de Contas da União. *Acórdão nº 1174/2018*. Ministro Relator: Bruno Dantas. Brasília, DF, 21 set. 2018a.

[255] RIBEIRO, 2013, p. 22.

Diante dessa circunstância, a unidade técnica do TCU sugeriu que fosse aplicado o deságio obtido durante a licitação aos fluxos de dispêndios marginais contemplados no Fluxo de Caixa Marginal.[256] Assim, por exemplo, se houve deságio de 30% (trinta por cento) na proposta da concessionária, seria aplicado o mesmo desconto sobre os preços do SICRO incorporados ao Fluxo de Caixa Marginal. Essa sugestão foi refutada pela ANTT, sob a alegação de que a vinculação ao deságio ofertado na proposta vencedora acabaria por transferir à concessionária o risco de realização de novos investimentos, não previstos contratualmente. Ainda, para as futuras concessões, o risco oriundo da adoção dessa sistemática acabaria por ser precificado pela concessionária em sua proposta, assim estabelecendo valor da tarifa maior – portanto, com deságio menor – ao que ofertaria caso não houvesse a assunção do risco de realizar novos investimentos com a incidência de deságio.

O voto que analisou a questão reconheceu o problema do uso do SICRO indicado pelo TCU, mas deu razão à ANTT, assim não emitindo recomendação para que a agência passasse a aplicar o deságio obtido na proposta vencedora ao fluxo de dispêndios marginais contemplados no Fluxo de Caixa Marginal. Por outro lado, ponderou que caberia à agência "adotar mecanismos que permitam incorporar aos orçamentos os efeitos que seriam verificados caso as obras ou serviços passassem por um procedimento competitivo".[257]

Na quarta etapa, muito provavelmente em decorrência do debate relatado, o contrato de concessão da CCR Via Costeira previu, ineditamente, que a determinação dos fluxos de dispêndios marginais contemplados no Fluxo de Caixa Marginal poderia observar instrumentos regulatórios que reproduzissem os efeitos da competição sobre os custos, nos termos da regulação da ANTT.[258] Contudo, até o momento de finalização desta obra, ainda não havia regulamento acerca desse aspecto,[259] tampouco registro de reequilíbrio, via Fluxo de Caixa Marginal, desse contrato, firmado em julho de 2020.

---

[256] BRASIL. Tribunal de Contas da União, 2018a.

[257] BRASIL. Tribunal de Contas da União, 2018a, p. 10.

[258] *Cf.* cláusula 21.5.2: "Conforme regulamentação específica da ANTT, para a definição final dos valores que deverão ser reequilibrados, poderão ser aplicados instrumentos regulatórios que reproduzam os efeitos da competição sobre os custos referentes à inclusão de obras e serviços no escopo do Contrato."

[259] *Cf.* BRASIL. Agência Nacional de Transportes Terrestres, 2021f.

É adequada a solução trazida pela ANTT, mesmo que ainda não posta em prática. A aplicação do deságio da licitação sobre os custos dos novos investimentos, sugerida pela unidade técnica do TCU, acarretaria uma contradição: se o Fluxo de Caixa Marginal tem como princípio maior refletir os custos do momento em que inserido o investimento na concessão, seria contraditório aplicar deságio estipulado no momento da licitação. Melhor, então, que os custos, ainda que baseados inicialmente no SICRO, incorporem os efeitos da competição do momento da inserção do novo investimento na concessão. Evidentemente, isso imporá desafios técnicos à agência reguladora, mas que devem ser enfrentados a fim de permitir a adequada aplicação do Fluxo de Caixa Marginal.

Além dos dispêndios marginais, o Fluxo de Caixa Marginal também contempla o **fluxo das receitas marginais** resultantes do evento que deu origem à recomposição. De acordo com os termos contratuais e com a Resolução nº 3.651, de 7 de abril de 2011, a estipulação das receitas da concessionária está atrelada, necessariamente, ao volume de tráfego estimado para os anos seguintes da concessão. Essa estimativa é norteada pelo tráfego real verificado nos anos anteriores da concessão. Logo, a estimativa de tráfego prevista no Fluxo de Caixa Marginal não se baseia na estimativa prescrita no Fluxo de Caixa Original ou, nos casos em que não houve a apresentação do plano de negócios, no Fluxo de Caixa Original Regulatório, mas sim no tráfego real observado já no curso do pacto concessório – que, dificilmente, será igual ao estimado na proposta comercial da concessionária. Descarta-se a estimativa de tráfego prevista no Fluxo de Caixa Original ou Fluxo de Caixa Original Regulatório, porque o evento causa impactos no tráfego que não foram previstos pela concessionária à época da licitação, em nada se relacionando com o tráfego inicialmente projetado, portanto. Ainda, a construção da projeção de tráfego com base em dados reais constatados até o momento do reequilíbrio reforça a consagração do cenário macroeconômico contemporâneo ao novo investimento.

Seguindo tais regras, a estimativa de tráfego prevista no Fluxo de Caixa Original ou no Fluxo de Caixa Original Regulatório de nada serviria para estipulação da projeção de tráfego construída para o Fluxo de Caixa Marginal. Nesse sentido, Freitas afirma: "Trata-se de metodologia que não se utiliza das informações apresentadas, pelo concessionário, em seu Plano de Negócios (sobretudo os constantes nas suas planilhas de custos e de investimentos), para o efeito de recomposição do contrato de concessão".[260] Essa concepção merece breve ponderação. Em alguns casos, as partes contratuais voltam seu olhar para os dados que refletem o Fluxo de Caixa Original justamente a fim de construir o Fluxo de Caixa Marginal, para estipulação tanto das receitas marginais quanto dos dispêndios marginais. O Fluxo de Caixa Original serve, portanto, como ponto de partida.[261] Em outros casos, na construção do Fluxo de Caixa Marginal, a ANTT empregou as receitas e, ainda, a Taxa Interna de Retorno indicadas no Fluxo de Caixa Original, porque o cálculo da taxa de desconto aplicada no Fluxo de Caixa Marginal ainda não havia sido regulamentado.[262] Já nas concessões fruto de licitação que vedou a apresentação de plano de negócios, antes de construir o Fluxo de Caixa Marginal, a agência reguladora cria o Fluxo de Caixa Original Regulatório, já referido, que representa o fluxo de caixa projetado pela licitante ao ofertar sua proposta no certame. Para tanto, a ANTT baseia-se nos estudos de viabilidade que precederam a licitação, os quais, no entanto, não contemplam o deságio havido na proposta. Buscando contemplar esse deságio na formação do Fluxo de Caixa Original Regulatório, a agência reguladora estipula quais seriam os valores da rubrica a partir do deságio conhecido da proposta da concessionária.[263] Após formado o Fluxo de Caixa Original Regulatório, a ANTT passa a construir o Fluxo de Caixa Marginal. Como o Fluxo de Caixa Original ou o Fluxo de Caixa Original Regulatório servem de ponto de partida para a elaboração do Fluxo de Caixa Marginal, é preciso tomar cuidado ao afirmar não haver qualquer relação entre eles.

---

260 VÉRAS DE FREITAS, 2017, p. 230.

261 Nesse sentido: "Também nos contratos de concessão ou PPP não submetidos à regulação discricionária, faz sentido voltar ao equivalente à planilha formadora do preço que é o plano de negócios ou pelo menos ao estudo de viabilidade da concessão para realizar reequilíbrios. Aliás, é interessante notar que nos contratos cujo reequilíbrio é por Fluxo de Caixa Marginal – e que, portanto, em tese não haveria uma volta ao retrato inicial do contrato em estado de equilíbrio – na prática os gestores muitas vezes voltam ao estudo de viabilidade, porque essa é a única forma de entenderem qual é o retrato originário, que lhes permita construir o Fluxo Marginal ao Originário" (RIBEIRO; SANDE, 2021, p. 23).

262 "A SUINF informa que os cálculos referentes ao Fluxo de Caixa Marginal foram executados com valores do Fluxo de Caixa Original, no que tange aos valores de tráfego e da Taxa Interna de Retorno – TIR, em virtude de o ato administrativo da ANTI que disporá sobre o cálculo da taxa de desconto, que será utilizada no Fluxo de Caixa Marginal, ainda não ter sido publicado" (BRASIL. Agência Nacional de Transportes Terrestres. *Voto nº 095-A/2012*. Processo nº 50500.083840/2012-89. Brasília, DF, 2012b).

263 De acordo com Ribeiro, essa estipulação é feita de forma arbitrária, pois a agência reguladora não tem meios de definir como o deságio da proposta da licitante incide sobre cada rubrica (DIREITO DE INFRAESTRUTURA E DIREITO REGULATÓRIO. *Fluxo de Caixa Marginal: arbitrariedade na criação do fluxo de caixa regulatório*. Youtube, 26 maio 2021. Disponível em: https://www.youtube.com/watch?v=Npr45lTrkcg. Acesso em: 9 jun. 2021).

Uma vez formado o Fluxo de Caixa Marginal, a projeção de tráfego que estipula o fluxo de receitas marginais será revista anualmente a fim de "substituir o tráfego projetado pelo volume real de tráfego verificado no ano anterior", nos termos do artigo 4º, II, da Resolução nº 3.651, de 7 de abril de 2011, e das regras contratuais. Há, assim, revisão periódica dessa variável do Fluxo de Caixa Marginal. Isso levanta a hipótese de que, nesses casos, a revisão das projeções previstas no Fluxo de Caixa Marginal poderia estar proporcionando transferência de risco de demanda da concessionária ao Poder Concedente. Cabe observarmos que os contratos da terceira etapa trazem exceção à regra de assunção do risco de demanda pela concessionária, ao dispor que é risco da concessionária o "volume de tráfego em desacordo com as projeções da concessionária ou do Poder Concedente, com exceção do disposto na subcláusula 21.5 [que prevê a aplicação do Fluxo de Caixa Marginal] e na aplicação do Fator C". Previsão nesse sentido não consta dos demais contratos, inclusive daqueles posteriores às avenças da terceira etapa.

A questão da transferência de risco pelo uso de dados de tráfego real no âmbito de Fluxo de Caixa Marginal é distinta da discussão havida na seara do Fluxo de Caixa Original. Naquele âmbito, a discussão parte da premissa de que os dados projetados usados no cálculo de mensuração do desequilíbrio constaram do plano de negócios da concessionária. Já no Fluxo de Caixa Marginal, o fluxo de receitas construído a partir da projeção de tráfego não advém de uma estipulação feita pela concessionária durante sua tomada de decisão em investir na concessão. Como visto, esse fluxo é formatado pelas partes contratuais durante a elaboração do Fluxo de Caixa Marginal. Isso poderia levar à ideia de que não haveria transferência do risco de demanda da concessionária ao Concedente no âmbito do Fluxo de Caixa Marginal: como o fluxo de tráfego em questão não constou da proposta apresentada em licitação, logo a concessionária não teria assumido o risco em relação a esse fluxo de receita decorrente do evento de desequilíbrio a ser equacionado no Fluxo de Caixa Marginal; daí porque sua transferência ao Concedente seria autorizada. Porém, na medida em que a concessionária participa da formatação do Fluxo de Caixa Marginal, os dados de tráfego previstos nesse fluxo passam a compor seu risco de variação de demanda. Em razão disso, somente é contratualmente correta a substituição dos dados projetados de tráfego pelos dados reais observados no curso da concessão se o contrato estipular exceção à regra de alocação do risco de variação de demanda à concessionária, tal como disposto nos contratos da terceira etapa. Nos contratos em que originalmente não haja cláusula nesse sentido, é possível seu aditamento para que passe a prever alocação de risco que seja consentânea com o uso de dados reais.

Ainda, a Resolução nº 3.651, de 7 de abril de 2011, prescreve que a revisão pode "considerar outras informações apuradas durante a vigência do contrato de concessão, para fins de substituir variáveis estimadas" (art. 5º, §1º). Diferentemente do contrato de concessão celebrado com a concessionária ViaBahia, que estabelece que não poderão ser substituídos "os valores projetados para os investimentos, custos e despesas considerados nos fluxos dos dispêndios marginais" (cláusula 20.8.1 ii), a mencionada resolução não veda a substituição, assim possibilitando que quaisquer variáveis sejam revistas, como, por exemplo, os dispêndios.

2.3.5 Taxa Interna de Retorno

Vistos os fluxos de receitas e dispêndios marginais, olha-se agora para a **Taxa Interna de Retorno** do Fluxo de Caixa Marginal. O novo investimento e o incremento de obras e serviços ou custos diversos que se caracterizam como evento de desequilíbrio – nesse último caso, no âmbito dos contratos da terceira etapa em diante –, devem ser remunerados por uma nova taxa consentânea ao cenário macroeconômico contemporâneo ao investimento, muito provavelmente distinta daquela adotada no momento de oferta da proposta. Esse é o ponto nodal do mecanismo de preservação do equilíbrio econômico-financeiro sob análise. Portanto, no âmbito das concessões de rodovias federais, o Fluxo de Caixa Marginal não considera a taxa interna de retorno pactuada no contrato, distinguindo-se, assim, das hipóteses indicadas por Marques Neto, que afirma que "muitas vezes a fórmula de cálculo [do Fluxo de Caixa Marginal] considera a taxa pactuada no contrato como parâmetro de rentabilidade".[264]

De início, consigna-se que nem sempre o uso de Taxa Interna de Retorno distinta daquela fixada originalmente na proposta comercial da concessionária é benéfica ao Poder Concedente e à modicidade tarifária. Isso ocorre quando as taxas de desconto pactuadas para novos investimentos forem inferiores às taxas internas de desconto do Fluxo de Caixa Original do projeto, tal como aconteceu em relação aos contratos

---

264 MARQUES-NETO, 2015, p. 194.

da primeira etapa.[265] Todavia, isso nem sempre acontece. Dependendo dos momentos de celebração do contrato de concessão e, depois, da tomada da decisão por novo investimento, é economicamente possível que a Taxa Interna de Retorno do Fluxo de Caixa Marginal seja superior à do Fluxo de Caixa Original, isto é, que o retorno da concessionária pelo novo investimento seja mais alto que o original do projeto. Em qualquer hipótese, a premissa do Fluxo de Caixa Marginal permanece: formação do fluxo de caixa em consonância com o cenário macroeconômico do momento de decisão de investir, seja ele melhor ou pior que o cenário em que licitado o contrato de concessão.

A partir desse contexto, indaga-se: como é formada a Taxa Interna de Retorno do Fluxo de Caixa Marginal? Os contratos de concessão de rodovias federais adotaram dois métodos distintos: (i) método que produz "taxa de remuneração baseada na TJLP [Taxa de Juros de Longo Prazo] e na inflação definida pelo CMN [Conselho Monetário Nacional]",[266] previsto exclusivamente no contrato firmado na segunda fase da segunda etapa e (ii) método que estabelece taxa equivalente ao resultado do custo médio ponderado de capital – CMPC (também conhecido por seu acrônimo em inglês WACC – *Weighted Average Cost of Capital*), previsto expressamente nos termos aditivos dos contratos da primeira etapa e na Resolução nº 3.651, de 7 de abril de 2011, aplicável aos contratos da primeira fase da segunda e, também, da terceira e quarta etapas, uma vez que esses últimos não prescrevem o mecanismo do Fluxo de Caixa Marginal, deixando que a matéria seja disciplinada por regulamentos editados pela agência reguladora.

Vejamos, primeiramente, o método empregado no contrato de concessão celebrado com a concessionária ViaBahia, oriundo da segunda fase da segunda etapa do PROCROFE, que adotou fórmula[267] em que a TJLP "adotada no cálculo será a vigente na data da recomposição do equilíbrio econômico-financeiro". Já o "π" "equivale à meta para inflação fixada pelo Conselho Monetário Nacional para o ano em que ocorreu a recomposição do equilíbrio econômico-financeiro". Conforme explicado por Ribeiro, "essa é uma forma de fixar a taxa de desconto

---

265 Como exemplo, *cf.* a concessão da CONCER (primeira etapa do PROCROFE): A TIR Não Alavancada prevista nos planos de negócio, datado de 1995, foi de 12,99%, ao passo que a taxa de desconto encontrada por ocasião do reequilíbrio com base no fluxo de caixa marginal, em 2014, foi de 8,01% (Anexo I do Termo Aditivo nº 12/14).

266 VÉRAS DE FREITAS, 2017, p. 224.

267 $$\frac{(1 + TJLP + 8\%)}{1 + \pi} - 1$$

de maneira a dar segurança ao concessionário que o risco específico do projeto será remunerado por uma taxa acima, por exemplo, 8 pontos percentuais de uma taxa de mercado",[268] assim conferindo certo grau de previsibilidade sobre a taxa que será utilizada no caso.

A fórmula sofreu críticas, porém. Embora fossem reconhecidos os benefícios advindos de sua simplicidade, constatou-se que não representava o real custo de oportunidade. Então, a literatura passou a sugerir que a Taxa Interna de Retorno do Fluxo de Caixa Marginal adotasse o mesmo método empregado nos estudos de viabilidade que antecederam os editais de licitação das concessões para definir o custo de oportunidade, qual seja, o WACC.[269]

Sendo assim, as normas dos demais contratos e a Resolução nº 3.651, de 7 de abril de 2011, estabeleceram que a Taxa Interna de Retorno do Fluxo de Caixa Marginal corresponde ao custo médio ponderado de capital – CMPC (WACC – *Weighted Average Cost of Capital*). O resultado desse método vem sendo chamado de "WACC regulatório"; vale dizer, a Taxa Interna de Retorno calculada periodicamente pela ANTT para inserção no Fluxo de Caixa Marginal.

O resultado do WACC reflete a taxa mínima de atratividade do projeto, assim estipulando o retorno mínimo exigido pelo investidor. Portanto, no caso do Fluxo de Caixa Marginal no âmbito das concessões de rodovias federais, o resultado do WACC representa a rentabilidade mínima exigida pela concessionária para realizar o novo investimento pactuado. Embora o cálculo WACC apresente a rentabilidade mínima exigida, normas contratuais e regulamento estabelecem que a Taxa Interna de Retorno do Fluxo de Caixa Marginal espelhará, exatamente,

---

268 RIBEIRO, 2013, p. 15.

269 A esse respeito: "A vantagem da fórmula prevista no contrato da Fase 2 da 2ª Etapa do PROCROFE é a sua simplicidade. Por outro lado, as desvantagens são o aspecto semi-rígido do parâmetro e a baixa vinculação com o custo do capital real ao longo do tempo. O WACC, que representa o custo de oportunidade do negócio para um determinado conjunto de variáveis, necessita de rigor metodológico e de transparência na formulação do indicador. É fundamental que estejam claras as regras de elaboração dessa taxa de desconto, pois um custo de capital muito baixo pode inviabilizar economicamente o investimento e, por outro lado, um valor muito alto pode levar à ineficiência produtiva e alocativa do capital. Entende-se, dessa forma, pertinente a alteração proposta por Barbo *et al.* (2010) de modificação da fórmula paramétrica, usada como *proxy* para a taxa de desconto do Fluxo de Caixa Marginal, pelo método WACC, para refletir melhor as condições de mercado à época do evento que ensejará a recomposição do equilíbrio econômico-financeiro do contrato" (GARCIA, Leonardo Lopes. *Alocação de riscos, reajuste e revisão tarifária nas concessões de rodovias federais*. 2011. 37f. Monografia (Especialização em Controle Externo) – Instituto Serzedello Corrêa do Tribunal de Contas da União, Brasília, 2011). *Cf.* também BARBO, André Roriz de Castro *et al.* A evolução da regulação nas rodovias federais concedidas. *Revista ANTT*, Brasília, v. 2, n. 1 e 2, p. 110-123, maio e nov. 2010.

o resultado do WACC, assim não autorizando que ela seja superior a essa TMA (taxa mínima de atratividade), que é o resultado do cálculo do WACC aplicado sobre o Fluxo de Caixa Marginal.

Ademais, a Taxa Interna de Retorno adotada no Fluxo de Caixa Marginal será mantida ao longo de toda a concessão, nos termos do artigo 5º, §2º, da Resolução nº 3.651, de 7 de abril de 2011, da ANTT. Assim, caso haja evento de desequilíbrio que impacte o Fluxo de Caixa Marginal, a equação ali estabelecida será reequilibrada por meio do retorno à taxa definida quando formado o Fluxo de Caixa Marginal. Portanto, a lógica é a mesma do Fluxo de Caixa Original. A diferença consiste na Taxa Interna de Retorno adotada: se o impacto se deu sobre o Fluxo de Caixa Original, o reequilíbrio é guiado pela Taxa Interna de Retorno do fluxo de caixa não alavancado estipulada na proposta comercial da concessionária; se o impacto se deu sobre o Fluxo de Caixa Marginal, o reequilíbrio é guiado pela Taxa Interna de Retorno estipulada nesse fluxo.

Justamente por essa razão, são equivocadas as abordagens que chamam o Fluxo de Caixa Original de mecanismo de preservação do equilíbrio econômico-financeiro da "Taxa Interna de Retorno", dando a impressão de que somente nele haveria uma taxa que se perpetua ao longo de toda a concessão.[270] Na verdade, quando o contrato é reequilibrado, seja no âmbito do Fluxo de Caixa Original seja no bojo do Fluxo de Caixa Marginal, a Taxa Interna de Retorno estabelecida no momento de formação de cada uma dessas espécies de fluxo consiste no crivo de equilíbrio.[271] Portanto, há uma Taxa Interna de Retorno no fluxo de caixa tanto original quanto marginal, conforme aclarado no Anexo I da Resolução nº 5.850, de 16 de julho de 2019: "A Taxa Interna de Retorno – TIR é o parâmetro do equilíbrio econômico-financeiro utilizado nos contratos de concessões de rodovias regulados pela ANTT, tanto para o Fluxo de Caixa Original (FCO – plano de negócios vencedor do leilão) quanto para o Fluxo de Caixa Marginal." Logo, mais acertado seria falar em mecanismo de preservação do equilíbrio econômico-financeiro com base no Fluxo de Caixa Original e mecanismo

---

[270] Como exemplo dessa abordagem, destaca-se a seguinte passagem: "Para esse efeito, dois são os principais métodos que poderão ser utilizados para calcular a compensação do concessionário no tempo: o da Taxa Interna de Retorno (TIR) ou o do Fluxo de Caixa Marginal" (VÉRAS DE FREITAS, 2017, p. 204).

[271] "É importante notar que essa lógica é idêntica à usada quando se adota a metodologia do, assim chamado, Fluxo de Caixa Marginal para reequilibrar o contrato. A *Taxa de Desconto do Fluxo de Caixa Marginal* funciona exatamente como a TIR para Reequilíbrio" (RIBEIRO, 2013, p. 6).

de preservação do equilíbrio econômico-financeiro com base no Fluxo de Caixa Marginal, pois, em ambos, há uma Taxa Interna de Retorno mantida ao longo de toda a concessão.

O artigo 8º da Resolução nº 3.651, de 7 de abril de 2011 e o artigo 5º da Resolução nº 4.075, de 3 de abril de 2013, estabelecem que o WACC regulatório deverá ser revisto a cada três anos com o propósito de atualizar as variáveis já expostas. A Taxa Interna de Retorno que decorre da aplicação do Fluxo de Caixa Marginal pode ser entendida como flexível, pois pode ser alterada trienalmente, de modo que um Fluxo de Caixa Marginal construído em um determinado momento detém uma Taxa Interna de Retorno que tende a ser diferente da de um novo Fluxo de Caixa Marginal elaborado anos mais tarde.

A manutenção TIR adotada no momento de formação do Fluxo de Caixa Marginal é a regra estabelecida na norma que disciplina esse mecanismo de preservação do equilíbrio econômico-financeiro. Sua revisão trienal visa a atualizá-la para aplicá-la aos Fluxos de Caixa Marginal a serem formados – e não aos já formados. Contudo, no termo aditivo nº 01 do contrato de concessão da Autopista Litoral Sul (primeira fase da segunda etapa do PROCROFE), as partes pactuaram que a Taxa Interna de Retorno que compôs o Fluxo de Caixa Marginal, oriundo de alteração contratual consistente na inclusão de novo trecho rodoviário, pode ser revisto se houver alteração significativa nas condições de financiamento.[272] Já o segundo termo aditivo daquele mesmo contrato prescreveu que se a ANTT, ao realizar a revisão trienal da taxa obtida por meio do cálculo do WACC, alcançar valor distinto daquele que compôs o Fluxo de Caixa Marginal, a TIR pode ser modificada, de modo que "o valor de reequilíbrio será recalculado com base na nova TIR na revisão tarifária do ano subsequente".[273]

---

[272] Cláusula Décima: "Por se tratar de obra complementar ao Contrato com aumento significativo no montante de Investimentos e Custos Operacionais, para viabilização do Plano de Negócio estabelecido e a captação do financiamento para este montante de obras, deverá ser adotada a metodologia proposta para o Fluxo de Caixa Marginal constante na Resolução nº 3.651/2011, sendo a Taxa Interna de Retorno de 7,17%. Qualquer alteração significativa das condições de financiamento deverá implicar na revisão do cálculo da Taxa Interna de Retorno, quando autorizada pela ANTT, buscando uma compensação desse valor da TIR no Contrato de Concessão, respeitando a Metodologia do Fluxo de Caixa Marginal estabelecido pela ANTT".

[273] Cláusula 3.2.1: "3.2.1 No caso de a ANTT realizar revisão da TIR mencionada na subcláusula 3.2 durante o período trienal previsto na Resolução ANTT nº 5.865/2019, com fundamento no cenário econômico adverso observado desde a sua publicação, deverá ser revista a TIR utilizada no presente Termo Aditivo, e o valor de reequilíbrio será recalculado com base na nova TIR na revisão tarifária do ano subsequente".

Feitas essas observações, cabe examinar as variáveis do WACC, também chamado de Custo Médio Ponderado de Capital – CMPC. Diz-se ponderado, pois o resultado do WACC representa a média entre a proporção do custo de capital de terceiros e a proporção do custo de capital próprio. No caso das concessões de rodovias federais, a ANTT aponta que as proporções de capital de terceiros e de capital próprio são, respectivamente, 58,78% e 41,22%, considerado o período de janeiro de 2005 a julho de 2019.[274] Logo, sendo comum a conjugação de capital próprio e de terceiros para financiar as concessões de rodovias, a ANTT optou por utilizar o WACC para calcular a média dessas duas espécies de custos, uma vez que "o WACC já reflete a forma pela qual a concessão será financiada".[275]

Em termos conceituais, o WACC pode ser explicado como a fórmula que pondera o custo do capital próprio (R_E) com o custo de capital de terceiros (R_D) líquido de impostos (1 - T) pelo peso de cada um deles (proporção de cada espécie de capital utilizado pela concessionária, representado por E/(E+D) para capital próprio e D/(E+D) para capital de terceiros). Matematicamente, na fórmula do WACC,[276] E corresponde ao capital próprio, D corresponde ao capital de terceiros, R_E corresponde ao custo de capital próprio, R_D ao custo de capital de terceiros enquanto T corresponde aos impostos sobre a renda. Se considerarmos que a análise mais recente elaborada pela ANTT aponta que as concessões de rodovias federais detêm, em média, 58,78% de capital de terceiros e 41,22% de capital próprio, e ao inserirmos esses dados na fórmula WACC, ela assim se apresentará: WACC = $(0{,}4122 \times R_E) + (0{,}5878 \times R_D) \times (1 - T)$.

O custo do capital próprio e o custo de capital de terceiros que compõem o WACC são calculados com base em outros métodos econômico-financeiros. Enquanto a fórmula do WACC é prevista contratualmente nos contratos da primeira etapa, as variáveis dessa fórmula que permitem alcançar o custo do capital próprio e o custo de capital de terceiros são disciplinadas pela ANTT, por meio de atos infralegais, e devem ser revistas a cada três anos a fim de atualizar os parâmetros de cada uma delas, conforme disposto pelo artigo 8º da Resolução nº 3.651, de 7 de abril de 2011, e artigo 5º da Resolução

---

[274] BRASIL. Agência Nacional de Transportes Terrestres. *Nota Técnica nº 2786/2019/SUREG/DIR*. Processo Administrativo nº 50501.338298/2018-92. Brasília, DF, 2019c, p. 15.

[275] SANVICENTE, 2012, p. 86.

[276] $WACC = \frac{E}{(E+D)} R_E + \frac{D}{(E+D)} R_D (1-T)$

nº 4.075, de 3 de abril de 2013. Portanto, a taxa mínima de atratividade (TMA) que resulta da fórmula do WACC não é inteiramente definida no contrato, havendo variáveis importantes cuja definição ficam a cargo da regulação pela ANTT.

A fórmula para o cálculo do valor do custo de capital próprio e capital de terceiros está prescrita, respectivamente, pelos Anexos III e IV, da Resolução nº 4.075, de 3 de abril de 2013. Já o Anexo V dessa mesma resolução corresponde à Nota Técnica nº 2786/2019/SUREG/DIR,[277] que detalha as variáveis e parâmetros que incidem sobre a fórmula do WACC.

O **custo de capital próprio** é o resultado da fórmula abarcada no "Modelo de Precificação de Ativos de Capital" (também conhecido por seu acrônimo em inglês: CAPM – *Capital Asset Pricing Model*): $R_E = R_f + \beta \times (R_m - R_f)$. Nessa fórmula, R_f corresponde à taxa livre de risco ("remuneração paga pelo ativo que apresenta o menor risco da economia, em geral títulos públicos"),[278] β corresponde ao risco sistemático ("medida de risco do ativo frente aos demais ativos do mercado")[279] e R_m corresponde à taxa de risco do mercado ("remuneração oriunda da diversificação da carteira de investimentos nos ativos disponíveis no mercado").[280/281] Em termos conceituais, a análise do CAPM

> considera comparações entre a remuneração paga pelo ativo que apresenta menor risco econômico, em geral títulos públicos, frente à remuneração aos demais ativos disponíveis no mercado em geral e, por fim, comparativamente a ativos do setor do projeto, tentando desvendar qual o prêmio de risco exigido por investidores em ativos similares.[282]

Ao calcular o WACC Regulatório no ano de 2019, a ANTT baseou a taxa livre de risco (R_f) em alguns dos títulos emitidos pela Secretaria de Tesouro Nacional (títulos do Tesouro Direto). A taxa de risco do mercado

---

[277] A Resolução nº 4.903, de 21 de outubro de 2013, modificou o anexo Anexo V da Resolução nº 4.075, de 3 de abril de 2013 para substituir a Nota Técnica nº 39/GEROR/2013 pela Nota Técnica nº 13/SUEXE/2015, posteriormente substituída pela Nota Técnica nº 2786/2019/SUREG/DIR pela Resolução nº 5.865, de 19 de dezembro de 2019.

[278] GALÍPOLO; HENRIQUES, 2016, p. 468.

[279] *Ibid.*, p. 468.

[280] *Ibid.*, p. 468.

[281] A taxa de risco do mercado também pode ser explicada da seguinte forma: "*spread* exigido pelos investidores, para investir na carteira de mercado, que inclui todos os ativos de risco, em vez de investir em ativos livres de risco" (BRASIL. Agência Nacional de Transportes Terrestres, 2019c, p. 2).

[282] GALÍPOLO; HENRIQUES, 2016, p. 468.

(R_m) é calculado pelo Ibovespa, indicador que representa o desempenho médio das cotações das ações negociadas na bolsa de valores brasileira, "formado pelas ações com maior volume negociado".[283] Já o β, que "mede o quanto uma determinada ação e o mercado como um todo seguem a mesma tendência de valorização ou desvalorização",[284] tomou como base o histórico de negociação no mercado à vista da Bolsa de Valores de quatro *holdings* que atuam majoritariamente no setor de concessões.[285]

Nem sempre o custo do capital próprio foi calculado dessa forma. Em versões anteriores da fórmula que expressa a CAPM, a ANTT incluiu variáveis chamadas de "risco regulatório" e "risco Brasil".[286] Ainda, em versões passadas, o β baseou-se em concessões de rodovias de outros países.[287] Já para calcular a taxa livre de risco (R_f), aquela agência reguladora fundou-se na "taxa de juros média anual dos títulos do Tesouro Americano (T-bond) com prazo de dez anos".[288] Logo, desde 2006 até o cálculo mais recente do WACC, houve evidentes mudanças nas variáveis: por exemplo, o risco regulatório e o risco Brasil foram excluídos da fórmula, esse último porque já é incorporado pela taxa de risco do mercado (R_m)[289] e o primeiro porque constatou-se inexistir metodologia adequada para calculá-lo no âmbito das concessões de rodovias;[290] o β deixou de basear-se nas ações negociadas por concessionárias de de rodoviasestrangeiras, considerando apenas as empresas do setor que possuem papéis negociados no mercado doméstico, conforme inciso VI

---

283 BRASIL. Agência Nacional de Transportes Terrestres, 2019c, p. 7.

284 BRASIL. Ministério da Fazenda. *Metodologia de Cálculo do WACC*. Brasília, 2018. p. 16.

285 BRASIL. Agência Nacional de Transportes Terrestres, *op. cit*, p. 7.

286 Nesse sentido: "Nota-se, no modelo do CAPM utilizado, a adaptação de sua fórmula básica, de forma a incorporar a parcela do prêmio advindo do risco Brasil incorrido. Ademais, verifica-se a inclusão de prêmio de risco derivado de questões específicas do setor (risco regulatório)" (BRASIL. Ministério da Fazenda, 2007. p. 2). Quanto ao conceito de risco-pais, *cf.*: "O cálculo do risco país se dá pela diferença entre a remuneração de um título emitido por um determinado país, no caso o Brasil, denominado em moeda estrangeira, normalmente o dólar norte-americano (títulos da dívida externa ou títulos da dívida interna denominados em dólares norte-americanos), e a remuneração de um título público norte-americano de mesma maturidade" (*Ibid.*, p.4). Já em relação ao risco regulatório, *cf.*: "(...) o risco regulatório (...) está diretamente relacionado a possíveis alterações do contrato, que podem provocar, inclusive, desequilíbrio econômico-financeiro" (*Ibid.*, p. 13).

287 *Ibid.*, p. 8.

288 *Ibid.*, p. 4.

289 "Portanto, ao se explicarem os retornos de ações individuais pelos retornos do Ibovespa, já se está incorporando o efeito das variações do prêmio por risco país, ou seja, incluir um termo de prêmio por esse risco na equação do custo de capital próprio, quando o prêmio pelo risco do Ibovespa já está incluído, seria dupla contagem do prêmio por esse fator geral de risco" (SANVICENTE, 2012, p. 89).

290 BRASIL. Ministério da Fazenda, 2007, p. 14.

do artigo 4º da Resolução nº 4.075, de 3 de abril de 2013; a taxa livre de risco (R_f) passou a considerar os títulos públicos brasileiros, não mais se baseando nos títulos do Tesouro Americano, nos termos do inciso III do artigo 4º da Resolução nº 4.075, de 3 de abril de 2013.

Já o **custo de capital de terceiros** resulta de fórmula que soma o custo de captação via financiamento de longo prazo de acordo com a sua proporção no valor total da dívida (capital de terceiros) ao custo de captação via emissão de debêntures de acordo com a sua proporção no valor total da estrutura de financiamento. Eis a representação matemática dessa fórmula: $R_D = a \times C_1 + b \times C_2$, sendo que R_D corresponde ao custo de capital de terceiros, a corresponde à proporção (coeficiente) do custo de captação via financiamento de longo prazo, C_1 corresponde ao custo de captação via financiamento de longo prazo, b corresponde à proporção (coeficiente) do custo de captação via emissão de debêntures e C_2 corresponde ao custo de captação via emissão de debêntures. A ANTT aponta que a estrutura de financiamento é formada na seguinte proporção: 85,82% de captação via financiamento de longo prazo e 14,18% de captação via emissão de debêntures, considerado o período de janeiro de 2005 a julho de 2019.[291] Em razão disso, ao inserir dados que indicam a proporção de cada uma das duas espécies de capital de terceiros na fórmula acima indicada, obtém-se a seguinte equação: $R_D = 0{,}8582 \times C_1 + 0{,}1418 \times C_2$.

Os custos de captação via financiamento de longo prazo e via emissão de debêntures que integram a fórmula de estipulação do custo de capital de terceiros são, cada qual, resultados de métodos econômico-financeiros distintos.

O **custo de captação via emissão de debêntures** (C_2) representa o "custo médio ponderado de emissão de debêntures precificados em relação ao DI [taxa média diária dos Depósitos Interfinanceiros] e ao IPCA [Índice de Preços ao Consumidor Amplo]"[292] durante um dado período de análise.

Já o **custo de captação via financiamento de longo prazo** (C_1) expressa o custo do apoio direto (financiamento tomado diretamente com o BNDES) de acordo com a sua proporção na composição total do financiamento de longo prazo somado ao custo do apoio indireto (financiamento tomado com instituições financeiras credenciadas pelo BNDES) de acordo com a sua proporção na composição total do

291 BRASIL. Agência Nacional de Transportes Terrestres. 2019c, p. 26.
292 *Ibid.*, p. 9.

financiamento de longo prazo.[293] Conforme o último exame elaborado pela ANTT, os apoios direto e indireto representam, respectivamente, 85% e 15% da composição total do financiamento de longo prazo. O custo do apoio direto resulta da soma da taxa de longo prazo (TLP),[294] da remuneração básica do BNDES (R_{BNDES}) e da taxa de risco de crédito para operações de apoio direto (TRC_{direto}). Já o do apoio indireto advém da soma da taxa de longo prazo, da remuneração básica do BNDES (R_{BNDES}) e da taxa de risco de crédito para operações de apoio indireto ($TRC_{indireto}$) e, também, da taxa do agente financeiro (TAF).[295] Matematicamente, a fórmula é esta: $C_1 = 85\% \times (TLP + R_{BNDES} + TRC_{direto}) + 15\% \times (TLP + R_{BNDES} + TRC_{indireto} + TAF)$.

O custo de captação via financiamento de longo prazo (C_1) é formado por componentes atrelados ao BNDES, estando, assim, relacionado à política de financiamento daquele banco estatal, pois "historicamente o BNDES tem sido a fonte majoritária de financiamento para concessões em detrimento ao financiamento estritamente privado".[296] No mesmo sentido, Galípolo e Henriques relatam que "no mercado de infraestrutura, caracterizado por elevados investimentos e longo prazo de maturação, a oferta de capitais é marcada pela presença de bancos públicos, agências de fomento e debêntures incentivadas".[297]

Calculados os custos de capital próprio e de terceiros de acordo com os métodos e as variáveis descritas e uma vez incorporados os resultados à fórmula do WACC, a agência reguladora atinge o resultado do WACC, que é representado por um determinado número. No entanto, esse resultado é cercado de incertezas, uma vez que "a estimativa do WACC é baseada em parâmetros que não podem ser diretamente observados, mas inferidos a partir de médias estatísticas ou medidas indiretas com significativos graus de incerteza".[298] A fim de mitigar essa incerteza, a ANTT adota um método de distribuição probabilística que analisa as diferentes probabilidades de algumas das variáveis que compõem o cálculo do custo de capital próprio e capital de terceiros, com o propósito de produzir diferentes cenários "possíveis

---

[293] A respeito do apoio direto ou indireto, *Cf.* https://www.bndes.gov.br/wps/portal/site/home/financiamento/guia/Formas-de-Apoio. Acesso em 18 nov. 2021.

[294] De acordo com a ANTT, a TLP "compõe a taxa de juros final, junto com as remunerações (*spreads*) do BNDES e dos bancos repassadores e a taxa de risco de crédito do cliente" (BRASIL. Agência Nacional de Transportes Terrestres. 2019c, p. 9).

[295] *Ibid.*, p. 8.

[296] *Ibid.*, p. 8.

[297] GALÍPOLO; HENRIQUES, 2016, p. 469.

[298] BRASIL, Ministério da Fazenda, 2018, p. 26.

de WACC Regulatório para que os agentes, com base na probabilidade de ocorrência de cada cenário, definam aquele que melhor reflete a realidade de um determinado projeto, ou ainda de uma carteira de projetos", conforme disposto no inciso IX do artigo 4º da Resolução nº 4.075, de 3 de abril de 2013. A partir dos resultados obtidos por meio desse método de distribuição probabilística, a ANTT escolhe o WACC regulatório mais apropriado.[299]

Uma vez utilizado o número resultado do WACC ou, no caso do contrato de concessão da segunda fase da segunda etapa, o resultado da fórmula prescrita naquela avença e estipulados os fluxos de entradas e saídas marginais calculados a partir da taxa com o propósito de alcançar o VPL nulo, resta formar o Fluxo de Caixa Marginal por meio do qual ocorre o reequilíbrio contratual, de acordo com a forma de reequilíbrio eleita (modificação da tarifa, mudança do prazo contratual, indenização direta à concessionária, alteração das obrigações contratuais, estabelecimento ou remoção de cabines ou modificação da localização das praças de pedágio, nos termos do artigo 10 da Resolução nº 3.651, de 7 de abril de 2011).

É preciso ficar claro que as variáveis que compõem o WACC representam escolha feita pela ANTT para as concessões de rodovias federais até o momento de conclusão deste livro. Isso significa que (i) outros setores podem adotar variáveis distintas, tantas quantas as ciências exatas permitirem e (ii) futuramente, a ANTT pode modificar essas variáveis, uma vez que o quadro normativo permite que a agência as regule.

2.3.6 Revisão do FMC

Finalmente, surge a seguinte questão: o Fluxo de Caixa Marginal pode ser revisto? Sim. Uma vez formado, o Fluxo de Caixa Marginal será reequilibrado nos anos seguintes, por meio de revisões ordinárias e extraordinárias. Nas revisões ordinárias, a projeção de tráfego prevista originalmente no Fluxo de Caixa Marginal deve ser substituída pelo

---

[299] Conforme entendido pela ANTT, essa definição passa pela análise da tolerância ao risco: "A escolha de qual cenário melhor representaria o WACC regulatório está associada essencialmente à tolerância ao risco. Assim, é necessário ponderar inúmeros fatores. A tomada de decisão sob risco, principalmente de não se ter taxas de retorno atrativas para os projetos de investimento, resta claro que a fixação de uma tolerância a risco *a priori* não é uma tarefa trivial e merece uma reflexão acerca do cenário brasileiro para a realização de tais investimentos" (BRASIL. Agência Nacional de Transportes Terrestres. 2019c, p. 27).

tráfego real constatado no ano anterior à revisão "com vistas a ajustar os dados da projeção de tráfego aos dados reais apurados durante a vigência do contrato de concessão", nos termos do artigo 5º, *caput*, da Resolução nº 3.561, 7 de abril de 2011. Outras variáveis estimadas no Fluxo de Caixa Marginal também podem ser substituídas, conforme artigo 5º, §1º da Resolução nº 3561, 7 de abril de 2011. Ainda, a revisão ordinária do Fluxo de Caixa Marginal pode contemplar outros aspectos, como, por exemplo, o desequilíbrio decorrente da inexecução das obras e serviços previstos nesse fluxo.

Já nas revisões extraordinárias do Fluxo de Caixa Marginal, são contemplados todos os demais eventos de desequilíbrio não abarcados pela revisão ordinária, conforme disciplinado pela Resolução nº 675, de 4 de agosto de 2004. Em ambos os casos, o reequilíbrio incidirá sobre esse Fluxo de Caixa Marginal, buscando recuperar a Taxa Interna de Retorno que o norteia. Essa é a regra do artigo 9º da Resolução nº 3.561, 7 de abril de 2011.

Ainda, ao final do prazo da concessão, o Fluxo de Caixa Marginal será revisto a fim de constatar se houve resultado favorável ou desfavorável à concessionária. No caso de resultado favorável, a ANTT poderá impor encargos adicionais ou reter valores pagos pela concessionária, como a garantia de execução do contrato. Já no caso de resultado desfavorável, a ANTT deverá proporcionar receitas adicionais à concessionária (artigos 6º e 7º da Resolução nº 3.561, 7 de abril de 2011).

2.3.7 A preservação do escopo contratual

Como visto, o Fluxo de Caixa Marginal é empregado, precipuamente, para promover a recomposição do desequilíbrio decorrente da inserção de novos investimentos a cargo da concessionária. Esses investimentos correspondem à execução de obras ou serviços ou à aquisição de bens cuja obrigação não estava prevista no momento de celebração do contrato e que se tornaram necessários no curso da concessão.[300]

---

[300] Essa definição naturalmente exclui do seu âmbito os seguintes investimentos: "(i) aqueles especificamente detalhados e determinados no contrato; (ii) os de execução obrigatória por parte da concessionária, no momento assim apontado pelo contrato; e (iii) aqueles investimentos naturalmente inerentes à execução do serviço público, impostos em termos genéricos ou atribuíveis à concessionária em razão de sua obrigação legal de prestação adequada do serviço, nos termos do artigo 6º, §1º, da Lei federal nº 8.987/95" (ALVES, Lucas Leite; NUNES, Thiago Mesquita. Investimentos adicionais em concessões e parcerias

A inserção de novos investimentos consiste em uma das formas de alteração do contrato de concessão, algo inerente à mutabilidade que caracteriza essa espécie contratual e que encontra amparo no artigo 23, V, da Lei 8.987, de 1995, ao prever que é essencial cláusula que discipline direitos, garantias e obrigações relativos à futura alteração do serviço. Apesar disso, a alteração da concessão é tema constantemente envolto em controvérsias, pois inexistem parâmetros claros, na lei e nos contratos, para balizar até onde um contrato de concessão pode ser modificado. Nesse cenário, indaga-se: sob a ótica da preservação do escopo contratual, até que ponto são admitidos novos investimentos a serem reequilibrados por meio do Fluxo de Caixa Marginal?

O silêncio legal a respeito de parâmetros precisos aptos a responder a essa pergunta abriu margem à busca de um parâmetro objetivo, tal como aquele previsto no artigo 65, §1º, da Lei nº 8.666, de 1993, que prescreve que "o contratado fica obrigado a aceitar, nas mesmas condições contratuais, os acréscimos ou supressões que se fizerem nas obras, serviços ou compras, até 25% (vinte e cinco por cento) do valor inicial atualizado do contrato." Exemplo disso está em parecer da Advocacia-Geral da União que, ao examinar a inclusão de novo trecho rodoviário e a modificação da localização da praça de pedágio na concessão delegada à Autopista Litoral Sul (segunda etapa do PROCROFE), invocou o referido percentual como parâmetro de legalidade da alteração do pacto concessório:

> Assim, deve ser sopesado o *quantum* será acrescido na hipótese de incorporação da malha – informação que não foi repassada pelas áreas técnicas desta Casa – para verificar se tal expansão pode ser objeto de exploração autônoma ou não. No entanto, pode-se afirmar que a parcela do trecho BR 101/SUL a ser incorporada deve ser diminuta face ao objeto contratado, impossível de ser explorada pela iniciativa privada na forma de nova concessão e, assim, possa integrar a outorga já existente. Para tanto, pode ser observado, como parâmetro, o disposto no artigo 65, §1º, da Lei nº 8.666, de 1993 (Lei de Licitações), que determina que os acréscimos de obras e serviços poderão ultrapassar 25% do valor do contrato.[301]

---

públicos-privadas, *Revista da Procuradoria Geral do Estado de São Paulo*, Parcerias Público-Privadas, v. II, n. 89, p. 65-88, jan./jun. 2019).

[301] BRASIL. Advocacia-Geral da União. *Parecer nº 0086-3.4.1.12/2010/ANTT/PRG/AT*. Porto Alegre, 10 fev. 2010.

No entanto, a legislação atual é clara sobre a inaplicabilidade dessa regra sobre contratos de concessão rodoviária federal, na medida em que o artigo 22 da Lei nº 13.448, de 2017, prescreve que "alterações dos contratos de parceria [dos setores rodoviário federal, aeroportuário e ferroviário] decorrentes da modernização, da adequação, do aprimoramento ou da ampliação dos serviços não estão condicionadas aos limites fixados nos §§1º e 2º do artigo 65 da Lei nº 8.666, de 21 de junho de 1993".[302] Essa vedação também se estende ao artigo 125 da Lei nº 14.133, de 2021[303] (Nova Lei de Contratações Públicas), uma vez que possui a mesma *ratio* do artigo 65, §1º, da Lei nº 8.666, de 1993.

Antes mesmo da edição dessa norma, a literatura jurídica já vinha infirmando a incidência desse limite no âmbito dos contratos de concessão, uma vez que (i) esse percentual máximo teria o objetivo de limitar as despesas orçamentárias da Administração Pública, algo que não se coaduna com a natureza do contrato de concessão de serviço público, no qual a concessionária não percebe remuneração do Poder Concedente; (ii) o acréscimo referido no dispositivo legal corresponde à contratação sem licitação, autorizada em lei, o que não se aplica no âmbito das concessões que devem ser, necessariamente, licitadas por força do artigo 175 da CRFB; e (iii) a natureza do pacto concessório inviabiliza a estipulação de uma base de referência – como o valor do contrato, por exemplo – do qual partiria o percentual de 25%.[304] Logo, o percentual referido na Lei nº 8.666, de 1993, e reproduzido na Lei nº 14.133, de 2021, não serve como resposta à indagação ora posta.

---

[302] De acordo com Alencar, no Tribunal de Contas da União, há atualmente a tendência de infirmar a incidência do percentual de 25% sobre alterações em contratos de concessão, em contraposição ao entendimento consolidado até a superveniência do artigo 22 da Lei nº 13.448, de 2017 (ALENCAR, Leticia Lins. Alteração do Contrato de Concessão: Algumas Notas sobre a Jurisprudência do Tribunal de Contas da União. *In*: TAFUR, Diego Jacome Valois; JURKSAITIS, Guilherme Jardim; ISSA, Rafel Hamze. *Experiências práticas em concessões e PPP*: Estudos em homenagem aos 25 anos da Lei de Concessões. Volume II. São Paulo: Quartier Latin, 2021. p. 195-210).

[303] "Artigo 125. Nas alterações unilaterais a que se refere o inciso I do caput do artigo 124 desta Lei, o contratado será obrigado a aceitar, nas mesmas condições contratuais, acréscimos ou supressões de até 25% (vinte e cinco por cento) do valor inicial atualizado do contrato que se fizerem nas obras, nos serviços ou nas compras, e, no caso de reforma de edifício ou de equipamento, o limite para os acréscimos será de 50% (cinquenta por cento)."

[304] Nesse sentido, *cf.* JUSTEN-FILHO, 2003, p. 443; SUNDFELD, Carlos Ari; ARRUDA CÂMARA, Jacintho; SOUZA, Rodrigo Pagani. Concessão de Serviço Público: limites, condições e consequências da ampliação dos encargos da concessionária. *In:* RICCIO DE OLIVEIRA, Farlei Martins (coord.). *Direito Administrativo Brasil-Argentina*: estudos em homenagem a Agustín Gordillo. Belo Horizonte: Del Rey, 2007. p. 25-44; XAVIER; PINHEIRO, 2017, p. 119-169.

A literatura jurídica buscou definir parâmetros para alteração dos contratos de concessão. Sundfeld, Arruda Câmara e Souza indicam dois limites à inserção de novos investimentos em contratos de concessão: "i) os novos encargos devem guardar conexão com o objeto original do contrato; e ii) os novos encargos, tomados isoladamente, devem ser insuscetíveis de exploração autônoma pelo sistema das concessões", isto é, o novo investimento não pode ser apto a ser objeto autônomo de outra concessão.[305] Trazendo exemplo de contrato de concessão de rodovias, os autores afirmam que, para aferição do primeiro limite, devem ser examinadas tanto a natureza das obrigações impostas quanto a posição geográfica do encargo adicional.

De modo mais genérico, Barroso estabelece dois parâmetros para alteração contratual: a expressa justificação da alteração implementada e a impossibilidade de que o objeto da alteração contratual seja licitado autonomamente.[306] Em contraposição a esse segundo parâmetro, Xavier e Pinheiro afirmam que não é necessário que os novos investimentos sejam insustentáveis economicamente ou que não possam ensejar a realização de licitação autônoma. Para eles:

> o aspecto central reside em identificar sob o ponto de vista técnico, econômico ou jurídico razões suficientes para sustentar a conveniência ou a oportunidade da decisão do poder concedente em acrescentar escopos nas concessões, sem que demanda a necessidade de demonstração da impossibilidade de fazê-lo de outra forma.[307]

Concorda-se com os primeiros autores no sentido de que os novos investimentos devem, necessariamente, guardar conexão com o objeto contratual. No caso das concessões de rodovias federais, isso significa dizer que o novo investimento deve deter natureza consentânea com o serviço delegado e, ainda, estar geograficamente inserido na rodovia concedida ou em ponto a ela conexo, desde que, nesse caso, haja reverberação positiva na malha rodoviária concedida a justificar o novo investimento.[308] Ainda, concorda-se com Xavier e

---

[305] SUNDFELD; ARRUDA CÂMARA; SOUZA, 2007.

[306] BARROSO, Luís Roberto. Contrato de concessão de rodovias: particularidades, alteração e recomposição do equilíbrio econômico-financeiro. *Revista de Direito da Procuradoria-Geral*, Rio de Janeiro, Edição Especial, p. 186-215, 2012,.

[307] XAVIER; PINHEIRO, 2017, p. 147.

[308] É válido destacar que, no setor ferroviário, o artigo 25, §1º, da Lei nº 13.448/17 permite que, por ocasião das prorrogações das concessões ferroviárias, sejam pactuados investimentos cruzados, que são investimentos feitos pelas concessionárias em malhas ferroviárias diferentes daquelas a elas delegadas. Na Ação Direta de Inconstitucionalidade nº 5.991/

Pinheiro, segundo os quais a alteração do contrato de concessão para inserção de novos investimentos prescinde da impossibilidade de sua contratação autônoma. Mesmo sendo viável a realização de licitação para que o novo investimento seja objeto de um contrato autônomo à concessão, ainda assim é possível que esse mesmo serviço ou obra seja incorporado à concessão, desde que haja justificativa técnica e econômica a fundamentar adequadamente essa escolha. Esses são os dois requisitos que condicionam a alteração do contrato de concessão para que novos investimentos sejam incluídos em seu escopo.

Em certa ocasião, o TCU analisou o tema da alteração dos contratos de concessão, ao examinar a execução pela CONCER (concessionário do primeiro lote do PROCROFE) de obra (Nova Subida da Serra de Petrópolis – NSS) que, embora prevista inicialmente no contrato de concessão, mudou de dimensão e preço no curso da concessão de tal forma que, na prática, equiparou-se a novo investimento. Na visão daquela corte de contas, a execução dessa obra e de outros novos investimentos antecedentes alteraram significativamente os contornos da concessão, transformando o contrato de operação rodoviária em contrato de execução de obras, assim desvirtuando seu objeto e frustrando a licitação da qual o contrato se originou. Isso porque o contrato inicialmente previa que 60% dos custos totais relacionavam-se a obrigações operacionais e 40% a investimentos, dos quais 25% referiam-se a obras e serviços de melhorias. Com a inserção das obras relativas à NSS, essa proporção modificou-se: 40% dos custos totais passaram a se relacionar a obrigações operacionais e 60% a custos com investimentos, dos quais 50% relacionados a serviços e obras de melhorias. Daí decorreria o

DF, a Procuradoria-Geral da República alegou que essa disposição violaria o princípio constitucional da licitação, pois alteraria substancialmente o objeto da concessão. O acórdão afastou essa alegação, sob o fundamento de que nada obsta que as partes contratuais, de modo bilateral, pactuem obrigações acessórias não diretamente relacionadas à malha ferroviária delegada (BRASIL, Supremo Tribunal Federal. *Ação Direta de Inconstitucionalidade nº 5.991/DF*. Brasília, DF. Ministra Relatora: Cármen Lúcia. Brasília, DF, 10. mar. 2020). No entanto, o principal fundamento para justificar esse investimento cruzado não está no caráter bilateral do contrato de concessão, pois, se assim fosse, qualquer modificação bilateralmente pactuada seria admitida. Aqui entende-se que esse investimento justifica-se pelo impacto que gerará no setor ferroviário como um todo, permitindo a retroalimentação do modal diminuindo os gargalos desse setor e, consequentemente, impactando positivamente a malha concedida pela concessionária que fez o investimento cruzado. Justamente em razão desse raciocínio, as alterações do contrato de concessão, sob aspectos geográficos, só podem ocorrer em pontos conexos à malha rodoviária delegada à concessionária que faz o investimento e desde que esse investimento reverbere positivamente sobre essa malha. A reverberação mudará de setor para setor e de espécie para espécie de investimento, motivo pelo qual a adequação somente pode ser examinada no caso concreto.

desvirtuamento do objeto que tornou a execução daquele investimento ilegal, segundo aquela corte de contas.[309]

Assim sendo, de acordo com a visão da corte de contas, é necessário que sua inserção no objeto da concessão não desvirtue o objeto inicialmente pactuado. Esse desvirtuamento decorreria da modificação substancial da proporção da relação entre custos com investimentos e custos com obrigações operacionais. Esse seria, portanto, o critério para caracterizar a transmutação do objeto contratual. Porém, na visão desta obra, a modificação dessa proporção não é vedada caso (i) os

---

[309] "Terceiro, há clara frustração da licitação de outorga da concessão e desvirtuamento do objeto do contrato de concessão em curso pela posterior inclusão ou ampliação de investimentos que haviam sido subavaliados no programa de exploração submetido ao certame licitatório. O Contrato de Concessão PG-138/95-00 tem por objeto a recuperação, o reforço, a monitoração, o melhoramento, a manutenção, a conservação, a operação e a exploração da Rodovia BR-040/MG/RJ. Esse conjunto de obrigações pode ser dividido em dois grupos: a) investimentos: recuperação e melhorias e; b) custos operacionais: manutenção, monitoramento, operação e conservação. Entre os investimentos a cargo da Concer, as 'melhorias' representam as obras destinadas a ampliar o nível de serviço e a capacidade inicial da rodovia, ao passo que a 'recuperação' representa os investimentos tendentes a reestabelecer o nível original da rodovia e a manter a prestação corriqueira do serviço.
A Concer ganhou o direito de explorar a rodovia porque apresentou a melhor proposta tarifária, em cenário que privilegiava a operação da rodovia. Conforme apurado pela SeinfraRodovia, na planilha da peça 142 e do CD-01 ('item não digitalizável'), por ocasião da celebração do Contrato de Concessão PG 138/95-00, aproximadamente 60% dos custos totais eram relacionados a obrigações operacionais. Os investimentos representavam aproximadamente 40% e as obras de ampliação da capacidade (melhorias), aproximadamente 25% dos custos totais. A proposta apresentada pela empresa presumivelmente considerou a relevância maior das obrigações operacionais e menor das obras de engenharia.
Ao longo do período da concessão e, principalmente, com a execução do projeto da NSS nos moldes autorizados pela ANTT, essa estrutura de custos sofreu significativa alteração. Os investimentos passaram a representar quase 60% dos custos totais contra 40% dos custos operacionais. A rubrica 'melhorias' foi a que sofreu a mais expressiva alteração em sua participação nos custos totais, de 25% no contrato original, para 50% nos dias de hoje.
Isto significa que a proposta tarifária apresentada pela Concer refletia a expectativa de alocar aproximadamente 25% dos recursos em obras de engenharia, destinadas à ampliação da capacidade. Porém, com o incremento significativo dos investimentos da obra da NSS, alocará na rubrica 50% de todo o recurso a ser aplicado.
A execução da obra da Nova Subida da Serra pela Concer, nos moldes autorizados pela ANTT, acarreta profundas mudanças nas relações contratuais, estabelecidas por ocasião do procedimento licitatório, transformando o contrato, que era primordialmente de operação rodoviária, em preponderantemente de execução de obras públicas, fato este não previsto, nem previsível, dentro de um quadro estável de operação.
Ante a relevância dessa transformação contratual, em relação ao originalmente licitado, já não se pode afirmar que a proposta da Concer teria sido sagrada vencedora, caso a monumental obra da NSS estivesse prevista, com os contornos atuais, no edital de licitação publicado no século passado. (...) Há desvirtuamento do objeto da concessão e, por conseguinte, burla ao procedimento licitatório, sempre que as obras públicas, inseridas no plano de investimentos, apresentarem grande relevância, em relação aos investimentos originalmente previstos, como é o caso da obra da NSS, conforme exposto" (BRASIL. Tribunal de Contas da União. *Acórdão nº 738/2017*. Relator: Ministro Bruno Dantas. Brasília, DF, 12 abr. 2017c).

novos encargos incorporados à concessão estiverem em consonância com o objeto contratual e (ii) houver justificativa técnica e econômica para sua inserção no objeto da concessão, conforme já exposto. Logo, respeitados esses requisitos, não haveria a transmutação contratual avistada pelo órgão de controle externo.

Ademais, um contrato de concessão de rodovia não deixa de ser o que é tão somente porque prevê mais custos com investimentos do que com obrigações operacionais. Essa proporção depende das características de cada rodovia concedida e das obrigações pactuadas contratualmente, sendo perfeitamente possível que um contrato de concessão traga mais custos com investimentos, dentre os quais, obras de melhorias, não se caracterizando, em razão disso, como contrato exclusivo de obra pública. Ao lado disso, ainda que a modificação da proporção entre custos com investimentos e custos com obrigações operacionais pudesse ser admitida como correta para fins de verificação da transmutação contratual, tal critério seria falho, pois diversos novos encargos, com natureza distinta, poderiam ser incorporados vastamente, bastando manter a proporção original entre custos com investimentos e custos com obrigações operacionais para evitar alegação de transmutação.

2.3.8 Limites à inclusão de novos investimentos

Ainda que o novo investimento seja consentâneo com o objeto contratual e haja justificativa, técnica e economia, para sua inserção na concessão no lugar de outra alternativa, na linha exposta no item anterior, surge a questão: pode haver infinitos novos investimentos, de uma só vez ou pouco a pouco no curso da concessão, cada um deles a autorizar a formação de um novo Fluxo de Caixa Marginal, para promover o reequilíbrio contratual? A esse respeito, Moreira e Guzela suscitam as seguintes dúvidas:

> Assim, para novas demandas requisitadas pelo Poder Concedente, cabe aplicação de uma taxa de retorno distinta daquela originalmente estabelecida pelo projeto. Essa nova TIR não será empregada no Fluxo de Caixa Original, mas no dito Fluxo de Caixa Marginal, que se refere às novas entradas e saídas, em paralelo àquelas estabelecidas no projeto inicial. O que não deixa de ser complicado em termos de contratos administrativos, pois a nova TIR passa a conviver com as obras não previstas originalmente no edital e na proposta; geradoras de fluxo de caixa em situação contratualmente inédita. De igual modo, haverá uma tensão constante: se a nova TIR for muito inferior à original, qual

concessionário aceitará firmar o termo aditivo ao contrato? E se for muito maior, qual Poder Concedente admitirá instalar tal novidade ao contrato? Mais: qual o limite a tais inovações contratuais? Isto é, pode haver termos aditivos com obras inéditas e fluxos de caixa marginais tantos quantos as partes o desejarem? Como fica o contrato original e seu equilíbrio econômico-financeiro? Essas perguntas ainda aguardam debate mais aprofundado acerca do tema, nada obstante já existirem resoluções das respectivas agências reguladoras incorporando a racionalidade dos fluxos de caixa marginal a contratos de concessão de serviço público.[310]

Essa questão pode ser analisada sob dois aspectos: a majoração da tarifa e a alteração do nível do retorno da concessionária, ambas decorrentes das específicas características do Fluxo de Caixa Marginal, na forma como ele é hoje disciplinado.

Começaremos pelo primeiro aspecto. Novos investimentos reequilibrados via Fluxo de Caixa Marginal incorporam custos cujos preços estão previstos, em regra geral, em sistema de preços públicos, sem o deságio inerente à concorrência. Em razão disso, novos investimentos executados ao longo da concessão podem refletir aumento considerável da majoração da Tarifa Básica de Pedágio, já que essa modificação é meio recorrentemente adotada para recomposição do equilíbrio contratual no setor em análise.[311] É essa majoração da tarifa, que onera o usuário, que nos faz refletir sobre a pertinência da imposição de limites à inclusão de novos investimentos reequilibrados via Fluxo de Caixa Marginal.[312]

Quando se constata que novos investimentos anteriormente incorporados à concessão proporcionaram aumento considerável da tarifa, cabe à ANTT procurar adotar outros meios de reequilíbrio, além da revisão da tarifa, conforme autorizado pelo artigo 10 da Resolução nº 3.651, de 2011, da própria agência. A fim de definir o que seria esse "aumento considerável", o contrato de concessão pode estabelecer um

---

[310] MOREIRA; GUZELA, 2016, p. 438.

[311] Nesse sentido, *cf.* o afirmado pelo TCU: "(...) evolução das tarifas de pedágio praticadas nas concessões rodoviárias federais sofre não apenas os efeitos da inflação, mas é, principalmente, consequência das inúmeras reprogramações contratuais ao longo do tempo" (BRASIL. Tribunal de Contas da União. *Acórdão nº 2190/2019*. Plenário. Ministro Relator: Bruno Dantas. Sessão de 11.09.2019. Diário Oficial da União, Brasília, DF, 23 set. 2019c.).

[312] Evidentemente, o reequilíbrio contratual deve considerar seus efeitos sobre todas as partes envolvidas na prestação do serviço público, dentre as quais, os usuários. Nesse sentido: "(...) os contratos ostentam natureza multilateral e que, por conseguinte, a operacionalização da mutabilidade não pode levar em consideração apenas os estritos interesses das partes contratantes. É pressuposto da legitimidade da medida de reequilíbrio observar os efeitos sistêmicos provocados nos demais autores que integram o plexo de interesses do contrato de concessão" (GARCIA F., 2021, p. 230).

parâmetro à variação positiva máxima da tarifa, algo a ser definido com base na política tarifária adotada como instrumento de concretização das políticas públicas incidentes no setor.[313]

Aliado a isso, os contratos de concessão em curso podem passar a contemplar, mediante prévio acordo, disposições presentes nas avenças mais recentes que visam a mitigar o problema da majoração da tarifa em razão do uso de preços cheios, sem deságio, no Fluxo do Caixa Marginal. São eles: o mecanismo Estoque de Melhorias, a ser tratado mais especificamente adiante, e a incorporação dos efeitos da concorrência em seu bojo – algo, porém, ainda não aplicado na prática nos contratos que a preveem.

Passemos agora para o segundo aspecto da limitação à inserção de novos investimentos reequilibrados via Fluxo de Caixa Marginal. Cada novo investimento enseja a formação de um novo Fluxo de Caixa Marginal. Esses investimentos podem ser impostos unilateralmente pelo Poder Concedente, desde que, claro, respeitados os requisitos para tanto.[314] Sua inserção enseja o reequilíbrio contratual, feito por meio do Fluxo de Caixa Marginal. Como visto anteriormente, por força dos termos contratuais e da regulação, nesses fluxos, aplica-se a Taxa Interna de Retorno, que é definida pela ANTT, a cada três anos, de acordo com fórmula estabelecida por essa agência com base em seus regulamentos, com exceção apenas do contrato da ViaBahia, que prevê fórmula distinta integralmente definida contratualmente.

Como a Taxa Interna de Retorno do Fluxo de Caixa Marginal não guarda relação com a taxa considerada pela concessionária em sua proposta e na medida em que essa taxa é alterada trienalmente, cada Fluxo de Caixa Marginal remunerará a concessionária em patamar distinto. Isso pode levar a circunstância em que o retorno médio geral – fruto do retorno original aliado ao retorno de cada Fluxo de Caixa Marginal – acabe se distanciando consideravelmente do retorno previsto quando da assinatura do contrato.

---

313 A esse respeito, *cf.*: "A escolha do regime tarifário a ser adotado depende de uma decisão política; não é uma mera aplicação de dados objetivos, que visem unicamente à fixação de um preço justo para a prestação de dado serviço. A tarifa, portanto, não é mero elemento comercial da prestação de serviço público. É, antes disso, um fundamental instrumento de implementação de políticas públicas" (ARRUDA CÂMARA, 2009, p. 68).

314 Nesse sentido: "É justamente em decorrência do serviço público definido no contrato de concessão – o objeto contratual – que é indispensável assegurar à Administração o dever-poder de alterar unilateralmente as prestações contratuais. (...) Pois quais seriam as condições para a alteração unilateral nos contratos de concessão? (i) a competência do agente; (ii) o respeito à natureza da cláusula a ser modificada; (iii) a motivação; e (iv) o simultâneo reequilíbrio do contrato" (MOREIRA, 2010, p. 375).

Ao vislumbrar essa situação, em artigo de 2013, Ribeiro narra que a inserção de novos investimentos reequilibrados via Fluxo de Caixa Marginal tem proporcionado queda do retorno geral da concessionária, uma vez que a Taxa Interna de Retorno aplicada nos fluxos marginais dos contratos por ele referidos é geralmente menor do que aquela prevista pela concessionária ao formatar sua proposta:

> Como já notamos acima, a própria estipulação de uma taxa contratual cria o risco de que essa taxa seja maior ou menor que a rentabilidade estimada pelo concessionário em relação ao projeto. Nos projetos do Governo Federal, em regra a taxa contratual é menor do que rentabilidade estimada do concessionário. Nesse contexto, cada vez que se insere um novo investimento no contrato, haverá uma queda da rentabilidade geral do projeto para o concessionário. E, quanto maior for o novo investimento a ser inserido, maior será a queda da rentabilidade para o concessionário.[315]

O contrário também pode ocorrer: a constante inserção de novos investimentos pode resultar no aumento do retorno geral da concessionária, na hipótese em que a Taxa Interna de Retorno aplicada nos Fluxos de Caixa Marginal é maior do que aquela prevista pela concessionária ao elaborar sua proposta. Avistada essa dupla possibilidade, Moreira e Guzela também trazem essa questão em trecho já transcrito, assim indagando: "(...) se a nova TIR for muito inferior à original, qual concessionária aceitará firmar o termo aditivo ao contrato? E se for muito maior, qual Poder Concedente admitirá instalar tal novidade ao contrato?"[316]

Sugerindo solução a essa questão sob a ótica de preservação do retorno da concessionária, Ribeiro apresenta duas soluções alternativas: (i) estabelecimento de limite à inclusão de novos investimentos que, se ultrapassado, impediria sua inserção no objeto contratual sem que haja a negociação entre as partes da Taxa Interna de Retorno específica para aquele investimento e (ii) possibilidade de a concessionária se negar a realizar o novo investimento, "caso em que as Partes poderiam acordar fazer o novo investimento em condições negociadas, ou o Poder Concedente poderia realizá-lo por meio de contrato de obra pública".[317]

---

[315] RIBEIRO, 2013, p. 26.

[316] MOREIRA; GUZELA, 2016, p. 438.

[317] RIBEIRO, 2013, p. 26.

Aqui, entende-se que os novos investimentos devem ser remunerados pela Taxa Interna de Retorno correspondente ao momento da tomada de decisão por esse investimento, sendo inferior ou superior ao retorno estipulado à época da licitação. No entanto, para evitar quedas ou aumentos significativos da média do retorno da concessionária, cabe impor um limite, o que pode ser feito por meio da prescrição de uma margem de aceitabilidade de variação, para mais e para menos, da média do retorno da concessionária. Caso a licitação seja precedida de apresentação do plano de negócios da concessionária, essa margem de aceitabilidade pode variar de acordo com a Taxa Interna de Retorno prevista na proposta. Caso essa taxa não seja conhecida, a margem de aceitabilidade do retorno pode basear-se na Taxa Interna de Retorno estimada nos estudos de viabilidade que antecederam a licitação. Dessa forma, haveria um limite aos novos investimentos, mas que não seria atrelado à quantidade de novos investimentos ou a um certo valor total definido quando da celebração do contrato – algo sempre muito árduo de determinar de forma antecipada em um contrato no qual há um "valor contratual" exato –, mas sim relacionado ao retorno médio proporcionado pela inserção dos novos investimentos no curso da concessão.

Nesses moldes, seria avaliado o impacto de cada novo investimento na média do retorno da concessionária. Se ultrapassados os limites da margem de aceitabilidade de variação do retorno médio, resultando em redução do retorno geral, ficaria possibilitado à concessionária (i) negar-se a realizar o novo investimento, sendo vedada a imposição unilateral em que não negociada a remuneração, ou (ii) negociar a Taxa Interna de Retorno aplicável no Fluxo de Caixa Marginal.[318]

---

[318] A possibilidade de negociação entre Poder Concedente e concessionária vem sendo admitida pela literatura jurídica em diferentes hipóteses. Nesse sentido: "Conforme será exposto, o caso selecionado para análise expõe a divergência entre a visão da doutrina que defende a necessidade de manutenção das condições efetivas da proposta como sinônimo de manutenção do equilíbrio econômico-financeiro, e a opinião que esta obra sustenta, no sentido de que, em casos de fato do príncipe ou teoria da imprevisão, deve-se reconhecer às partes a oportunidade de atuarem em conjunto para renegociar os termos contratuais, considerando a dinamicidade de tal tipo contratual" (JURKSAITIS, 2019, p. 126). *Cf.* também: "(...) é admissível que, do processo de renegociação, realizado mediante mútuo acordo entre as partes, seja conformada nova equação econômico-financeira, concebida em virtude das particularidades do caso concreto e que passará a servir de parâmetro, futuramente, para a efetivação da garantia do equilíbrio econômico-financeiro – que passará a incidir para proteger o novo sinalagma constituído" (ALENCAR, 2019, p. 164). E, finalmente, *cf.*: "Nada impede que as cláusulas contratuais, referentes à equação econômico-financeira inicial da concessão, sejam alteradas bilateralmente, ou seja, mediante acordo entre as partes. Essa alteração resultaria de renegociação, que não se confunde com repactuação" (CINTRA DO AMARAL, 2012, p. 139).

Já hipóteses em que houver a majoração do retorno da concessionária para além do limite da margem de aceitabilidade de variação, cabe ao Poder Concedente verificar se não seria economicamente mais viável a execução direta pela Administração ou a contratação de terceiros para sua execução com base nas normas gerais de contratação pública. Se a inserção no contrato de concessão ainda assim mostrar-se a alternativa economicamente mais viável, deve-se, então, negociar com a concessionária.

As alternativas acima propostas refletem ideias ainda incipientes, apresentadas nesta obra com o intuito de proporcionar ao menos um ponto de partida para o debate sobre os limites da inclusão de novos investimentos que ensejem a recomposição do equilíbrio contratual via Fluxo de Caixa Marginal.

2.4 Fator D (Desconto de Reequilíbrio)

Nos contratos da primeira etapa e da segunda fase da segunda etapa do PROCROFE, a inexecução de obras e serviços pactuados contratualmente pode ensejar a aplicação de sanções e o reequilíbrio econômico-financeiro, por ocasião da revisão ordinária.[319] Nesses contratos, deve ser compreendido o quanto a concessionária deixou de despender ao não realizar tais investimentos para, então, buscar a exata medida do desequilíbrio contratual a ser reequilibrado.

Essa forma de incorporação dos efeitos da inexecução contratual pela concessionária modificou-se com a introdução do mecanismo de preservação do equilíbrio econômico-financeiro denominado como Desconto de Reequilíbrio – também referido como "Fator D" –, que visa a automatizar a redução do valor da Tarifa Básica de Pedágio quando constatado que (i) a concessionária atrasou ou não executou certas obras e serviços ou (ii) ainda que os tenha executado, não alcançou os parâmetros de desempenho prescritos no PER. Neste texto, o termo "inexecução contratual" é utilizado para referir-se tanto à completa ou parcial inexecução de determinada obra e serviço no tempo adequado quanto a sua execução em descompasso com as exigências oriundas dos parâmetros de desempenho impostos pelo contrato, ambas as

[319] Isso ocorre por força do disposto pela Resolução nº 675, de 4 de agosto de 2004, da ANTT.

hipóteses que ensejam o Desconto de Reequilíbrio desde sua introdução nos contratos em questão.[320]

O caráter automático do Desconto de Reequilíbrio decorre do estabelecimento, no corpo da minuta do contrato anexa ao edital de licitação e, depois, no próprio contrato, do desconto a ser aplicado em relação à cada inexecução contratual. Assim, já na avença, as partes conhecem a extensão do desconto, que é definida unilateralmente pela ANTT, com base nos estudos de viabilidade, e com a qual a concessionária concorda ao celebrar o contrato. Isso torna desnecessário aferir, em cada inexecução contratual, quanto a concessionária deixou de despender ao não realizar o investimento que lhe era imposto, a fim de apurar a dimensão do desequilíbrio.[321]

A redução da tarifa de pedágio promovida pela incidência do Desconto de Reequilíbrio diminui as receitas da concessionária, impactando negativamente seu fluxo de caixa operacional. Isso porque parte da premissa de que a tarifa é formada, em parte, pelos custos com a execução de obras e serviços previstos desde o momento zero da concessão. Se a concessionária deixa de executá-los, a tarifa deve ser reduzida a fim de refletir os custos em que a concessionária deixou de incorrer. Se, posteriormente, forem executados corretamente, "o fator de Desconto de Reequilíbrio é zerado, ou seja, a tarifa poderá voltar a ser fixada em seu valor cheio da Tarifa Básica de Pedágio".[322] Porém, se a inexecução perdurar, o Fator D permanecerá constante.

---

[320] Mesmo antes da celebração do contrato, as minutas da fase preparatória indicavam que esse mecanismo – então denominado de Compensação Tarifária – abarcavam essas hipóteses. Vejamos: "Monitoramento do Desempenho e Compensação Tarifária. A ANTT promoverá a avaliação do desempenho da Concessão de acordo com as regras e procedimentos previstos no Anexo 5, considerando o descumprimento de Parâmetros de Desempenho, o atraso e a inexecução de obras previstas no PER" (BRASIL. Agência Nacional de Transportes Terrestres. *Memorando nº 269/2008/SUREF*. Processo nº 50500.083799/2008-64. Brasília, DF, 2008. p. 94).

[321] Nesse sentido: "A novidade, nesse caso, traduz-se na pré-fixação desta equivalência, que passa a constar do próprio contrato administrativo de concessão. Ao invés de deixar essa quantificação para o momento do desequilíbrio (a ser efetuada por instância administrativa ou judicial), já existe pré-fixação no próprio momento da assinatura do contrato de concessão" (BRASIL. Banco Nacional de Desenvolvimento Econômico e Social. *Nota Técnica BNDES/AP nº 09/2008*. Processo nº 50500.083799/2008-64 Brasília, DF, 2008. p. 4).

[322] BRASIL. Banco Nacional de Desenvolvimento Econômico e Social. *Nota Técnica sobre Desconto de Reequilíbrio*. 2010. Disponível em: http://200.198.195.136/acpublicas/apublica2010-108/Nota_Tecnica_sobre_Desconto_de_Reequilibrio.pdf. Acesso em: 3 abr. 2021. Nesse sentido, *cf.* também o explicado no Anexo V de parte dos contratos da terceira etapa: "Tais percentuais serão retirados do cálculo do Desconto de Reequilíbrio seguinte se a irregularidade for sanada até a respectiva avaliação de desempenho e entrega das obras. Dessa forma, o impacto na Tarifa Básica de Pedágio ocorrerá de uma só vez, no ano subsequente ao ano da avaliação".

Ademais, eventual perda da integridade e funcionalidade das obras e serviços da "Frente de Melhorias" após sua implementação ensejará o Desconto de Reequilíbrio, conforme disposto no contrato de concessão da Ecoponte, por exemplo. Logo, não basta a correta implantação das obras e serviços da "Frente de Melhorias" no modo e prazo definidos pelo contrato. Também é necessário que sejam mantidas sua integridade e funcionalidade por todo o prazo da concessão, para que o desconto não incida.

Ao atrelar a remuneração ao cumprimento das obrigações de investimentos e de desempenho,[323] o contrato de concessão objetiva "gerar incentivos econômicos para que o parceiro privado os cumpra".[324] Ainda, esse mecanismo visa a obstar o enriquecimento sem causa da concessionária, evitando que aufira receita com base na tarifa cheia sem ter cumprido os deveres impostos contratualmente.[325] Embora esses tenham sido os objetivos que nortearam a introdução dos Descontos de Reequilíbrio, o mecanismo teve seu uso expandido para abarcar hipóteses que não conversam com esses propósitos, como seu emprego para casos de exclusão de obras e serviços.

---

[323] Acerca da diferença entre obrigações de desempenho e de obrigações de investimentos, *cf.*: "Obrigações de desempenho são obrigações passíveis de definição em termos de índices objetivos de qualidade/quantidade de serviço. Por definirem o serviço a ser prestado pelo parceiro privado, essas obrigações são monitoradas periodicamente e o seu cumprimento pode ser definido como condição de pagamento ao parceiro privado. Já as obrigações de investimento são obrigações que definem, por exemplo, que uma determinada obra deve ser feita, ou que um determinado equipamento deve ser adquirido e instalado" (RIBEIRO, 2011).
Tomando isso em consideração, são "obrigações de desempenho" os serviços e obras necessários para atender os parâmetros de desempenho previstos no PER, ainda que a obrigação de os realizar não esteja nominalmente prevista no contrato, como, por exemplo, a ausência de depressões, abaulamentos ou áreas exsudadas, na pista ou no acostamento. Já as "obrigações de investimentos" são os serviços e obras cuja realização é imposta contratualmente, como, por exemplo, a execução das obras de duplicação condicionadas ao volume de tráfego. O Desconto de Reequilíbrio atrela-se tanto a obrigações de desempenho quanto a obrigações de investimentos.

[324] RIBEIRO, 2011.

[325] *Cf.* "Tratar-se-ia, então, de medida para reforçar a aderência da remuneração do particular ao serviço que foi por ele efetivamente prestado, ou seja, uma maneira mais fiel de refletir sua justa remuneração. Sob esse ponto de vista, o pagamento da receita 'cheia' ao concessionário que não tivesse desempenhado o serviço em conformidade com as normas contratuais poderia ser visto como enriquecimento imotivado do particular, em detrimento dos usuários das rodovias" (LOUREIRO, Caio de Souza. Desconto de Reequilíbrio e a Nova Política de Remuneração em Concessões de Serviços Públicos. *Boletim de Licitações e Contratos*, São Paulo, v. 23, nº 6, NDJ, p. 565-575, jun. 2010). Nesse mesmo sentido: "Assim como outros mecanismos de preservação deste equilíbrio, o objeto é evitar o enriquecimento sem causa de uma das partes, em detrimento de outra (no caso, os usuários finais da rodovia concedida) (BRASIL. Banco Nacional de Desenvolvimento Econômico e Social, 2008, p.3).

O mecanismo sob exame foi previsto ineditamente na primeira versão do edital da segunda fase da segunda etapa, sob a alcunha de Compensação Tarifária,[326] depois rebatizado de Desconto de Reequilíbrio. Posteriormente, ele foi incorporado a todas as concessões das etapas seguintes e, também, previsto em contrato da primeira fase da segunda etapa (Autopista Litoral Sul), por meio da celebração de termo aditivo. Em 2017, a Lei nº 13.448 passou a estabelecer que os contratos de concessão prorrogados com fundamento naquela norma devem incorporar "mecanismos que desestimulem eventuais inexecuções ou atrasos de obrigações, como o desconto anual de reequilíbrio".

A seguir, serão apresentados os seguintes aspectos gerais relevantes desse mecanismo de preservação da equação econômico-financeira: (i) sua natureza jurídica; (ii) a causalidade no âmbito do Fator D; (iii) obras e serviços objetos do Fator D; (iv) a definição dos descontos; (v) o momento de aplicação dos descontos sobre a tarifa; (vi) a aplicação do desconto; (vii) o uso do Fator D nos casos de exclusão de obra e serviços do PER.

2.4.1 Natureza jurídica

O Desconto de Reequilíbrio caracteriza-se como medida de promoção do reequilíbrio econômico-financeiro ou seria uma sanção? Essa é a pergunta endereçada aqui.

No entendimento de Anauatti Neto e Guena de Oliveira, o Desconto de Reequilíbrio caracteriza-se como sanção contratual, uma vez que se destinaria a penalizar a concessionária sempre que ela não realiza certas obras e serviços no tempo adequado ou os executa em descompasso com os parâmetros de desempenho impostos contratualmente. Em sua visão, sob a ótica econômico-financeira, o desconto sempre se qualificaria como uma penalidade pecuniária, pois promove perda de receita como consequência da inexecução contratual.[327] Ainda, o caráter sancionatório do Desconto de Reequilíbrio seria reforçado pelo fato de que esse mecanismo, ao menos na forma como foi inicialmente formatado, prevê redução tarifária desproporcional ao

---

[326] *Ibid.*, p. 3.

[327] ANAUATTI-NETO, Francisco; GUENA DE OLIVEIRA, Roberto. Análise crítica do mecanismo de desconto de reequilíbrio. In: CONGRESSO BRASILEIRO DE REGULAÇÃO DA ABAR, 7, 2011, Brasília. *Anais*... Disponível em: https://www.researchgate.net/publication/235687391_ANALISE_CRITICA_DO_MECANISMO_DE_DESCONTO_DE_REEQUILIBRIO. Acesso em: 3 abr. 2021, p.10.

descumprimento contratual, visto que o desconto seria sempre integral independentemente do nível de atendimento de execução da obra ou serviço, motivo pelo qual "se assemelha mais a uma multa do que a um instrumento de recomposição do equilíbrio econômico-financeiro".[328]

Cintra do Amaral não chega a dizer expressamente que o Desconto de Reequilíbrio seria uma sanção, mas afirma que as circunstâncias que ensejam sua incidência não consistem em uma hipótese de desequilíbrio contratual, mas sim de descumprimento do contrato pela concessionária. Na visão daquele professor, somente a ocorrência de "Fato da Administração", "Fato do Príncipe" ou de circunstância coberta pela "Teoria da Imprevisão" ensejaria desequilíbrio contratual. Portanto, se a inexecução de obras e serviços ou sua execução inadequada advir de uma dessas três hipóteses, há desequilíbrio contratual que prejudicou a concessionária. Na ótica do autor, essa circunstância exigiria a recomposição da equação econômico-financeira, que jamais poderia ser feita por meio da redução tarifária, uma vez que estaria majorando o prejuízo que a concessionária já sofrera em virtude do desequilíbrio contratual.[329] Já se a inexecução de obras e serviços ou sua execução inadequada não ocorrer do advento de nenhuma dessas três hipóteses, estaríamos diante de um mero descumprimento contratual que demanda a aplicação de sanções e, em último grau, a decretação de caducidade.

A partir dos apontamentos acima, depreende-se discussão sobre a pertinência de classificar esse mecanismo como uma medida de promoção do reequilíbrio econômico-financeiro. Antecipando-se a esse debate, todos os contratos de concessão que o preveem afastam seu cunho sancionatório, nos seguintes termos:

---

[328] *Ibid.*, p. 10.

[329] "A opinião ora sustentada diverge do Acórdão nº 2759/2012 – TCU – Plenário, de 10.10.2012. Nesse acórdão, o TCU admite o 'desconto de reequilíbrio' como um mecanismo que reduza a tarifa básica de pedágio, na hipótese de os indicadores de desempenho no contrato não serem alcançados pelo concessionário. Nesses casos, porém, entendo que ocorre descumprimento de contrato, e não desequilíbrio econômico-financeiro. O desequilíbrio pressupõe a ocorrência de um 'Fato da Administração', um 'Fato do Príncipe' ou um fato incluído na 'Teoria da Imprevisão' (força maior, caso fortuito, interferência imprevista etc.). Das duas, uma. Se não ocorre um desses fatos, o que se verifica é pura e simplesmente o descumprimento do contrato por parte do concessionário. Se ocorre, não se pode falar no eventual desequilíbrio do contrato como sendo em favor do concessionário, e sim do Poder Concedente, hipótese em que não há como reduzir a tarifa, providência que aumentaria o desequilíbrio em desfavor do concessionário" (CINTRA DO AMARAL, Antônio Carlos. *A cláusula de "desconto de reequilíbrio" nos editais de licitação para concessão de rodovias federais*. c2013. Disponível em: http://celc.com.br/pdf/comentarios/c2013/c191.pdf. Acesso em: 22 jun. 2021, p.2).

> O Desconto de Reequilíbrio não constitui espécie de penalidade imposta à Concessionária, mas sim mecanismo para desonerar os usuários do Sistema Rodoviário. Pressupõe que, se o serviço público prestado na Concessão estiver em desconformidade com as condições estabelecidas no Contrato e no PER, tal serviço não deve ser remunerado em sua integralidade. Trata-se de mecanismo preestabelecido e pactuado entre as Partes no Contrato, visando à manutenção do seu equilíbrio econômico-financeiro (...).[330]

Ainda, os contratos de concessão estabelecem a incidência tanto do Desconto de Reequilíbrio quanto das sanções contratuais, justamente porque partem da premissa de que o desconto não penaliza, mas sim faz com que a equação econômico-financeira represente a situação na qual a remuneração da concessionária guarda equivalência com os reais custos incorridos para a prestação do serviço adequado. Se a concessionária não executou a obra ou o serviço ou o fez a descontento, não entregando serviço adequado ao usuário, deixou de incorrer nos custos no patamar que justificaria o valor da tarifa cobrada do usuário. Diante disso, para que a tarifa seja cobrada e a concessionária receba remuneração no montante equivalente ao custo efetivamente incorrido, deve haver desconto na Tarifa Básica de Pedágio, que reduzirá a receita tarifária da concessionária em patamar equivalente ao custo por ela não incorrido, assim permitindo o real equilíbrio contratual.[331]

Sendo assim, é correta a qualificação jurídica atribuída pelos contratos de concessão ao Desconto de Reequilíbrio. Não se trata de sanção. Embora haja controvérsias a respeito da finalidade da aplicação da sanção no campo do direito administrativo,[332] é certo

---

[330] Cláusula 2.1 do Anexo 5 do Contrato de concessão da BR/153/414/080/TO/GO firmado com a Eco153.

[331] Nesse sentido: "Esses descontos, do ponto de vista jurídico, não são caracterizados como 'punição', ou 'multa', mas redução do pagamento proporcional ao serviço que efetivamente foi prestado pelo parceiro privado. É dizer que a Administração deve pagar apenas pelo serviço que foi efetivamente prestado: se o serviço foi de qualidade inferior ao contratualmente pactuado, o pagamento por esse serviço deve ser proporcionalmente reduzido" (RIBEIRO, 2011).

[332] A respeito da discussão da finalidade da sanção no direito administrativo, *cf.* VORONOFF, Alice. *Direito Administrativo Sancionador*: Justificação, interpretação e aplicação. Belo Horizonte: Fórum, 2018. De acordo com a autora, a pergunta "por que punir?" pode ser respondida tanto pela ótica das teorias dissuasórias quanto da teoria retributiva. Para ela, no campo do direito administrativo sancionador, a finalidade buscada pela sanção aproxima-se daquela traçada nas teorias dissuasórias, já que opera de forma primariamente prospectiva e conformativa, assim buscando conformar condutas futuras: "De modo geral, os modelos sancionatórios administrativos foram e são concebidos e implementados para viabilizar a realização de objetivos e demandas do interesse da sociedade; não para castigar o infrator

que sua incidência sempre deve impor um mal ao penalizado, seja por meio da imposição de um ônus antes não existente, seja por meio da restrição de direitos até então gozados.[333] Como a perda de receita tarifária oriunda da incidência do desconto sobre a Tarifa Básica de Pedágio deve ser correspondente ao custo em que a concessionária não incorreu, a incidência do Desconto de Reequilíbrio não representa um mal, uma vez que a concessionária perderá o equivalente ao que ganhou indevidamente ao deixar de executar adequadamente a obra ou serviço, mas percebendo receita como se tivesse cumprido com suas obrigações a contento.[334] Em suma, se perde parte da receita da tarifa a que não fazia jus, a concessionária não sofre um mal, inexistindo o efeito aflitivo que é inerente ao conceito de sanção.[335]

Esse mal será imposto pela sanção prevista no contrato, que estabelece a sua incidência em paralelo à aplicação do Desconto de

---

pelos efeitos danosos de uma conduta moralmente reprovável. É dizer: pune-se na esfera administrativa para que o concessionário assegure a prestação adequada e a contento do serviço público (...)" (*Ibid.*, p. 99). Todavia, admite que, em certas circunstâncias, também incide carga de reprovação ético-social, típica da teoria retributiva.

333 "Como sanção jurídica que é, a sanção administrativa consiste numa consequência negativa imposta ao infrator de um dever jurídico. A Administração Pública, no exercício de sua competência sancionadora, aplica uma medida com caráter aflitivo ao infrator, punindo-o pela prática do ilícito administrativo. Daí se falar em medida aflitiva: pune-se o infrator, impondo-lhe um mal, uma situação desfavorável" (MELLO, Rafael Munhoz. *Princípios constitucionais de Direito Administrativo Sancionador:* as sanções administrativas à luz da Constituição Federal de 1988. São Paulo: Malheiros, 2007. p. 72).

334 Decisão monocrática no âmbito do Superior Tribunal de Justiça seguiu nesse sentido acerca do Desconto de Reequilíbrio: "Frise-se, finalmente, que, em juízo de delibação mínimo, próprio do instrumento de suspensão de segurança, não se pode deixar de reconhecer o acerto do argumento da ANTT no sentido de que a formação do preço da tarifa cobrada do usuário tem conceituação ontológica completamente distinta de uma penalidade administrativa por inexecução de obrigação contratual – direito, repita-se, obtido pela concessionária de forma provisória. Por conceito, o preço da tarifa pública deve ser consequência direta do serviço prestado ao usuário, de forma que, não havendo a totalidade da prestação, pois, repita-se, obrigações consideradas não essenciais (poda, capina e roçada) não estão sendo entregues ao destinatário final, mostra-se razoável a decisão administrativa de redução tarifária. Na esteira desse raciocínio, a redução da tarifa não está punindo a concessionária por não cumprir obrigação da qual está isenta no momento; a redução está apenas reconhecendo a impossibilidade de se cobrar do usuário um valor total por serviço prestado a menor." (BRASIL, Superior Tribunal de Justiça do Estado de São Paulo. *Suspensão de Liminar e de Sentença nº 3082/DF*. Relator: Ministro Humberto Martins, Brasília, DF, 25 mar. 2022)

335 Também nesse sentido: "O mero fato de subtrair receitas do concessionário não corresponde à imposição de uma aflição, eis que essa subtração se dá na mesma proporção do descumprimento do concessionário. Pode-se dizer, então, que o desconto não retira receita do concessionário, mas, sim, dosa essa receita ao exato montante despendido por este na execução das obrigações. Se o concessionário não realizou os investimentos necessários à consecução dos parâmetros de desempenho, por certo haveria descompasso com o quanto vier a receber do Poder Concedente, pois este valor houvera sido estipulado na exata proporção de todos os investimentos previstos" (LOUREIRO, C., 2010, p. 572).

Reequilíbrio, como mencionado acima. Assim, além de perder aquilo a que não fazia jus por meio da aplicação do Desconto de Reequilíbrio, a concessionária sofrerá castigo decorrente da imposição da sanção contratual, que é dotada de efeito aflitivo na medida em que traz real ônus financeiro não existente antes de sua aplicação.

Diferentemente do afirmado por Anauatti Neto e Guena de Oliveira, o fato de o desconto ser, por vezes, desproporcional não lhe torna uma sanção. A desproporcionalidade presente em tais descontos trata-se de falha que deve e já vem sendo corrigida, em certos aspectos, nos contratos mais recentes. Logo, essa falha não tem o condão de desnaturar o mecanismo de preservação do equilíbrio contratual a ponto de tornar-lhe uma sanção. Aliás, nem mesmo sanções podem ser desproporcionais.

Ainda, cabe referência ao argumento defendido por Cintra do Amaral. Para afirmar que o Desconto de Reequilíbrio não se qualifica como um mecanismo de recomposição da equação econômico-financeira, o autor afirma que a inexecução de obras e serviços somente não será considerada descumprimento contratual nas hipóteses em que decorrer de "Fato da Administração", "Fato do Príncipe" ou de circunstância coberta pela "Teoria da Previsão". Aduz também que a incidência de fato amoldado a essas hipóteses não resulta em desequilíbrio que impacte a concessionária, pois sempre a levaria a uma perda. Essa circunstância impediria a redução da tarifa por meio do Desconto de Reequilíbrio, pois causaria duplo prejuízo à concessionária, que sofreria com a perda advinda do evento e, ao mesmo tempo, com a redução da receita tarifária promovida pelo Desconto de Reequilíbrio. Partindo da mesma premissa, Anauatti Neto e Guena de Oliveira afirmam que "ao propor o Desconto de Reequilíbrio, o contrato de concessão estende o conceito de equilíbrio econômico-financeiro ao caso de não cumprimento ou cumprimento parcial das obrigações contratuais por parte da concessionária", o que causou estranheza aos autores.[336]

---

[336] *Cf.*: "Em sua interpretação usual, o direito à recomposição do equilíbrio econômico-financeiro aplica-se, portanto, às seguintes situações: a) modificações impostas pelo poder concedente, ou acordadas entre as partes, nos encargos e nos benefícios atribuídos à concessionária e b) quando previstos em lei ou em contrato, na ocorrência de alguns eventos independentes das vontades das partes. Ao propor o Desconto de Reequilíbrio, o contrato de concessão estende o conceito de equilíbrio econômico-financeiro ao caso de não cumprimento ou cumprimento parcial das obrigações contratuais por parte da concessionária. Embora essa extensão do conceito de equilíbrio econômico-financeiro nos cause estranheza, assumiremos que ela seja válida, visto que não faz parte do escopo desta obra a análise jurídica do desconto de equilíbrio" (ANAUATTI-NETO; GUENA DE OLIVEIRA, 2011).

Essa compreensão tem como premissa a tradicional ideia posta pela teoria das áleas, que embasou o desenvolvimento de nossa literatura jurídica sobre o tema do equilíbrio contratual dos contratos de concessão. Ao adotar essa ideia, Cintra do Amaral considera a concepção de que o equilíbrio contratual deve ser preservado somente quando ocorre evento contemplado pela teoria das áleas. Porém, como visto no capítulo 1, a equação econômico-financeira também deve ser preservada diante de dada circunstância, que ainda que não se encaixe na tradicional concepção da teoria das áleas, altere a equivalência entre a remuneração da concessionária e as circunstâncias objetivas do contrato no curso da concessão. Essa ideia mais ampla de preservação do equilíbrio contratual é a premissa necessária para compreender o Desconto de Reequilíbrio como uma verdadeira medida de preservação da equação econômico-financeira – e não como sanção, conforme defendido anteriormente.

2.4.2 Causalidade

Firmada a compreensão de que o Desconto de Reequilíbrio consiste em uma medida de recomposição do equilíbrio contratual, cabe agora verificar a questão da causalidade. O desconto incide, mesmo que a concessionária não tenha dado causa à inexecução contratual? De acordo com os contratos de concessão, a análise é sempre objetiva: verificada a inexecução, incide o Desconto de Reequilíbrio, ainda que a concessionária não tenha a ela dado causa.

Em questionamentos formulados no curso das licitações, proponentes indagaram se o desconto incide, mesmo que a inexecução das obras e serviços pela concessionária decorra de evento cujo risco está alocado ao Poder Concedente. Em resposta, a ANTT esclareceu que a concessionária não será penalizada nesses casos, mas que o Desconto de Reequilíbrio incidirá, pois:

> O mecanismo destina-se a calibrar a remuneração em conformidade com as circunstâncias objetivas dos serviços prestados e do conjunto de encargos assumidos pela concessionaria: caso haja uma redução na qualidade ou quantidade dos serviços fruídos pelos usuários finais da rodovia concedida, deve haver proporcional redução da contrapartida recebida do particular. A aplicação do desconto de reequilíbrio não reequilibra o contrato em favor do Poder Concedente: essa ação apenas

mantem o equilíbrio do contrato relativamente aos serviços efetivamente disponibilizados.[337]

Portanto, na visão da ANTT, pouco importa quem deu causa à inexecução e se o evento que leva à inexecução esteja alocado ao Poder Concedente. Esse entendimento passou a ser expresso nos contratos de concessão, procurando distinguir a inexecução oriunda de eventos imputados ao Poder Concedente ou a terceiros para fins de responsabilização (aplicação de penalidades) dos efeitos para fins de incidência do Desconto de Reequilíbrio.[338]

Nessa lógica, por exemplo, se a concessionária fica obstada de terminar certa obra em razão de atraso na emissão da Declaração de Utilidade Pública (DUP) e, em razão da ausência de conclusão dessa obra, deixa de auferir receita tarifária, daí decorrerão duas consequências: (i) de um lado, a perda tarifária ensejará reequilíbrio econômico-financeiro em favor da concessionária, pois o risco de atraso na emissão do DUP está alocado ao Poder Concedente e, (ii) de outro lado, em razão da não realização da obra, incidirá o Desconto de Reequilíbrio que reduzirá o valor da Tarifa Básica de Pedágio.

Outro exemplo: no contrato da concessão da ViaSul, a concessionária questionou a incidência do Desconto de Reequilíbrio quanto à obrigação de implementação do sistema de controle de velocidade, alegando que esse desconto não deve ser aplicado na circunstância em que os equipamentos já tenham sido adquiridos, mas a instalação não ocorre no prazo adequado, em razão de demora da ANTT ao apreciar e aprovar o projeto relativo a essa implementação.[339] Seguindo o mesmo raciocínio, a agência refutou a alegação da concessionária, defendendo

---

[337] BRASIL. Agência Nacional de Transportes Terrestres. *Atas de respostas e esclarecimentos*. Brasília, DF, 2015.

[338] Nesse sentido, *cf.* exemplos de cláusulas do Contrato de concessão da BR/153/414/080/TO/GO firmado com a Eco153: "O atraso na obtenção de licenças e autorizações ambientais para o qual a concessionária não tenha contribuído não poderá ensejar a aplicação de penalidades relacionadas à execução das obras correspondentes, sem prejuízo da aplicação do Desconto de Reequilíbrio" (cláusula 5.3); "Eventuais atrasos na análise por parte da ANTT não serão imputados à concessionária quando estes forem apresentados em conformidade com as Normas Técnicas, o Contrato e os normativos da ANTT, sem prejuízo da aplicação do Desconto de Reequilíbrio" (cláusula 7.2.4).

[339] "Caso não ocorra aprovação formal por parte da ANTT durante o mês de novembro e a implantação não se dê durante o segundo ano da concessão, entendemos que mesmo assim a aplicação do fator D não deverá ocorrer, visto que os equipamentos já foram efetivamente adquiridos e a mora na instalação não tem qualquer responsabilidade por parte desta concessionária" (CONCESSIONÁRIA DAS RODOVIAS INTEGRADAS DO SUL. S.A. *Processo nº 50500.113350/2020-24*. Manifestação nº SEI 4521218. Porto Alegre, Rio Grande do Sul, 13 nov. 2020).

que o Desconto de Reequilíbrio sempre se aplica "independentemente de quem deu causa à inexecução".[340] A ANTT aplicou o Desconto de Reequilíbrio relativo a essa obrigação e, ainda, aplicou-o de forma integral, tendo desconsiderado que os equipamentos já haviam sido adquiridos pela concessionária, ou seja, que a concessionária já tinha incorrido em parte dos custos previstos contratualmente.

É correto o entendimento de que o Desconto de Reequilíbrio deve incidir independentemente de quem deu causa ao evento que culminou na inexecução da obra ou serviço, porém, essa perspectiva merece temperamentos. A lógica subjacente à aplicação desse desconto é a de que o estado do contrato em equilíbrio deve refletir os custos em que a concessionária deixou de incorrer ao não executar a obra e serviço ou a executá-los a descontento.[341]

Igualmente importante, em alguns casos, o estado do contrato em equilíbrio também deve refletir os custos arcados pela concessionária para realização de obra e ou serviço que, porém, restou obstada por fato não imputável à concessionária ou os custos com que teve de arcar justamente porque não pôde executar o investimento no modo e tempo adequados. É nesse último aspecto que ganha importância o fato de a inexecução contratual decorrer de fato não imputável à concessionária e cujo risco não esteja a ela atribuído. Se a concessionária não executa o investimento ou o faz em descompasso com os parâmetros contratuais em razão de fato que só pode ser atribuído a ela (por exemplo, desídia ou erros de planejamento) ou se o fato decorre de conduta de terceiro ou do Poder Concedente e o risco de advento desse evento estiver alocado à concessionária (por exemplo, ocorrência de manifestações sociais na rodovia por um determinado período), aplica-se o Desconto de Reequilíbrio em sua integralidade, independentemente de a concessionária já ter incorrido em algum custo.

Já se o fato que resulta na inexecução for imputável a terceiro ou ao Poder Concedente (por exemplo, atraso na emissão do DUP ou na aprovação de projeto na ANTT) e o risco desse evento não estiver alocado à concessionária, o Desconto de Reequilíbrio deve ser

---

[340] BRASIL. Agência Nacional de Transportes Terrestres. *Nota Técnica SEI nº 5376/2020/GEFIR/SUROD/DIR*. Brasília, DF, 26 nov. 2020f.

[341] Problemas detectados na definição dos percentuais dos descontos colocam em xeque a premissa de que eles refletiriam corretamente os custos das obras e serviços. Trata-se, porém, de uma falha que deve ser combatida não permitindo que os descontos não sejam fidedignos aos custos. Assim, por mais que se conheça esse problema, entende-se que o correto é que o Desconto de Reequilíbrio reflita os custos em que a concessionária deixou de incorrer ao não executar a obra e serviço ou ao executá-los a descontento.

aplicado, uma vez que a obra e o serviço não integram a real equação econômico-financeira e o usuário não usufrui do serviço adequado, porém a concessionária deve ser indenizada pelos custos incorridos. Isso porque a concessionária não pode sofrer prejuízos oriundos de fatos a que não deu causa e cujo risco não foi a ela alocado. Portanto, a análise do nexo de causalidade somada à observância da matriz de riscos é essencial para definir os efeitos da inexecução contratual objeto do Desconto de Reequilíbrio.[342]

Em relação à última hipótese, tomemos dois exemplos. Primeiro: a concessionária comprou os equipamentos de controle de velocidade, mas deixou de implementá-los, pois pendia aprovação por parte dos órgãos competentes. Nesse caso, como o serviço não está sendo prestado adequadamente – já que não houve a instalação dos equipamentos de controle –, cabe o Desconto de Reequilíbrio. Contudo, na medida em que esse risco é do Poder Concedente, o desconto deve equivaler apenas à parcela relativa à implementação, não contemplando a parte do percentual do Desconto de Reequilíbrio relativa aos custos dos equipamentos. Segundo exemplo: caso uma determinada parte da obra (por exemplo, construção de uma alça de ligação) não seja realizada em razão do atraso na emissão do DUP, risco alocado ao Concedente, e a concessionária incorra em custos e despesas, como a permanência de mão de obra e de equipamentos enquanto não houver o DUP, aplica-se o Desconto de Reequilíbrio enquanto perdurar a inexecução, porém a concessionária fará jus à indenização dos mencionados custos, pois neles incorreu tão somente em razão de fato não atribuível a ela.

Em suma, respondendo à pergunta apresentada, tem-se que o desconto incide, mesmo que a concessionária não tenha dado causa à inexecução contratual. Porém, se o fato que culminou na inexecução for imputável a terceiro ou ao Poder Concedente e o risco desse evento

---

[342] Embora não aborde diretamente o tema ora exposto, Flávio Amaral Garcia traz interessante apontamento no sentido de que os contratos de concessão devem melhor disciplinar a interdependência de eventos de desequilíbrio e os nexos de causalidades dos distintos riscos: "O que se propugna é que a regulação do contrato de concessão não se limite apenas a descrever os eventos e alocar os riscos para aquela parte que melhor puder gerenciá-los. É possível avançar mais. Sempre que factível, pode e deve a regulação do contrato de concessão estabelecer as correlações entre os riscos e as causas, atribuindo, desde logo, as consequências dessas interpendências, em especial no caso de inadimplementos ou atrasos no cumprimento das obrigações. A explicitação dos nexos de causalidade entre os distintos riscos e o cruzamento de eventos que possam guardar interdependência, acompanhada das devidas qualificações e responsabilização no plano jurídico, implica aperfeiçoamento e completamento do contrato de concessão e um avanço na dimensão da conformação contratual da alocação dos riscos" (GARCIA, F., 2021, p. 217).

não estiver alocado a ela, a concessionária deve ser indenizada pelos custos incorridos.

2.4.3 Obras e serviços objetos do Fator D

Quais obras e serviços são objeto do Desconto de Reequilíbrio? Embora cada etapa do PROCROFE classifique as obras com critérios e nomeações distintas, há um traço comum na prescrição desse mecanismo: ele não incide sobre todas as obras previstas no PER, mas somente sobre aquelas indicadas expressamente no contrato como objeto desse mecanismo de preservação do equilíbrio econômico-financeiro.

Essa questão foi debatida entre ANTT e TCU. A unidade técnica do tribunal e o Ministério Público junto ao Tribunal de Contas da União (MPTCU) compreenderam que a inexecução das obras e serviços não abrangidos pelo Desconto de Reequilíbrio levaria a desequilíbrio contratual que não seria reequilibrado por nenhuma das metodologias previstas contratualmente. Sugeriram, assim, mecanismos alternativos, como, por exemplo, a exigência de apresentação de plano de negócios, no curso da licitação, unicamente para os itens não contemplados no Desconto de Reequilíbrio. Constatada a inexecução desses itens, caberia reequilibrar a equação econômico-financeira com base nos montantes indicados no plano de negócios. Caso acatada essa sugestão, haveria, ainda que somente em relação à parte dos itens, retorno ao modelo presente na primeira e segunda etapas, nas quais o desequilíbrio causado pela inexecução das obrigações de investimentos era reequilibrado tomando em consideração os valores constantes do plano de negócios.

Por sua vez, a ANTT justificou que certos custos e despesas operacionais constantes do PER não são contemplados pelo Desconto de Reequilíbrio, pois (i) não é tecnicamente viável associá-los a um parâmetro de desempenho, (ii) porque não possuem marco temporal referencial que pudesse servir de base para aplicação de um fator de reequilíbrio (iii) ou, ainda, porque não detêm referencial quantitativo, tendo apresentado casos concretos que demonstram essas circunstâncias.

Ao examinar a questão, o Plenário do TCU acatou as justificativas técnicas da ANTT. Também, refutou a sugestão de apresentação de plano de negócios pelo licitante exclusivamente para os itens não abarcados pelo Desconto de Reequilíbrio, sob o entendimento de que o plano de negócios tende a ser "mera peça de ficção" e que sua aplicação retiraria a simplicidade do reequilíbrio, algo caro a qualquer metodologia e que é encontrado no Desconto de Reequilíbrio. Ainda, o voto do Relator consignou que as penalidades contratuais podem servir como incentivos a evitar a inexecução dos serviços e obras não abarcados pelo mecanismo de preservação do equilíbrio econômico-financeiro em questão.[343] Assim, ao final, o TCU entendeu ser adequada a incidência do Desconto de Reequilíbrio apenas sobre parte dos investimentos previstos no PER.

2.4.4 Definição do percentual dos descontos

Onde e como são definidos os descontos aplicados sobre a tarifa em razão da incidência do mecanismo em questão? O contrato de concessão estabelece o desconto a ser aplicado em relação à cada inexecução contratual. Esse desconto é definido pela ANTT no momento de modelagem da concessão, com base nos estudos de viabilidade. Há descontos diferentes para cada indicador relativo à obra ou ao serviço que não foi executado, de modo que:

> o desconto seja sempre proporcional ao peso estimado do custo para cumprimento daqueles indicadores específicos (que foram descumpridos pelo concessionário) na estrutura de custos gerais dos concessionários. Isso foi feito para que o desconto de reequilíbrio produzisse os incentivos econômicos para o correto cumprimento do contrato.[344]

Portanto, de acordo com essa afirmação, o desconto é equivalente à proporção do custo dos serviços e das obras frente ao total de investimentos previsto nos estudos de viabilidade que antecederam a licitação.[345] Caso assim não fosse, a concessionária estaria incentivada a deixar de realizar o investimento, uma vez que o desconto a ser sofrido seria menor do que seu custo com os serviços e as obras.

Ao examinar a metodologia estabelecida nos primeiros contratos que adotaram o mecanismo, o TCU sinalizou distorções quanto à extensão do reequilíbrio relativo às obras e serviços abarcados no Desconto de Reequilíbrio. Em relação ao contrato de concessão da Via040, da terceira etapa do PROCROFE,[346] sua unidade técnica suscitou que o Desconto

---

343 BRASIL. Tribunal de Contas da União, 2018a.

344 RIBEIRO, 2011.

345 "A partir dos valores que constam do estudo de viabilidade, a regulamentação vigente impõe que o desconto leve em consideração a proporção, a valor presente, da inexecução frente ao total de investimentos (de capital e operacionais) da concessão" (BRASIL. Tribunal de Contas da União, 2020c).

346 Discussão semelhante está atualmente sendo travada no Tribunal de Contas da União (autos nº TC 024.813/2017-6) em relação a todas as demais concessões da terceira etapa e ao contrato da ViaBahia (segunda fase da segunda etapa).

de Reequilíbrio não promoveria o reequilíbrio econômico-financeiro em sua integralidade em relação às obras e serviços por ele abrangidos. Isso porque foi constatado que o desconto previsto contratualmente nos casos de inexecução das obras de ampliação de capacidade e melhoras de serviços operacionais, tal como a duplicação obrigatória das pistas, considerava apenas os custos de execução dessa obra, deixando de descontar custos equivalentes à manutenção e conservação com pavimentação e sinalização, que logicamente somente passariam a incidir sobre o trecho duplicado após a conclusão da obra. Quando essa não é feita no ano previsto, a concessionária reduz seus encargos, não somente porque deixa de despender os custos atinentes à execução da obra, mas também porque posterga os custos com manutenção e conservação, que serão adiados até que a obra seja entregue. Se o Desconto de Reequilíbrio não contemplar valores equivalentes aos custos com manutenção e conservação que foram adiados em razão da inexecução da obra, esse mecanismo não terá promovido o reequilíbrio em sua integralidade.

Ao julgar o tema, o plenário do TCU confirmou o entendimento de sua unidade técnica de que a métrica utilizada no Desconto de Reequilíbrio não corrige o desequilíbrio causado pela postergação da execução das obras, motivo pelo qual cabe à ANTT promover a recomposição da equação econômico-financeira, empregando o mecanismo que entender mais pertinente à integral promoção do equilíbrio contratual.[347] Atenta a essa circunstância, nos contratos da quarta etapa, a ANTT passou a contemplar "alteração do cálculo dos percentuais de desconto/acréscimo previstos para as obras da Frente de Ampliação de Capacidade e Melhorias, incorporando outros itens de investimentos que não serão realizados no caso de inexecução das obras, como manutenção, conservação e iluminação".[348]

---

347 BRASIL. Tribunal de Contas da União. *Acórdão nº 617/2020*. Ministro Relator: Ana Arraes. Brasília, DF, 27 mar. 2020a.

348 BRASIL. Agência Nacional de Transportes Terrestres. *Memoriais em Defesa*. TC. 028.343/2017-4. Peça 108. Brasília, DF, 19 fev. 2018e. Também nesse sentido: "Essas alterações garantiram que a grande maioria das obrigações previstas no PER, notadamente as que tratam de obras e serviços que impactam diretamente o usuário do sistema rodoviário (*cf.* indicadores previstos nas Tabelas I, II e III do Anexo 5 do Contrato de Concessão), estejam contempladas no mecanismo, o que assegura o cumprimento do objetivo da neutralidade, não gerando incentivos ou desincentivos a atraso, inexecução ou antecipação de tais obras e serviços. Embora os serviços contemplados correspondam a cerca de 70% dos investimentos, custos e despesas operacionais, não há dúvida de que se tratam, primeiramente, dos itens relevantes e imprescindíveis à preservação dos incentivos corretos para a realização dos investimentos, e, igualmente importante, trata-se dos itens cuja elaboração de indicadores

Ainda, a questão da definição dos descontos prescritos contratual deve ser vista sob a ótica da proporcionalidade, em dois diferentes aspectos: em relação à extensão da inexecução contratual e ao nível de inexecução contratual.

Em relação à extensão, os contratos de concessão da ViaBahia e da Eco101 estabelecem que a inexecução contratual em alguns quilômetros de cada subtrecho da rodovia impõe o desconto integral sobre todo o subtrecho – ainda que ele contemple outros quilômetros em relação aos quais não houve inexecução. Em outras palavras, mesmo que a inexecução tenha ocorrido em apenas parte dos quilômetros contemplados no subtrecho, aplica-se o percentual de desconto cheio, conforme tratado a seguir:

> Diferentemente dos demais contratos a que a SUINF se refere, não há, como nota de rodapé, a explicação segundo a qual determinados indicadores deverão ser multiplicados pela extensão total em km do segmento homogêneo em que se verificou o não atendimento dos Parâmetros de Desempenho pela concessionária (desconto x km do segmento homogêneo), razão pela qual a SUINF vem fazendo incidir o cálculo do desconto em toda a extensão do trecho homogêneo, mesmo havendo inconformidade em pequena parte dele.[349]

Após a celebração dessas avenças, a ANTT passou a compreender que a sistemática "não traz uma representação proporcional do desconto na tarifa", porque "pressupõe-se que a concessionária deixou de executar a integralidade dos investimentos previstos para um determinado trecho, mesmo que a maior parte do segmento esteja em boas condições".[350] A partir da terceira etapa, então, os contratos de concessão passaram a prever percentual de desconto para cada um quilômetro, impondo que ele seja multiplicado pela extensão total de quilômetros em que houve a inexecução contratual. Por exemplo, se há desnível de faixas contíguas por dez quilômetros, o percentual de desconto previsto para um quilometro será multiplicado por dez. Ainda, para os casos em que a inexecução não pode ser medida por quilometragem, como, por exemplo, a construção de passarelas, o percentual é multiplicado

---

é possível" (BRASIL. Secretaria Especial do Programa de Parcerias de investimentos. *Ofício nº 87/2018/SPPI*. Brasília, DF, 19 fev. 2018a).

349 BRASIL. Advocacia-Geral da União. *Parecer nº 00753/2019/PF-ANTT/PGF/AGU*. Brasília, DF, 29 maio 2019.

350 BRASIL. Agência Nacional de Transportes Terrestres. *Memorando nº 530/2018/GEFIR/SUINF*. Brasília, DF, 3 out. 2018d.

pela quantidade de unidades. Essa medida é mais consentânea com o objetivo de proporcionar equilíbrio contratual mais fidedigno possível aos reais custos incorridos na concessão.

Vislumbrando que os contratos mais recentes conferiram tratamento distinto à questão, no âmbito do contrato de concessão da ViaBahia, debateu-se se a forma de cômputo prevista nos contratos firmados na terceira etapa poderia ser aplicada ao primeiro contrato que previu o Desconto de Reequilíbrio, de modo que o percentual do desconto fosse proporcional à quantidade de quilômetros em que houve a inexecução.[351] A AGU alertou que eventual cálculo da incidência do Desconto de Reequilíbrio na forma como cogitada poderia desconfigurar a formatação original do contrato, suscitando afronta ao princípio da vinculação ao instrumento convocatório.[352] Essa ponderação foi rebatida pela Superintendência de Exploração da Infraestrutura Rodoviária da ANTT, sob o argumento de que (i) a alteração contratual buscaria, na verdade, meramente adequar a aplicação do Desconto de Reequilíbrio à sua função original de reequilíbrio do contrato e (ii) a incidência desproporcional desse mecanismo é prejudicial ao usuário, na medida em que gera incentivo para que a concessionária apresente pior desempenho no cumprimento das obrigações contratuais.[353] O último argumento foi encampado pela AGU.[354] Tal discussão permanece em curso no âmbito da revisão quinquenal daquele contrato, ainda não concluída até o momento de finalização desta obra. Assim, naquele contrato, "o modo de incidência do Desconto de Reequilíbrio permanece o mesmo que tem sido praticado segundo as normas contratuais, sem alteração, ou seja, o desconto [integral] por subtrecho".[355]

Já em relação à proporcionalidade em relação ao nível de inexecução contratual, os contratos da segunda etapa e parte das avenças da terceira etapa estabelecem que, ainda que o parâmetro de desempenho seja parcialmente atendido, o respectivo indicador será considerado

---

[351] BRASIL. Agência Nacional de Transportes Terrestres. *Processo administrativo nº 50501.327546/2018-70*. Brasília, DF, 2018i.

[352] BRASIL. Advocacia-Geral da União. *Parecer nº 01890/2018/PF-ANTT/PGF/AGU*. Brasília, DF, 9. nov. 2018.

[353] BRASIL. Agência Nacional de Transportes Terrestres. *Despacho nº 551/2018/SUINF*. Brasília, DF, 16 nov. 2018b.

[354] BRASIL. Advocacia-Geral da União. *Parecer nº 02083/2018/PF-ANTT/PGF/AGU*. Brasília, DF, 2 jan. 2019a.

[355] BRASIL. Agência Nacional de Transportes Terrestres. *Despacho GEREG nº 6722965*. Resposta ao pedido de acesso à informação. Processo nº 50001.037938/2021-86. Brasília, DF, 21 jul. 2021d.

como não cumprido em sua integralidade. Sendo assim, sempre deve ser aplicado o desconto cheio se constatado o descumprimento da obrigação de realização de obras e serviços, independentemente do nível de inexecução contratual ao longo do subtrecho, ou seja, nesses contratos, é indiferente o nível de atendimento do indicador pela concessionária, não importando se ele não foi atingido por uma pequena ou grande margem. Nesses contratos, pouco importa se a obra ou serviço foi executado até uma certa medida; havendo qualquer forma de inexecução no subtrecho analisado, aplica-se o desconto integral, não havendo, assim, proporcionalidade acurada naquelas concessões. Ao examinar essa previsão contratual, a AGU refutou que a sistemática violaria a regra da proporcionalidade. Nesse sentido:

> E perceba que a lógica da eventual desproporcionalidade também não parece procedente, seja porque a concessionária conhecia tais disposições e firmou o contrato ciente delas e também porque, tal qual disposto no mesmo Anexo V (cuja redação se manteve nos contratos mais recentes) no caso de não atendimento *parcial* de um Parâmetro de Desempenho, ou seu atendimento em desconformidade com as especificações estabelecidas no contrato e no PER, o respectivo indicador deve ser considerado não cumprido. Ou seja, aqui também haveria possível desproporcionalidade na conduta da ANTT? Não, em absoluto.[356]

A lógica binária descumprimento *versus* cumprimento do indicador impede que haja um desconto proporcional relativo ao indicador não atingido, pois sempre há o desconto em sua totalidade em relação a cada trecho. Em vista disso, ao minutar a norma que veio a se tornar a Resolução nº 5.850, de 16 de julho de 2019, a ANTT inicialmente havia previsto a aplicação proporcional do Fator D ao percentual não executado das obras e serviços.[357] Segundo a agência, "a aplicação do Desconto de Reequilíbrio que vem sendo feita acaba por não incentivar o avanço físico dessas, pois a execução de 0%, 10% ou 90% da obra até o término de determinado ano de concessão, sem disponibilizá-la ao usuário, implica na aplicação do mesmo desconto

---

356 BRASIL. Advocacia-Geral da União, 2019, p. 9.

357 Redação proposta: "A aplicação do Fator D ou Desconto de Reequilíbrio, conforme o caso, relativo a obras de ampliação de capacidade e melhorias, incidirá de forma proporcional ao percentual não executado das obras e serviços, sem prejuízo da aplicação das sanções cabíveis".

de reequilíbrio".[358] Porém, a disposição inicialmente contemplada na minuta da resolução foi excluída, em razão da recomendação da AGU, segundo a qual a aplicação proporcional do Fator D, de forma distinta do que previsto inicialmente nos contratos em curso, "implicaria, em tese, violação ao princípio da vinculação ao instrumento convocatório, pois haveria alteração dos efeitos práticos de um método por outro, tirando eficácia das regras contratuais vigentes".[359]

Apenas os contratos firmados a partir de 2015 passaram ou a prever exceções a essa regra para indicadores específicos[360] ou a aplicar a incidência proporcional em nível da inexecução como regra, ao dispor que "os percentuais previstos serão multiplicados pelos percentuais inexecutados".[361] Assim, caberá examinar se uma obra foi inexecutada no patamar de 10%, 45%, 95%, para, assim, aplicar percentual de desconto equivalente à real proporção da inexecução. Sob uma ótica prática, a exata mensuração do nível da inexecução contratual impõe desafios que exigirão aprimoramento da fiscalização por parte da ANTT, uma vez que será necessário examinar de perto essas obras e serviços a fim de definir o seu percentual de inexecução. Já sob a ótica jurídica, a aplicação proporcional do desconto aos percentuais inexecutados é medida consentânea com a sistemática jurídica do equilíbrio contratual e representa evolução na aplicação desse mecanismo. Por meio dela, busca-se a promoção da recomposição da equação contratual de forma mais fidedigna ao peso do custo que deixou de ser arcado pela concessionária ao não executar a obra ou serviço no tempo correto ou ao executá-lo em desacordo com os parâmetros de desempenho. Evita-se, com isso, o excesso que levava à incidência de desconto em proporção superior ao custo em que a concessionária não incorreu.

---

[358] BRASIL. Agência Nacional de Transportes Terrestres. *Nota Técnica nº 095/2018/GEREF/SUINF*. Brasília, DF, 6 dez. 2018h.

[359] BRASIL. Advocacia-Geral da União, *op. cit.*

[360] Cláusula 2.6.1. do Anexo 5 do Contrato de concessão da BR-101/RJ celebrado com a Concessionária Ponte Rio-Niterói S.A. – ECOPONTE (Ecoponte) prevê a aplicação proporcional apenas em relação a duas obras, dentre elas, a execução da ligação entre a ponte Rio-Niterói e a Avenida Brasil. Em relação a essa obra, o contrato prevê a incidência de Desconto de Reequilíbrio de 13,623% no caso de inexecução. Em 2020, constatou-se que, até o quinto ano da concessão, 90% da obra havia sido executada, estando pendentes os outros 10%. Diante disso, a ANTT aplicou "Fator D" equivalente a 10%, portanto, 1,362% (BRASIL. Agência Nacional de Transportes Terrestres. *Parecer nº 178/2020/GEFIR/SUINF/DIR*. Brasília, DF, 11 mar. 2020h).

[361] Cláusula 2.6.1 do Anexo 5 do Contrato de concessão Contrato de concessão da BR-101/290/386/448/RS firmado com a Concessionária das Rodovias Integradas do Sul (ViaSul).

Por consequência, aprimora-se o incentivo para que as concessionárias promovam o avanço das obras. Nos casos em que o Desconto de Reequilíbrio não guarda proporcionalidade com os percentuais inexecutados dentro de cada subtrecho, acaba sendo indiferente para a concessionária realizar 10% ou 90% da obra, pois o desconto pela inexecução sempre é integral. Nos contratos mais recentes que prescrevem a aplicação proporcional, há incentivo para que a execução busque o percentual integral que lhe é imposto, pois quanto maior o nível de execução adequada, menor o desconto que incide sobre a Tarifa Básica de Pedágio. A lógica binária descumprimento *versus* cumprimento deixa de ser aplicada, portanto.

Dessa forma, ao longo da evolução do PROCROFE, houve aprimoramentos que privilegiaram a vedação ao excesso na aplicação do Desconto de Reequilíbrio sob as óticas da extensão da inexecução contratual e do nível da inexecução contratual. No entanto, esses e outros aprimoramentos não estão abarcados em todos os contratos hoje vigentes.

Voltamos à questão: onde e como são definidos os descontos? Eles são definidos no contrato. Sabe-se, portanto, a resposta à pergunta "onde?". Já o "como?", a resposta é que os descontos seriam equivalentes à proporção do custo dos serviços e das obras frente ao total de investimentos, de modo a refletir o custo em que a concessionária incorreria ao executá-los. No entanto, os problemas acima expostos (desconsideração dos custos com manutenção e conservação com pavimentação e sinalização e proporcionalidade do desconto) demonstram que, ao contrário do que possa parecer, os descontos definidos contratualmente nem sempre refletem, de forma fidedigna, o custo dos serviços e das obras. Logo, embora o Desconto de Reequilíbrio baseie-se na premissa de que o desconto incidente sobre a tarifa deve ser equivalente ao custo em que a concessionária deixou de incorrer, os problemas em sua definição colocam essa premissa em xeque. Trata-se, assim, de uma falha que deve ser corrigida. Em razão disso, os novos contratos vêm disciplinando contornos distintos para aplicação do Desconto de Reequilíbrio. Porém, os problemas remanescem nos demais contratos, motivo pelo qual eles poderão ser modificados, a fim de incorporar melhores práticas adquiridas com a capacidade de aprendizagem do setor, desde que observados certos parâmetros.

2.4.5 Momento de aplicação do desconto sobre a tarifa

O Desconto de Reequilíbrio deve ser aplicado nas revisões ordinárias que, no setor em questão, ocorrem anualmente. No entanto, ao examinar os primeiros contratos de concessão que o empregaram, o TCU apontou extenso intervalo de tempo (em média, 491 dias) para sua aplicação.[362] Instada pelo órgão de controle, a ANTT confirmou a morosidade e relatou que vinha promovendo modificações para contorná-la. A partir de 2018, a agência reguladora passou a compreender que o Desconto de Reequilíbrio deve ser aplicado, em regra geral, na revisão ordinária subsequente ao ano de concessão em que haja a inexecução das obras e serviços. Somente quando não for possível aferir a inexecução antes da revisão ordinária subsequente ao fim do ano da concessão, o desconto incidirá na revisão seguinte à finalização de sua apuração. Essa nova interpretação visa à aplicação mais célere do mecanismo.

Para que haja a incidência do desconto na revisão seguinte ao fim do ano da concessão, é necessário fragmentá-la. Para os itens que podem ser aferidos facilmente (por exemplo, obras de ampliação de capacidade e parâmetros do pavimento e sinalização constatados visualmente), o Desconto de Reequilíbrio é aplicado na revisão ordinária imediatamente após o fim do ano da concessão. Para os demais itens, que exigem monitoração, caso não haja tempo suficiente para aferi-los até a revisão subsequente ao fim do ano da concessão, o Desconto de Reequilíbrio não será imediatamente aplicado, incidindo apenas na revisão subsequente à conclusão de sua apuração, momento em que os descontos serão atualizados pela incidência do Fator C.[363] Essa é a sistemática adotada a partir de 2019, após a edição da Portaria nº 216, de 01 de julho de 2019.

Ocorre que nos primeiros anos dos contratos da segunda fase da segunda etapa e da terceira etapa, o Desconto de Reequilíbrio incidiu sempre após a finalização de sua apuração, assim existindo prolongado lapso temporal entre os eventos que dão ensejo à sua incidência e à sua efetiva aplicação. Segundo a ANTT, essa circunstância não teria promovido pleno reequilíbrio econômico-financeiro, pois o Desconto de Reequilíbrio deixou de ser aplicado no período entre a revisão ordinária

---

[362] BRASIL. Tribunal de Contas da União. *Evento 302*. Despacho. TC nº 024.813/2017-6. Brasília, DF, 28 jun. 2020d.

[363] BRASIL. Agência Nacional de Transportes Terrestres. *Evento 298*. Despacho. TC 024.813/2017-6. Brasília, DF, 2 maio 2019b.

em que deveria ter sido aplicado e a revisão em que efetivamente o foi. Houve, portanto, atraso que não permitiu o pleno reequilíbrio. Em razão disso, a ANTT consignou que aplicará o Fator C a fim de compensar as receitas indevidamente auferidas pela concessionária em função do atraso na aplicação do mecanismo. Já para os dois contratos daquelas fases e etapas (ViaBahia e Eco101) que não preveem o Fator C, o desequilíbrio causado pelo atraso será corrigido por meio do Fluxo de Caixa Original.

2.4.6 Aplicação dos descontos sobre a tarifa

Por ocasião da revisão ordinária anual, os descontos previstos contratualmente são calculados de acordo com a regra aplicada no contrato – por subtrecho, por quilometragem ou por unidades – então formando o chamado "Fator D", redutor que incide sobre a Tarifa Básica de Pedágio já revisada. Nesses moldes, por exemplo, caso o contrato de concessão estabeleça que o desnível entre faixas de tráfego contíguas representa desconto de 1,35%, haverá redução da Tarifa Básica de Pedágio já revisada em tal percentual.

Todavia, após os primeiros anos de incidência desse mecanismo de preservação do equilíbrio econômico-financeiro, a ANTT constatou que sua aplicação não levava à neutralidade. Quando uma obra ou um serviço deve ser executado em um determinado ano da concessão, tarifas são auferidas pela concessionária nos anos anteriores ao ano para o qual a atividade está programada, pressupondo que a obra ou serviço será executado no tempo e modo corretos. Essas tarifas, pagas desde o início da concessão, destinam-se a remunerar investimentos que serão realizados somente no futuro. Posteriormente, ao constatar-se que a obra ou serviço não foi realizado conforme programado, a concessionária já terá auferido, durante todos os anos até ali, tarifas destinadas a remunerar o investimento. O Desconto de Reequilíbrio é aplicado, porém impacta sempre a tarifa de modo prospectivo, ou seja, reduz a tarifa apenas para o futuro. Sendo assim, é incapaz de "recuperar totalmente a parcela da tarifa auferida previamente ao ano programado para o evento, uma vez que sua aplicação ocorre somente *a posteriori*".[364] Como os investimentos foram sendo apropriados à tarifa desde o início da concessão, o Desconto de Reequilíbrio, quando

---

[364] BRASIL. Agência Nacional de Transportes Terrestres. *Nota Técnica nº 115/2016/GEROR/SUINF*. Brasília, DF, 24 jun. 2016a, p. 12.

aplicado, deveria considerar o montante já remunerado até o momento de incidência. No entanto, como não contempla a receita tarifária que já remunerou parcialmente o investimento não realizado, o Desconto de Reequilíbrio não atinge a neutralidade esperada quando se reequilibra a equação econômico-financeira.

Para superar esse problema, os contratos da quarta etapa estabeleceram que o Desconto de Reequilíbrio será multiplicado pelo Coeficiente de Ajuste Temporal (CAT),[365] que consiste em valor pré-fixado contratualmente destinado a equilibrar receitas e despesas no tempo. "A função do Coeficiente de Ajuste Temporal (CAT) é justamente descontar o que já foi pago nos anos anteriores ao marco da inexecução"[366] como forma de remunerar a obra ou serviço, que não veio a ser realizado.[367]

O CAT é calculado para cada ano. Obtido o resultado, o contrato de concessão indica o valor anual, que servirá para multiplicar o percentual previsto contratualmente para as inexecuções (Dt), ao final alcançando o percentual do Desconto de Reequilíbrio aplicado sobre a tarifa para reduzi-la. O ano de referência do CAT é aquele em que as obras e serviços deveriam ter sido executados adequadamente. A fórmula matemática é assim representada: D = Dt x CAT, em que D é o Desconto de Reequilíbrio aplicado sobre a tarifa, Dt é o percentual previsto contratualmente paras as inexecuções e CAT é o valor métrico previsto no contrato correspondente ao ano em que a obra ou o serviço deveriam ter sido realizados:

> Desse modo, se a empresa deixar de duplicar 10 km em terreno ondulado que estão previstos para o terceiro ano de concessão, o fator D de 0,5040%

---

[365] O CAT é composto por três variáveis: a Taxa Interna de Retorno prevista nos estudos de viabilidade, o prazo total da concessão e o ano de ocorrência do desequilíbrio (ano em que a obra ou o serviço deveriam ter sido realizados), que prescritos na fórmula matemática visam a valorar o equilíbrio entre receitas e despesas no tempo considerando o ano total da concessão e o ano em que a obra ou serviço deixaram de ser executados.

[366] BRASIL. Secretaria Especial do Programa de Parcerias de Investimentos. *Evento 63*. TC 028.343/2017-4. Brasília, DF, 10.05.2018b.

[367] Há estudos que apontam que, no caso de longo período de postergação das obras, o uso do CAT no Desconto de Reequilíbrio pode gerar tarifa negativa, o que levaria a desequilíbrio em desfavor da concessionária: "Já o cenário 6 revelou que o CAT pode apresentar distorções exorbitantes à medida que aumenta o deslocamento temporal do investimento. O coeficiente do CAT cresce exponencialmente, de maneira que grandes postergações no investimento podem gerar uma tarifa de pedágio até mesmo negativa, o que, na prática, inverte o sentido do desequilíbrio ao invés de reequilibrar. Em resumo, a postergação do investimento até o 29º ano gerou um VPL de R$-375.325 mil, ou seja, o desequilíbrio se tornou muito maior, mas agora em desfavor da concessionária" (BRASIL, Eric Universo Rodrigues *et al.* Análise dos mecanismos de reequilíbrio econômico-financeiro adotados no arcabouço regulatório brasileiro. *Brazilian Journal of Development*, Curitiba, v. 6, n. 4, p. 16930-16947, 2020).

> (0,05040% / km * 10 km) será multiplicado por um CAT de 1,333 (do ano previsto para a execução das obras), resultando num desconto tarifário total de 0,671832%, de incidência anual até a efetiva execução das obras. Outro exemplo, caso haja postergação da interconexão trombeta em Osório/RS (BR-290, km 4+830) prevista para o segundo ano, o fator D, de 0,17084%, será multiplicado por 1,210 (CAT do 2º ano), resultando num desconto tarifário de 0,20678%, de incidência anual até a efetiva execução das obras.[368]

Essa fórmula é excepcionada nos contratos da quarta etapa apenas nas hipóteses de inexecução relativas às obras de manutenção de nível de serviço, que são executadas somente quando atingido determinado volume de tráfego (gatilho). Naqueles contratos, diversamente do que estabelecido em todas as outras avenças, o risco de realização dessa espécie de obra pode ser atribuído ao Poder Concedente ou à concessionária ou, ainda, compartilhado entre eles a depender do resultado oriundo da conjugação de diferentes variáveis observadas ao longo da concessão. Em relação às outras espécies de obras e serviços, os contratos estabelecem, de antemão, o percentual do desconto (Dt) à luz da proporção dos custos dos serviços e das obras frente ao total de investimentos, como já apontado. Já quanto às obras de manutenção de nível de serviço, os contratos deixaram de pré-definir o percentual do desconto, optando, no lugar, por indicar fórmula que, no curso da concessão, definirá o montante de desconto, observadas as diferentes variáveis, dentre elas, a proporção do risco assumido pela concessionária, algo que é definido apenas quando é atingido o gatilho.

A Tarifa Básica de Pedágio sobre a qual o Desconto de Reequilíbrio incide é aquela prevista na proposta vencedora, revisada a partir das revisões ordinárias, extraordinárias e quinquenais, não incidindo sobre as parcelas tarifárias oriundas do Fluxo de Caixa Marginal, nos termos do artigo 4º, *caput*, da Resolução nº 5.850, de 16 de julho de 2019. Essa norma reflete novo entendimento distinto daquele que vinha sendo aplicado. Antes, a ANTT aplicava o Desconto de Reequilíbrio sobre a soma das tarifas resultantes da incidência de todos os mecanismos de preservação do equilíbrio contratual, incluindo o Fluxo de Caixa Marginal. Contudo, posteriormente, constatou-se que a redução do valor da tarifa resultante do Fluxo de Caixa Marginal, em razão da aplicação do Fator D por inexecuções contratuais não relacionadas às

---

[368] BRASIL. Tribunal de Contas da União, 2018a.

obras e serviços contemplados por aquele fluxo, geraria desequilíbrio contratual. Nesse sentido:

> (...) a incidência do Desconto de Reequilíbrio na Tarifa Básica de Pedágio do FCM constitui um fator de desequilíbrio. Na verdade, um FCM hipotético que estava em equilíbrio com uma TBP [Tarifa Básica do Pedágio] de R$ 1,0 (valor necessário para fazer face aos investimentos incluídos), quando da incidência do Desconto de Reequilíbrio tem sua TBP reduzida, não sendo mais capaz de suportar os investimentos incluídos. Faz mister salientar que os investimentos incluídos não guardam nenhuma relação com os eventos que geraram o Desconto de Reequilíbrio.[369]

Em razão disso, alterou-se o entendimento sobre a base de incidência do Fator D, passando-se a vedar sua aplicação sobre a tarifa resultante do Fluxo de Caixa Marginal, na linha do que disciplina a mencionada resolução.[370/371]

De forma inédita, o contrato de concessão da Ecoponte, firmado em 2015, ainda prescreveu que a inexecução no último ano da concessão gerará indenização ao Poder Concedente correspondente à aplicação do somatório dos percentuais de Desconto de Reequilíbrio relativo às

---

369 BRASIL. Agência Nacional de Transportes Terrestres, 2018h.

370 De acordo com a ANTT, esse novo entendimento não deverá ser aplicado retroativamente, nos termos do artigo 2º, XIII, da Lei nº 9.784, de 1999. Sendo assim, segundo a agência, caso o Desconto de Reequilíbrio tenha incidido sobre a tarifa revisada da proposta vencedora cumulada com o incremento advindo do Fluxo Caixa Marginal, o Desconto de Reequilíbrio não será revisto, ainda que a norma editada em 2019 tenha vedado essa circunstância (BRASIL. Agência Nacional de Transportes Terrestres. *Nota Técnica SEI nº 2281/2019/GEREF/SUINF/DIR*. Processo nº 50501.239211/2018-03. Brasília, DF, 22 jul. 2019d). Em algumas concessões, esse tema é objeto de procedimento arbitral atualmente em curso (Procedimento Arbitral CCI 23960/GSS/PFF cujas partes são a Concessionária Rota do Oeste e a ANTT).

371 No terceiro termo aditivo ao contrato de concessão da Autopista Litoral Sul, as partes pactuaram novos investimentos, reequilibrados por meio da formação de um novo Fluxo de Caixa Marginal, bem como a incidência do Desconto de Reequilíbrio sobre a parcela tarifária resultante desse fluxo. Há, assim, circunstância distinta daquela prevista no 4º, *caput*, da Resolução nº 5.850, de 16 de julho de 2019, pois foi admitida a incidência do Desconto do Reequilibro sobre a parcela tarifária advinda do Fluxo de Caixa Marginal tratado no aditivo contratual. Isso, no entanto, não acarreta violação à disposição infralegal, pois a vedação prescrita na resolução trata dos contratos que prescreveram a incidência do Desconto de Reequilíbrio sobre a tarifa vencedora do leilão revisada. O contrato de concessão da Autopista Litoral Sul, avença da primeira fase da segunda etapa do PROCROFE, não prevê originalmente a incidência do Desconto de Reequilíbrio. Portanto, nesse contrato, por força de aditivo contratual, o Desconto de Reequilíbrio passou a ser aplicado sobre o Fluxo de Caixa Marginal nele tratado, enquanto nos contratos da segunda fase da segunda etapa em diante há a aplicação do Desconto de Reequilíbrio sobre a tarifa vencedora do leilão revisada, sendo vedada sua incidência sobre o Fluxo de Caixa Marginal.

atividades não cumpridas sobre as receitas estimadas para o ano seguinte ao fim da concessão, conforme fórmula estipulada contratualmente. Essa indenização será compensada com outros saldos provenientes, por exemplo, de multas, das revisões finais dos Fluxos de Caixa Marginal, no ajuste final de resultados. Os contratos firmados anteriormente à quarta etapa do PROCROFE também trouxeram previsão nesse sentido.

2.4.7 Exclusão de obras e serviços reequilibrados via Fator D

Ao longo dos anos, as hipóteses de aplicação do Desconto de Reequilíbrio foram expandidas. Inicialmente formulado para recompor o desequilíbrio contratual causado pela inexecução de certas obras e serviços – entendidos como inexecução de obras e serviços no modo e tempo adequados e descumprimento dos parâmetros de desempenho –, esse mecanismo também passou a ser empregado nos casos de exclusão de obras e serviços em contratos em que não houve a exigência de apresentação do Fluxo de Caixa Original no curso da licitação, conforme prescrito pelo artigo 4º, §1º, da Resolução nº 5.850, de 16 de julho de 2019.

Conforme visto anteriormente, a partir da terceira etapa do PROCROFE, os editais de licitação vedaram a apresentação do plano de negócios da concessionária, que abarca o seu Fluxo de Caixa Original. Uma vez que esse fluxo nunca veio a público, fica impossibilitado seu uso para fins de reequilíbrio econômico-financeiro. Quando uma obra ou um serviço é excluído do PER em definitivo, a concessionária deixa de ter o custo referente a essa atividade, daí ensejando desequilíbrio contratual. Para que haja a recomposição da equação econômico-financeira, é necessário mensurar o custo da obra excluída. Isso é facilmente verificado nos casos em que houve a apresentação do Fluxo de Caixa Original, tal como ocorreu nas concessões da primeira e segunda etapas, uma vez que o custo está ali indicado. Já nos contratos antecedidos por licitações que impediram a entrega do Fluxo de Caixa Original, o custo da obra precisa ser apurado de outra forma.

Após analisar algumas alternativas em tese possíveis para promover a recomposição do desequilíbrio decorrente da exclusão,[372] a ANTT entendeu que a incidência do Desconto de Reequilíbrio seria

[372] Além da incidência do Desconto de Reequilíbrio, a ANTT analisou a aplicação de Fluxo de Caixa Marginal negativo e a inserção da obra excluída em banco de obras para futura utilização (BRASIL. Agência Nacional de Transportes Terrestres, 2016a).

a melhor alternativa. Como visto, o percentual (Fator D) anualmente aplicado pela inexecução da obra ou serviços corresponde a sua proporção frente aos investimentos totais. Para atingir efeito equivalente, cabe aplicar o desconto relativo à obra ou ao serviço por todos os anos da concessão tal como fosse uma inexecução total contínua, ano após ano.

Nessa hipótese, o Desconto de Reequilíbrio vem sendo multiplicado pelo CAT, coeficiente esse que, tal como aplicado nos casos de inexecução, visa a recuperar tarifa já recebida que remunerou a obra ou o serviço que veio a ser excluído, tal como disposto no artigo 4º, §1º, I e Anexo II da Resolução nº 5.850, de 16 de julho de 2019.

Nos casos em que o contrato não prevê Desconto de Reequilíbrio parametrizado para obra ou serviço excluído – pois, como visto, nem todos os investimentos previstos no PER são abarcados por esse mecanismo –, "poderão ser estabelecidos novos descontos adotando como referência os mesmos valores levados a leilão de forma a preservar as condições originais do certame", isto é, os valores previstos nos estudos de viabilidade serão utilizados para fins de recomposição do equilíbrio contratual, de acordo com o artigo 4º, §1º, II, da Resolução nº 5.850, de 16 de julho de 2019.

2.5 Fator A (Acréscimo de Reequilíbrio)

A terceira etapa do PROCROFE introduziu o mecanismo de preservação do equilíbrio econômico-financeiro denominado Acréscimo de Reequilíbrio, também nomeado em parte dos contratos como "Fator A". Enquanto o Desconto de Reequilíbrio reduz o valor da Tarifa Básica de Pedágio quando constatado atraso, inexecução ou descumprimento dos indicadores de desempenho de certas obras e serviços, o Acréscimo de Reequilíbrio majora a Tarifa Básica de Pedágio quando houver a antecipação de certas obras e serviços pactuados contratualmente.

De acordo com os contratos, o incremento tarifário decorrente do Acréscimo de Reequilíbrio não consiste em receita adicional ou bonificação conferida à concessionária, mas sim em uma forma de ressarci-la pela execução das obras e serviços antes do prazo imposto contratualmente,[373] o que gera benefícios aos usuários da rodovia.

[373] Nesse sentido: "Com esse mesmo objetivo, foi adotada, novamente, a sistemática do 'desconto/acréscimo de reequilíbrio', que se configura como uma taxa contratual que vincula a remuneração do concessionário ao cumprimento do Programa de Exploração Rodoviário (PER). Por meio de tal mecanismo, institui-se uma lógica de incentivos que, se, por um lado, desonera o usuário nos casos de inadimplementos do concessionário, por outro, o ressarce

O percentual que reduziria a tarifa nos casos que ensejam o Desconto de Reequilíbrio é o mesmo acrescido à Tarifa Básica de Pedágio nas hipóteses em que há Acréscimo de Reequilíbrio (Fator A). Logo, por exemplo, se a concessionária antecipar as obras de ampliação de capacidade obrigatória, será acrescido o percentual Fator A de 0,12% por quilômetro. Já se a concessionária não executar essas mesmas obras no prazo definido contratualmente, será deduzido o Fator D de 0,12% por quilômetro.

O Acréscimo de Reequilíbrio não incide sobre todas as obras previstas na PER, mas somente sobre aquelas cuja realização não está condicionada à ocorrência de um certo evento, que ocorre em momento incerto. Assim, "percebe-se que há uma lógica em não incluir, no Fator A, a antecipação dos investimentos da frente de recuperação e manutenção, eis que tais serviços possuem, em regra, prazo pré-determinado para sua realização (vida útil de X anos do pavimento)".[374] Por exemplo, no contrato de concessão da Eco050, da terceira etapa do PROCROFE, há o Acréscimo de Reequilíbrio quando antecipadas obras de ampliação de capacidade obrigatória, obras de implantação de vias marginais e obras em trechos urbanos, todas elas integrantes da "Frente de Ampliação de Capacidade e Manutenção do Nível de Serviço". Sobre as obras da "Frente de Recuperação e Manutenção" e as "Obras de Ampliação de Capacidade Condicionadas ao Volume de Tráfego" não incide o Acréscimo de Reequilíbrio, pois são obras que estão condicionadas a certo evento que justifica sua realização. Por exemplo, as "Obras de Ampliação de Capacidade Condicionadas ao Volume de Tráfego" somente se justificam quando atingido determinado volume de tráfego, motivo pelo qual não devem ser executadas antes do advento dessa condição. Daí porque não teria sentido incentivar sua antecipação.

O Acréscimo de Reequilíbrio é calculado e considerado para fins de revisão da Tarifa Básica de Pedágio por ocasião da revisão ordinária imediatamente subsequente ao recebimento das obras pela ANTT ou, no caso dos contratos da quarta etapa, à conclusão das obras.

Buscando o aprimoramento desse mecanismo em vista à neutralidade da incidência do Fator A e considerando sua incidência até o final da concessão, os contratos da quarta etapa previram a incidência do Coeficiente de Ajuste Temporal – CAT e, também, do Coeficiente de Ajuste Adicional – CAA. Conforme já exposto, considerando que o

no caso de antecipação de investimentos de ampliação da malha rodoviária" (VÉRAS DE FREITAS, 2017, p. 227).

374 BRASIL. Tribunal de Contas da União, 2020c.

preço das obras realizadas ao longo de toda concessão mesmo antes do prazo previsto para sua execução é apropriado à tarifa desde o início da concessão, o CAT objetiva descontar o que já foi pago pelo usuário pela obra que a concessionária deixou de executar ou executou inadequadamente no momento adequado. Por seu turno, o CAA incorpora à tarifa o custo com a antecipação do investimento, no seguinte sentido:

> Já o indicador que embasa o cálculo do Fator A, dado pela antecipação de investimentos previstos no PER, calculado da mesma forma que o indicador de desconto, precisa ser também corrigido para considerar o ano que estava prevista a obrigação, na verdade os anos de antecipação do investimento. Esta correção gera um Fator de Ajuste Adicional (CAA) que considera o produto entre o CAT e a nova parcela descontada de uma unidade. O CAA tem a função de incorporar na tarifa de pedágio o custo da antecipação do investimento, ou seja, quanto o dispêndio prévio onerou o fluxo de caixa.[375]

O contrato indica o CAT e o CAA incidentes para cada ano, respectivamente, de execução da obra e de sua antecipação. A fórmula contratual é assim prescrita: A = [(CAA x Dt) – Dt] x CAT. Sendo assim:

> Caso a empresa se proponha a duplicar, no terceiro ano de concessão, 10 km em terreno ondulado, previstos para o 18º ano de contrato, o fator D de 0,5040% será afetado por um CAT de 1,333 (ano de antecipação para a execução das obras) e por um CAA de 3,744 (quinze anos de antecipação). Isso resultará em acréscimo tarifário de 1,8435% {[(3,744 x 0,5040) – 0,5040] * 1,333}, de incidência anual até o término do contrato de concessão.[376]

Ainda, os contratos da quarta etapa são expressos quanto à prévia autorização da ANTT para antecipação das obras sobre as quais incide o Fator A. Essa questão foi objeto de debate entre a agência reguladora e o TCU. Segundo a unidade técnica da corte de contas, a incidência do Fator A e do Fator D permitiria jogo de cronograma pela concessionária, uma vez que estaria incentivada a antecipar certas obras previstas para os anos finais e não executar outras no momento devido, já que a antecipação da obra permite majoração da tarifa em patamar superior à sua diminuição no caso de inexecução que autorize a incidência do Fator D. Nesse sentido:

---

[375] BRASIL. Secretaria Especial do Programa de Parcerias de investimentos, 2018a.

[376] BRASIL. Tribunal de Contas da União, 2018a.

> Do ponto de vista estritamente matemático, a diferença pode ser justificada pelo maior valor relativo do investimento nos anos iniciais de contrato, já que a empresa precisará antecipar o desembolso de recursos que seriam necessários somente quinze anos depois, se fosse mantida a programação original. Na prática, contudo, essa diferença cria estímulos para que a concessionária privilegie a execução das obras de ampliação de capacidade previstas para os anos finais de contrato (menos urgentes e de maior impacto tarifário) em detrimento daquelas previstas para os anos iniciais de contrato (mais urgentes e de menor impacto tarifário).[377]

Com base nisso, a unidade técnica do TCU concluiu que a incidência do Fator A somente faz sentido na circunstância em que a concessionária executa rigorosamente todas as suas obrigações contratuais, pois assim é obstado o jogo de cronograma. Caberia, então, à ANTT ajustar a metodologia do Fatores A e D para garantir a equivalência financeira e econômica dos adiantamentos das obras com as suas postergações. Contudo, os ministros não acataram a recomendação da unidade técnica, pois compreenderam que cabe à ANTT fiscalizar adequadamente os contratos ao autorizar a antecipação das obras e aplicar sanções, ao lado do Fator D, no caso de inexecução contratuais, assim promovendo incentivos para que não haja o jogo de cronograma.

Essa decisão foi tomada durante a modelagem da licitação da concessão da BR-101/290/386/448/RS que deu origem ao contrato firmado com a concessionária ViaSul. No curso da fiscalização das duas licitações mais recentes (BR-153/414/080/TO/GO e BR-163/230/MT/PA), essa questão voltou a ser debatida, pois o TCU constatou que os editais deixaram de prever a prévia autorização da ANTT para antecipação das obras que ensejam a aplicação do Fator A, o que incentivaria o jogo de cronograma. Aliado a isso, constatou-se que a antecipação das obras proporcionaria ganhos superiores àqueles constatados quando examinado o contrato de concessão da ViaSul, pois os editais mais recentes traziam mais obras a serem executadas no final da concessão e, com isso, "quanto maior for o prazo para a conclusão da obra e quanto maior o prazo antecipado na sua conclusão, maiores são as distorções geradas pela aplicação do Fator A".[378]

Em resposta a esses apontamentos, a ANTT consignou que a supressão da imposição de autorização prévia para antecipação das

---

[377] *Ibid.*

[378] BRASIL. Tribunal de Contas da União. *Acórdão nº 4036/2020*. Ministro Relator: Vital do Rêgo. Brasília, DF, 8 dez. 2020b.

obras visou a diminuir o custo regulatório e, também, a permitir que cada licitante, durante o leilão, maximize o valor do projeto já que não tem expectativa de negociação com o regulador.[379] O tribunal refutou essa justificativa e recomendou que o contrato previsse a obrigatória autorização prévia, o que foi acatado pela ANTT.[380] Por outro lado, essa agência modificou parte dos percentuais do Fator A, aplicando percentuais distintos para a mesma espécie de obra quando prevista sua execução no primeiro ciclo da concessão (primeira metade do prazo total) e quando programada para o segundo ciclo (segunda metade do prazo total). No segundo ciclo, os percentuais são sempre menores, visando a desincentivar a concessionária a antecipar obras do segundo ciclo como forma de majorar, em maior medida, a Tarifa Básica de Pedágio. O TCU acatou essa modificação, por entender que era uma escolha adequada dentro do exercício da competência discricionária da ANTT.

2.6 Fator C

Introduzido ineditamente na terceira etapa do PROCROFE, o Fator C é o mecanismo de preservação do equilíbrio econômico-financeiro aplicado a duas espécies de eventos de desequilíbrio: aqueles que geram impacto exclusivamente sobre a receita[381] e aqueles oriundos da não utilização das verbas devidas pela concessionária para os fins pactuados.

Inicialmente, cabe anotar que uma das características marcantes do Fator C é a "automatização" do reequilíbrio econômico-financeiro. A cada ano, diferentes eventos de desequilíbrio que impactam a receita e a não utilização integral das verbas devidas pela concessionária são calculados na revisão ordinária anual subsequente ao ano de sua ocorrência[382] e seus efeitos são sentidos no ano seguinte, por meio de redução ou acréscimo à tarifa de pedágio.

---

[379] BRASIL. Agência Nacional de Transportes Terrestres. *Memoriais em Defesa*. TC 016.936/2020-5. Peça 85. Brasília, DF, 13 nov. 2020a.

[380] BRASIL. Tribunal de Contas da União, *op. cit. Cf.* também: BRASIL. Tribunal de Contas da União, 2020c.

[381] Os contratos da terceira etapa do PROCROFE não definiram a espécie de receita. Já nos contratos da quarta etapa, a redação contratual foi modificada para fazer expressa referência tanto à receita tarifária quanto à receita extraordinária.

[382] Embora a regra seja que o evento de desequilíbrio ocorrido no ano x seja calculado na revisão subsequente, incidindo seus efeitos sobre a tarifa no ano x+1, em alguns contratos há intervalo maior entre a data de ocorrência do evento e a data de apuração na revisão ordinária, impactando a tarifa de ano distinto daquele imediatamente posterior ao ano de ocorrência do evento. Por exemplo, "no caso da Ecoponte, uma vez que a data-base de reajuste/revisão coincide com o início do ano-concessão, não há tempo hábil para se apurar

A prescrição desse mecanismo a partir da terceira etapa está relacionada à vedação da apresentação do plano de negócios no curso da licitação. Como já exposto, nos contratos das etapas anteriores, o plano de negócios – que contempla o fluxo de caixa do projeto – é apresentado no certame e define o estado do contrato em equilíbrio, razão pela qual é empregado para fins de recomposição da equação econômico-financeira para grande parte dos eventos de desequilíbrio. Já nos contratos da terceira e quarta etapas, em que o plano de negócios formatado à época da licitação não é conhecido e não vincula as partes, para aferir o desequilíbrio e o reequilíbrio, foi necessário buscar outros mecanismos que não se atrelam ao fluxo de caixa do projeto formulado à época da licitação pela concessionária ou àquele fluxo estimado nos estudos de viabilidade elaborados pelo Poder Concedente.[383]

Justamente em razão disso, o artigo 3º, §6º, da Resolução nº 5.850, de 16 de julho de 2019, da ANTT estabelece a aplicação do Fator C para reequilibrar perdas e ganhos de receitas relacionadas ao Fluxo de Caixa Marginal apenas "para os contratos em que não houve exigência, no certame, da entrega do FCO, referente ao plano de negócios vencedor do leilão". Nesse mesmo sentido, também está a Resolução nº 5.954, de 4 de novembro de 2021, que trata da recomposição do equilíbrio econômico-financeiro dos eventos causados pela pandemia de Covid-19 prevendo a incidência do Fator C para os contratos que não foram precedidos da apresentação de plano de negócios. Nos demais contratos em que houve a entrega do plano de negócios, o cálculo se baseará nas rubricas constantes do fluxo de caixa original da proposta.

---

as receitas da concessionária relativas ao ano-concessão imediatamente anterior, e por essa razão, são tratados no Fator C os eventos com uma defasagem de dois anos em relação àquele que se inicia na data de reajuste/revisão. Portanto, para a presente análise, em se tratando de uma revisão prevista para entrar em vigor no início do 6º ano de concessão, será procedido os reequilíbrios relativos ao 4º ano (01.06.2018 a 31.05.2019), além de correções e ajustes relativos a anos anteriores" (BRASIL. Agência Nacional de Transportes Terrestres. *Nota Técnica nº 2383/2020/GEREF/SUINF*. Brasília, DF, 3 jun. 2020b).

[383] Ribeiro destaca como mecanismos, como o Fator C, foram criados como alternativa ao uso do plano de negócios: "Além disso, também no âmbito do Governo Federal, culpa-se o PN pelos problemas recentemente detectados na área de fiscalização de contratos de concessão rodoviária da ANTT. (...) A solução subministrada para dar consequência a essas críticas no âmbito do Governo Federal são as seguintes: (...) Substituir o método tradicional de uso do PN para recomposição do equilíbrio econômico-financeiro pela metodologia do Fluxo de Caixa Marginal e pela adoção de uma série de outros mecanismos que supostamente 'automatizam' a recomposição do equilíbrio econômico-financeiro do contrato. Refiro-me ao fator D, fator C, fator Q etc. previstos nos contratos de concessão de rodovias e aeroportos federais" (RIBEIRO, 2015, p. 161).

A seguir, serão examinados: (i) os eventos de desequilíbrio objetos do mecanismo em questão; (ii) o cálculo de cada evento de desequilíbrio; (iii) a formação da Conta C; (iv) a atualização do montante do Fator C; e (iv) o cálculo final do Fator C.

2.6.1 Eventos de desequilíbrio

O Fator C apura o desequilíbrio, seja em favor da concessionária, seja em favor do Poder Concedente/usuário, de diversos eventos de desequilíbrio que impactam, exclusivamente, a receita, positiva ou negativamente. Também, apura o desequilíbrio decorrente da não utilização da integralidade de verbas devidas pela concessionária. Eventos de desequilíbrios que impactem os custos da concessionária não são calculados por meio do Fator C.

Os contratos de concessão da terceira etapa trazem rol exemplificativo de eventos de desequilíbrio que impactam unicamente receitas percebidas tanto no Fluxo de Caixa Original quanto no Fluxo de Caixa Marginal, como, por exemplo, a alteração de receitas oriundas do arredondamento da tarifa, da redução ou do aumento da alíquota dos tributos ISSQN, PIS e COFINS, do atraso na aplicação do reajuste tarifário, de decisão judicial que impossibilite a cobrança total ou parcial da tarifa, de ausência de aplicação do Fator Q e, também, da aplicação das receitas extraordinárias para fins de modicidade tarifária. Os contratos de concessão da quarta etapa acrescentam a esse rol as alterações de receitas decorrentes da execução de obras e serviços fora dos prazos definidos no PER e, também, da indenização oriunda da não realização das atividades que ensejam a aplicação do Desconto de Reequilíbrio no último ano da concessão. O contrato de concessão celebrado em 2021 com a Eco153 também previu a incidência na Conta C da compensação do Desconto de Usuário Frequente[384] quando não houver saldo na conta de ajuste e, também, nos casos de reversão do

[384] De acordo com aquele contrato, os descontos concedidos pela concessionária aos usuários frequentes devem ser compensados pelo Poder Concedente, utilizando-se do saldo presente na "conta de ajuste", que consiste em "conta bancária de titularidade da concessionária e de movimentação restrita, aberta perante o Banco Depositário e movimentada somente com autorização da ANTT, utilizada para o depósito de valores gerados pela concessão", nos termos da cláusula 1.xvii do contrato. Caso não haja saldo nessa conta, o valor devido pelo Poder Concedente será reequilibrado por meio da aplicação do Fator C.

saldo da concessão no âmbito da revisão quinquenal, para fins de modicidade tarifária.[385]

Adicionalmente, a Resolução nº 5.850, de 16 de julho de 2019, da ANTT, acrescenta a esse rol as alterações de receitas oriundas do atraso na aplicação do Desconto de Reequilíbrio e do Acréscimo de Reequilíbrio (artigo 5º, §2º). Ainda, a Resolução nº 5.954, de 4 de novembro de 2021, prescreve que impactos gerados na demanda da rodovia em razão da pandemia de Covid-19 serão recompostos por meio da aplicação do Fator C nas concessões desprovidas de plano de negócios.[386]

Ainda, o Fator C aplica-se aos casos em que certas verbas devidas pela concessionária não são integralmente utilizadas, como, por exemplo, as verbas de recursos para desenvolvimento tecnológico. De acordo com os contratos de concessão da terceira etapa, a concessionária deve destinar montante pré-determinado a projetos e estudos que visem ao desenvolvimento tecnológico. Caso a verba não seja integralmente destinada a esse fim, haverá desequilíbrio representado pela diferença do valor que deveria ter sido despendido e o que efetivamente foi, a ser recomposto pelo Fator C.

2.6.2 Cálculo de cada evento de desequilíbrio

A cada ano, os diferentes eventos de desequilíbrio contemplados no Fator C são apurados individualmente, sempre com base no tráfego e nas receitas efetivamente auferidas (tráfego e receita real em vez de tráfego e receitas estimadas)[387] e, ainda, tomando em consideração as características próprias do evento de desequilíbrio em análise. Por exemplo, na concessão da Ecoponte, a tarifa do ano 2 era de R$4,03874, no entanto, para facilitar o pagamento e manejo do troco,

---

[385] Conforme o contrato, no bojo da revisão quinquenal, a ANTT poderá autorizar que o montante constante do "saldo da concessão" – valor que existe na conta de ajuste após o uso dos valores que são depositados mensalmente "para a formação de reserva de contingência da concessão, com destinação exclusiva à compensação de eventos previstos neste contrato", nos termos da cláusula 1.lxxxvi – seja destinado à concessionária, permitindo a diminuição da tarifa e, com isso, privilegiando a modicidade tarifária.

[386] Disponível em: https://participantt.antt.gov.br/Site/AudienciaPublica/VisualizarAvisoAudienciaPublica.aspx?CodigoAudiencia=447. Acesso em: 10 jun. 2021.

[387] Nas hipóteses em que o evento de desequilíbrio não perdurar durante todo o ano da concessão, ocorrendo por apenas dias ou meses, o cálculo tomará como base a receita anual e calculará a receita proporcional aos dias em que o evento ocorreu. Isso, porque "ainda não é possível auditar a receita diária fornecida pela concessionária, somente a anual", daí surgindo a necessidade do cálculo da proporção da receita diária frente à receita anual (BRASIL. Agência Nacional de Transportes Terrestres, 2018h).

a tarifa foi arredondada para R$4,00. Passado o ano 2 e conhecido o real volume de tráfego naquele ano, apurou-se a diferença entre "(i) a receita efetivamente obtida a partir da tarifa praticada [R$4,00] e correspondente volume de tráfego real no ano 2; e (ii) a receita que seria obtida utilizando-se a tarifa sem arredondamento [R$4,03874], e com o volume real do dano 2".[388] Chegou-se ao valor de desequilíbrio positivo (em desfavor da concessionária) de R$1.142.887,37, isto é, em razão do arredondamento, a concessionária deixou de auferir R$1.142.887,37.

Outro exemplo: naquele mesmo contrato, também houve desequilíbrio decorrente da não utilização do montante total previsto para aplicação das verbas de desenvolvimento tecnológico. Era prevista a destinação de R$516.248,05 a projetos e estudos com esse fim, porém foram aplicados somente R$84.158,76, daí advindo diferença de R$432.089,29, que representa desequilíbrio negativo (em desfavor do Poder Concedente/usuário), ou seja, a concessionária deixou de despender R$432.089,29 que deveriam ter sido gastos por ela para os fins avençados no contrato.

Durante o cálculo de cada um dos eventos de desequilíbrio abrangidos pela aplicação do Fator C, caso estejamos diante de "evento de correção do Fator C anteriormente aplicado", isto é, "eventos que ocorreram em anos anteriores ao ano da apuração",[389] os montantes apurados devem ser atualizados pela incidência do IRT (índice de reajustamento para atualização monetária do valor da tarifa de pedágio) e deve ser aplicada taxa de juros real equivalente à taxa de desconto do Fluxo de Caixa Marginal, nos termos do artigo 5º, §4º, da Resolução nº 5.850, de 16 de julho de 2019. De acordo com a ANTT, nesses casos, o Fator C equipara-se a um fluxo de caixa e, como tal, há sobre ele a incidência da Taxa Interna de Retorno, o que justifica a incidência da taxa de juros real equivalente à taxa de desconto do Fluxo de Caixa Marginal sobre esses eventos de desequilíbrio ocorridos em anos anteriores ao ano objeto da revisão ordinária em curso.[390]

---

[388] BRASIL. Agência Nacional de Transportes Terrestres. *Nota Técnica nº 0004/2018/GEREF/SUINF*. Brasília, DF, 17 maio 2018g.

[389] BRASIL. Agência Nacional de Transportes Terrestres, 2018h.

[390] "(...) eventos que ocorreram em anos anteriores ao ano de apuração, quando corrigidos, deve haver incidência de inflação e taxa de juros. Observa-se que esse item equipara o Fator C a um fluxo de caixa, uma vez que qualquer alteração de anos anteriores em um fluxo de caixa, há a ação da TIR, e no Fator C, essa premissa também deve ser mantida". (*Ibid.*)

Por exemplo, na 3ª Revisão Ordinária de contrato de concessão da terceira etapa,[391] houve incidência equivocada do Desconto de Reequilíbrio (Fator D), pois parte dele não foi aplicada no exercício de referência correto. Em vez de 23,14011%, foi aplicado o desconto de 9,47058%, o que fez com que a concessionária percebesse receita a mais do que a realmente devida no ano em que esse desconto incidiu sobre a tarifa. Na revisão ordinária subsequente, com base nos dados reais de tráfego e receita, foi calculado o valor percebido em excesso pela concessionária em relação à parte do ano em que o Desconto de Reequilíbrio incidiu de modo incompleto. O valor recebido a mais em relação a outra parte do ano não pôde ser calculado, pois os dados reais de tráfego e receita ainda não eram conhecidos. O cálculo relativo a essa outra parte foi feito apenas por ocasião da 5ª Revisão Ordinária, quando já conhecidos os dados reais, o que permitiu calcular que houve a percepção de receita a mais no valor de R$19.443.109,78 que, após a devida atualização e aplicação da taxa de desconto do Fluxo de Caixa Marginal, resultou no valor de R$21.089.941,17, valor incorporado à Conta C para compensação com os demais montantes oriundos de eventos de desequilíbrio incidentes na 5ª Revisão. Nesse caso houve, portanto, a correção de evento ocorrido em ano anterior (Fator D apurado equivocadamente) ao ano que era objeto da 5ª Revisão Ordinária, o que ensejou sua atualização monetária e capitalização por meio da taxa de juros.

2.6.3 Conta C

Apurado o montante do desequilíbrio de cada evento ocorrido no ano de referência objeto da revisão ordinária em curso, os valores são alocados à chamada "Conta C", para que sejam compensados entre si. Logo, montantes de desequilíbrio em desfavor da concessionária (positivos) são compensados com os valores de desequilíbrio em desfavor do Poder Concedente/usuários (negativos), assim chegando a um valor final que representa o saldo da compensação para aquele ano, isto é, o montante final do desequilíbrio, seja positivo (em favor da concessionária), assim representando acréscimo da tarifa de pedágio, seja negativo (em favor do Poder Concedente/usuário), assim culminando em redução da tarifa de pedágio. Em suma, "o referido Fator C operará

---

[391] *Cf.* BRASIL. Agência Nacional de Transportes Terrestres. *Nota Técnica nº 4332/2020/GEGEF/SUROD/DIR*. Brasília, DF, 29 set. 2020d.

como correia de transmissão de uma 'câmara de compensação' (chamada 'Conta C') entre valores positivos e negativos, correspondentes ao impacto exercido por determinados eventos que tenham desequilibrado o contrato".[392]

Não é obrigatório que todo o saldo da Conta C seja considerado para fins de apuração do Fator C que incidirá sobre a tarifa do ano seguinte, sendo admitido o seu parcelamento durante os anos posteriores da concessão. De acordo com os contratos de concessão, essa medida visa a evitar grandes oscilações tarifárias. Por exemplo, caso haja alto desequilíbrio que impactou negativamente a concessionária e demande o reequilíbrio em seu favor, a incidência desse reequilíbrio em sua integralidade no ano seguinte geraria aumento significativo do valor da tarifa, onerando os usuários repentinamente. De modo distinto, diante de alto desequilíbrio que impactou negativamente o Poder Concedente e demande o reequilíbrio em seu favor, a incidência desse desequilíbrio em sua totalidade, de uma só vez, culminaria em redução drástica da tarifa, podendo levar a concessionária a problemas de liquidez.[393] Nesses casos, a ANTT detém competência discricionária para determinar que apenas parte desse saldo será contemplado no cômputo do Fator C aplicável à tarifa no ano seguinte.

Essa possibilidade de parcelamento é admitida somente em relação a certos eventos que "possuem uma característica de apresentar menor previsibilidade quanto a sua ocorrência e também quanto ao valor, de forma que, se integralmente revertidos à tarifa no ano seguinte, poderiam provocar alterações significativas na tarifa desnecessariamente",[394] como, por exemplo, decisão judicial que obste a cobrança da tarifa. Já outros eventos de desequilíbrio que costumam ocorrer frequentemente e detêm maior previsibilidade devem ter seus efeitos computados sobre a tarifa do ano seguinte à sua ocorrência.[395]

---

[392] BRASIL. Tribunal de Contas da União. *Acórdão nº 86/2015*. Ministro Relator: Walton Alencar Rodrigues. Brasília, DF, 6 fev. 2015.

[393] Situação semelhante a essa hipótese foi tratada no Voto nº 09/2020, que admitiu o parcelamento da aplicação do Fator C ante a alegação da CONCEBRA de que sua aplicação integral levaria a sua iliquidez (BRASIL. Agência Nacional de Transportes Terrestres. *Voto-DEM nº 09-2020*. Brasília, DF, 3 nov. 2020i).

[394] BRASIL. Agência Nacional de Transportes Terrestres, 2014a.

[395] De acordo com os contratos da terceira etapa, devem necessariamente incidir sobre a tarifa do ano seguinte os montantes do desequilíbrio decorrentes da alteração de receitas oriunda de arredondamento da tarifa, redução ou aumento da alíquota dos tributos ISSQN, PIS e COFINS, do atraso na aplicação do reajuste da tarifa, da não utilização da totalidade de verbas para segurança no trânsito e para desenvolvimento tecnológico.

Segundo o TCU, essa possibilidade de parcelamento pode culminar "em administração arbitrária da tarifa por parte do Poder Concedente", uma vez que não há nos contratos parâmetros para os parcelamentos, deixando ampla margem para o exercício de competência discricionária pela ANTT. Nesse sentido, a Procuradoria Federal Junto à ANTT entende que:

> Quanto ao parcelamento do Fator C, especificamente, nada diz o contrato, estando esta hipótese certamente inserida na prerrogativa da Agência de optar por um montante inferior do saldo da Conta C, cabendo à Diretoria Colegiada o exercício de sua competência discricionária na avaliação e definição do valor a ser utilizado na presente revisão.[396]

Para o TCU, essa competência discricionária deveria ser mitigada por meio da instituição de "parâmetros objetivos (e.g. sistema de 'bandas' ou intervalos de variação) para nortear o repasse dos valores da 'Conta C' via Fator C, quando houver conveniência e oportunidade de que esse repasse seja efetuado de forma gradual ou diferida".[397] Até o momento de conclusão deste livro, os contratos de concessão das rodovias federais não contemplaram regra nesse sentido, a despeito da recomendação daquele órgão de controle.

2.6.4 Atualização do saldo da Conta C

Uma vez definido o montante aplicado no cálculo do Fator C que incidirá sobre a tarifa do ano seguinte (integralmente ou não), resta dúvida se esse valor deve, ou não, ser atualizado. De acordo com o TCU, na concessão da CONCEBRA, houve desequilíbrio negativo (em favor do Poder Concedente/usuários) que foi computado na apuração do Fator C do ano seguinte a esse desequilíbrio, resultando na minoração da tarifa. O órgão de controle ponderou que os valores atinentes ao desequilíbrio, contudo, estavam sendo devolvidos aos usuários sem qualquer atualização, equiparando-se "a um empréstimo sem juros".[398] Em outras palavras, o desequilíbrio era calculado a preços correntes do

---

[396] BRASIL. Advocacia-Geral da União. *Parecer nº 00439/2020/PF-ANTT/PGF/AGU*. Brasília, DF, 30 set. 2020b.

[397] BRASIL. Tribunal de Contas da União. *Acórdão nº 86/2015*. Ministro Relator: Walton Alencar Rodrigues. Brasília, DF, 06.02.2015.

[398] BRASIL. Tribunal de Contas da União. *Acórdão nº 2477/2020*. Ministro Relator: Augusto Nardes. Brasília, DF, 19 set. 2020.

ano x da concessão, mas devolvidos aos usuários, por meio da redução da tarifa, no ano x+1 sem que houvesse atualização monetária nem sua capitalização.

Em resposta a essa constatação, a ANTT suscitou que o contrato de concessão "prevê que todos os valores de entrada na Conta C estejam a preços correntes do ano concessão de referência para a revisão em curso (ou seja o ano anterior)".[399] Logo, de acordo com a dinâmica contratual, o montante a ser aplicado no cálculo do Fator C, relativo ao ano 2, que incidirá sobre a tarifa do ano seguinte, não deve ser atualizado monetariamente ou capitalizado.

A análise dos contratos de concessão evidencia que a taxa de juros incide apenas em duas oportunidades, nenhuma delas relacionadas à hipótese questionada pelo TCU: (i) para o cálculo da diferença entre o quanto deveria ter sido reequilibrado no ano anterior (Cd_t) e o quanto efetivamente o foi com base no Fator C incidente sobre a tarifa daquele ano multiplicado pelo volume real de tráfego do ano em que esse Fator C incidiu e (ii) quando "o saldo remanescente da Conta C é transferido ao Fator C de anos posteriores para evitar grandes oscilações tarifárias".[400]

Essa dinâmica modificou-se com a edição da Resolução nº 5.850, de 16 de julho de 2019, da ANTT, que passou a prever que o resultado final do saldo da Conta C relativo ao ano de referência objeto da revisão ordinária "será atualizado monetariamente para a mesma data-base de reajuste da tarifa, com a aplicação do IRT" (artigo 5º, §3º). De acordo com a ANTT, como os eventos de desequilíbrio são reequilibrados no ano seguinte à sua ocorrência, é necessário atualizar o montante "para aplicar o fator C de forma justa":

> Dessa forma, conforme o contrato, a Conta C é composta pelas receitas auferidas durante o ano correspondente. Porém, deve-se observar que os reequilíbrios de Fator C apurados no ano concessão, são aplicados na data de reajuste da tarifa no ano seguinte. Assim, para aplicar o Fator C de forma justa, será necessário atualizar o montante da Conta C a ser aplicado no ano seguinte a t, com a variação da inflação entre o ano de apuração e a data de aplicação.[401]

---

[399] BRASIL. Agência Nacional de Transportes Terrestres. *TC nº 014.6182015-0*. Brasília, DF, 18 dez. 2014c.

[400] BRASIL. Tribunal de Contas da União, *op. cit.*

[401] BRASIL. Agência Nacional de Transportes Terrestres, 2018h.

Ao julgar o caso, o TCU levou em consideração que a alegada inconsistência na aplicação do Fator C foi corrigida pela referida resolução, cujos termos, porém, somente incidirão sobre o contrato de concessão então em análise após celebrado termo aditivo. Em razão disso, o TCU deixou de recomendar que fosse exigida a devolução dos valores auferidos a mais pela concessionária em decorrência da ausência da atualização e capitalização do montante considerado para aplicação do Fator C.

Em observância a essa discussão, recente contrato de concessão firmado com a CCR Via Costeira, em julho de 2020, modificou a fórmula na qual incide o Fator C. Nos contratos anteriores, previa-se a incidência do índice de reajuste (IRT) sobre ele, da seguinte maneira: TP = TBP x (1 – D + A + E) x IRT + (FMC + C) x IRT. No contrato de concessão mais recente, exclui-se a incidência do IRT sobre o Fator C em tal fórmula (TP = TBP x (1 – D + A + E) x IRT + (FMC x IRT) + C), "visando evitar qualquer problema de interpretação – como a aplicação de IRT em duplicidade",[402] já que a atualização do Fator C pelo IRT já é feita antes de sua inclusão nessa fórmula.

Uma vez calculado e, se for o caso, atualizado o valor a ser aplicado no cálculo do Fator C para o ano objeto da revisão ordinária em curso, caso haja saldo remanescente na Conta C oriundo de anos anteriores, esse saldo será atualizado pela taxa de juros – que é composta pela taxa de juros equivalente à taxa de desconto do Fluxo de Caixa Marginal e pela variação, no período, do índice utilizado para reajustamento da tarifa[403] – e, então, somado àquele primeiro montante. O produto dessa soma representa o montante do saldo da Conta C a ser aplicado na revisão ordinária em curso. Se não houver saldo remanescente oriundo de anos anteriores, o montante a ser aplicado no cálculo do Fator C para o ano de referência da revisão ordinária será aquele resultado da compensação entre os diversos eventos de desequilíbrio, em sua integralidade ou não, a depender da decisão tomada pela ANTT.

---

[402] BRASIL. Agência Nacional de Transportes Terrestres. *Resposta ao pedido de acesso à informação nº 50001.029211/2021-25*. Brasília, DF, 1 jun. 2021g.

[403] A taxa de juros é representada pela seguinte fórmula: Taxa de juros = [(1+ *i*) x (1+ *f*)] -1, onde *i* representa a variação, no período, do índice utilizado para reajustamento da tarifa e *f* representa a taxa de desconto do Fluxo de Caixa Marginal.

2.6.5 Definição final do Fator C

Uma vez conhecido o montante a ser aplicado no cálculo do Fator C para o ano objeto da revisão ordinária em curso, esse valor será empregado na fórmula[404] prevista em seis dos oitos contratos da terceira etapa.[405] Nessa fórmula, o Fator C (C_{t+1}) do ano da concessão objeto de referência da revisão ordinária em curso (t) é obtido por meio da soma do montante do saldo da Conta C a ser aplicado na revisão ordinária em curso (Cd_{t+1}) com o resultado da diferença entre o montante do saldo da Conta C aplicado no ano anterior (Cd_t) e o Fator C incidente no ano da concessão objeto da revisão ordinária (c_t) multiplicado pelo Volume Total Pedagiado Equivalente real para o ano da concessão objeto da revisão ordinária ($VTPeq_t$) depois de multiplicado pela taxa de juros (r_t). Esse resultado é, então, dividido pela Projeção do Volume Total Pedagiado Equivalente para o ano seguinte ao ano da concessão objeto da revisão ordinária ("$VTPeq_{t+1}$~"), daí resultando o valor do Fator C que incidirá sobre a tarifa de pedágio do ano seguinte, seja para incrementá-la, seja para reduzi-la.

Essa fórmula demonstra que o Fator C decorre não apenas do montante do saldo da Conta C apurado para o ano da concessão objeto da revisão ordinária em curso (Cd_{t+1}), mas também advém do saldo remanescente do Fator C incidente no ano da concessão objeto da revisão ordinária, que é fruto da revisão do ano anterior. Faz isso ao trazer para a fórmula a equação (Cd_t – c_t x VTPeqt) x (1+rt), considerando o quanto deveria ter sido reequilibrado no ano anterior (Cdt) e o quanto efetivamente o foi com base no Fator C incidente sobre a tarifa e o volume real de tráfego do ano em que ele incidiu (c_t x VTPeqt). Ainda, corrige o valor de um ano para outro e recompensa o custo de oportunidade ao multiplicar o resultado de (Cd_t – c_t x VTPeqt) pela taxa de juros (1+rt).

O montante daí resultado é dividido pela projeção de volume de tráfego para o ano seguinte ao ano da concessão objeto da revisão ordinária em curso, justamente porque é necessário saber o montante a ser acrescido ou reduzido da tarifa cobrada a cada usuário. Assim, conhecido o valor total do montante a reequilibrar e o volume projetado

---

[404] $$c_{t+1} = \frac{Cd_{t+1} + (Cd_t - c_t \times VTPeq_t) \times (1 + r_t)}{\widetilde{VTPeq}_{t+1}}$$

[405] O contrato da Eco101 não prevê a incidência do Fator C, enquanto o contrato de concessão da Ecoponte estabelece fórmula distinta, como será visto adiante.

para aquele ano, é possível definir seu impacto sobre a tarifa de cada usuário.

Também se nota que o Fator C toma em consideração os impactos reais do evento de desequilíbrio sobre o volume real do tráfego tanto para fins de apurar o valor de cada evento de desequilíbrio incorporado à Conta C (vide o exemplo do desequilíbrio decorrente do arredondamento tarifário) quanto para mensurar o real impacto do Fator C calculado na revisão anterior e incidente sobre a tarifa do ano objeto da revisão ordinária ($Cd_t - c_t$ x VTPeqt). De acordo com contratos de concessão da terceira etapa, o uso do volume real do tráfego no âmbito do Fator C trata-se de exceção à regra contratual que aloca o risco de variação de demanda. Portanto, excepcionalmente para o Fator C, assim como para o Fluxo de Caixa Marginal, é admitida a alocação desse risco ao Poder Concedente.[406]

Fórmula um pouco distinta passou a ser adotada nos contratos firmados de 2015 em diante:[407] ($Cd_t - c_t$ x VTPeqt) foi substituído por (c_t x (VTPeqt~ – VTPeqt). Essa nova parte da fórmula representa a multiplicação do Fator C calculado na revisão anterior e incidente sobre a tarifa do ano objeto da revisão ordinária em curso pela diferença entre o volume de tráfego projetado para o ano objeto da revisão ordinária e o volume de tráfego real daquele ano. Procura-se saber se o montante de desequilíbrio aplicado na revisão do ano anterior com base em volume de tráfego projetado foi integralmente saldado ou, o que é mais provável, se houve diferença para mais ou para menos considerando o real volume de tráfego. Havendo diferença, esse montante será multiplicado pela taxa de juros e, depois, somado ao valor do saldo da Conta C da revisão em curso (Cdt +1) que definirá o acréscimo ou decréscimo incidente sobre a tarifa a ser cobrada no ano seguinte.

Segundo a ANTT, a mudança dessa parte da fórmula decorre da constatação que a originalmente adotada continha erro matemático, pois acarretou variações a mais e a menos no resultado, a depender do ano da concessão objeto do cálculo. De acordo com aquela agência,

---

[406] Cláusula 21.1.1 da concessão da Rota do Oeste (terceira etapa do PROCROFE): "Com exceção das hipóteses da subcláusula 21.2, a concessionária é integral e exclusivamente responsável por todos os riscos relacionados à concessão, inclusive, mas sem limitação, pelos seguintes riscos: 21.1.1 volume de tráfego em desacordo com as projeções da concessionária ou do Poder Concedente, com exceção do disposto: i) na subcláusula 21.2.8, no tocante à não execução ou ao atraso nas obras do DNIT previstas no Apêndice D do PER; ii) na subcláusula 22.5; e iii) na aplicação do Fator C".

[407]

$$c_{t+1} = \frac{Cd_{t+1} + \left(c_t \times (\widetilde{VTPeq}_t - VTPeq_t)\right) \times (1 + r_t)}{\widetilde{VTPeq}_{t+1}}$$

as diferenças não são relevantes e os contratos da terceira etapa vêm sendo aditivados a fim de modificar parcialmente a fórmula adotada originalmente a fim de corrigir o erro:

> Conforme esclarecido pela Gerência de Gestão Econômico-Financeira de Rodovias – GEGEF, a fórmula, tal qual está prevista no Anexo 6 do contrato da CONCEBRA, MSVIA, ROTA DO OESTE, ECO 050, contém erro matemático, corrigido a partir do contrato da Ecoponte, já celebrado com a fórmula correta. Ressalta o representante da GEGEF que o erro refere-se [*sic*] à parcela da fórmula que visa corrigir o tráfego projetado quando da apuração e aplicação do Fator C anterior. Após testes realizados, observou-se que o erro da fórmula implicou tanto variações a maior quanto a menor no resultado, a depender do ano, não sendo, portanto, relevante o impacto resultante. Ademais, conforme esclarecido, no 1º Termo Aditivo ao contrato de concessão da Via040 o ajuste na fórmula já foi realizado. Está sendo pactuado Termo Aditivo ao contrato da MSVia e da Eco050 que tratará do mesmo ajuste. Na sequência, será procedido o ajuste da fórmula para os contratos da Concebra e Rota do Oeste.[408]

Por fim, ao final do prazo da concessão, caso o último cálculo do Fator C revele resultado favorável à concessionária, a ANTT poderá impor encargos adicionais ou reter valores por ela pagos. Já no caso de resultado desfavorável, a ANTT deverá proporcionar receitas adicionais à concessionária. Ainda, caso haja saldo negativo ou positivo advindo do Fluxo de Caixa Marginal, esse saldo poderá ser compensado com o saldo da Conta C.

2.7 Fator X

Ineditamente no âmbito das rodovias federais, os contratos de concessão da terceira etapa do PROCROFE prescreveram a aplicação do Fator X, que é um redutor do reajuste da tarifa de pedágio decorrente do compartilhamento, com os usuários, dos ganhos de produtividade obtidos pela concessionária. Logo, o índice de reajuste deixa de ser aplicado em sua integralidade, pois dele é subtraído o percentual que representa esse ganho.[409]

---

[408] BRASIL. Agência Nacional de Transportes Terrestres. *Resposta ao pedido de acesso à informação nº 50001.023317/2021-15*. Brasília, DF, 4 maio 2021h.

[409] Nos contratos de concessão de rodovias, a incidência do Fator X é assim representada "IRT – X", sendo que IRT é o índice de reajustamento para atualização monetária do valor da Tarifa de Pedágio e de outras variáveis definidas no contrato.

Abaixo, serão analisados os seguintes aspectos: (i) a incidência na regulação *non cost-based* e mecanismo gerido originalmente para regulação *cost-based*; (ii) a possibilidade de compartilhamento de ganhos de produtividade que advêm da gestão empresarial eficiente; (iii) os percentuais do Fator X; e (iv) a supressão desse mecanismo pelos contratos mais recentes.

2.7.1 Um mecanismo de regulação *cost-based* na regulação *non cost-based*

No campo da regulação *cost-based* por preço-teto (*price-cap*), a tarifa cobrada pela concessionária é formada tomando em consideração os custos efetivamente incorridos pela empresa, conforme visto no capítulo 1. Periodicamente, esses custos são revisados e, caso haja flutuação em seus valores, o valor da tarifa a ser cobrada pela concessionária no período seguinte é alterado para acompanhar essa flutuação. Nesses casos, a princípio, a concessionária não é incentivada a diminuir seus custos, já que o valor da tarifa a ser por ela cobrada é definido com base em seus custos: quanto maior o custo, maior a tarifa. Buscando modificar essa circunstância, "cria-se um incentivo para que a empresa regulada seja mais eficiente e incorra efetivamente em custos menores".[410] Esse incentivo é o denominado Fator X. Como esse fator diminui o reajuste incidente sobre a tarifa, assim minorando o valor final cobrado pela concessionária, caso não diminua seus custos, a empresa sofrerá com a redução de seu lucro. Dessa circunstância, surge o incentivo para que a concessionária reduza seus custos, tornando-se mais produtiva. Sob outro aspecto, a aplicação do Fator X proporciona "o compartilhamento de ganhos de produtividade com os usuários, em benefício da modicidade tarifária",[411] pois acaba por reduzir o valor da tarifa cobrada do usuário. Ainda, a incidência do Fator X permite que o reajuste tarifário esteja mais próximo da real oscilação dos custos suportados, pois não somente baseia-se em índices de preços pré-estabelecidos que têm o condão de mostrar a flutuação dos valores dos custos, mas também considera os reais custos incorridos pela concessionária.[412] No Brasil, esse modelo

---

[410] PRADO; GAMELL, 2019, p. 255.

[411] *Ibid.*, p. 255.

[412] Nesse sentido, *cf.* o afirmado por Jacintho Arruda Câmara: "(...) percebendo eventual discrepância entre o índice [de reajuste] fixado e a real oscilação dos custos suportados pela prestação do serviço, é possível que o Poder Concedente rejeite a pura e simples aplicação do índice, formulando revisão tarifária, a fim de atualizar a tarifa com base em critérios

é adotado nos setores de telefonia e de distribuição de energia, com algumas diferenças entre eles.[413]

Embora desenvolvido no campo da regulação baseada no custo (*cost-based regulation*), o Fator X vem sendo previsto nos contratos de concessão inseridos na seara da regulação *non cost-based*, como é o caso dos contratos de concessão das rodovias federais. Como "elementos de cada modelo podem existir concomitantemente em um determinado marco regulatório",[414] o Fator X passou a ser previsto nas concessões de rodovias federais, a partir de 2013,[415] com o específico propósito de compartilhar os ganhos de produtividade com o usuário.

Em razão da previsão de incidência desse fator nas concessões de rodovias federais, é recorrente a menção de que haveria nelas o modelo regulatório *price-cap*, isto é, regulação baseada no custo (*cost-based regulation*) por preço-teto.[416] Contudo, o *price-cap* não se caracteriza apenas pela incidência do Fator X. Em verdade, sua principal característica é a periódica formação da tarifa com base nos reais custos incorridos pela concessionária. Já nas concessões de rodovias, a Tarifa Básica de Pedágio, fruto da proposta vencedora na licitação, não é modificada periodicamente conforme a variação dos custos. Logo, "(...) o preço-teto não é revisitado, o que ultimamente indica que a regulação não é

---

que verdadeiramente preservem o equilíbrio econômico-financeiro da avença. Alguns contratos de concessão trazem em seu corpo regra que, de certo modo, institucionaliza essa análise de natureza fática a cada reajuste. (...) Nesses casos, é comum a introdução de um fator de produtividade a incidir sobre os dados econômicos absolutos, de modo a fazer aumentar ou diminuir o valor do reajuste, de acordo com a real situação dos custos suportados pela concessionária naquele período (...)" (NOHARA, Irene Patrícia; ARRUDA CÂMARA, Jacintho. Licitação e contratos administrativos. *In:* DI PIETRO, Maria Sylvia Zanella (Coord.). *Tratado de direito administrativo.* v. 6. 2. ed. São Paulo: Thomson Reuters Brasil, 2019. p. 441).

413 *Cf.* MARQUES-NETO, 2015, p. 187.

414 BRAGANÇA, Gabriel Godofredo Fiuza de; CAMACHO, Fernando Tavares. Uma nota sobre repasse de ganhos de produtividade em setores de infraestrutura no Brasil (Fator X). IPEA, *Radar*, nº 22, p. 7-16, 2012.

415 Embora introduzido apenas em 2013, o Tribunal de Contas da União já recomendava a incidência do Fator X nas concessões rodoviárias federais desde 2008 (BRASIL. Tribunal de Contas da União. *Acórdão nº 2104/2008*. Ministro Relator: Ubiratan Aguiar. Brasília, DF, 24 set. 2008).

416 "Já, na modelagem da 3ª fase do PROCROFE, no que toca à aferição de seu equilíbrio econômico-financeiro, previu-se: (i) a incorporação de um Fator X como instrumento de incentivo na busca de eficiência por parte da concessionária, durante o período entre revisões (...). Nessa modelagem alterou-se, por completo, a sistemática econômica desses ajustes. É que, se, nas minutas anteriores, a recomposição do equilíbrio econômico-financeiro dava-se com base na metodologia do custo do serviço (*rate of return* ou *cost plus*), a partir desses novos contratos, passou-se a adotar a metodologia de *price cap*" (VÉRAS DE FREITAS, 2017, p. 224).

baseada nos custos da firma".[417] Assim, não há o modelo *price-cap* nas concessões de rodovias federais, mas sim regulação *non cost-based* em que incidem elementos inicialmente desenvolvidos para outro modelo regulatório, como é o caso do Fator X.

2.7.2 Ganhos de produtividade não oriundos da eficiência empresarial

Na forma prevista nos contratos de concessão de rodovias federais, há o compartilhamento apenas dos ganhos de produtividade. Eventuais perdas de produtividade são arcadas unicamente pela concessionária, não havendo o compartilhamento com os usuários. Diferentemente do que ocorre em outros setores, os contratos de concessão em estudo não distinguem os ganhos de produtividade oriundos da gestão pela concessionária dos ganhos advindos de fatores que não são controlados por ela. Essa questão chegou a ser suscitada em pedido de esclarecimentos durante a licitação, mas a ANTT limitou-se a responder que o Fator X ainda seria objeto de regulamento específico.[418]

Como os contratos em exame não estipularam os contornos desse mecanismo de preservação do equilíbrio econômico-financeiro nem a sua fórmula[419] e considerando que ainda inexiste regulamento disciplinando a matéria, surgem dúvidas a respeito da natureza desses ganhos de produtividade, colocando a seguinte questão: todos eles devem ser compartilhados ou apenas aqueles que não decorrem da gestão empresarial eficiente conduzida pela concessionária? Essa pergunta parte da premissa de que os ganhos econômicos oriundos de melhora da produtividade diminuem os custos incorridos pela concessionária, porém considera que parte desses ganhos decorre de gestão eficiente feita pela concessionária, daí surgindo a dúvida se a concessionária está obrigada a compartilhar os ganhos que decorrem exclusivamente de seu esforço empresarial, de seu próprio mérito, ou se pode apropriá-los para si.

---

[417] CAMACHO; RODRIGUES, 2014, p. 270.

[418] BRASIL. Agência Nacional de Transportes Terrestres. *Memorando nº 007/2013/Comissão de Outorga 004/13*. Pergunta 35. Brasília, DF, 2013.

[419] Os termos contratuais a respeito do Fator X são bastante genéricos, limitando-se a dispor que Fator X é "redutor do reajuste da Tarifa de Pedágio, revisto na forma da subcláusula 17.4.6, referente ao compartilhamento, com os usuários do Sistema Rodoviário, dos ganhos de produtividade obtidos pela concessionária".

A resposta a esse questionamento está disposta na lei que regulamenta em parte o setor rodoviário federal,[420] mais especificamente, no artigo 35, inciso VIII, §1º, alínea "b", da Lei nº 10.233/2001, que prescreve que os critérios de reajuste e revisão de tarifas devem considerar "a transferência aos usuários de perdas ou ganhos econômicos decorrentes de fatores que afetem custos e receitas e que não dependam do desempenho e da responsabilidade do concessionário". De acordo com essa norma, devem ser compartilhados com os usuários perdas ou ganhos econômicos desde que não advenham da gestão empresarial pela concessionária, isto é, que derivam de fatores alheios a essa gestão.

O processo legislativo que culminou nesse dispositivo legal corrobora a interpretação. Em um primeiro momento, pretendeu-se incorporar ao projeto de lei artigo com disposição idêntica àquela do artigo 108, §§2º e 3º, da Lei nº 9.472, de 1997,[421] que regulamenta o setor de telefonia, dispondo que os ganhos de produtividade derivados da gestão empresarial eficiente devem ser compartilhados, em termos que ainda serão regulamentados, enquanto os ganhos econômicos que não decorrem da eficiência empresarial – como, por exemplo, diminuição de tributos ou novas regras sobre os serviços que impactam os custos – devem ser compartilhados com os usuários integralmente. Portanto, essa norma determina o compartilhamento oriundo da gestão empresarial eficiente, mas deixa espaço para que o regulamento ou o contrato definam a extensão do compartilhamento (se integral ou parcial).[422]

Todavia, em momento posterior da tramitação do projeto que veio a se tornar a Lei nº 10.233/2001, modificou-se o dispositivo, que passou a conter a previsão hoje prevista em lei que trata do compartilhamento, tão somente, dos ganhos econômicos que não

---

[420] Jacintho Arruda Câmara destaca que o silêncio da Lei nº 8.987, de 1995, enseja a disciplina da questão do compartilhamento dos ganhos de produtividade pelas leis setoriais. (ARRUDA CÂMARA, 2019, p. 454). É justamente o que se observa no caso dos setores rodoviários, de telecomunicações e de energia.

[421] Art. 108. Os mecanismos para reajuste e revisão das tarifas serão previstos nos contratos de concessão, observando-se, no que couber, a legislação específica. (...) §2º Serão compartilhados com os usuários, nos termos regulados pela Agência, os ganhos econômicos decorrentes da modernização, expansão ou racionalização dos serviços, bem como de novas receitas alternativas. §3º Serão transferidos integralmente aos usuários os ganhos econômicos que não decorram diretamente da eficiência empresarial, em casos como os de diminuição de tributos ou encargos legais e de novas regras sobre os serviços.

[422] Disposição nesse sentido constou das Emendas nº 100 ao projeto de lei original nº 1.615, de 1999, e Emenda nº 433 ao substitutivo do relator da Câmara dos Deputados, ambos de relatoria do Deputado Alberto Goldman.

decorreram da gestão empresarial pela concessionária.[423] Ainda que não haja registros escritos do que levou a essa redação do texto legal, é inegável que o Poder Legislativo escolheu contemplar solução diversa daquela adotada no setor de telecomunicações.[424] Sendo assim, como os contratos de concessão em análise que prescrevem a incidência do Fator X não definem quais espécies de ganhos de produtividade devem ser compartilhados, deve-se interpretar os contratos em consonância com a referida norma, assim concluindo que as avenças tratam, tão somente, dos ganhos que não decorrem da eficiente gestão pela concessionária.

Essa conclusão não afasta a compreensão de que os contratos de concessão podem estabelecer o compartilhamento com os usuários dos ganhos oriundos da gestão empresarial eficiente, desde que previsão nesse sentido seja estabelecida bilateralmente. Isso porque o mencionado artigo, embora não traga norma nesse sentido, também não proíbe essa possibilidade. Na medida em que a estipulação do conteúdo dos contratos firmados pela Administração Pública é norteada pela noção de juridicidade[425] – e não de legalidade estrita – e considerando que disposição nesse sentido é lícita (objeto lícito), pois as regras que norteiam a concessão de serviços públicos não vedam essa possibilidade, é juridicamente possível a prescrição de disposição contratual que estabeleça o compartilhamento dos ganhos de produtividade advindos da eficiência empresarial.

---

[423] Essa disposição constou da segunda versão do substitutivo do relator e permaneceu inalterada até a promulgação da norma.

[424] Conforme Carlos Maximiliano, o elemento histórico é uma das técnicas de hermenêutica jurídica, razão pela qual é relevante analisar o processo legislativo que resultou no dispositivo legal em análise (MAXIMILIANO, Carlos. *Hermenêutica e Aplicação do Direito*. 21. ed. Rio de Janeiro: Forense, 2017. p. 125).

[425] A noção de juridicidade traz consigo a vinculação negativa da Administração Pública à lei, isto é, a Administração Pública está autorizada a adotar qualquer ação quando não houver norma proibitiva no campo de matérias "que não estejam matizadas pela legalidade estrita" (PALMA, Juliana Bonacorsi. *Sanção e acordo na administração pública*. São Paulo: Malheiros, 2015. p. 270). Daí porque "em campos normativos não sujeitos à reserva de lei, a Administração poderá atuar autonomamente, sem prévia autorização legislativa" (BINENBOJM, Gustavo. *Uma teoria do Direito Administrativo*. Rio de Janeiro: Renovar, 2006. p. 71). Especificamente no campo dos contratos de concessão, Flávio Amaral Garcia afirma: "O princípio da indisponibilidade do interesse público não bloqueia, na sua dimensão contemporânea, a possibilidade de as partes buscarem soluções consensuais, inovadoras ou, mesmo, atípicas que não necessariamente encontram na lei ou mesmo no contrato uma previsão expressa que atenda especificamente àquela situação fática que se apresenta. (...) O princípio da juridicidade, com a vinculação do administrador não apenas à lei, mas ao Direito, confere necessária base jurídica para que essas negociações sobre eventuais reequilíbrios ocorram em ambiências dotadas de maior autonomia" (GARCIA, F., 2021, p. 223).

Uma ressalva merece ser feita: regra que imponha o compartilhamento dessa espécie de ganho não pode ser estabelecida unilateralmente por meio de modificação contratual pelo Poder Concedente ou de incidência de norma legal ou infralegal superveniente à celebração da avença, uma vez que afeta substancialmente o núcleo econômico-financeiro do contrato de concessão. Essa regra deve estar prevista na minuta do contrato que integra o edital de licitação ou em termo aditivo firmado bilateralmente, pois, ao participar da licitação e firmar o pacto com a concessionária ou, depois, ao assinar termo aditivo, a concessionária manifesta sua concordância com os termos pactuados.

Como ficará claro a seguir, os contratos da terceira etapa, os únicos a o preverem, deixaram para regulação a tarefa de definir a metodologia do Fator X. Passados anos desde a celebração dessas avenças, ao menos até o momento de conclusão desta obra, ainda não houve a regulação dessa matéria. Nesse contexto, caso o regulamento a ser futuramente editado passe a prever o compartilhamento dos ganhos de produtividade decorrentes da gestão empresarial eficiente, essa norma incidirá sobre esses contratos tão somente se houver concordância da concessionária, por meio da celebração de termo aditivo. Se assim não fosse, estaria sendo imposta modificação unilateral que altera as cláusulas econômico-financeiras do contrato de concessão, o que não é admitido, uma vez que matérias abarcadas por essa espécie de cláusulas detêm, indiscutivelmente, natureza inteiramente convencional,[426] assim não incidindo sobre elas os poderes exorbitantes detidos pela Administração Pública concedente.

2.7.3 Percentual do Fator X

Em relação ao percentual do Fator X que será descontado do índice de reajuste, no contrato de concessão da Eco101, está previsto o percentual incidente durante todo o período da concessão. Nos cinco primeiros anos, o Fator X é zerado, passando ao percentual de 0,25 para o período entre o sexto e o décimo ano, aumentando 0,25 a cada quinquênio, até chegar a 1,00 nos cincos últimos anos da concessão. Esses percentuais serão revistos quinquenalmente, com base em estudos de mercado que contemplem a projeção de ganhos de produtividade. Caso os estudos apontem a necessidade de modificação, isso não gera direito ao reequilíbrio econômico-financeiro, de acordo com o contrato.

[426] ALMEIDA, 2012, p. 283.

Esse formato de incidência do Fator X foi questionado pelo TCU, no curso do certame licitatório que deu origem ao referido contrato.[427] Segundo o órgão de controle, o estabelecimento dos percentuais incidentes durante todo o prazo contratual poderia gerar a expectativa de que eles representariam um teto, de modo que qualquer alteração havida na revisão quinquenal do Fator X não poderia estabelecer percentual superior ao previsto no contrato. Em resposta, a ANTT aclarou que a definição desses percentuais "teve por objetivo assegurar aos participantes do certame licitatório uma previsão do que pode vir a ser a sua evolução, embora sujeita a alterações".[428]

O tribunal acatou as justificativas da agência, destacando que o contrato prevê a revisão quinquenal dos percentuais e que "caso haja uma efetiva regulação por parte da ANTT, não haverá prejuízo em se manter o texto original constante do edital".[429] Para as futuras concessões, o TCU recomendou à ANTT que evite estabelecer de antemão os percentuais aplicáveis durante todo o prazo contratual. Esse aspecto também suscitou questionamentos na literatura econômica, segundo a qual a definição, já no bojo dos contratos, dos percentuais incidentes durante todo o prazo contratual acaba por não incentivar a concessionária a ser mais produtiva.[430] Também a literatura jurídica coloca em xeque a pertinência da definição prévia, indicando que a sistemática acaba por aproximar os percentuais do Fator X mais a uma meta do que a uma representação dos reais ganhos de produtividade experimentados no curso da concessão.[431]

---

[427] BRASIL. Tribunal de Contas da União. *Acórdão nº 2573/2012*. Ministro Relator: Walton Alencar. Brasília, DF, 16 out. 2012b.

[428] BRASIL. Agência Nacional de Transportes Terrestres. *Ofício nº 533/2012/ANTT*. Brasília, DF, 3 jul. 2012a.

[429] BRASIL. Tribunal de Contas da União. *Acórdão nº 2302/2012*. Ministro Relator: Walton Alencar. Brasília, DF, 13 set. 2012a.

[430] Nesse sentido: "É importante deixar claro que até hoje o único contrato de que se detém informações sobre a aplicação do Fator-X é o da BR-101/BA/ES. Nesse contrato, o Fator-X corresponde a uma tabela de aplicação de valores pré-definidos em nada parametrizados com as outras empresas do mercado. Deste modo, conforme os conceitos que expusemos, não se pode afirmar que o Fator-X assim estabelecido possa ser considerado efetivamente um mecanismo de incentivo" (NEVES, Carlos Eduardo Véras. Concessões de Rodovias e Fator X. *Economia de Serviços*, 1 nov. 2018. Disponível em: https://economiadeservicos.com/2018/11/01/concessoes-de-rodovias-e-fator-x-parte-ii/ Acesso em: 24 maio 2021).

[431] Nesse sentido: "(...) quando uma fórmula de reajuste tarifário contratualmente prevista leva em conta estimativas fixas de ganhos de produtividade, ela não está necessariamente considerando desequilíbrios comprovados. O ganho de produtividade sequer é um dado de fato a ser considerado, um desequilíbrio constatado ou certo, mas meta contratual rígida, que se impõe ao concessionário como um ganho presumido ou ficto" (SUNDFELD, Carlos Ari; SOUZA, Rodrigo Pagani de; ROSILHO, André. As cláusulas de reajuste nos contratos

Nos demais contratos da terceira etapa, licitadas posteriormente à concessão da Eco 101, os percentuais foram suprimidos, tendo sido prescrito apenas que o Fator X é zerado até o quinto ano da concessão e que os percentuais para os demais anos serão definidos posteriormente e revistos quinquenalmente. Não houve, porém, prescrição de qual metodologia será utilizada para definir e, depois, rever os percentuais.

Dois novos questionamentos foram suscitados pelo TCU. Primeiramente, questionou-se a razão pela qual o Fator X seria zerado até o quinto ano da concessão, tendo em vista que a inovação tecnológica que permite ganhos de produtividade é constante e, em razão disso, ocorreria inclusive nos primeiros anos da concessão.[432] Em resposta, a ANTT aclarou que a concorrência havida no curso da licitação conjugada com o estabelecimento de uma tarifa-teto que vigorará por toda a concessão, por si só, induzem os licitantes a fazerem previsões eficientes. Sendo assim, a imposição de um redutor da tarifa já nos primeiros anos da concessão "poderia gerar desincentivo à eficiência das propostas, em desfavor da modicidade tarifária". Justificou, ainda, que cinco anos seria o "prazo mínimo para que haja evolução tecnológica e de outras variáveis capazes de gerar ganhos de eficiência e produtividade passíveis e justas de compartilhamento com os usuários".[433] Embora tenha indicado que o prazo estabelecido possa suscitar controvérsias, o tribunal entendeu que o prazo era razoável, consistindo em uma opção regulatória legítima.

O segundo questionamento referiu-se à ausência de estabelecimento da metodologia para o cálculo do Fator X. De acordo com o TCU, a inexistência de previsão contratual a esse respeito gera "risco regulatório", "militando contra a adequada precificação do empreendimento pelos potenciais interessados em assumir a outorga".[434] Esse ponto também foi suscitado pela literatura jurídica, apontando os problemas decorrentes da alteração de aspectos econômico-financeiros da concessão por regulamento editado pela ANTT após a celebração dos contratos. Especificamente quanto à metodologia de definição do Fator X, após levantar esse questionamento, o tribunal não se opôs à manutenção dos termos contratuais da forma como desenhados pela

públicos e a segurança jurídica. *In:* SUNDFELD, Carlos Ari; ROSILHO, André. (Org.). *Contratos públicos e Direito Administrativo*. São Paulo: Malheiros, 2015. p. 229).

432 BRASIL. Tribunal de Contas da União, 2015.

433 BRASIL. Agência Nacional de Transportes Terrestres. *Ofício nº 1113/2014/DG/ANTT*. Brasília, DF, 19 dez. 2014b.

434 BRASIL. Tribunal de Contas da União, *op. cit.*

agência reguladora, mas determinou que fosse apresentado plano de ação referente ao desenvolvimento da metodologia, no prazo de180 dias. Em resposta a essa determinação, a ANTT reportou que o tema já estava na pauta de sua agenda regulatória para os anos de 2015-2016.[435]

Ocorre que, ao menos até o momento de finalização desta obra, ainda não havia sido definida a metodologia para o cálculo do Fator X. O tema foi novamente elencado nas agendas regulatórias de 2017-2018 e 2019-2020, mas posteriormente excluído da última, pois passou a ser tratado no curso no desenvolvimento do novo Regulamento das Concessões Rodoviárias, que congregará as diversas regras regulatórias aplicadas às rodovias federais concedidas.[436]

Diversos contratos da terceira etapa já ultrapassaram o sexto ano da concessão, de modo que começou a incidir o Fator X. Na concessão da Eco101, na 7ª revisão ordinária, foi aplicado o redutor de 0,25%, conforme disposto pelo contrato de concessão, que, como visto, pré-definiu os percentuais aplicáveis em todos os anos da concessão.[437] Já nas demais concessões, restou aplicado redutor zerado. De acordo com a ANTT, em 2019, a metodologia preliminar em estudo[438] teria apontado queda de produtividade. "Esse fenômeno pode ser explicado pela queda que ocorreu nos últimos anos no tráfego das concessões rodoviárias federais, ao passo que as despesas operacionais não caiu [sic] na mesma proporção".[439] Na medida em que os contratos de concessão

---

[435] BRASIL. Agência Nacional de Transportes Terrestres. *Ofício nº 167/2015/DG/ANTT*. Brasília, DF, 10 mar. 2015c.

[436] "Por sua vez, a 3ª parte da proposta de Regulamento de Concessões Rodoviárias tratará das regras de equilíbrio econômico-financeiro dos contratos, doravante denominado RCR 3. Vale destacar que a proposta ainda trará os temas, que haviam sido retirados da Agenda 2019/2020, para que pudessem ser tratados no corrente biênio: *Metodologia de Cálculo do Fator X* (Processo nº 50500.115516/2015-80) e *Aprimoramento das regras de captação de receitas extraordinárias*" (BRASIL. Agência Nacional de Transportes Terrestres. *Ofício nº 23/2021/GERER/ANTT*. Brasília, DF, 11 jan. 2021e).

[437] BRASIL. Agência Nacional de Transportes Terrestres. *Nota Técnica SEI nº 992/2021/GECEF/SUROD/DIR*. Brasília, DF, 10 mar. 2015b.

[438] "Essa recomendação ocorre em função das conclusões preliminares obtidas nos estudos realizados a partir da aplicação de metodologia que utiliza o índice de *Tornqvist* para calcular a evolução da produtividade das empresas do setor de concessões de rodovias, a partir de uma relação entre insumos e produtos. Como *proxy* para os insumos utiliza-se as despesas operacionais do conjunto de concessões da ANTT, obtidos por meio dos seus demonstrativos contábeis, ao longo da série histórica disponível. Já para determinar o produto, adotou-se os veículos que trafegam na concessão, de acordo com os dados da ANTT. O índice de *Tornqvist*, por exemplo, é utilizado pela Agência Nacional de Aviação Civil (ANAC) para o cálculo do Fator X nos contratos aeroportuários, tendo já efetuado cálculos de forma bastante similar ao que está sendo proposto pela ANTT". (BRASIL. Agência Nacional de Transportes Terrestres. *Despacho GEREG nº 3610533*. Brasília, DF, 16 abr. 2019a).

[439] *Ibid*.

prescrevem apenas o compartilhamento dos ganhos de produtividade, não contemplando os casos de queda, sugeriu-se a aplicação de Fator X de 0% para todas as concessões nas revisões ordinárias em curso naquele ano. Em 2020, também houve a aplicação do redutor zerado.[440]

Essa circunstância gerou tratamento desigual entre as concessionárias. Nas concessões cujos contratos não definiram um percentual, aplicou-se Fator X de 0%, pois foi constatado que não houve ganhos de produtividade. Já na concessão da Eco101, que previa o percentual a ser aplicado em todos os anos da concessão, houve a aplicação do Fator X de 0,25%, desconsiderando-se que os estudos da ANTT apontavam para queda de produtividade de todo o setor. Logo, deveria ter sido aplicado o Fator X zerado também na concessão da Eco101, uma vez que, embora haja percentuais pré-estabelecidos contratualmente, a avença determina a revisão quinquenal desses percentuais a fim de ajustá-los à realidade. Se a realidade demonstra a queda da produtividade e o contrato impõe a revisão periódica, é incorreta a incidência desse redutor como se tivesse havido ganhos de produtividade.

2.7.4 Supressão contratual do Fator X

Os contratos da quarta etapa suprimiram a incidência do Fator X.[441] Conforme explicação da ANTT, os contratos da terceira etapa não previram os cálculos para incidência do Fator X, o que gerou insegurança jurídica. Ainda, a agência constatou que esse fator era incompatível com a regulação *non cost-based*. Nesse sentido:

> No desenrolar dos contratos da terceira etapa foi possível perceber a dificuldade em estabelecer um valor para o Fator X. A previsão contratual contida nos contratos da terceira etapa não trazia qualquer indicação de como seriam feitos os cálculos dos ganhos de produtividade a serem transferidos ao usuário. (...) Embora para os usuários a aplicabilidade do Fator X foi vista como uma possibilidade do compartilhamento de

---

[440] Como exemplo, *cf.* BRASIL. Agência Nacional de Transportes Terrestres. *Nota Técnica nº 1101/2020/GEERF/DIR*. Brasília, DF, 4 maio 2020.

[441] A exclusão do Fator X sofreu críticas, tendo sido afirmado que inexistiria respaldo técnico e teórico fundamentando essa supressão: "Por outro lado, ao mesmo tempo que ANTT erra ao manter determinados mecanismos contratuais que já se demonstraram (no mínimo) ineficazes, suprimir um mecanismo de incentivo do contrato de concessão tampouco parece contribuir para a necessária melhora da regulação dos contratos de concessão de rodovias. O fato é que não parece haver respaldo teórico e técnico na decisão tomada por aqueles à frente do leilão da RIS quanto à supressão do Fator-X" (NEVES, 2018).

> ganhos da concessionária por meio da redução da tarifa de pedágio, a indefinição causada pala ausência de uma metodologia razoável para o seu cálculo foi, desde a sua introdução, motivo de incerteza para o setor regulado. Assim, houve diversas manifestações do setor pela sua supressão dos novos contratos, o que pode ser verificado do relatório final da Audiência Pública nº 001/2017, em que se discutiu o projeto da Rodovia de Integração do Sul (RIS). (...) O entendimento concebido diante das referidas discussões foi de que o conceito de Fator X havia sido inadequadamente aplicado à modelagem das concessões rodoviárias, tendo em vista que a sua natureza é incompatível com a forma de regulação adotada para o setor. Em suma, aplicou-se uma ferramenta desenvolvida para modelos de regulação *price cap* em projetos com *regulação por contrato.* (...) Ao contrário, numa regulação por contrato, a transferência dos ganhos de produtividade ocorre desde a partida, por meio da precificação realizada no ambiente competitivo do leilão. (...) Nesse modelo, em que a tarifa é fixada pelo leilão e somente corrigida contratualmente ao longo da execução, já existem incentivos naturais à busca pela eficiência. Isso faz com que um instrumento que busque capturá-las seja incongruente, pois replicaria efeito já presente na precificação, configurando-se como meio ineficiente de regular. (...) Com base nessas constatações, a ANTT descontinuou a utilização do Fator X a partir da quarta etapa de concessões rodoviárias federais, a partir da RIS, concluindo que a sua aplicação ao modelo regulatório estabelecido pela Agência mostrava-se incompatível e ineficiente, anulando pela incerteza trazida, os alegados benefícios em termos de compartilhamento de ganhos de produtividade.[442]

Antes mesmo do advento da quarta etapa do PROCROFE, criticava-se a aplicação do Fator X em setores nos quais não há recorrentes avanços tecnológicos que permitam ganhos tecnológicos inesperados no momento da licitação. Nesse sentido, Bragança e Camacho afirmam:

> O terceiro ganho de produtividade – ET – refere-se a deslocamentos da fronteira eficiente – ou seja, choques tecnológicos capazes de modificar os custos da indústria para todo o nível de produção. Tal ganho de produtividade é muito comum em telecomunicações, que é um setor intensivo em tecnologia, mas pouco significativo em setores como rodovias, eletricidade e água, em que mudanças tecnológicas são mais suaves. (...) A tabela 1 permite aos autores inferirem que, caso se considere um setor de baixa inovação tecnológica e caso o regulador opte por uma

---

[442] BRASIL. Agência Nacional de Transportes Terrestres. *Despacho GEREG nº 6722965*. Resposta ao pedido de acesso à informação. Processo nº 50001.027212/2021-35. Brasília, DF, 7 jun. 2021c.

regulação *franchise bidding* [regulação por contrato], a princípio não seria necessário calcular o Fator X. (...) No Brasil, a regulação *franchise bidding* vem sendo utilizada na concessão de serviços de transmissão de energia elétrica, rodovias e recentemente aeroportos.[443]

No entanto, os autores ponderam que a conclusão parte da premissa de que a concessão decorre de uma licitação competitiva e bem-sucedida, capaz de extrair o nível máximo de produtividade da futura concessionária, o que nem sempre ocorre. Ainda, destacam que a incidência do Fator X no modelo de regulação *non cost-based* aplicado a setores no quais não há recorrentes avanços tecnológicos pode ser válido se prestar-se a outros objetivos, como a fixação de metas de qualidade para incentivar a melhoria dos serviços, a repartição de riscos de mercado e o incentivo para a expansão de capacidade. Esse posicionamento, portanto, diverge do exposto pela ANTT, que, como visto, optou por suprimir o Fator X dos contratos mais recentes.

2.8 Fator Q

O Fator Q foi previsto ineditamente na terceira etapa do PROCROFE. Buscando manter o equilíbrio contratual sob a ótica da qualidade do serviço prestado aos usuários, esse fator impacta a Tarifa Básica de Pedágio, podendo reduzi-la ou aumentá-la – ou apenas aumentá-la, unicamente no caso da Ecoponte – a depender dos resultados alcançados pela concessionária no campo dos indicadores de qualidade. Anteriormente a essa etapa do PROCROFE, o atingimento, ou não, das metas de qualidade de serviço não repercutiam na preservação do equilíbrio contratual, inexistindo prescrição contratual ou regulamentar sobre esse aspecto.

De acordo com a teoria econômica, o Fator Q é um mecanismo que visa a impedir que a busca pela redução dos custos da concessionária, especialmente nos contratos em que há incidência do Fator X, acabe por piorar a qualidade do serviço. Nesse propósito, o Fator Q pode ser aliado a outros mecanismos, como a obrigação de execução de obras e

443 BRAGANÇA; CAMACHO, 2012, p 9. Também nesse sentido: "(...) a utilização deste mecanismo só faz sentido para contratos em setores cujos avanços tecnológicos criem periodicamente ganhos operacionais inesperados, como o setor de telecomunicações ou de distribuição de energia elétrica. Usem-no, portanto, mesmo em setores de infraestrutura pesada" (JORDÃO, Eduardo. RIBEIRO, Maurício Portugal. Como desestruturar uma agência reguladora em passos simples. *Revista Estudos Institucionais*, v. 3, n. 1, p. 202, 2017).

serviços obrigatórios no início da concessão e de investimentos adicionais no curso da concessão caso atingido certo volume de tráfego.[444]

Na maioria dos contratos, o Fator Q é composto pela soma dos resultados oriundos do Indicador de Disponibilidade da Rodovia e do Indicador do Nível de Acidentes com vítimas na Rodovia. Na seara da terceira etapa, apenas o contrato de concessão da Ecoponte não abarca aquele primeiro indicador, por razões apresentadas adiante.

A seguir, serão abordados os seguintes aspectos desse mecanismo de preservação do equilíbrio contratual: (i) o Indicador de Disponibilidade da Rodovia; (ii) o Indicador do Nível de Acidentes com Vítimas na Rodovia; e (iii) as críticas que sugerem a exclusão do Fator Q dos contratos ou, quando menos, sua reformulação.

2.8.1 Indicador de Disponibilidade da Rodovia

De acordo com os termos contratuais, o Indicador de Disponibilidade da Rodovia visa a "aferir o nível de disponibilidade das faixas de rolamento da rodovia, de forma a reduzir a Tarifa Básica de Pedágio de acordo com a ausência de aproveitamento e fruição da rodovia pelos usuários". Portanto, sob esse aspecto, a qualidade do serviço é medida pelo tempo pelo qual determinada faixa de rolamento da rodovia permanece interditada, não permitindo a circulação dos usuários, também sendo considerada a quantidade de faixas indisponíveis e a extensão de cada faixa. Essa indisponibilidade pode decorrer de razões diversas, sendo a realização de obras e serviços de manutenção pela concessionária o motivo mais comum.[445] Por meio da medição desse

[444] Nesse sentido: "Contudo, assim como na Regulação Discricionária por Preço-Teto, o monitoramento de investimento e qualidade é fundamental para garantir uma prestação adequada do serviço. De fato, como nessa abordagem regulatória o preço-teto é fixo ao longo de todo o contrato, o incentivo para redução de custos pode impactar negativamente a qualidade de serviço e gerar investimento abaixo do nível ótimo. A Regulação por Contrato dispõe de instrumentos regulatórios capazes de lidar com esse incentivo perverso. Para os primeiros anos de contrato, geralmente o regulador define investimentos obrigatórios, na medida em que existe maior previsibilidade das condições de mercado em que a firma opera. Para o longo prazo, em que a incerteza é maior, o regulador estabelece gatilhos, que dependem do crescimento da demanda, para investimentos que podem não ser diretamente correlacionados à qualidade do serviço. Além disso, o estabelecimento de parâmetros de desempenho que impactem a remuneração da firma no caso de redução de qualidade do serviço (Fator Q) gera os incentivos necessários para que o serviço seja prestado de forma adequada" (CAMACHO; RODRIGUES, 2014, p. 272).

[445] Apenas a indisponibilidade oriunda de acidentes, caso fortuito e força maior não é computada para fins de apuração do indicador, nos termos da cláusula 2.4 do anexo 7 dos contratos da terceira etapa.

indicador, busca-se "incentivar o Concessionário a fazer uma obra de qualidade, que demande pouca manutenção, de forma a causar o menor transtorno possível ao usuário da rodovia, uma vez que implica em desconto na tarifa".[446]

O Indicador de Disponibilidade da Rodovia deve ser aferido a partir da primeira revisão da tarifa após o início do sexto ano da data de sua assunção pela concessionária, momento este em que a rodovia "já deverá estar duplicada e recuperada, sem a necessidade de grandes obras que interrompam o tráfego nas faixas de rolamento".[447] Caso o Indicador de Disponibilidade da Rodovia fosse aferido ainda no curso da realização das grandes obras previstas contratualmente para os primeiros anos da concessão, seria constatada alta indisponibilidade das faixas de rolamento, assim culminando na redução da Tarifa Básica de Pedágio por meio da aplicação do Fator Q. Essa circunstância acabaria por impactar negativamente a concessionária, que veria a tarifa ser reduzida nos primeiros anos em razão do cumprimento da obrigação de realização de obras previstas no contrato. Justamente para evitar essa situação, os contratos de concessão optaram por aferir o indicador após o início do sexto ano.

Nos termos dos contratos da terceira etapa, a concessionária deverá atingir as metas de disponibilidade das faixas de rolamento da rodovia de 97% para o período diurno e de 95% para o período noturno. A segunda meta é mais baixa, pois obras e serviços de manutenção nas faixas tendem a ser realizados à noite. Caso a meta do período diurno não seja atingida, há desconto de 1,5%, ao passo que o descumprimento da meta do período noturno enseja desconto de 2,5%. Eles podem não chegar a incidir sobre a Tarifa Básica de Pedágio, parcial ou integralmente, caso o cumprimento do segundo indicador que compõem o Fator Q (Indicador do Nível de Acidentes com vítimas na Rodovia) enseje o acréscimo da tarifa, de forma que haja compensação entre os indicadores.

Dentre os contratos da terceira etapa do PROCROFE que preveem o Fator Q, apenas a avença da Ecoponte não incorpora o Indicador de Disponibilidade da Rodovia. Naquele contrato, o Fator Q corresponde tão somente ao resultado fruto do Indicador do Nível de Acidentes com vítimas na Rodovia. Indagada pelo TCU, a ANTT aclarou que as características específicas do objeto da concessão – que se trata de uma ponte e não de uma rodovia sobre o solo – exigiram que fosse

---

[446] BRASIL. Tribunal de Contas da União. *Acórdão nº 1974/2013*. Ministro Relator: Augusto Sherman. Brasília, DF, 22 ago. 2013.

[447] *Id. Acórdão nº 283/2016*. Ministro Relator: Augusto Nardes. Brasília, DF, 17 fev. 2016.

contratualmente vedado o bloqueio de qualquer trecho de pista ou faixa fora do intervalo entre 23h e 05h. Em razão disso, "restrições adicionais incidentes sobre trabalhos efetuados de madrugada [oriundas das metas impostas pelo Indicador de Disponibilidade da Rodovia] representariam óbice descomunal, senão intransponível, à realização de obras pela concessionária".[448] Conforme o TCU, a conjugação dessa restrição com as metas do indicador em questão resultaria em "medida draconiana", razão pela qual acolheu os argumentos da ANTT quanto à exclusão do Indicador de Disponibilidade da Rodovia naquela concessão.

Poucos anos depois da implementação do Fator Q, o TCU questionou a real aplicabilidade do Indicador de Disponibilidade da Rodovia, tendo em vista que se trata de um parâmetro com impacto redutor da Tarifa Básica do Pedágio, mas que é calculado com base em informações prestadas pela concessionária cuja confiabilidade a ANTT não possui meios de averiguar. Para exemplificar a fragilidade desse indicador, o TCU aponta que análise hipotética de sua incidência revelou que ele teria sido nulo para uma determinada concessionária que admitidamente interrompe o tráfego frequentemente em razão de características específicas da rodovia. Com base nisso, o tribunal indica que o indicador será "virtualmente inaplicável",[449] somando essa questão a outras razões que sugeririam a exclusão do Fator Q das futuras concessões ou, quando menos, sua reformulação, segundo o órgão de controle.

A aplicação do Indicador de Disponibilidade da Rodovia também foi alvo de críticas pela própria ANTT. Em linha com o afirmado pelo TCU, o Parecer nº 148/2020/GEFIR/SUINF/DIR apontou que sua incidência poderia "causar uma distorção (...) nos casos em que a concessionária cumprisse à risca todas as suas obrigações relativas à execução de obras, que poderia culminar em redução da sua TBP".[450] Além disso, o parecer opinou no sentido de que não haveria real nexo causal "entre o executado pela concessionária e a qualidade do serviço público prestado".[451] Assim, o parecer sugeriu a exclusão do Fator Q dos contratos em curso, algo, contudo, que não aconteceu até o momento de finalização desta obra.

---

[448] BRASIL. Tribunal de Contas da União, 2015.

[449] *Id.*, 2016.

[450] BRASIL. Agência Nacional de Transportes Terrestres. *Parecer nº 148/2020/GEFIR/SUINF/DIR*. Brasília, DF, 18 fev. 2020g, p. 4.

[451] *Ibid.*, p.4.

2.8.2 Indicador do Nível de Acidentes com vítimas na Rodovia

O Indicador do Nível de Acidentes com vítimas na Rodovia trata-se do segundo indicador que integra o Fator Q. Nos termos dos contratos, ele objetiva "aferir a variação no nível de acidentes da rodovia em comparação a outras rodovias concedidas, incrementando a Tarifa Básica de Pedágio de acordo com a melhora propiciada nas condições de segurança dos usuários". Por meio do aumento do valor da tarifa resultante da aplicação desse indicador de qualidade, busca-se incentivar a concessionária a melhorar sua atuação na prevenção de acidentes constantemente. Ele deve ser aferido a partir do início da cobrança da Tarifa de Pedágio, com sua aplicação prevista na revisão ordinária seguinte ao decurso do prazo de 24 meses do início da cobrança.

Esse indicador é medido para cada rodovia anualmente, tomando em consideração o número de acidentes com vítimas, fatais ou não, bem como a extensão da rodovia e seu volume diário médio anual. Alcançado o indicador do ano objeto da revisão, o resultado é, então, relacionado com o mesmo indicador no ano anterior para descobrir sua variação. Na sequência, o valor da variação do indicador da concessionária é cotejado com a variação média em relação a todas as rodovias concedidas. A variação da concessionária também é comparada com o menor valor histórico de acidentes observado na rodovia gerida. Haverá acréscimo tarifário em função da redução de acidentes somente se, cumulativamente, (i) a variação do indicador da concessionária for igual ou superior à variação dos anos anteriores, (ii) a variação do indicador da concessionária for igual ou menor do que a variação da média das rodovias concedidas e (iii) a variação do indicador da concessionária for igual ou abaixo do menor valor histórico de acidentes observado naquela rodovia.

A incidência dessas três condicionantes demandou interpretação por parte da Advocacia-Geral da União. Ao analisar o índice no caso da Ecoponte e da Eco050, a ANTT compreendeu que a condicionante "variação do indicador da concessionária igual ou abaixo do menor valor histórico de acidentes observado na rodovia gerenciada" não havia sido alcançada pelas concessionárias, pois, no ano analisado, a variação do indicador foi de -0,25 para Eco050 e -0,27 para a Ecoponte, uma variação abaixo daquele observada nos outros anos, nos quais a variação do indicador da concessionária foi positiva.[452] Em outras palavras, mesmo o valor negativo representando uma diminuição do número de acidentes, o valor negativo é inferior ao valor positivo de variação do indicador observado nos outros anos, o que indicaria aumento no índice de acidentes.

Após questionamentos suscitados pela concessionária, a Advocacia-Geral da União interpretou o contrato, refutando o entendimento inicialmente firmado pela ANTT, uma vez que "sempre uma variação percentual que demonstre aumento do índice de acidentes seria maior que uma variação percentual de redução do índice, pois, como visto anteriormente, um número positivo sempre é maior que o número negativo".[453] Diante disso, fixou o entendimento de que a condicionante "variação do indicador da concessionária igual ou abaixo do menor valor histórico de acidentes observado na rodovia gerenciada" deve ser interpretada como o melhor percentual histórico da variação do indicador da concessionária, pois assim compatibiliza-se a condicionante em questão com o objetivo desse Indicador do Nível de Acidentes com vítimas na Rodovia, qual seja, diminuir o nível de acidente nas rodovias.

Com base nesse entendimento e tendo sido constatado que a variação do indicador de 0,25, no caso da Eco050, e de -0,27, no caso da Ecoponte, representava o melhor percentual histórico daquelas concessões, e estando atendidas as outras duas condicionantes, as concessionárias acabaram por atender ao indicador em questão. Estando esses três requisitos reunidos, será tomado em consideração o valor que for mais alto entre duas opções: o montante da variação do nível de acidentes da rodovia em relação ao ano anterior e o resultado da subtração dessa variação da média das rodovias concedidas. Na sequência, o valor eleito, por ser mais alto, é dividido pela metade, daí extraindo-se o resultado do Indicador do Nível de Acidentes com vítimas na Rodovia que integrará o Fator Q.

A fim de evitar oscilação tarifária significativa decorrente de acréscimo tarifário superior a 3% (três por cento), fruto do Indicador do Nível de Acidentes com vítimas na Rodovia, os contratos de concessão autorizam que esse acréscimo seja computado nos anos posteriores, por meio da aplicação do Fator C. Por exemplo, na 4ª revisão ordinária da Ecoponte, constatou-se Fator Q na ordem de 10,21%. Para evitar grande

---

[452] BRASIL. Agência Nacional de Transportes Terrestres, 2020g, p. 4.

[453] BRASIL. Advocacia-Geral da União. *Parecer nº 00169/2020/PF-ANTT/PGF/AGU*. Brasília, DF, 7 maio 2020a.

oscilação tarifária, a ANTT optou por aplicar Fator Q de 3% sobre a Tarifa Básica de Pedágio do ano seguinte da concessão, deixando que o restante fosse computado nos anos posteriores, por meio do Fator C. Conforme a ANTT, há duas possibilidades de aplicação dessa regra, quais sejam, (i) incidência do percentual de 3% sobre a tarifa do ano seguinte ao cálculo do Fator Q e parcelamento do percentual residual nos anos seguintes; ou (ii) parcelamento do percentual total do Fator Q nos anos seguintes. A escolha por um ou outro modo de aplicação dessa regra depende da análise do impacto tarifário de cada alternativa. Na 5ª revisão ordinária da Eco050, a ANTT constatou que a primeira opção resultaria em menor tarifa de pedágio, tendo, em razão disso, optado por essa alternativa.[454]

O valor final do acréscimo tarifário oriundo do Indicador do Nível de Acidentes com vítimas na Rodovia é somado ao decréscimo tarifário fruto do Indicador de Disponibilidade da Rodovia, daí ensejando o Fator Q cujo resultado pode indicar tanto decréscimo quanto acréscimo da Tarifa Básica de Pedágio.

Tal como ocorreu quanto ao Indicador de Disponibilidade da Rodovia, o TCU fez severas críticas ao Indicador do Nível de Acidentes com vítimas na Rodovia. De acordo com o órgão de controle externo, nos moldes em que o indicador está formatado, haveria poucos incentivos para que a concessionária persiga aprimoramento constante na prevenção dos acidentes por meio da execução de obras e serviços além daqueles que estava contratualmente obrigada a realizar.

Em primeiro lugar, porque os índices de acidentes tendem a cair durante os primeiros anos da concessão, período esse em que a concessionária deve realizar as obras de duplicação do trecho concedido e promover sua completa recuperação. Essa redução natural nos primeiros anos da concessão acarretaria sucessivos incrementos tarifários, especialmente considerando que a variação do indicador da concessionária superará, a cada novo ano, o menor valor histórico de acidentes observado, sendo esse um dos requisitos para a majoração tarifária, como já indicado.

Também, a comparação entre a variação do indicador da concessionária com a variação média das rodovias concedidas apresenta distorções, pois compara novas concessões, que ainda estão na fase de execução das obras de duplicação e serviços previstos para os

[454] BRASIL. Agência Nacional de Transportes Terrestres. *Nota Técnica nº 4023/2020/GECEF/SUROD/DIR*. Brasília, DF, 14 set. 2020.

primeiros anos, com concessões mais maduras nas quais já houve a duplicação e a recuperação dos trechos. Nessa comparação, as novas concessões tendem a se beneficiar em comparação com as concessões mais maduras. Nesse caso, as concessões mais recentes superam tanto seu menor valor histórico de acidentes quanto a variação da média das rodovias concedidas.

Com base nessas constatações, o TCU recomendou que o Fator Q seja excluído ou reformulado para que "o índice seja aferido e aplicado após a conclusão das obras de recuperação e de ampliação de capacidade incluídas as respectivas melhorias" e, também, a fim de que "a comparação com outras concessões seja feita apenas quando as mesmas estiverem em estágio de implantação equivalente ao indicado nas alíneas anteriores".[455] Ademais, na visão do tribunal, o acréscimo tarifário oriundo do Fator Q não deve ser aplicado às concessionárias que estejam inadimplentes em suas obrigações concessionárias.

Ainda, o TCU aponta que a inexistência de um teto para o acréscimo tarifário fruto do Indicador do Nível de Acidentes com vítimas na Rodovia é um motivo de preocupação, razão pela qual recomenda que, nas futuras concessões, ele seja estabelecido, "haja vista que o incentivo não pode resultar em oscilações tarifárias ilimitadas".[456] Ainda, o tribunal recomendou que o acréscimo não seja cumulativo, de modo que o computado em determinando ano seja considerado na Tarifa Básica de Pedágio por apenas 12 meses. Depois desse prazo, os valores tarifários retornariam ao patamar em que estariam se o acréscimo não tivesse ocorrido. Na próxima revisão, seria incorporado novo resultado oriundo do Fator Q aplicado sobre a Tarifa Básica de Pedágio em relação ao novo ano de apuração.

Em resposta a esses apontamentos, a ANTT alegou que as recomendações feitas pelo TCU não consistem na melhor opção regulatória, pois qualquer modificação no Fator Q seria prematura e inibiria avaliação mais adequada do mecanismo. Especificamente quanto à recomendação sobre inaplicabilidade do acréscimo tarifário às concessionárias inadimplentes, a agência suscita que já existem outros mecanismos contratuais que buscam penalizar a inadimplência contratual (aplicação de sanções) e reestabelecer o equilíbrio econômico-financeiro (incidência do Fator D). Ainda, afirma que "é possível que haja uma concessionária que alcance resultados positivos na redução

---

[455] BRASIL. Tribunal de Contas da União, 2016.

[456] *Ibid.*

de acidentes e, num mesmo exercício, deixe de executar obras por dificuldades momentâneas".[457] Posteriormente, a ANTT reforçou seu entendimento de que a avaliação desse fator ainda deve passar por "um necessário momento de amadurecimento para o cálculo do Fator Q, com sua efetiva aplicação nos contratos nos quais foi implementado",[458] mas pontuou que acataria a recomendação do TCU para análise de sua atual formatação.

2.8.3 Exclusão ou reformulação do Fator Q

Até aqui, foram indicadas diversas recomendações de exclusão do Fator Q ou de sua reformulação, tanto em relação ao Indicador do Nível de Acidentes com vítimas na Rodovia quanto ao Indicador de Disponibilidade da Rodovia.

Além das recomendações já mencionadas, o TCU também recomendou que o Fator Q contemplasse resultado da pesquisa de satisfação periódica juntos aos usuários, à semelhança do que ocorre nas concessões aeroportuárias. Essa recomendação foi refutada pela ANTT, sob o argumento de que a natureza do serviço de tráfego viário dificulta a realização de pesquisa com os usuários. Os demais parâmetros prescritos no contrato (por exemplo, parâmetros de desempenho) já seriam suficientes para garantir a qualidade do serviço e os usuários poderiam tender a depreciar o serviço visando, com isso, reduzir a tarifa. Contudo, o TCU manteve seu posicionamento, afirmando que essas dificuldades podem ser equacionadas "pela proficiente confecção de instrumento de pesquisa que leve em conta tais características".[459]

Por ocasião da aplicação do Fator Q no curso das concessões, também houve severas críticas no âmbito da própria ANTT, o que acabou por gerar consequências na apuração do valor da tarifa de pedágio. No ano de 2018, não houve cálculo do Fator Q para todas as concessões da terceira etapa, pois vislumbrou-se que a forma de cálculo do Indicador do Nível de Acidentes com vítimas na Rodovia não apresenta valores fidedignos com a realidade da variação de acidentes. De acordo com memorando subscrito pelo Gerente de Fiscalização e Controle Operacional de Rodovias da ANTT, foram constatadas dificuldades

---

[457] BRASIL. Agência Nacional de Transportes Terrestres. *Memoriais em Defesa*. TC nº 023.298/2015-4. Brasília, DF, 17. dez. 2015a.

[458] BRASIL. Agência Nacional de Transportes Terrestres, 2015a.

[459] BRASIL. Tribunal de Contas da União, 2015.

na apuração do indicador, pois (i) seria necessário auditar os dados disponíveis, (ii) "mesmo concessionárias com grande inadimplência contratual de obras e melhorias operacionais podem ter incrementos tarifários", (iii) o nível de acidentes na rodovia depende, em parte, de fatores que não são controlados pela concessionária, como fatores humanos, meio-ambiente e qualidade dos veículos. Ainda conforme esse memorando, tais dificuldades são tamanhas que exigem a exclusão do Fator Q, na linha do que ocorreu nos contratos da quarta etapa.[460] Em razão disso, outro parecer técnico emitido pela ANTT endossou a exclusão do Fator Q dos contratos em curso ou, subsidiariamente, que, por ocasião da revisão quinquenal, sejam revistos os parâmetros desse fator "de forma que se mitigue a aplicação das alterações tarifárias que não representem a qualidade dos serviços prestados pelas concessionárias".[461]

Em 2019, houve a apuração do Indicador do Nível de Acidentes com vítimas na Rodovia do período 2016-2017, que havia deixado de ser apurado pelas razões expostas, bem como do ano objeto da revisão ordinária em curso (2017-2018).

Já o Indicador de Disponibilidade esteve sempre zerado nos mencionados períodos, pois ainda não havia iniciado período de sua incidência definido contratualmente (da primeira revisão da tarifa após o início do sexto ano da data da assunção da rodovia pela concessionária). Mais recentemente, ultrapassado o período de carência da incidência desse indicador, a ANTT passou a calculá-lo.

De acordo com a agência, a revisão do Fator Q sugerida nos documentos subscritos ainda não ocorreu, mas seus parâmetros estão sendo revistos em estudos que pretende finalizar até 2023.[462] Não há notícias de exclusão do Fator Q ou de revisão dos parâmetros, conforme recomendado no referido parecer técnico. Já nos contratos da quarta etapa, houve a exclusão do mecanismo em razão das fragilidades apontadas, conforme relata a ANTT: "Esse instrumento foi descontinuado com a transição para a quarta etapa de concessões federais, dadas as dificuldades operacionais encontradas na sua operacionalização e as

[460] BRASIL. Agência Nacional de Transportes Terrestres. *Memorando nº 017/2018/GEFOR/SUINF*. Brasília, DF, 24 jan. 2018c. No mesmo sentido, *cf. Id.*, 2020g.

[461] BRASIL. Agência Nacional de Transportes Terrestres. *Parecer Técnico nº 142/2019/GEFIR/SUINF*. Brasília, DF, 11 mar. 2019e.

[462] *Id.*, 2021g.

fragilidades conceituais apontadas pelo Tribunal de Contas de União (TCU)".[463]

2.9 Fator E

Os contratos de concessão de rodovias federais firmados a partir de 2019 prescreveram ineditamente o Fator E, novo mecanismo de preservação do equilíbrio econômico-financeiro específico para os casos de execução de obras de melhoria, como, por exemplo, a construção de passarelas, de paradas de ônibus e de vias marginas.

Nesses contratos, o denominado "Estoque de Melhorias" consiste em um conjunto de obras de melhorias previstas no contrato de concessão que devem ser executadas pela concessionária, sempre que instada pela ANTT, até o limite definido em cada avença. A execução dessas obras enseja custos adicionais por parte concessionária, daí resultando na necessidade de reequilíbrio econômico-financeiro. Esse reequilíbrio ocorre por meio da incidência do Fator E, que toma em consideração custos previamente parametrizados no contrato de concessão e, com base nesses custos, determina o percentual a ser acrescido à Tarifa Básica de Pedágio.

Nas avenças da terceira etapa, há um embrião daquilo que veio a se tornar o Estoque de Melhorias nas concessões da quarta etapa. Naqueles contratos, existe um conjunto de obras de melhorias que, caso haja necessidade, devem ser obrigatoriamente executadas pela concessionária até uma determinada quantidade, sem ensejar reequilíbrio econômico-financeiro em decorrência de sua execução.[464] Uma vez executada a obra de melhoria determinada pela ANTT, ela é baixada desse estoque, que vai se esvaziando conforme as obras vão sendo realizadas. Nesse sentido: "Assim, caso se verifique a necessidade de uma passarela adicional no trecho concedido, a ANTT pode demandar da empresa a sua execução e dar baixa do estoque, sem ensejar revisão tarifária".[465]

Ao modelar os mais recentes contratos de concessão, a ANTT suprimiu o modelo contemplado nos contratos da terceira etapa. Essa supressão foi questionada pelo TCU, sob o argumento de que o

---

463 BRASIL. Agência Nacional de Transportes Terrestres. *Resposta ao pedido de acesso à informação nº 50001.029210/2021-81*. Brasília, DF, 14 jun. 2021j.

464 Nesse sentido, *cf.* item 3.2.3.3 do PER do Contrato de Concessão firmado com a CONCEBRA.

465 BRASIL. Tribunal de Contas da União, 2018a.

Estoque de Melhorias é um dos mecanismos que permite evitar que os recorrentes novos investimentos ensejem demasiado aumento da tarifa de pedágio. De acordo com o órgão de controle, obras não previstas contratualmente vêm sendo constantemente realizadas com base em projetos elaborados pela concessionária e remuneradas de acordo com o mecanismo Fluxo de Caixa Marginal, que usa o SICRO como parâmetro para definição de custos. Dessa forma, os novos investimentos acabam sendo remunerados por preços cheios, sem qualquer deságio, diferentemente do que ocorreria caso essas obras fossem frutos de um processo competitivo, tal como acontece com as obras cuja execução está prevista desde o momento da licitação que antecedeu a concessão. Nesse cenário, segundo o TCU, as concessionárias ficam incentivadas a realizar novos investimentos com base nos preços cheios do SICRO, assim, majorando os custos da obra e, via de consequência, da tarifa de pedágio cobrada dos usuários. Daí porque a unidade técnica daquele órgão de controle sugeriu que a ANTT reconsiderasse a supressão do Estoque de Melhorias.[466]

Em resposta à sugestão da unidade técnica do TCU, a ANTT justificou que a supressão refletiu "o ideal de não onerar – desde a partida – o valor da tarifa teto do projeto com obras que, diante do cenário atual, possuem baixa probabilidade de serem necessárias".[467] A despeito disso, a agência optou por contemplar o mecanismo nos contratos da etapa mais recente, porém com modificações em relação ao que vinha sendo adotado nos contratos anteriores. De acordo com ela, como o modelo anterior previa a execução de uma determinada quantidade de obras de melhorias sem o correspondente reequilíbrio econômico-financeiro, os custos acabavam sendo precificados pela concessionária no Fluxo de Caixa Original do projeto desenhado no momento da licitação. Para evitar essa circunstância, o novo modelo proposto "somente terá impacto na tarifa quando e se for constatada a sua necessidade ao longo do contrato de concessão" e, ao lado disso, caso constatada a necessidade de execução, a obra de melhoria estará baseada "em valores parametrizados, de conhecimento prévio das licitantes".[468] Dessa forma, como serão remunerados após a execução – diferentemente do que ocorre nos contratos da terceira etapa –, seus custos deixam de ser incorporados à tarifa de pedágio desde o início da

---

466 *Ibid.*

467 BRASIL. Agência Nacional de Transportes Terrestres. *Nota Técnica nº 01/2018/COOUT/SUINF*. Brasília, DF, 11 abr. 2018f.

468 *Ibid.*, p. 8.

concessão, evitando que a tarifa ofertada na licitação considere custos que podem nunca vir a ser concretizar. Ainda, a fixação prévia dos custos das obras de melhorias no contrato incorpora deságio – algo que não ocorreria caso fossem remuneradas pelo Fluxo de Caixa Marginal –, permite maior previsibilidade por todas as partes e evita demasiada majoração da Tarifa Básica de Pedágio.

A unidade técnica do TCU prestigiou a opção da ANTT, porém questionou sua real eficiência como mecanismo para evitar os recorrentes problemas oriundos da inclusão de novos investimentos. Isso porque, embora o novo formato lhe parecesse adequado, incide apenas sobre um restrito grupo de intervenções, não contemplando obras e serviços de maior dimensão, como, por exemplo, obras de duplicação.[469] Justificando sua escolha, a agência reguladora indicou que certas intervenções, como implantação de faixas adicionais ou duplicação da via, são intervenções específicas e complexas, de difícil parametrização, o que impede sua inclusão no Estoque de Melhorias. Ainda, afirmou não ser possível parametrizar os custos relativos a equipamentos empregados nos serviços operacionais, pois estão sujeitos a constantes inovações tecnológicas. A justificativa da ANTT foi acolhida pelo TCU, segundo o qual "a inclusão de obras de ampliação de capacidade de rodovia ou de equipamentos relacionados aos serviços operacionais envolveria maior incerteza de precificação na valoração de investimentos do que as melhorias que já constam do estoque".[470]

Traçado esse histórico sobre a inclusão do Estoque de Melhorias e Fator E nos contratos celebrados a partir de 2019, cabe apresentar seus contornos.

Como antecipado, as avenças em questão estabeleceram o Estoque de Melhorias, conjunto de obras mapeadas durante os estudos que antecedem a licitação, mas que têm baixa probabilidade de se tornarem necessárias ao longo da concessão. Essas obras são incluídas em uma cesta denominada de Estoque de Melhorias, e são definidos os percentuais – o chamado Fator E – que representam o impacto dos custos de cada uma das obras de melhorias sobre a Tarifa Básica de Pedágio que levam a sua majoração. Por exemplo, no contrato de concessão da ViaSul, está estabelecido que a construção de uma passarela enseja o acréscimo de 0,02437% sobre a Tarifa Básica de Pedágio, enquanto a construção de acesso acarreta o incremento de 0,00518%.

---

[469] BRASIL. Tribunal de Contas da União. *Acórdão nº 1096/2019*. Ministro Relator: Bruno Dantas. Brasília, DF, 24 maio 2019a.

[470] BRASIL. Tribunal de Contas da União, 2019a.

De acordo com os contratos de concessão firmados em 2019 e 2020, custos com as obras de melhoria excedentes, além dos percentuais pré-fixados no Estoque de Melhorias, são riscos da concessionária. Portanto, os custos excedentes não ensejam direito da concessionária ao reequilíbrio econômico-financeiro. O contrato de concessão mais recente, celebrado em 2021, mantém essa previsão, porém traz a seguinte exceção: nos casos de custos adicionais relacionados à desapropriação, desocupação ou condicionantes ambientais oriundos das obras do Estoque de Melhorias, "os respectivos valores serão recompostos por meio do Fluxo de Caixa Marginal na Revisão Extraordinária subsequente" (cláusula 8.4.7).

Cada contrato estabelece um limite para realização dessas obras. No caso da ViaSul, o percentual é de 6,59%. Concluída a execução da obra de melhoria contemplada no Estoque de Melhorias, essa obra é abatida do percentual total. Por exemplo, realizada a construção de uma passarela, cujo percentual é de 0,02437%, o saldo do Estoque passa para 6,56563. Posteriormente, concluída a construção de um acesso, cujo percentual é de 0,00518%, há novo abatimento que leva ao saldo de 6,56045%.

Somente quando o saldo do Estoque de Melhorias é zerado – ou seja, no caso da ViaSul, quando são realizadas obras de melhoria que atingem o limite de 6,59% –, o desequilíbrio da equação contratual decorrente da execução de novas obras de melhorias passará a ser reequilibrado por meio Fluxo de Caixa Marginal – e não mais pela incidência do Fator E. Já nos casos em que o saldo do estoque permita a cobertura de apenas parte da obra, somente a parcela não coberta pelo saldo poderá ser alocada no Fluxo de Caixa Marginal.

De acordo com esclarecimentos prestados pela ANTT no curso da licitação, além do conjunto de melhorias previstas contratualmente, é possível incluir outras eventualmente necessárias, "desde que respeitado o percentual máximo estabelecido na avença".[471] Nos casos em que não há correspondência direta entre a melhoria necessária e as obras indicadas no Estoque de Melhorias, é facultado à ANTT compor novos percentuais, tomando como referência aqueles já definidos contratualmente.

O Fator E será aplicado sobre a Tarifa Básica de Pedágio a fim de majorá-la somente na revisão ordinária subsequente à conclusão da obra de melhoria. Na ocasião, o Fator E consiste no resultado da

---

[471] BRASIL. Agência Nacional de Transportes Terrestres. *Ata de Respostas aos Pedidos de Esclarecimentos. Edital nº 01/2018*. Brasília, DF, 21 jul. 2018a, p. 27.

multiplicação entre o percentual pré-fixado previsto contratualmente ou, nos casos em que não tenha sido pré-definido, indicados pela ANTT (Dt) e o Coeficiente de Ajuste Temporal (CAT) – já tratado aqui –, tal como representado nessa equação: E = Dt x CAT.[472] Nesse caso, incide o CAT para "corrigir o efeito temporal de sua aplicação não ocorrer desde o início da concessão".[473] Por ocasião de finalização desta obra, as revisões ordinárias ocorridas nos contratos mais recentes apresentaram Fator E zerado, pois ainda não havia sido concluída nenhuma obra constante do Estoque de Melhoria.

Embora não seja possível antecipar os desafios que se revelarão no curso da aplicação desse mecanismo de preservação do equilíbrio econômico-financeiro, já chamou a atenção da iniciativa privada o fato de que a parametrização do custo pode "causar distorções na precificação das obras concretamente visadas",[474] isto é, ao longo do prazo contratual, os custos parametrizados podem acabar revelando-se muito distantes dos custos efetivamente incorridos pela concessionária, tanto para maior, quanto para menor, não havendo, nessa hipótese, a recomposição da equação contratual na dimensão adequada. No entanto, essa questão encontra resposta na alocação de risco delineada em cada contrato.

Por exemplo, no já mencionado contrato de concessão celebrado com a Eco153, a avença prescreve que os custos excedentes com as obras de melhoria, para além dos percentuais pré-fixados no Estoque de Melhorias, são riscos da concessionária, com exceção de custos adicionais relativos à desapropriação, desocupação ou condicionantes ambientais. Sendo assim, ainda que os custos parametrizados no contrato de concessão venham a ser mostrar defasados, não promovendo a recomposição em toda sua extensão, se o que motivou essa defasagem decorrer de risco assumido contratualmente pela concessionária, deve ser respeitado o disposto na avença, assim observando o percentual (Fator E) nela prevista.

Outro aspecto que merece atenção concerne à possibilidade de a ANTT definir os percentuais nos casos em que não há correspondência direta entre a melhoria necessária e as obras indicadas no Estoque de

---

[472] Os percentuais do limite do Estoque de Melhorias e seu saldo após cada abatimento deve ser calculado antes da aplicação do Coeficiente de Ajuste Temporal, pois sua incidência tem apenas o objetivo de ajustar temporalmente o acréscimo. Assim, o Coeficiente de Ajuste Temporal incidirá somente no momento da definição do Fator E incidente sobre a Tarifa Básica de Pedágio.

[473] BRASIL. Agência Nacional de Transportes Terrestres, 2018f.

[474] ASSOCIAÇÃO BRASILEIRA DE CONCESSIONÁRIAS DE RODOVIAS. *Novos caminhos para concessão de rodovias no Brasil*. São Paulo, ABCR, 2018. p. 59.

Melhoria. Receia-se que a definição unilateral pela ANTT acarrete situação semelhante àquela constatada por Sundfeld, Souza e Rosilho em relação a outros mecanismos de preservação do equilíbrio contratual: "(...) essas cláusulas muitas vezes preveem projeções unilaterais pela autoridade reguladora, sem direito de participação do concessionário interessado, sem contraditório, embora sua esfera de responsabilidade possa ser afetada",[475] isto é, teme-se que os novos percentuais sejam estabelecidos unilateralmente pela ANTT. Essa preocupação é corroborada pelo fato de que os contratos que prescrevem a incidência do Fator E nada prescrevem sobre a forma como os novos percentuais serão compostos, limitando-se a prescrever que buscará equipará-los aos percentuais já pré-fixados no contrato. Também, nada dizem sobre a participação da concessionária na composição de novos percentuais. Há, tão somente, esclarecimentos prestados na licitação que antecedeu um dos contratos, nos quais a agência aclarou que "os critérios que serão utilizados serão apresentados antecipadamente ao contratado pela ANTT".[476]

Esses esclarecimentos deixam claro que a agência dará ciência dos novos percentuais "antecipadamente" à concessionária, porém não diz a que título. Poderá a concessionária impugnar os novos percentuais, sugerir outros, buscar uma solução negociada? A ciência conferida à concessionária antes de definidos os novos percentuais deve visar a alcançar o consenso entre concessionária e agência reguladora, para que haja composição bilateral, uma vez que os novos percentuais a serem integrados ao Estoque de Melhorias nada mais são do que a representação do reequilíbrio contratual calculado a partir do preço de determinada obra de melhoria incorporada ao contrato de concessão durante seu curso. Trata-se, portanto, de aspecto econômico-financeiro da concessão, o que impede que tais percentuais sejam definidos unilateralmente pela ANTT.

Embora essa conclusão possa ser extraída do ordenamento jurídico, é salutar que os contratos de concessão prevejam, expressamente, a participação da concessionária na definição dos novos percentuais que comporão o Estoque de Melhoria no curso da concessão, assim evitando qualquer margem de atuação unilateral por parte da agência reguladora quanto a essa questão.

---

[475] SUNDFELD; SOUZA; ROSILHO, 2015, p. 233.

[476] *Ibid.*, p. 56.

CAPÍTULO 3

QUESTÕES JURÍDICAS COMUNS AOS MECANISMOS DE PRESERVAÇÃO DO EQUILÍBRIO ECONÔMICO-FINANCEIRO

No capítulo anterior, foram examinados os contornos de todos os mecanismos de preservação do equilíbrio econômico-financeiro adotados no curso das diferentes etapas do PROCROFE, tendo sido tratados, ao longo da análise, aspectos jurídicos específicos de cada um deles. Este capítulo versará sobre questões jurídicas comuns a todos ou à parte desses mecanismos.

3.1 Supressão, substituição e modificação de mecanismo de preservação do equilíbrio econômico-financeiro

Do capítulo anterior, extraímos diferentes exemplos de discussão sobre a modificação, inclusão ou supressão de mecanismos de preservação do equilíbrio econômico-financeiro no curso da concessão. Nos contratos da primeira etapa, houve debate sobre a possibilidade de modificação da Taxa Interna Retorno, um dos principais elementos do mecanismo Fluxo de Caixa Original. Anos depois do início de sua vigência, esses mesmos contratos foram alterados para incluir o mecanismo Fluxo de Caixa Marginal. Já no âmbito do único contrato da segunda fase da segunda etapa, ainda se debate a possibilidade de alteração da forma de cômputo do Desconto de Reequilíbrio, a fim de aproximar-se do modelo adotado nos contratos mais recentes. Já nos contratos da terceira etapa, a ANTT cogitou suprimir o Fator Q, em razão das fragilidades que foram constatadas no momento de sua aplicação no curso da concessão.

Neste momento, cabe examinar um aspecto comum a cada uma dessas questões: a possibilidade jurídica de modificação, inclusão ou supressão de mecanismos de preservação do equilíbrio econômico-financeiro no curso da concessão. O enfrentamento desse aspecto justifica-se em razão de dúvida sobre a legalidade dessa espécie de alteração das regras contratuais. Por exemplo, no curso do debate sobre a alteração da forma de cômputo do Desconto de Reequilíbrio no contrato da ViaBahia, a AGU alertou que a alteração contratual poderia dar margem à afronta ao princípio da vinculação ao instrumento convocatório.[477] Porém, mais recentemente, a instituição contemporizou seu apontamento, ao constatar que a alteração contratual seria benéfica não somente à concessionária, mas também aos usuários.[478] Diante disso, indaga-se: o que autoriza essas alterações?

A Lei nº 8.987, de 1995, estabelece que o edital de licitação conterá os critérios de revisão da tarifa e que o contrato prescreverá, além dos critérios, os procedimentos para essa revisão (artigo 18, VIII, XIV; artigo 23, IV). Embora os dispositivos façam referência à tarifa, deve-se interpretar que esses artigos elencam como cláusula essencial do contrato de concessão a regra que disciplina os mecanismos de preservação do equilíbrio contratual de um modo geral e em seus diferentes aspectos – e não apenas aqueles atinentes à "revisão da tarifa", como visto no capítulo 1.

Estabelecida a interpretação dos artigos 18, VIII, XIV e 23, IV da Lei nº 8.987, de 1995, vê-se que os mecanismos de preservação do equilíbrio contratual são definidos e conhecidos já na fase de licitação e, em razão disso, consistem em uns dos vários parâmetros considerados pelos proponentes para formulação de sua proposta econômica. Na medida em que contribuem para a formação da tarifa indicada na proposta e, por consequência, do valor do contrato, a regra contratual que os disciplina consiste em uma das cláusulas econômico-financeiras do contrato de concessão. Disso decorre a impossibilidade de alteração unilateral dos mecanismos de preservação do equilíbrio contratual, uma vez que a legislação veda a modificação das cláusulas econômico-financeiras sem prévia concordância do contratado (artigo 58, §1º, da Lei nº 8.666, de 1993 e artigo 104, §1º, da Lei nº 14.133, de 2021).[479] Esta é a essencial premissa

---

477 BRASIL. Advocacia-Geral da União, 2018.

478 *Ibid.*

479 Sundfeld, Souza e Rosilho apresentam o mesmo raciocínio, mas aplicando-o em relação aos índices de reajuste da tarifa: "Esse índice integra o próprio valor do contrato, compondo sua cláusula econômico-financeira. Trata-se de um dos mecanismos contratuais voltados

do tema ora em questão: mecanismos de preservação do equilíbrio contratual não podem ser incluídos, modificados ou suprimidos no curso da concessão sem que haja consenso entre as partes contratuais.

Embora essa premissa seja quase incontroversa, vejamos a questão da incorporação do Fluxo de Caixa Marginal nos contratos da primeira e da segunda etapa do PROCROFE, que não previram sua incidência. Anos após a celebração dessas avenças, a ANTT editou a Resolução nº 3.651, de 7 de abril de 2011, que introduziu esse mecanismo no ordenamento jurídico, disciplinando sua aplicação. Nos contratos da primeira etapa, ANTT e concessionárias firmaram termo aditivo que introduziu o Fluxo de Caixa Marginal expressamente nessas avenças. Já os contratos da segunda etapa não foram aditados para incorporá-lo nas regras contratuais, de modo que o Fluxo de Caixa Marginal vem sendo aplicado nessas avenças apenas em observância à resolução. No último caso, parece ter havido verdadeira alteração unilateral de cláusula econômico-financeira por parte da agência reguladora com base na edição de norma infralegal, o que é vedado. É verdade que as concessionárias da segunda etapa parecem não ter se oposto à adoção do mecanismo, que vem sendo aplicado desde a edição daquela norma. Contudo, além do consenso entre as partes sobre modificação de cláusula econômico-financeira, a legislação exige que o contrato preveja todos os mecanismos de preservação de equilíbrio contratual adotados na concessão, sendo essa uma cláusula essencial. Logo, para que a sociedade saiba quais mecanismos são aplicados no contrato e, também, para que haja certeza de que houve consenso entre as partes na sua adoção, era imprescindível o aditamento contratual para incorporar formalmente ao contrato matéria objeto de cláusula essencial, tal como feito nos contratos da primeira etapa.

---

a garantir que o valor inicial não se deteriore no curso da execução, com a passagem do tempo. Ele integra a cláusula econômico-financeira, sendo ingrediente relevante do equilíbrio do contrato, como visto. E, justamente por isso, está sujeito não só à especial proteção da Constituição (artigo 37, XXI), como também da lei, que impede a Administração de alterar unilateralmente as cláusulas econômico-financeiras" (SUNDFELD; SOUZA; ROSILHO, 2015, p. 221). Também nesse sentido: "(...) tanto a celebração de atos que visem à recomposição do equilíbrio econômico-financeiro, como a sua revisão, não podem ser levadas a efeito unilateralmente pela Administração. Isso porque, em matéria de equação econômico-financeira do contrato, a Administração não ostenta prerrogativa de autoridade, vale dizer, não pode emanar qualquer decisão unilateralmente, especialmente quando esta implicar afetação de direitos, razão pela qual qualquer alteração contratual dessa espécie deve ser objeto de acordo entre as partes" (CAMMAROSANO, Márcio. *Parecer*. São Paulo, SP, p. 40, 21 mar. 2012).

Ao lado da consensualidade entre as partes, outros aspectos também são primordiais à análise da alteração de mecanismos de preservação do equilíbrio econômico-financeiro. O tema da alteração dos contratos da concessão costuma ser analisado sob a ótica da intangibilidade do objeto,[480] de modo que a modificação não será legal se desnaturar o objeto contratual. Contudo, essa abordagem é de pouca valia para a modificação em análise. Isso porque a mudança no mecanismo de preservação contratual, que é uma cláusula econômico-financeira, não tem o condão de modificar a natureza do objeto concedido, em razão de seu caráter acessório face ao conteúdo do escopo contratual. Assim, se a intangibilidade do objeto é um requisito a ser preenchido para autorizar alteração contratual, esse requisito está atendido quando se trata da inclusão, supressão ou modificação do mecanismo de preservação do equilíbrio contratual.

A potencial violação à regra da vinculação do contrato ao instrumento convocatório trata-se de outro aspecto a ser examinado. No exemplo citado, a alteração dos mecanismos de preservação do equilíbrio econômico-financeiro é colocada em xeque em razão da compreensão de que a modificação contratual pode potencialmente resultar em violação à regra da vinculação do contrato ao instrumento convocatório. Dentre outros objetivos, essa regra visa a evitar que tenham ficado de fora da disputa agentes que estariam interessados no contrato ou que houvesse melhores propostas caso a regra contratual, na forma como alterada no curso da concessão, existisse na minuta do contrato no âmbito da licitação.[481] Nesse cenário, indaga-se: quais são os parâmetros que definem quando a alteração dos mecanismos de preservação do equilíbrio contratual culmina em afronta à vinculação ao instrumento convocatório?

Em matéria de mecanismos de preservação do equilíbrio, é árduo definir quando a alteração contratual causa violação à regra da vinculação ao edital, considerando que se deve avaliar se a regra contratual fruto da alteração teria atraído mais interessados ou ensejado propostas mais vantajosas caso existisse desde a origem. Há clara dificuldade

---

480 Para Garcia, a intangibilidade do objeto é um dos limites à mutabilidade contratual, ao lado da preservação do princípio da concorrência. A preservação do objeto contratual também é indicada por outros autores, conforme visto no capítulo 2 (GARCIA, F., 2021).

481 Em sentido próximo, o artigo 43, 4, "a" da Diretiva nº 2014/23/EU da União Europeia veda a alteração do contrato de concessão durante seu curso quando as condições incorporadas ao contrato, caso tivessem constado dos instrumentos do processo de seleção, tivessem atraído mais interessados para disputa, permitido outros candidatos além daqueles selecionados ou permitido a aceitação de outra proposta distinta da selecionada.

em imaginar cenário hipotético contrafactual em que a licitação teria atraído mais interessados ou em que a proposta selecionada teria sido mais vantajosa se, por exemplo, não houvesse a incidência do Fator Q ou se o Desconto de Reequilíbrio fosse computado de forma distinta, problemas reais já relatados. Essa tarefa torna-se ainda mais trabalhosa se passado muito tempo desde a licitação.[482] Se a dificuldade em realizar essa análise é imensa, é de pouca valia recorrer à regra em questão para imaginar um hipotético cenário, com o propósito de averiguar a legalidade da modificação, inclusão ou supressão do mecanismo de equilíbrio contratual.

Em vez de buscar imaginar como teria sido a licitação caso o contrato tivesse incorporado as regras fruto da alteração pretendida, melhor seria examinar elementos concretos, contemporâneos à pretendida alteração, que, se presentes, possibilitariam modificação envolvendo mecanismos de preservação do equilíbrio contratual. Duas circunstâncias atribuem peso em favor da alteração contratual, quais sejam, o aspecto temporal e a evolução regulatória.

Quanto mais próxima a pretendida alteração contratual estiver do momento de celebração do contrato, menor o peso em seu favor. De modo contrário, quanto mais distante, maior o peso em seu favor. A noção de proximidade não deve basear-se em uma certa quantidade estanque de anos, mas sim guiar-se por uma noção de tempo dentro de um determinado contexto que, naturalmente, variará em cada caso. Esse é o aspecto temporal. Com isso, busca-se evitar incentivos à falta do devido planejamento regulatório prévio à licitação, como também mitigar "condutas oportunistas dos licitantes, que podem buscar maximizar os seus benefícios em processos de renegociação logo em seguida ao aperfeiçoamento do contrato".[483]

Ainda, a constatação de que contratos mais recentes adotaram dado mecanismo de preservação do equilíbrio contratual, deixaram de adotá-lo ou o aperfeiçoaram deve pesar em favor da alteração dos

---

[482] Em sentido semelhante, ao comentar o artigo 43, 4, "a" da Diretiva nº 2014/23/EU da União Europeia, referido na nota anterior, Flavio Garcia Amaral aponta que, na prática, é complexo determinar quando a modificação contratual incorre nas hipóteses descritas na norma, pois pode a etapa concorrencial de seleção estar muito distante do momento em que ocorre a modificação contratual (GARCIA, F., 2021, p. 287 e 292).

[483] "Ao ângulo temporal, pode-se aludir que, quanto mais próxima a modificação do contrato de concessão do momento de sua pactuação, maior deverá ser o ônus argumentativo para a sua justificação e sua legitimação. Tal cautela justifica-se para evitar condutas oportunistas dos licitantes, que podem buscar maximizar os seus benefícios em processos de renegociação logo em seguida ao aperfeiçoamento do contrato" (GARCIA, F., 2021, p. 294).

contratos de concessão em curso. O peso será maior nos casos em que o mecanismo foi efetivamente experimentado e ensejou poucas críticas e controvérsias. Esse é o aspecto da evolução regulatória, que busca prestigiar a incorporação aos contratos mais antigos de novos contornos que, ao longo da experiência regulatória, mostraram-se mais adequados sob a ótica de regulação e, de preferência, bem aceitos pela multiplicidade de sujeitos envolvidos na concessão.

Essa evolução regulatória decorre do que Moreira chama de "capacidade de aprendizagem dos contratos", isto é, a aptidão das partes envolvidas no contrato de concessão de aprender com a experiência e aplicar o conhecimento adquirido à avença em curso, que deve estar aberta ao novo:

> (...) o contrato há de ser contextualizado historicamente e aprender com a experiência; para se manter firme, deve ser aberto ao novo e à flexibilização das premissas induzidas no passado. (...) Ao se falar em capacidade de aprendizagem dos contratos e – por que não dizer? – da própria relação jurídico-concessionária está-se a cogitar também da sistematização do conhecimento que aperfeiçoe a eficiência de determinados contratos públicos. O processo de execução do contrato é significativa fonte de informações e respectiva percepção intelectual, o que faz surgir a constatação de novas vantagens por parte de concedente e concessionário – bem como sua instalação e partilha com usuários (e terceiros). Será a memória da experiência no desenvolvimento da atividade concessionária que permitirá desvendar os desafios dos contratos (presentes e futuros).[484]

A incorporação de novos mecanismos de preservação da equação econômico-financeira a fim de adotar as melhores práticas extraídas da evolução regulatória foi prevista em nossa legislação por meio da edição da Lei nº 13.448, de 2017. Nas específicas hipóteses de relicitação ou prorrogação tratadas nessa norma, seu artigo 3º prescreve que o Poder Público adotará "as melhores práticas regulatórias", incorporando-as ao contrato. Mais especificamente em relação ao tema ora em estudo, essa norma prescreveu que o aditivo contratual de prorrogação deve "incorporar mecanismos que desestimulem eventuais inexecuções ou atrasos de obrigações, como o desconto anual de reequilíbrio", ou

[484] MOREIRA, 2010, p. 411. Em sentido semelhante: "Logo, é natural e esperado que cláusulas celebradas em um período mais remoto ou em determinado contexto demandem releituras – interpretativas e integrativas – que as tornem adequadas e efetivas à luz das novas realidades e desafios impostos ao contrato e às próprias partes" (GARCIA, F., *op. cit.*, p. 126).

seja, o chamado Desconto de Reequilíbrio (artigo 7º). Ainda, o artigo 24 estabeleceu que o Poder Executivo regulamentará o Fluxo de Caixa Marginal. Muito embora essas regras incidam nas específicas hipóteses de relicitação ou prorrogação versadas naquela lei, a existência de norma nesse sentido, por si só, demonstra que a lei não está alheia à necessidade de alteração dos contratos a fim de incorporar medidas que são fruto da evolução regulatória.

A despeito de a norma ser relativamente recente, a modificação contratual para incorporar práticas regulatórias, consideradas como melhores que aquelas inicialmente pactuadas, não é estranha à realidade contratual. Não se trata, portanto, de novidade. No campo das concessões de rodovias federais, a incorporação aos contratos em curso do Fluxo de Caixa Marginal para promover o reequilíbrio de novos investimentos, descrita no capítulo 2, no ano de 2011, é claro exemplo dessa circunstância.

A incorporação de melhoras práticas mais atuais não se limita aos atos de adoção de novos mecanismos e de aprimoramento daqueles já previstos, mas abarca também a supressão de um mecanismo de equilíbrio contratual que se mostrou ineficiente – vale lembrar, desde que haja consenso entre as partes. Por exemplo, o Fator Q, previsto nos contratos da terceira etapa, foi objeto de críticas do TCU e da própria ANTT, dadas as diversas fragilidades que chegaram a inviabilizar a sua aplicação no contrato em um certo momento. Em razão disso, a agência reguladora chegou a suscitar a possibilidade de exclui-lo dos contratos em curso e optou por não o prever nos contratos firmados a partir de 2019. Caso esse mecanismo não seja modificado de modo a permitir sua incidência de forma satisfatória, com base nos estudos atualmente em curso, a sua manutenção pode resultar em sua total inaplicabilidade ou em sua aplicação com tamanhas disparidades que proporcionem litigiosidade em diversas frentes, o que não é desejável. Nesse caso, sua supressão do contrato de concessão permitirá a adequação do contrato às melhoras práticas regulatórias. Evidentemente, em paralelo, as partes devem buscar alternativas para alcançar os propósitos que seriam obtidos por meio do Fator Q caso sua incidência tivesse sido bem-sucedida. Situação semelhante ocorre com o Fator X, pois foi constatado pela ANTT de que esse fator de produtividade é incompatível com o modelo regulatório adotado nas concessões em questão.

Outra questão que merece ser posta é: somente admite-se a alteração quando constatado impacto positivo sobre o usuário? Para sanar essa pergunta, vale utilizarmos como exemplo debate a respeito da modificação contratual do Desconto de Reequilíbrio inserido no contrato da ViaBahia, que foi o primeiro a prever esse mecanismo, e da Eco101, firmado na sequência, a fim de permitir desconto proporcional à real extensão da inexecução contratual. Em vez de incidência sobre o total do subtrecho – que contempla diversos quilômetros de via – no qual ocorreu a inexecução, o contrato, caso modificado, passaria a prever o desconto para cada quilômetro onde houve a inexecução. Essa segunda forma de cômputo, mais proporcional, está prevista em todos os demais contratos de concessão firmados posteriormente.

Em um primeiro momento, ao examinar a pretensão de alteração da forma de cômputo do Desconto de Reequilíbrio, a AGU opinou no sentido de que (i) o constante aprimoramento das práticas regulatórias ao longo das etapas do PROCROFE não acarreta a modificação de contratos de concessão para contemplar as novas práticas; (ii) deve ser prestigiada a conformação original do contrato de concessão, pois ela reflete o cenário vivenciado à época de sua estruturação; (iii) as concessionárias conheciam os termos contratuais ao se vincularem a eles; e (iv) a alteração contratual não deve dar margem à violação à regra de vinculação ao instrumento convocatório.[485] Posteriormente à nova manifestação da

[485] "É verdade que a experiência da Agência com as várias concessões que já licitou e com a gestão dos contratos sob sua administração lhe permitiram aperfeiçoar os instrumentos mais recentes. Mas as mudanças e aprimoramentos que os termos de Contrato vem [sic] sofrendo, ao longo das etapas, fruto da expertise da ANTT, não importam dizer que os contratos vigentes merecerão ser alterados para se adequarem todos a essas novas metodologias ou novas disposições. Insistimos nisso porque não podemos desmerecer a forma como foi estruturado o contrato: as exigências tidas como necessárias à época, o rigor considerado necessário naquele momento, o determinado trecho de rodovia a ser outorgado à iniciativa privada, o contexto econômico do país etc, refletem na modelagem da concessão, nas condições editalícias, nas cláusulas contratuais, nas punições por descumprimento contratual, e decerto, nas tarifas ofertadas pelos interessados no procedimento licitatório. É bem provável supor que, quando publicado o Edital nº 001/2008, era mesmo a intenção da Administração tratar com maior rigor a imposição do desconto de reequilíbrio, seja em razão do trecho a ser licitado, seja pela modelagem da concessão a ser outorgada, pelo estado da rodovia, ou por outros fatores que agora talvez nem seja mais possível aferir mas que faziam sentido à época, eram coerentes às condições postas em relação às quais a ViaBahia, então licitante, ofereceu seu lance. (...) Aliás, é sabido que a metodologia do desconto de reequilíbrio vem sendo de fato aprimorada, exatamente para que os percentuais condigam com o efetivo descumprimento; assim, salvo engano, há ao menos três formas distintas de aplicação do mesmo instituto, mas cada concessionário conhecia, e conhece, as disposições contratuais que lhes aplicam e a elas deve observância. (...) Dito isso, cabe afirmar, não obstante, que de regra é sim possível que todo contrato administrativo seja aditado para que determinada cláusula ganhe nova redação; mas nossa preocupação é que isso seja feito de forma extremamente criteriosa para não comprometer a lógica sob a qual o contrato foi construído. Énosso papel alertar para que a alteração contratual não desconfigure sua formatação original ou, pior, dê margem a suscitação de afronta ao princípio da vinculação ao instrumento convocatório" (BRASIL. Advocacia-Geral da União, 2018, p. 3 e 4).

ANTT defendendo a alteração contratual, a AGU posicionou-se de forma distinta. Em sua nova visão, a desproporcionalidade do Desconto de Reequilíbrio, por si só, não seria razão suficiente para justificar a alteração contratual. Por outro lado, vislumbrou que a desproporcionalidade gera incentivo negativo à devida execução contratual que, no final do dia, impacta o usuário do serviço público, sendo esse reflexo sobre o usuário o "fundamento legitimador a provocar a pretendida alteração contratual".[486]

Portanto, de acordo com a AGU, o elemento central a autorizar a alteração do mecanismo de preservação contratual é o impacto positivo sobre o usuário decorrente da modificação, isto é, se a mudança for benéfica ao usuário, a alteração contratual é legal. Presente esse elemento, parece esvaziar-se preocupação relativa à regra de vinculação ao instrumento convocatório e à necessidade de manter o contrato em sua conformação original, pontos de alertas inicialmente trazidos pela advocacia pública. Desse raciocínio da AGU, também extraímos a compreensão de que a modificação destinada a promover a aplicação proporcional do Desconto de Reequilíbrio, caso afetasse positivamente apenas a concessionária, não seria "fundamento legitimador" da alteração do contrato de concessão. Adotando essa visão, a pergunta acima seria respondida da seguinte maneira: somente há "fundamento legitimador a provocar a pretendida alteração contratual" se constatado que a modificação é positiva ao usuário.

A eleição desse critério merece cuidados. Em primeiro lugar, porque nem sempre é possível vislumbrar com clareza um impacto positivo concreto para o usuário decorrente da alteração contratual. No exemplo em comento, segundo a AGU, a mudança do cômputo do Desconto de Reequilíbrio para torná-lo mais proporcional geraria incentivo para que a concessionária executasse suas obrigações contratuais, assim oferecendo melhor serviço público ao usuário. O nexo de causalidade entre a alteração contratual e o impacto positivo sobre o usuário não é tão direto e, ao lado disso, é de difícil mensuração. Assim,

---

[486] "Nesse contexto, muito embora o argumento maior a justificar a pretendida alteração contratual tenha sido a alegada desproporcionalidade, o que nos pareceu efetivamente relevante e pouco desenvolvido pela área técnica é a afirmação segundo a qual a adoção de trechos de segmentos homogêneos ao invés de quilômetro na aplicação do desconto de reequilíbrio acaba por ser prejudicial ao usuário na medida em que não representaria incentivo a que a Concessionária se empenhe em atingir os parâmetros de desempenho exigidos. A prevalecer tal constatação, essa sim, nos parece fundamento legitimador a provocar a pretendida alteração contratual; por certo, mesmo assim, levados a efeito no âmbito da iminente revisão quinquenal da ViaBahia" (BRASIL. Advocacia-Geral da União, 2019).

ainda que o "impacto positivo sobre o usuário" possa ser considerado um critério para aferir a legalidade das alterações contratuais, é preciso ter clareza de que esse impacto e seu nexo causal com a modificação contratual nem sempre serão facilmente mensuráveis.

Em segundo lugar, porque não deve ser completamente descartada a hipótese de alteração contratual do mecanismo de preservação da equação econômico-financeira se não houver impacto positivo ao usuário. O exemplo acima mencionado deixa isso claro. Em consonância com o entendimento da concessionária, a ANTT compreende ser necessária a adoção de outro critério de cômputo do desconto, pois aquele previsto contratualmente "dá margem de interpretação de afronta do princípio da proporcionalidade".[487] Suponha-se que a adoção do novo critério não impactasse o usuário, havendo benefícios apenas à concessionária. Nessa hipótese, de acordo com o raciocínio da AGU, a alteração contratual seria ilegal, mesmo havendo consenso entre as partes sobre a ofensa à proporcionalidade e sendo claro que os contratos de concessão recentes adotaram outro critério que não incorre nessa ofensa.

Contudo, se o objetivo da alteração contratual é tornar o contrato de concessão mais consentâneo ao Direito, ainda que não haja impacto positivo sobre o usuário, essa modificação não pode ser vedada – desde que, claro, haja acordo bilateral entre as partes nos casos de alteração dos mecanismos de preservação do equilíbrio contratual, premissa já estabelecida. Isso não quer dizer que é sempre amplamente admissível a alteração contratual que onere o usuário. Não se trata disso, mas sim de admitir a modificação contratual envolvendo mecanismo de preservação do equilíbrio ainda que não haja impacto positivo sobre ele, mas desde que promova justiça contratual entre as partes, por meio de regra mais consentânea com certa norma de direito (no caso em exemplo, a regra da proporcionalidade) e que, caso a modificação onere o usuário, sejam buscadas alternativas para mitigar tal ônus.

Retomando a questão: quais são os parâmetros que autorizam alterações contratuais envolvendo os mecanismos de preservação do equilíbrio econômico-financeiro? As proposições aqui dispostas apresentam, em resumo, os seguintes parâmetros: (i) consenso entre as partes; (ii) formalização da alteração por meio da celebração de termo aditivo; (iii) preservação do objeto contratual; (iv) peso favorável à alteração frente ao tempo transcorrido desde a celebração do contrato conjugada à evolução regulatória, especialmente quando constatada a

---

[487] BRASIL. Agência Nacional de Transportes Terrestres, 2018b.

partir da análise dos contratos mais recentes; (v) é possível ainda que não haja impacto positivo sobre o usuário em certas hipóteses.

A fim de mitigar dúvidas sobre a modificação contratual que envolva mecanismos de preservação contratual, é salutar que os contratos passem a prever a possibilidade de renegociação dessa questão[488] e, igualmente importante, a estabelecer procedimento que preveja etapa dedicada a permitir participação e controle social e que disciplinem os contornos do ônus argumentativo do Poder Concedente sobre o que está sendo pactuado.

Tão importante quanto buscar critérios para a alteração contratual envolvendo mecanismos de preservação do equilíbrio contratual é despir-se de ideia pré-concebida de que a alteração contratual pode eventualmente ser uma fraude contratual voltada à concessão indevida de benefício a uma dada parte. Os exemplos apresentados não tratam disso. Consistem em casos em que a natural evolução regulatória resultante da experiência vivenciada ao longo dos anos demonstra fragilidades de um dado mecanismo, na forma como desenhado contratualmente, o que suscita legítima dúvida acerca da pertinência de suprimir, substituir ou modificar o mecanismo de preservação da equação econômico-financeira do contrato de concessão, a fim de aprimorar a disciplina contratual. Essa circunstância, quando assim for, deve ser assim enxergada, evitando-se interpretações que partam da premissa de que há sempre potencial fraude em casos de alteração do contrato de concessão.

3.2 Regulação de aspectos dos mecanismos de equilíbrio econômico-financeiro deixados em aberto pelo contrato

O artigo 23, IV, da Lei nº 8.987, de 1995, estabelece que é cláusula essencial do contrato de concessão aquela que disciplina os critérios e procedimentos de revisão da tarifa. Portanto, a legislação determina que o contrato de concessão não pode deixar de prescrever os aspectos da revisão, dentre os quais, os mecanismos de preservação do equilíbrio contratual. Mais do que isso, o artigo 28, II, "b", Lei nº 10.233, de 2001,

[488] "(...) se é natural que surja a necessidade de modificação de tais contratos, parece-me pertinente que, a depender das circunstâncias envolvidas em concreto, eventuais procedimentos de renegociação sejam disciplinados de antemão pelo contrato" (ALENCAR, 2019, p. 170).

impõe à ANTT o dever de prezar para que os instrumentos de concessão definam "claramente" as condições de revisão. Porém, indaga-se: todos os aspectos desses mecanismos devem estar disciplinados nos contratos ou alguns deles podem ser definidos no âmbito da regulação,[489] por meio da edição de normas infralegais? Essa é a pergunta que guia as reflexões apresentadas a seguir.

Dos capítulos anteriores, depreendem-se dois exemplos de mecanismos de preservação da equação contratual cujos aspectos não são inteiramente estabelecidos pelo contrato de concessão, mas sim disciplinados em norma infralegal editada pela ANTT: Fluxo de Caixa Marginal e Fator X. O Fluxo de Caixa Marginal está disciplinado em diferentes resoluções que tratam de todas as suas nuances econômicas.[490] A principal delas é a Taxa Interna de Retorno aplicada nesse fluxo, que é redefinida trienalmente com base em critérios que vêm sendo modificados ao longo dos anos. Grande parte dos contratos de concessão limita-se a dispor que o mecanismo de Fluxo de Caixa Marginal será aplicado de acordo com o regulamento, enquanto outra parte prescreve apenas parte dos aspectos do mecanismo. Em ambos os casos, sua aplicação acaba sendo guiada pelo que foi prescrito pela ANTT em suas normas infralegais. Já os contratos de concessão que estabelecem a incidência do Fator X previram sua incidência, mas não indicaram os percentuais, nem a metodologia que seria utilizada para defini-los, deixando para que esses aspectos fossem regulamentados pela ANTT.

A regulação dos mecanismos de preservação do equilíbrio contratual fora do âmbito contratual, feita exclusivamente pela agência reguladora, ainda que por força de norma contratual, é criticada pela literatura jurídica. Guimarães compreende que a definição de aspecto da equação econômico-financeira realizada fora do âmbito do contrato de concessão trata-se de solução ilícita, pois fere o princípio da intangibilidade da equação econômico-financeira e compromete a estabilidade jurídica. Para o autor, essa crítica aplica-se ao Fluxo de Caixa Marginal:

> Em alguns casos, temos visto editais de licitação que remetem essa definição à regulamentação setorial, o que pode significar a suscetibilidade dos critérios de recomposição à alteração legislativa e normativa.

---

[489] Ciente da discussão sobre o alcance do termo "regulação", vale destacarmos que ele é usado nesta obra para "fazer referência às competências exercidas por agências reguladoras (e entidades afins), que integram a Administração Pública indireta, resultando, na maior parte das vezes, em direito posto unilateralmente pelas mesmas" (DI PIETRO, 2012, p. 191).

[490] Resolução nº 3.651, de 7 de abril de 2011. Resolução nº 4.075, de 3 de abril de 2013. Resolução nº 5.850, de 18 de julho de 2019. Resolução nº 5.865, de 19 de dezembro de 2019.

> Trata-se, na minha visão, de solução ilícita, pois desloca ao Poder Concedente (ou à agência regulatória competente) a atribuição para definir, subsequentemente à contratação, aspecto fundamental da equação econômico-financeira do contrato administrativo. Há, na solução, relativização do princípio constitucional da intangibilidade da equação econômico-financeira. Cláusulas desta ordem desafiam, ainda, a segurança e estabilidade jurídica. (...) A mesma crítica referida poderia ser feita em relação à utilização do fluxo de caixa marginal cuja definição da metodologia de cálculo e taxa de desconto o contrato remeteu à regulamentação.[491]

No mesmo sentido, Alencar aponta: "considero ilegal a previsão contratual no sentido de que caberá ao órgão regulador ou ao poder concedente definir, em momento posterior e de forma unilateral, qual a fórmula de revisão ou de reajuste a ser considerada para assegurar a preservação do sinalagma contratual".[492] Ao analisar o tratamento dado ao Fator X nos contratos em análise, Sundfeld, Souza e Rosilho apontam que a cláusula que deixou de disciplinar esse mecanismo em sua completude e atribuiu a tarefa à regulação contrapõe-se ao artigo 23, IV, da Lei nº 8.987, de 1995, que exige que a matéria em questão seja disciplinada de forma completa, objetiva e bem determinada. Também, indicam dissonância com o artigo 37, XXI, da CRFB e o artigo 122 do Código Civil, que prescreve ser ilícita condição que se sujeite ao puro arbítrio de uma das partes. Nesses termos:

> A vagueza das cláusulas, tanto sobre os critérios a considerar como sobre o modo de aferição dos ganhos, é o motivo de preocupação e fator de insegurança jurídica. Mais que isso, tal vagueza pode atentar contra regras importantes em matéria de contratos previstas na Constituição, nas Lei de Licitações e de Concessões e, ainda, no Código Civil. (...) os critérios de procedimentos de reajuste e revisão, cuja estipulação em contrato é exigida pela Lei de Concessões, por impactarem diretamente sobre a remuneração devida ao concessionário e, assim, sobre o equilíbrio econômico-financeiro do contrato. Elemento do gênero não pode ser estipulado de qualquer jeito; precisa ser completo, objetivo, bem determinado. (...) São, todos esses, fundamentos jurídicos por força dos quais se afiguram insuficientes, em contratos de concessão de serviços públicos, cláusulas atinentes ao chamado "Fator X" que não estipulem os itens a serem considerados na aferição dos ganhos de produtividade, nem qual será exatamente o modo de aferição.[493]

---

[491] GUIMARÃES, F., 2019, p.112.

[492] ALENCAR, 2019, p. 168.

[493] SUNDFELD; SOUZA; ROSILHO, 2015, p. 231 e 235.

Ao lado disso, a literatura aponta o receio de que a definição dos mecanismos de preservação do equilíbrio contratual deixe a concessionária "à mercê da vontade de gestores públicos, que, muitas vezes, motivados por orientações políticas, não praticam os atos mais consentâneos com as finalidades perseguidas pela contratação",[494] inclusive abrindo margem para "populismo tarifário, o que gera eficácia no curto prazo para melhorar a situação dos usuários, mas, no longo prazo, corrói as condições para atração de investimentos e amplia custos de transação".[495]

Os posicionamentos apresentados são corretos. Conforme indicado, a legislação determina que os contratos de concessão prevejam claramente os critérios e procedimentos da revisão, pois trata-se de um dos elementos considerados pelos proponentes para formulação de sua proposta econômica, contribuindo para a devida formação da tarifa. É, portanto, elemento essencial do aspecto econômico-financeiro do contrato de concessão que, por assim ser, deve ser conhecido desde a época da licitação e ser mantido inalterado no curso da concessão, com exceção das hipóteses de alteração consensual.

Quando o contrato de concessão deixa de definir claramente os mecanismos de preservação contratual e atribui sua regulação a ato unilateral do Poder Concedente ou da agência reguladora, surgem consequências que maculam os propósitos traçados na legislação. Vejamos duas circunstâncias distintas que retratam o aqui exposto: aquelas em que, à época da licitação, não havia norma disciplinando a matéria e aquelas em que o mecanismo de preservação contratual já era previsto em norma infralegal editada pela agência.

Nos casos em que já há regulamento disciplinando o mecanismo – como é o caso do Fluxo de Caixa Marginal –, as propostas serão naturalmente formuladas tomando como base o disposto no regulamento vigente. Assim, a formação do preço, isto é, do aspecto econômico-financeiro do contrato de concessão não será prejudicada, pois o licitante sabe como aquele mecanismo de preservação do equilíbrio contratual será aplicado. Todavia, se o regramento for modificado no curso de concessão e as alterações passarem a incidir sobre o contrato firmado em outras bases, haverá modificação não consensual da cláusula econômico-financeira, oriunda da mudança da regulação, algo vedado em matéria de cláusulas econômico-financeiras.

---

[494] ALENCAR, 2019, p. 168.

[495] GUIMARÃES, F., 2019, p.112.

Nos casos em que inexiste norma disciplinando o mecanismo de preservação contratual à época da licitação – tal como ocorreu com o Fator X –, relegar essa matéria à regulação prejudica a adequada formação da tarifa, pois é desconhecido um dos elementos a ser considerado. Logo, conforme entendimento do TCU, essa circunstância acaba "militando contra a adequada precificação do empreendimento pelos potenciais interessados em assumir a outorga".[496] O preço será formado em parte no escuro e, no futuro, o contrato de concessão será impactado por regras supervenientes estabelecidas pelo regulador que modificam cláusula econômico-financeira, à revelia da concessionária.

Ainda nas hipóteses em que não há regulamento disciplinando o mecanismo de preservação contratual, há risco de que a concessão se inicie e transcorram anos de sua vigência sem que o mecanismo venha a ser disciplinado. É o que ocorre no caso do Fator X. Os contratos que o trouxeram foram celebrados em 2013, contudo, até o momento de conclusão desta obra, não há norma nem aditivo contratual definindo esses aspectos, pois a questão segue sendo debatida no âmbito da agência reguladora. Nas revisões contratuais mais recentes, a ANTT chegou a calcular o Fator X, mas com base em metodologia considerada como preliminar, que não está amparada em nenhuma norma, legal, infralegal ou contratual.

Já a quarta etapa do PROCROFE não contemplou esse mecanismo. De acordo com a agência reguladora, uma das razões para sua exclusão dos contratos mais recentes está no fato de que "a indefinição causada pala ausência de uma metodologia razoável para o seu cálculo foi, desde a sua introdução, motivo de incerteza para o setor regulado".[497] Portanto, nesse caso, a ausência de prescrição contratual que disciplinasse o mecanismo em questão conjugada à inércia da agência reguladora em disciplinar a matéria trouxe tamanha nebulosidade que contribuiu para fulminar a incidência do Fator X no setor em questão. Caso os percentuais desse mecanismo e sua metodologia de atualização tivessem sido disciplinados contratualmente, o Fator X poderia estar sendo aplicado, permitindo que fosse efetivamente experimentado nas concessões de rodovias federais e avaliados seus lados positivos e negativos.

Nesse quadro, cabe ao contrato de concessão definir todos os aspectos dos mecanismos de preservação do equilíbrio contratual, não apenas porque a lei assim determina (artigos 23, IV, da Lei nº 8.987,

---

[496] BRASIL. Tribunal de Contas da União, 2015.

[497] BRASIL. Agência Nacional de Transportes Terrestres, 2021c.

de 1995 e 35, VII, da Lei nº 10.233, de 2001), conforme indicado, mas também porque devem ser evitadas todas as consequências deletérias da indefinição.

Ainda que Poder Concedente e concessionária tenham celebrado o contrato de concessão com cláusula que relegue a disciplina dos critérios e procedimentos de revisão à regulação, assim concordando com essa disposição contratual, o caráter cogente dos referidos dispositivos legais impedia que ficasse de fora do contrato matéria considerada como cláusula essencial pela lei.[498] Apesar disso, tomando os exemplos acima apresentados, não é o caso de invalidação da cláusula contratual,[499] mas sim de sua modificação por meio da celebração de termo aditivo que incorpore ao contrato as regras aplicáveis aos mecanismos de preservação do equilíbrio, conforme autorizado pelo artigo 21, parágrafo único, do Decreto-Lei nº 4.657, de 1942,[500] que prevê a regularização do contrato inválido,[501] e, mesmo antes da edição dessa norma, pela teoria da validade dos atos administrativos que admite conversão do ato inválido.[502]

---

[498] Se a regra é que a lei não discipline todas as regras contratuais, a exceção reside nas cláusulas previstas pelo artigo 23 da Lei nº 8.987/95 como essenciais cuja prescrição no contrato é uma exigência formal da lei: "A lei não pode – e nem deve – minudenciar as cláusulas do contrato (exceção feita à exigência formal de algumas delas)" (MOREIRA, 2010, p. 55).

[499] A anulação de cláusula contratual de contrato de concessão é matéria reservada à jurisdição, isto é, somente pode ocorrer mediante prolação de decisão judicial, jamais por ato administrativo. Nesse sentido, *cf.*: SUNDFELD, Carlos Ari. Os contratos de concessão e sua anulação. *Revista Eletrônica de Direito do Estado*, Salvador, Instituto de Direito Público da Bahia, v. 7, 2006. Disponível em: http://www.direitodoestado.com.br/codrevista.asp?cod=125. Acesso em: 15 ago. 2021.

[500] Artigo 21. A decisão que, nas esferas administrativa, controladora ou judicial, decretar a invalidação de ato, contrato, ajuste, processo ou norma administrativa deverá indicar de modo expresso suas consequências jurídicas e administrativas. Parágrafo único. A decisão a que se refere o *caput* deste artigo deverá, quando for o caso, indicar as condições para que a regularização ocorra de modo proporcional e equânime e sem prejuízo aos interesses gerais, não se podendo impor aos sujeitos atingidos ônus ou perdas que, em função das peculiaridades do caso, sejam anormais ou excessivos.

[501] A esse respeito, *cf.*: "O que é a regularização? É a (i) identificação, para envolvidos e terceiros, dos efeitos pós-invalidação. Assim, num exemplo, trata-se de identificar se, da anulação do contrato administrativo, haverá a preservação de algum de seus efeitos, e para quem. Em outro sentido, também admissível pelo texto da lei, ela pode ser o ato ou o efeito de tornar regular; ou seja, (ii) a construção das condições de possibilidade da validade jurídica do ato, negócio, processo ou norma" (MENDONÇA, José Vicente. Art. 21: indicando consequências e regularizando negócios. *Revista de Direito Administrativo – RDA*, Rio de Janeiro, Edição especial. Lei de Introdução às Normas do Direito Brasileiro, FGV, 2018, p. 53).

[502] Nesse sentido, *cf.* MARTINS, Ricardo Marcondes. Ato administrativo e procedimento administrativo. *In*: DI PIETRO, Maria Sylvia Zanella (Coord.). *Tratado de direito administrativo*. 2. ed. São Paulo: Thomson Reuters Brasil, 2019. p. 404.

Isso não obsta a edição de normas disciplinando a matéria dos mecanismos de preservação do equilíbrio contratual de concessão pela ANTT. Essa agência reguladora pode assim proceder para sinalizar às concessionárias, atuais e futuras, quais são os novos contornos da aplicação entendidos como adequados pelo regulador. Contudo, como esses mecanismos devem estar plenamente disciplinados em contrato, a incidência das normas infralegais sobre o contrato de concessão no lugar das regras estipuladas contratualmente somente ocorrerá caso a concessionária decida aderir à norma infralegal, por meio da celebração de termo aditivo, conforme disciplinado pelo parágrafo único do artigo 4º da Resolução nº 5.950, de 20 de julho de 2021,[503] que aprova o Regulamento das Concessões Rodoviárias.

Ainda que as normas infralegais não sejam aplicadas ao contrato de concessão sem que haja a concordância formal da concessionária, sob a ótica da democracia participativa, atualmente é mais interessante que a norma seja editada pela ANTT e depois haja a adesão pela concessionária do que a hipótese de que a modificação contratual seja realizada diretamente no contrato, sem prévia edição de norma que a embase. Isso porque ainda hoje grande parte das modificações contratuais decorre de negociação que envolve apenas as partes contratuais,[504] ao passo que as normas editadas pela referida agência reguladora são precedidas da participação popular, por meio de audiência pública, nos termos do artigo 8º, I, da Resolução nº 5.624, de 21 de dezembro de 2017.[505]

---

[503] Parágrafo único. As partes poderão, de comum acordo, optar pela aplicação da regulamentação da ANTT em detrimento do contrato de concessão, mediante adesão expressa à resolução, por meio de aditamento do contrato de concessão.

[504] Como exceção, cita-se o art. 10, §3º, da Resolução nº 3.651, de 07 de abril de 2011, da ANTT que estabelece que: "Quinquenalmente, a recomposição do equilíbrio econômico-financeiro do contrato, relativa às alterações propostas para os próximos cinco anos no Programa de Exploração da Rodovia – PER, deverá ser submetida ao Processo de Participação e Controle Social a fim de garantir o direito de manifestação de todos os interessados".

[505] Nesse sentido, ao examinar o impacto regulatório de norma que disciplina eventuais conflitos entre regras contratuais e regras regulatórias, a ANTT indicou que a disciplina dessa questão pelo já mencionado Regulamento das Concessões Rodoviárias teria como benefício à concessionária o estabelecimento de "direito assentado em norma debatida publicamente", isto é, no entendimento da agência, é melhor que haja regulamento disciplinando esse conflito do que deixar de disciplinar a matéria ou introduzi-la apenas no corpo do contrato, pois tal disciplina seria estabelecida por meio de expediente que permite a participação popular – algo que não ocorreria nas outras duas hipóteses –, o que corrobora o entendimento aqui esposado (BRASIL. Agência Nacional de Transportes Terrestres. *Análise de impacto regulatório SEI nº 5071447/2021*. Brasília, DF, 25 jan. 2021a. Disponível em: https://participantt.antt.gov.br/Site/AudienciaPublica/VisualizarAvisoAudienciaPublica.aspx?CodigoAudiencia=446. Acesso em: 31 ago. 2021).

Dessa forma, conclui-se que os critérios e procedimentos de revisão contratual – o que envolve os mecanismos de preservação do equilíbrio econômico-financeiro contratual – devem estar inteiramente disciplinados em contrato, sendo assim vedadas cláusulas como aquelas que tratam do Fluxo de Caixa Marginal e do Fator X. Uma vez a matéria estando disciplinada no contrato e constatada a pertinência de alterá-la, enquanto perdurar a atual circunstância em que a negociação de alteração contratual pelas partes não é, na maioria dos casos, acompanhada de medidas de participação social, melhor que haja a regulação da matéria pela agência precedida de audiência pública e que, então, a concessionária venha a aderir a nova disciplina, se assim desejar. Assim, alia-se o respeito às normas que estabelecem o conteúdo essencial do contrato de concessão e que vedam a alteração unilateral dos mecanismos de preservação do equilíbrio contratual ao prestígio da democracia participativa oriundo da regulação da matéria pela agência sempre que antecedida de participação social.

3.3 Divergência entre contrato e regulamento

Ao longo do capítulo 2, esta obra referiu-se a diferentes regulamentos editados pela ANTT que disciplinam os mecanismos de preservação do equilíbrio econômico-financeiro. Normas como a Resolução nº 5.850, de 18 de julho de 2019, que estabelece regras aplicáveis a diferentes mecanismos, mostram a tendência de discipliná-los por meio de regulamentos no lugar do tratamento contratual. A elaboração atualmente em curso do Regulamento das Concessões Rodoviárias, que congregará diversas regras aplicadas às rodovias federais concedidas, explicita essa tendência, pois um dos seus objetivos é "reestruturar o marco regulatório setorial para migrar de modelo estritamente contratual para normativo".[506] Nesse cenário, põe-se a seguinte dúvida: havendo divergência entre contrato e regulamento, o que prevalece em matéria de mecanismos de equilíbrio contratual? Essa dúvida não se confunde com a hipótese já descrita, segundo a qual o contrato transfere a disciplina de certas matérias à regulação. A circunstância ora em exame é distinta: trata-se de casos em que o

[506] BRASIL. Agência Nacional de Transporte Terrestre. GERER-SUROD-AP02201_CNORD_V3.pptx. Disponível em: https://participantt.antt.gov.br/Site/AudienciaPublica/VisualizarAvisoAudienciaPublica.aspx?CodigoAudiencia=446. Acesso em: 31 ago. 2021.

contrato disciplina a incidência de certo mecanismo de preservação do equilíbrio contratual, mas o regulamento estabelece regras distintas.

Foi o que ocorreu, por exemplo, quando resoluções impuseram a aplicação do Fluxo de Caixa Marginal com Taxa Interna de Retorno fixada no momento de formação desse fluxo,[507] sem a possibilidade de posterior modificação, enquanto contratos determinavam a possibilidade de revisão dessa taxa caso houvesse alteração significativa nas condições de financiamento.[508] Nesse exemplo, a solução contratual divergia da que foi adotada em regulamento. Nesse específico caso, a cláusula contratual foi editada quando o regulamento já estava vigente, mas também pode acontecer a situação na qual o regulamento é superveniente à norma contratual que estabeleça algo distinto. É o caso da Resolução nº 3.651, de 7 de abril de 2011, que estabelece, de modo aberto, que variáveis estimadas no Fluxo de Caixa Marginal podem ser substituídas por ocasião da revisão, ao passo que o contrato de concessão da ViaBahia, firmado anteriormente à edição daquela resolução, prescreve que não poderão ser substituídos "os valores projetados para os investimentos, custos e despesas considerados nos fluxos dos dispêndios marginais" (cláusula 20.8.1 ii).

O problema da divergência entre contrato e regulamento é objeto de atenção da ANTT. Ao avaliar a estrutura regulatória do setor, a agência

---

507 Art. 3º, §3º, I, da Resolução nº 5.850, de 18 de julho de 2019.

508 *Cf.* termo aditivo nº 1 do contrato de concessão da Autopista Litoral Sul. Já o termo aditivo nº 2 desse mesmo contrato estabelece que a taxa interna pode ser substituída por nova taxa, fruto do cálculo realizado trienalmente pela ANTT para estabelecer a Taxa Interna de Retorno regulatória do setor, de modo que "o valor de reequilíbrio será recalculado com base na nova TIR na revisão tarifária do ano subsequente" Cláusula Décima: "Por se tratar de obra complementar ao Contrato com aumento significativo no montante de Investimentos e Custos Operacionais, para viabilização do Plano de Negócio estabelecido e a captação do financiamento para este montante de obras, deverá ser adotada a metodologia proposta para o Fluxo de Caixa Marginal constante na Resolução 3.651/2011, sendo a Taxa Interna de Retorno de 7,17%. Qualquer alteração significativa das condições de financiamento deverá implicar na revisão do cálculo da Taxa Interna de Retorno, quando autorizada pela ANTT, buscando uma compensação desse valor da 'TIR' no Contrato de Concessão, respeitando a Metodologia do Fluxo de Caixa Marginal estabelecido pela ANTT." Cláusula 3.2.1: "3.2.1 No caso de a ANTT realizar revisão da TIR mencionada na subcláusula 3.2 durante o período trienal previsto na Resolução ANTT nº 5.865/2019, com fundamento no cenário econômico adverso observado desde a sua publicação, deverá ser revista a TIR utilizada no presente TERMO ADITIVO, e o valor de reequilíbrio será recalculado com base na nova TIR na revisão tarifária do ano subsequente." Cláusula 3.2.1: "3.2.1 No caso de a ANTT realizar revisão da TIR mencionada na subcláusula 3.2 durante o período trienal previsto na Resolução ANTT nº 5.865/2019, com fundamento no cenário econômico adverso observado desde a sua publicação, deverá ser revista a TIR utilizada no presente TERMO ADITIVO, e o valor de reequilíbrio será recalculado com base na nova TIR na revisão tarifária do ano subsequente."

constatou existir omissão normativa sobre regras de interpretação aptas a solucionar o conflito entre essas normas.[509] Diante disso, ao disciplinar a primeira regra que compõe o Regulamento das Concessões Rodoviárias (chamado de "RCR 1"), o artigo 4º da Resolução nº 5.950, de 20 de julho de 2021, prescreve que, nos casos em que o contrato disciplinar expressamente a matéria, seus termos prevalecerão sobre a regulação. Quando o contrato de concessão não disciplinar suficientemente a matéria, o regulamento da ANTT será aplicado supletivamente, desde que não contrarie as disposições contratuais. Já quando o contrato for omisso, será aplicada a regulação da ANTT. Ainda, a norma estabelece que as partes poderão optar pela incidência do regulamento da ANTT em detrimento do contrato de concessão, por meio da celebração de aditivo. Conforme afirmado pela agência:

> (...) opta-se nesta resolução por declarar a prevalência do contrato sobre a regulamentação da ANTT de forma enfática. Todavia, essa prevalência contratual não é irrestrita. É necessário conter em suas cláusulas disciplina expressa e suficiente. (...) Em relação à suficiência, entende-se que as determinações contratuais precisam satisfazer o entendimento sobre a matéria postulada, indicando, à guisa de exemplo, o como, onde, porque, por quem, como qual recurso e de quem seria o recurso.[510]

O entendimento de que os termos contratuais devem prevalecer sobre o regulamento no caso de conflito tem sido recorrente naquela agência reguladora em relação a matérias distintas desta ora em estudo, o que é demonstrado pela Súmula nº 10, editada em 30 de março de 2021, segundo a qual "as sanções administrativas previstas em contrato de

---

[509] *Cf.*: "Diante do histórico apresentado sobre a fragmentação do marco regulatório e a superveniência da Agência com contratos em curso, pode ser entendido como um processo natural a eventual acomodação entre os contratos existentes e os supervenientes em face dos regulamentos dispostos. Em verdade, em face da relação contratual e regulatória que se estabelece, há linhas muito tênues em relação à matriz de comando, sobretudo porque o contrato incorpora diversos dispositivos gerais, que ora se quer trazer para a norma. Por isso, a rigor, tende-se a convencionar que o concreto de concessão seria a regra soberana, apesar deste encaminhamento não ser suficiente para dirimir todas as dúvidas decorrentes. Isso denota uma evidente falha regulatória, por omissão normativa, uma vez que não se pactuou um direcionamento interpretativo, o que leva à insegurança jurídica e ao aumento dos custos de transação dos concessionários e da ANTT" (BRASIL. Agência Nacional de Transporte Terrestre, 2021a).

[510] BRASIL. Agência Nacional de Transportes Terrestres. *Comentários dos artigos da minuta do regulamento de concessões rodoviárias e quadro de comparativo do RCR com os contratos de concessão e regulamentação da ANTT*. Brasília, 2021b. p. 11. Disponível em: https://participantt.antt.gov.br/Site/AudienciaPublica/VisualizarAvisoAudienciaPublica.aspx?CodigoAudiencia=446. Acesso em: 31 ago. 2021.

concessão prevalecem sobre aquelas consignadas em regulamentação normativa."

Se aplicada a regra ao exemplo da taxa interna do Fluxo de Caixa Marginal, tem-se que as regras contratuais que estabelecem a possibilidade de sua mudança prevalecem sobre o regulamento que prescreve que essa taxa deve ser mantida ao longo da concessão. No entanto, caso o contrato tivesse deixado de disciplinar algum aspecto dessa questão, aplicar-se-ia o regulamento editado pela agência reguladora, caso não contrariasse os termos contratuais.

Porém, a regra de interpretação delineada pela Resolução nº 5.950, de 20 de julho de 2021, não se aplica da forma ali disciplinada quando se trata de mecanismos de preservação do equilíbrio contratual. No caso de divergências entre o contrato e o regulamento, aquele prevalece sobre este último, ainda que o contrato não discipline a matéria de forma expressa e suficiente. Conforme abordado no item 3.2, esses mecanismos devem estar inteiramente disciplinados em contratos, tanto porque a lei assim determina, quanto porque assim evita-se situações perniciosas, já vivenciadas na prática, oriundas da omissão contratual. Caso haja lacuna ou total omissão normativa no contrato, as regras complementares devem ser incorporadas ao contrato por meio da celebração de aditivo.

Também como já abordado, nada impede que a agência reguladora edite regulamentos acerca dos mecanismos, a fim de sinalizar ao setor o entendimento sobre a melhor prática no momento de edição da norma. Porém, para incidir sobre o contrato de concessão, o regulamento precisa "transformar-se" em normas contratuais, o que só é possível por meio de aditamento ao contrato oriundo de negociação entre as partes. Esse conjunto de constatações impede que o regulamento que trate de mecanismos de preservação contratual seja aplicado supletivamente às normas contratuais tidas como insuficientes ou omissas. Os termos contratuais devem prevalecer e suas lacunas devem ser preenchidas por meio da incorporação à avença da disciplina acerca dos pontos que ficaram em aberto.[511]

---

511 Também nesse sentido: "(...) tais entidades [agências reguladoras] vêm contribuindo, com variados expedientes, para que modificações sejam introduzidas na aplicação do equilíbrio econômico-financeiro, sendo os principais instrumentos para que isso seja feito a elaboração de novos instrumentos de outorga, com aprimoramentos em seu texto, e a edição de atos normativos, de caráter geral, aplicável aos diferentes agentes submetidos à regulação da respectiva agência. De toda forma, ressalto que, apesar da relevância assumida pelas entidades reguladoras no contexto da efetivação da garantia do equilíbrio econômico-financeiro nas concessões, ao exercer seu poder normativo, é necessário que estejam atentas para o fato de que a Lei Geral de Concessões impõe que determinados aspectos do equilíbrio econômico-financeiro sejam disciplinados em pormenores nos instrumentos contratuais. (...) Dessa

Disso decorre outra consequência. Na medida em que a edição de regulamento, em matéria de mecanismos de preservação do equilíbrio contratual, volta-se a sinalizar o que é considerado como melhor prática, quando novos contratos ou termos aditivos a contratos já em vigor são assinados com termos distintos daqueles prescritos em regulamento, deve haver ônus argumentativo maior do que haveria nos casos nos quais seguido o regulamento. Em outras palavras, será exigida motivação de forma mais aprofundada que explicite não apenas a juridicidade da norma contratual que diverge da norma regulatória, mas também a demonstração da razão pela qual o contrato comporta solução distinta do que disposto na regulação, especialmente nos casos em que antecedida de participação popular por meio de audiência pública ou outra forma de interação. Logo, mesmo nesse cenário, os termos contratuais prevalecem sobre o regulamento, mas há maior exigência quanto ao ônus argumentativo acerca da escolha feita pelo contrato.

3.4 A discricionariedade no parcelamento tarifário no Fator C e no Fator Q

Nos capítulos anteriores, constatou-se que os contratos de concessão permitem que a modificação da tarifa decorrente da incidência dos mecanismos de preservação do equilíbrio econômico-financeiro Fator C e Fator Q seja diluída no tempo, a fim de evitar significativa oscilação tarifária. Assim, mesmo que a aplicação desses fatores aponte a necessidade de alteração do valor da tarifa em um determinado ano da concessão para preservar o equilíbrio contratual, os contratos autorizam que a ANTT deixe de aumentá-la ou diminui-la de uma só vez, diluindo a modificação ao longo dos anos. Trata-se do que aqui se chama de parcelamento tarifário.

Mais especificamente, os contratos que adotam o Fator C estabelecem que os impactos de certos eventos de desequilíbrio que são contabilizados no saldo da Conta C podem não incidir sobre a tarifa do ano seguinte à apuração do desequilíbrio, pois permite-se o parcelamento desse impacto ao longo dos demais anos da concessão.

---

forma, ainda que os contratos de concessão sejam naturalmente incompletos e a função integrativa da regulação por agência, neste aspecto, deva ter sua importância enaltecida, existem limites para que isso seja feito. Em tais situações, seria mais adequada a consolidação de um critério fixo no contrato e a inserção de cláusulas que prevejam a possibilidade de, em momento futuro, os critérios estabelecidos serem renegociados, mediante mútuo acordo, entre poder concedente e concessionário (...)" (ALENCAR, 2019, p. 108).

Essa possibilidade aplica-se nos casos em que sua incidência aponta tanto para a diminuição quanto para o aumento da tarifa. Ainda, as avenças não estabelecem nenhum parâmetro de valores ou parâmetro temporal para o parcelamento, como apontado no capítulo 2.

Já o parcelamento relativo ao Fator Q naturalmente atrela-se ao acréscimo tarifário oriundo do atingimento das metas do Indicador do Nível de Acidentes com vítimas na Rodovia. Nessa hipótese, trata-se sempre de aumento tarifário, uma vez que esse mecanismo visa a incrementar a tarifa de acordo com a melhora propiciada nas condições de segurança dos usuários, não havendo no contrato previsão de minoração da tarifa caso haja piora nesse indicador. Diferentemente do que ocorre com o Fator C, os contratos de concessão estabeleceram parâmetro para o parcelamento tarifário: sempre que sua incidência resultar em aumento tarifário superior a 3% (três por cento), esse acréscimo será diluído nos anos posteriores. Em ambos os casos, o valor parcelado nos anos seguintes será acrescido da taxa de juros definida contratualmente.

Há muito tempo a literatura jurídica vem abordando a possibilidade de manejo da tarifa como principal instrumento da política tarifária que, à luz dos artigos 6º, §1º, e 11 da Lei nº 8.987, de 1995, deve visar à modicidade tarifária. Para que a tarifa seja fixada em valores módicos, a Administração Pública pode utilizar de certos mecanismos, como, por exemplo, subsídios cruzados e implementação de fontes extraordinárias de receita.[512] Portanto, a regra da modicidade tarifária seria o que autoriza o manejo do valor da tarifa.[513]

Já no âmbito do Fator C e do Fator Q, parece que não é a regra da modicidade que fundamenta o manejo da tarifa por meio do parcelamento. Conforme disposto pelos contratos, o objetivo é evitar "grandes oscilações tarifárias". Os contratos admitem o aumento do valor, só que

---

512 *Cf.*: "(...) nada impede que o Poder Público adote, por exemplo, a fixação de tarifas mais acessíveis ao usuário (preço político) e compense o concessionário, por outra forma para manter hígido o equilíbrio econômico-financeiro firmado no contrato" (GROTTI, Dinorá Adelaide Musett. *O serviço público e a Constituição Brasileira de 1988*. 2001. 439 f. Tese (Doutorado em Direito Administrativo) – Pontifícia Universidade Católica de São Paulo, São Paulo, 2001. p. 312). Também *cf.* HARB, Karina Houat. *A Revisão na concessão comum de serviço públicos*. São Paulo: Malheiros, 2012. p. 135.

513 "Nesse sentido, o princípio da modicidade das tarifas, ao invés de servir como um inibidor da atuação administrativa, acaba funcionando como fundamento legal para justificar a implementação de determinados instrumentos de política tarifária. Se for para conferir o direito à fruição dos serviços a tarifas módicas, o poder concedente contará com autorização legislativa (proveniente da Lei 8.987/1995) para instituir modelos de política tarifária" (ARRUDA CÂMARA, 2009, p.73).

de forma diluída, para que o impacto sobre o usuário não seja drástico de forma repentina. Isso poderia até criar a percepção equivocada de que o objetivo aqui é consagrar a modicidade tarifária. Contudo, nos casos de aumento, o parcelamento tarifário, ao final, produz impacto financeiro maior sobre o usuário, uma vez que incidirá taxa de juros sobre cada parcela do reequilíbrio incorporada nos anos seguintes.

Outro aspecto corrobora a constatação de que o parcelamento tarifário em questão não é pautado pela modicidade: no campo do Fator C, é possível que haja não apenas o aumento da tarifa, mas também sua redução, a depender do resultado da soma entre desequilíbrios em desfavor e em favor da concessionária. Nas hipóteses de redução da tarifa, é igualmente permitido que essa diminuição seja diluída ao longo do tempo, para evitar que a mudança drástica resulte em iliquidez da concessionária, tal como ocorreu no contrato de concessão da CONCEBRA.[514] Nesse caso, o parcelamento objetiva evitar oscilações tarifárias significativas para manter a autossustentabilidade da concessão, assim evitando que o reequilíbrio contratual fulmine a viabilidade econômico-financeira do projeto.[515]

O parcelamento tarifário oriundo da incidência dos mecanismos de preservação do equilíbrio contratual em questão sofreu críticas. No controle prévio dos editais das concessões da terceira etapa, o TCU apontou a ausência de parâmetros para estipulação do parcelamento, não "precatando-se contra injustificáveis delongas no ajuste das tarifas e seu consequente descolamento em relação ao custo de prestação do serviço", o que poderia levar a uma administração arbitrária da tarifa pela ANTT. Essa constatação culminou na recomendação para que os próximos contratos de concessão instituam "parâmetros objetivos para nortear o repasse dos valores da "Conta C" via Fator C, garantindo a previsibilidade",[516] algo que não foi instituído nos contratos mais recentes da quarta etapa, que seguem o mesmo modelo das avenças anteriores. Em momento posterior, ao examinar o parcelamento tarifário

---

514 BRASIL. Agência Nacional de Transportes Terrestres, 2020i.

515 A respeito da relação entre a fixação de tarifas e a autossustentabilidade da concessão, *cf.*: "Há, quando menos, dois ângulos nos quais deve ser analisada a tarifa ótima nas concessões comuns: (i) se ela permite a instalação de projeto autossentável; (ii) se ela é equânime, no sentido de promover a distribuição adequada dos custos e benefícios entre concessionário e usuários. As tarifas não podem ser nem muito baixas (sob pena não só de inviabilizar a autossustentabilidade do projeto, mas especialmente em vista da frustração do incentivo para que os usuários consumam adequadamente o serviço) nem muito altas (sob pena de inviabilizar o acesso ao serviço público ao maior número de usuários)" (MOREIRA, 2010, p. 331).

516 BRASIL. Tribunal de Contas da União, 2015.

no contrato de concessão da CONCEBRA, a AGU consignou que os termos contratuais conferem à ANTT competência discricionária para determinar o parcelamento tarifário e seus contornos.[517] Surge aí a seguinte questão: há, de fato, competência discricionária no campo do parcelamento tarifário fruto da aplicação dos mecanismos de preservação do equilíbrio contratual Fator C e Fator Q?

A lei não define os contornos dos mecanismos de preservação da equação econômico-financeira, em razão de sua natureza técnica e casuística.[518] Sua estipulação fica a cargo do contrato, que é formatado pela Administração – mais precisamente, no caso do setor em estudo, pela ANTT. A lei, portanto, confere à Administração Pública discricionariedade para definir como ocorrerá o reequilíbrio. Ainda, é possível que esse espaço de discricionariedade não se esgote nos termos do contrato, uma vez que a avença pode atribuir competência discricionária ao Poder Concedente ou à agência reguladora para que faça certas escolhas no curso da concessão diante do caso concreto.[519] É justamente essa hipótese que ocorre nos contratos em análise: ao possibilitar que a ANTT promova o parcelamento da revisão tarifária oriunda da aplicação de mecanismos de preservação do equilíbrio contratual, a avença confere competência discricionária àquela agência.

No âmbito do Fator C, essa discricionaridade decorre de conceito jurídico indeterminado[520] previsto no contrato ("grandes oscilações

---

[517] BRASIL. Advocacia-Geral da União, 2020b.

[518] *Cf.*: "Ademais, não deve caber ao legislador primário tecer minúcias normativas em um subsistema econômico moldado por aspectos técnicos de alta complexidade com vistas ao correto funcionamento. Diante da maior complexidade com os fatos concretos da vida, pelo maior contato com a sociedade, deve incumbir ao regulador, seja por estar em melhores condições de avaliar qual será, em determinado caso, a melhor solução para encontrar-se um grau ótimo de execução da norma legal ou demais políticas públicas, seja por dispor de melhor aparato institucional para tecer maiores detalhamentos normativos" (GUERRA, Sérgio. *Discricionariedade, regulação e reflexividade:* uma nova teoria sobre as escolhas administrativas. 4. ed. Belo Horizonte: Fórum, 2017. p. 142).

[519] Acerca da discricionariedade aberta pelo próprio contrato: "Assim, a gestão ex post dos riscos pode ser uma solução possível ou ainda, a mais adequada em várias situações concretas na estruturação do contrato de concessão, cabendo à agência, no exercício da sua regulação *ex post* e das suas competências institucionais, auxiliar ou conduzir o completamento do contrato. Essa solução pode também ser compreendida na ótica de um proposital espaço de discricionariedade – aberto no contrato de concessão – que confira, no sistema de dupla regulação, uma margem libre apreciação e decisão, conforme as circunstâncias fáticas que venham a ser apresentar" (GARCIA, F., 2021, p. 125).

[520] Há divergência na literatura jurídica sobre a discricionariedade oriunda de conceito jurídico indeterminado. De um lado, há entendimentos no sentido de que a interpretação de conceitos jurídicos indeterminados resulta na constatação de uma única solução válida, motivo pelo qual a existência desses conceitos na norma não abre espaço de discricionariedade. De outro lado, compreende-se que nem sempre a intepretação de conceitos jurídicos indeterminados

tarifárias"). O contrato não define o que são essas "grandes oscilações tarifárias", deixando para que a agência, ao exercer sua competência discricionária, estabeleça o conteúdo desse conceito abstrato diante do caso concreto. Há, então, discricionariedade na hipótese da norma contratual, pois o pressuposto de fato que autoriza o parcelamento é um conceito aberto. Também, extrai-se a competência da discricionariedade do mandamento dessa norma, pois os contratos não estabelecem como o parcelamento deve ser feito.

Já no campo do Fator Q, o contrato define o que são "grandes oscilações tarifárias" ao autorizar o parcelamento sempre que a aplicação do Indicador do Nível de Acidentes superar 3% (três por cento) sobre o valor da Tarifa Básica de Pedágio. Logo, aumentos superiores a 3% representam "grandes oscilações tarifárias", motivo pelo qual não há conceito indeterminado aqui. Pelo contrário, nesse caso, o conceito inicialmente aberto é definido, com precisão matemática, pelo próprio contrato. Se não existe competência discricionária nesse aspecto, há discricionaridade para definir a forma desse parcelamento, tal como ocorre no Fator C.

No âmbito ora analisado, estamos diante da chamada discricionariedade técnica, campo no qual a análise das possíveis alternativas a serem adotadas demanda exame técnico, ou seja, de caráter não jurídico, baseado em outras ciências, como a economia, por exemplo. Nas palavras de Medauar, "não se trata de outra espécie de poder discricionário. Seria a escolha da solução a adotar pela utilização de critérios decorrentes de conhecimentos especializados, técnicos ou científicos".[521] Se é certo que as normas contratuais em questão conferem competência discricionária, é igualmente correto que essa discricionariedade pode não existir diante do caso concreto, cujos contornos podem apresentar uma única solução admitida pelo Direito, hipótese essa na qual não há discricionariedade, mas sim vinculação.[522]

---

levará uma única solução possível perante o Direito, motivo pelo qual, nesses casos, haveria sim discricionariedade oriunda de conceito jurídico indeterminado. A respeito dessa divergência, *cf*: DI PIETRO, Maria Sylvia Zanella. *Discricionariedade administrativa na Constituição de 1988*. 3. ed. São Paulo: Atlas, 2012. p. 90). Em nossa visão, conceitos jurídicos indeterminados, tal como "grandes oscilações tarifárias", podem abrir espaço margem para discricionariedade, conforme apontado.

[521] MEDAUAR, Odete. *Direito Administrativo Moderno*. Belo Horizonte: Fórum, 2018. p. 107.

[522] *Cf*: "A existência de discricionariedade ao nível da norma não significa, pois, que a discricionariedade existirá com a mesma amplitude perante o caso concreto e nem sequer que existirá em face de qualquer situação que ocorra, pois a compostura do caso concreto excluirá obrigatoriamente algumas das soluções admitidas *in abstracto* na regra e, eventualmente, tornará evidente que uma única medida seria apta a cumprir-lhe a finalidade. Em suma, a

Na discricionariedade técnica, isso não é diferente. O exame de certa questão com base em ciências não jurídicas pode apresentar uma única solução admitida pelo Direito, caso no qual haverá vinculação no plano concreto. Diversamente, mesmo que a questão seja examinada sob viés técnico, ainda assim pode haver duas ou mais soluções juridicamente admitidas, daí existindo discricionaridade no campo concreto, pois "nem sempre a técnica e a ciência implicam certeza absoluta; no campo da técnica e das ciências exatas, biológicas, matemáticas também há diversidade de entendimentos, controvérsias".[523] Essa última constatação aplica-se perfeitamente ao campo da regulação econômica, pois ele é calcado na economia, que não é uma ciência exata e que se funda, em grande medida, em análises prognósticas.[524]

No campo do Fator C, no qual há discricionariedade técnica tanto ao definir se deve haver parcelamento tarifário, quanto como esse parcelamento será feito, incumbe à ANTT buscar na economia e nas finanças a solução a ser adotada diante do caso concreto. Com base nessas ciências, buscará saber (i) qual é o nível de oscilação tarifária que a caracteriza como "grande"; (ii) no caso de aumento da tarifa, qual é o número máximo de parcelas apto a evitar grandes oscilações tarifárias ao mesmo tempo que não onera, no final do parcelamento, o usuário, uma vez que o parcelamento encarece o valor final da tarifa revisada; (iii) no caso de diminuição da tarifa, qual é o número máximo de parcelas que permite que o usuário usufruía da tarifa mais baixa ao mesmo em tempo que não resulte na iliquidez da concessionária, além de outros aspectos que lhe pareçam adequados. Já no caso do Fator Q, como os contratos já definem o nível de grandeza da oscilação

---

discrição suposta na regra de direito é condição necessária, mas não suficiente, para que exista discrição no caso concreto; vale dizer, na lei se instaura uma possibilidade de discrição, mas não uma certeza que existirá em todo e qualquer caso abrangido pela discrição da regra" (BANDEIRA DE MELLO, 2021, p. 917). Em sentido distinto, Ricardo Marcondes Martins defende que somente é possível falar em discricionariedade no plano concreto, de modo que uma norma incompleta, por si só, não leva à discricionariedade, pois é a ponderação feita no caso concreto que indica se há, ou não, discricionariedade (MARTINS, 2019, p. 143). Aqui, adota-se o primeiro entendimento, pois a discricionariedade existe no plano abstrato, ainda que possa não existir no plano concreto.

[523] MEDAUAR, 2018, p. 107.

[524] "Convém reconhecer que, no domínio da regulação econômica, a existência de conceitos jurídicos técnicos que não oferecerem grandes zonas de certezas (negativa e positiva) é bastante comum. Uma das características das atividades reguladoras é a grande quantidade de normas técnicas, que, com frequência, remetem aos conceitos econômicos. Mas é inquestionável o fato de que a ciência econômica não é capaz de fornecer critérios unívocos de solução. Ademais, na regulação econômica é bastante frequente o uso de juízos prognósticos, os quais são bastante opináveis" (ROMAN, Flavio José. *Discricionariedade técnica na regulação econômica*. São Paulo: Saraiva, 2013. p. 174).

tarifária que autoriza o parcelamento e não há hipótese de diminuição da tarifa, caberá à agência reguladora perseguir apenas o ponto ii. É evidente que dificilmente essas ciências apresentarão uma resposta que, por mais que seja objetiva, não seja passível de controvérsias e contestações. Em razão disso, respondendo à pergunta anteriormente posta, há discricionariedade – ampla no Fator C e mais restrita no Fator Q – no plano abstrato e é bastante provável que também haja discricionariedade no plano concreto.

Embora seja juridicamente possível que o contrato propositalmente estabeleça espaço de discricionariedade para que a agência defina o parcelamento tarifário e que essa discricionariedade exista no plano concreto ainda que após exames técnicos, é mais salutar à gestão contratual que a competência discricionária seja limitada pelos próprios termos contratuais, conforme apontado pelo TCU. O estabelecimento de certos contornos conferiria maior previsibilidade a todos os agentes envolvidos na concessão, evitando a circunstância em que, embora reconhecido o direito ao reequilíbrio contratual e sabido em que medida a tarifa deve ser revisada para promover essa recomposição, não se sabe se ocorrerá, ou não, o parcelamento tarifário, por quanto tempo esse parcelamento perdurará e quanto isso custaria ao final. Deve-se combater a situação em que se ganha, mas não leva, pois, ainda que tornada incontroversa a necessidade de reequilíbrio, não há previsibilidade sobre quando essa recomposição será aperfeiçoada. A situação de imprevisibilidade milita em desfavor tanto da concessionária quanto do Poder Concedente e dos usuários.

Mesmo no âmbito do Fator Q, no qual há definição do percentual mínimo a autorizar o parcelamento, remanesce imprevisibilidade. No já citado exemplo do parcelamento tarifário da Eco050, no qual se constatou que a incidência do fator culminaria em acréscimo de 8,68%, a ANTT entendeu que teria duas opções: (i) incidir o percentual de 3% sobre a tarifa do ano seguinte ao cálculo do Fator Q e parcelar o percentual residual (5,68%) nos anos seguintes; ou (ii) deixar de aplicar o acréscimo tarifário no ano imediatamente posterior, parcelando o percentual total do Fator Q (8,68%) nos anos seguintes ao ano imediatamente posterior ao momento de cálculo. Optou-se pela primeira alternativa por ser a menos onerosa. Contudo, ainda assim remanesceu imprevisibilidade. Em primeiro lugar, porque interpretou-se o contrato de modo a considerar que há autorização para deixar de aplicar o acréscimo tarifário no ano seguinte em sua totalidade, sendo que outra interpretação possível seria a de que sempre deve ser aplicado ao menos o percentual de 3%, permitindo o parcelamento apenas do remanescente para os demais anos.[525] Em segundo lugar, porque a agência não estabeleceu de que forma o parcelamento ocorreria nos anos seguintes, deixando para que essa questão fosse decidida depois, nas revisões ordinárias seguintes. No Fator C, a ausência de previsibilidade é ainda maior, pois o contrato não define quando e de que forma deve ocorrer o parcelamento, deixando essa escolha à ANTT.

Ao lado dos problemas oriundos da imprevisibilidade, deve-se ter em vista que o parcelamento tarifário, na forma como hoje disciplinado, desnatura os Fatores C e Q, já que mitiga a automatização do reequilíbrio, uma das principais características desses mecanismos. Na medida em que esses fatores foram formatados para permitir, de forma mais simples, a preservação do equilíbrio contratual por meio de revisão anual, o parcelamento tarifário acaba gerando a perpetuação do desequilíbrio, pois não haverá a recomposição imediata. Ainda, o parcelamento "desautomatiza" o reequilíbrio, pois demanda uma análise técnica mais aprofundada sobre se e como parcelar. Logo, da forma como hoje está previsto, os benefícios que justificaram a implementação dos Fatores C e Q são mitigados.

Por essas razões, é adequado que a discricionariedade atualmente existente nos contratos de concessão acerca do parcelamento tarifário nas hipóteses ora tratadas deva ser limitada pelo próprio contrato, por meio do estabelecimento de "parâmetros objetivos (e.g. sistema de 'bandas' ou intervalos de variação)", tal como afirmado pelo TCU,[526] de marcos temporais e de regras que determinem os passos e os fatores a serem considerados pela ANTT durante a tomada de decisão acerca do parcelamento.

---

[525] A cláusula permite ambas as interpretações: "Se da aplicação do Indicador do Nível de Acidentes da Rodovia resultar acréscimo superior a 3% (três por cento) sobre o valor da Tarifa Básica de Pedágio, o acréscimo poderá, a critério da ANTT, alternativamente à sua aplicação no valor da Tarifa Básica, ser computado na aplicação do Fator C nos anos anteriores, buscando evitar grandes oscilações tarifárias".

[526] BRASIL. Tribunal de Contas da União, 2015.

CAPÍTULO 4

SÍNTESE DAS IDEIAS EXPLORADAS

Com o propósito de sistematizar as ideias exploradas ao longo deste livro, a seguir são apresentadas as conclusões de cada um dos pontos abordados.

No capítulo 1, foram apontadas as premissas gerais sobre o equilíbrio econômico-financeiro dos contratos de concessão de serviço público, extraindo-se as seguintes conclusões:

1. A noção encargos-remuneração não expressa adequadamente a ideia de equilíbrio econômico-financeiro dos contratos de concessão de serviço público, cujo conteúdo é mais intricado do que outras espécies de contratos administrativos. Em termos abstratos, no âmbito das concessões, a equação econômico-financeira é a equivalência adequada entre a remuneração da concessionária e o conjunto de circunstâncias relativas à formação e à execução do contrato de concessão;
2. O equilíbrio econômico-financeiro dos contratos de concessão não tem assento constitucional. A CRFB de 1988 não o trata no artigo 37, XXI, nem no artigo 175. Conforme se extrai da análise da Assembleia Constituinte, o artigo 37, XXI versa sobre vedação às alterações unilaterais, enquanto o artigo 175 deixou, deliberadamente, para que a matéria fosse disciplinada pela legislação infraconstitucional;
3. A Lei nº 8.987, de 1995, não incorporou todos os elementos da teoria das áleas construída pelo Conselho de Estado francês. A norma cingiu-se a estabelecer regras-chave sobre a tutela jurídica da equação econômico-financeira da concessão que, assim, deixa ampla margem para conformação contratual e, também, para divergência de interpretações;
4. Há diferentes modelos tarifários (regulação *cost-based*, regulação contratual ou conjugação desses modelos) que traduzem não somente formas distintas de formar a tarifa, mas também ideias diferentes de

equilíbrio econômico-financeiro. Portanto, o que é e como opera o equilíbrio varia conforme cada modelo adotado em cada contrato;

5. A concepção de preservação do equilíbrio econômico-financeiro comporta espectro mais amplo do que a tradicional noção de recomposição da equação contratual, originalmente travada no momento da celebração do contrato de concessão, frente a eventos alocados na teoria das áleas ou na matriz contratual;

6. O equilíbrio econômico-financeiro da concessão pode ser preservado por meio da recomposição da equação contratual, seja ela a originalmente existente, seja ela nova equação formada no curso da concessão. Trata-se da aqui chamada preservação do equilíbrio contratual por meio da recomposição da equação econômico-financeira;

7. Também, a preservação do equilíbrio econômico-financeiro da concessão pode ocorrer por meio da formação de nova equação contratual no curso da concessão. Trata-se da preservação do equilíbrio contratual por meio da formação de nova equação econômico-financeira. Essa hipótese baseia-se na premissa de que o contrato de concessão autorizou a maleabilidade dessa equação. Aqui há a ideia de preservação do equilíbrio contratual, mas não para retomar uma dada equação, mas sim para formar uma nova que seja mais consentânea com a adequada equivalência entre a remuneração e as circunstâncias objetivas do contrato no curso da concessão. Essa modificação pode ser total ou parcial. Uma vez modificada, a nova equação passa a ser o parâmetro do contrato em estado de equilíbrio. Em todo caso, essa formação pressupõe, necessariamente, regra contratual que lhe dê embasamento;

8. Nos contratos de concessão que autorizam a formação de nova equação econômico-financeira, as duas formas de preservação equilíbrio contratual aqui abordadas não são excludentes; pelo contrário, trabalham conjuntamente no contrato: uma para formar uma nova equação e outra para, quando for o caso, a recompor, cada qual dentro de suas hipóteses de incidência;

9. Como a Lei nº 8.987, de 1995, não estabelece quais são os mecanismos de preservação do equilíbrio econômico-financeiro, cabe, obrigatoriamente, a cada contrato de concessão defini-los, o que naturalmente tem como consequência a existência de diferentes mecanismos nos distintos contratos de concessão.

No capítulo 2, a análise dos contratos de rodovias federais voltada a desvendar os mecanismos de preservação do equilíbrio econômico-financeiro resultou nas seguintes conclusões:

10. Os contratos de concessão de rodovias federais prescreveram sete mecanismos de preservação do equilíbrio econômico-financeiro: (i) Fluxo de Caixa Original; (ii) Fluxo de Caixa Marginal; (iii) Fator D (Desconto de Reequilíbrio); (iv) Fator A (Acréscimo de Reequilíbrio); (v) Fator C; (vi) Fator X; (vii) Fator Q; e (viii) Fator E. Cada mecanismo é fruto de etapas diferentes do PROCROFE, não tendo sido adotados todos em um mesmo contrato de concessão;

11. O Fluxo de Caixa Original é mecanismo adotado nos contratos da primeira, segunda e parte da terceira etapa do PROCROFE, cuja assinatura foi precedida da apresentação desse fluxo, coração do plano de negócios da concessionária, no curso da licitação. Trata-se de mecanismo no qual a mensuração do desequilíbrio toma em consideração os dados presentes em tal fluxo, dentre eles, a Taxa Interna de Retorno e a projeção de receita que decorre do estudo de demanda (tráfego) da rodovia em alguns casos;

12. No âmbito do mecanismo Fluxo de Caixa Original, a preservação do equilíbrio contratual deve nortear-se pela TIR Não Alavancada (aquela que não considera o uso de capital de terceiros) sempre que o contrato de concessão alocar o risco de obtenção e manejo de financiamento à concessionária – o que tem sido a regra. Caso o contrato o tenha alocado de forma distinta e o edital não tenho previsto que a tarifa é formada a partir do fluxo de caixa não alavancado, pode-se chegar à conclusão diversa, pois não há uma única solução juridicamente correta em tese sobre qual TIR a ser utilizada, aplicável a qualquer caso, mas sim há solução adequada a partir dos contornos definidos contratualmente em cada avença;

13. No mecanismo Fluxo de Caixa Original, a preservação do equilíbrio econômico-financeiro tem a alocação do risco contratual como pressuposto, de modo que (i) só haverá a recomposição se a parte impactada pelo evento de desequilíbrio não responder pelo risco do evento e (ii) o cálculo que dimensiona o desequilíbrio deve considerar apenas as rubricas que foram afetadas pelo evento de desequilíbrio cujo risco não é da parte impactada pelo evento;

14. Ainda na seara do Fluxo de Caixa Original, não há solução jurídica correta sobre quais dados usar: se os reais ou os projetados. O modelo concessório adotado em cada contrato ditará quais dados o cálculo de mensuração do desequilíbrio contratual deve empregar. O uso de dados reais proporciona menor espaço de risco para a concessionária, pois a mantém indene dos efeitos do evento de desequilíbrio. Já o uso dos dados projetados proporciona maior espaço de risco para a

concessionária mesmo nas hipóteses em que haja o reequilíbrio a seu favor, podendo ela ganhar ou perder com a repactuação da equação contratual. Assim, caberá ao contrato definir o espaço de risco. Nesse cenário, é imprescindível que as disposições contratuais sejam precisas e harmônicas entre si, a fim de evitar que o uso de uma espécie ou outra de dados possa ocasionar violação do contrato;

15. É incorreto referir-se ao mecanismo Fluxo de Caixa Original como mecanismo de equilíbrio baseado na Taxa Interna de Retorno. Em primeiro lugar, porque há outras características desse mecanismo além da manutenção dessa taxa. Em segundo lugar, porque o mecanismo Fluxo de Caixa Marginal também é norteado por uma Taxa Interna de Retorno mantida ao longo da concessão. Melhor, assim, falar sempre em mecanismo Fluxo de Caixa Original;

16. O Fluxo de Caixa Marginal é mecanismo adotado nos contratos de concessão de todas as etapas do PROCROFE, por força dos termos originais ou aditados do contrato de concessão ou por força da regulamentação pela agência reguladora. Esse mecanismo proporciona tratamento apartado do evento de desequilíbrio (geralmente, novo investimento), por meio da criação de um fluxo de caixa paralelo que considera as rubricas (como a Taxa Interna de Retorno e a estimativa de tráfego, por exemplo) do momento de formação desse caixa – e não do momento da licitação refletida no contrato;

17. A fim de evitar que a formação de diversos fluxos de caixa marginais promova quedas ou aumentos significativos da média do retorno da concessionária, sugere-se a imposição de um limite, o que pode ser feito por meio da prescrição de uma margem de aceitabilidade de variação, para mais e para menos, da média do retorno da concessionária. Nas hipóteses em que houver a majoração do retorno para além do limite da margem, cabe ao Poder Concedente verificar se não seria economicamente mais viável a execução direta pela Administração ou a contratação de terceiros para sua execução com base nas normas gerais de contratação pública; se a inserção no contrato de concessão ainda assim mostrar-se a alternativa economicamente mais viável, deve, então, negociar com a concessionária;

18. O Desconto de Reequilíbrio (Fator D) é um mecanismo adotado a partir da segunda fase da segunda etapa do PROCROFE que reduz a Tarifa Básica de Pedágio quando constatado que a concessionária atrasou ou não executou certas obras e serviços ou, ainda que tenha os executado, não alcançou os parâmetros de desempenho prescritos no PER. Esse mecanismo também vem sendo empregado para formar

nova equação econômico-financeira nos casos de exclusão de obras e serviços em contratos em que não houve a exigência de apresentação do Fluxo de Caixa Original no curso da licitação;

19. O mecanismo Desconto de Reequilíbrio não é uma sanção, mas uma medida de preservação econômico-financeira, pois redimensiona a equação para proporcionar remuneração adequada ao serviço efetivamente prestado;

20. Se o fato que resulta na inexecução **é** imputável a terceiro ou ao Poder Concedente e o risco desse evento não estiver alocado **à** concessionária, o Desconto de Reequilíbrio deve ser aplicado, uma vez que a obra e o serviço não integram a real equação econômico-financeira e o usuário não usufrui do serviço adequado. No entanto, a concessionária deve ser indenizada pelos custos eventualmente incorridos, já que não deu causa ao fato que resultou na inexecução contratual;

21. A proibição de excesso impõe que o percentual do Desconto de Reequilíbrio seja proporcional à extensão da inexecução contratual, em quilometragem ou em unidades, e ao nível de inexecução contratual, assim incentivando a concessionária a iniciar e a avançar na execução das obras e serviços sobre os quais ele incide;

22. O Fator A (Acréscimo de Reequilíbrio) consiste em mecanismo constante a partir da terceira etapa do PROCROFE que majora a Tarifa Básica de Pedágio quando houver a antecipação de certas obras e serviços pactuados contratualmente;

23. Após discussões no TCU, os contratos da quarta etapa passaram a prever a prévia autorização da ANTT para antecipação das obras que enseja o Fator A. Pretendeu-se, com isso, obstar a ocorrência do denominado jogo de cronograma, em que a concessionária anteciparia as obras previstas para os anos finais ao mesmo tempo em que não executaria outras no momento devido, já que a antecipação da obra permitiria majoração da tarifa em patamar superior à sua diminuição no caso de inexecução que autorizaria a incidência do Fator D;

24. O Fator C é mecanismo adotado a partir da terceira etapa do PROCROFE que promove a majoração ou redução da Tarifa Básica de Pedágio em decorrência do advento de eventos diversos que impactam exclusivamente a receita, positiva ou negativamente, bem como da não utilização das verbas devidas pela concessionária para fins pactuados;

25. O Fator X trata-se de mecanismo previsto nos contratos da terceira etapa do PROCROFE que promove a redução do índice de reajuste da Tarifa Básica de Pedágio como forma de compartilhar com os usuários os ganhos de produtividade obtidos pela concessionária;

26. Os contratos de concessão em estudo adotaram o modelo regulação *non cost-based*, mas com pitadas de regulação *cost-based*, como é o caso da incorporação do Fator X nos contratos da terceira etapa do PROCROFE. Isso não significa que esses contratos tenham adotado o modelo denominado *price-cap*, mas que houve apenas a prescrição contratual de um dos elementos do modelo regulatório *cost based*;
27. Como os contratos de concessão em análise não definem quais espécies de ganhos de produtividade devem ser compartilhados, o compartilhamento só deve incidir sobre os ganhos que não decorreram da eficiente gestão pela concessionária, com base em interpretação do artigo 35, inciso VIII, §1º, alínea "b", da Lei nº 10.233/2001. Isso, porém, não afasta a possibilidade de os contratos de concessão estabelecerem o compartilhamento com os usuários dos ganhos oriundos da gestão empresarial eficiente, desde que previsão nesse sentido seja estabelecida bilateralmente;
28. Introduzido na terceira etapa, o Fator X foi suprimido na etapa seguinte, pois a ausência de estipulação dos cálculos para sua incidência gerou insegurança jurídica e, também, porque a ANTT constatou que esse fator de produtividade era incompatível com a regulação *non cost-based*. A despeito disso, até o momento de conclusão desta obra, esse mecanismo permanece previsto nos contratos da terceira etapa, nem tendo havido sua supressão, nem sua adequada regulamentação;
29. O Fator Q consiste em mecanismo adotado na terceira etapa do PROCROFE que, em regra geral, pode tanto reduzir quanto aumentar a Tarifa Básica de Pedágio a depender dos resultados alcançados pela concessionária no campo dos indicadores de qualidade (Indicador de Disponibilidade da Rodovia e do Indicador do Nível de Acidentes com vítimas na Rodovia);
30. Introduzido na terceira etapa do PROCROFE, o Fator Q foi suprimido na etapa seguinte, em razão das fragilidades constatadas tanto pela ANTT quanto pelo TCU. Para os contratos que prescrevem sua incidência, está em curso a elaboração de estudos que pretendem alterar seus parâmetros;
31. O Fator E é mecanismo adotado a partir da quarta etapa do PROCROFE que promove a majoração da Tarifa Básica de Pedágio em contrapartida à inserção de obras de melhorias, previstas no "Estoque de Melhorias", cujos custos estão parametrizados desde o início no contrato de concessão;
32. No âmbito do Fator E, ainda que os custos parametrizados no contrato venham a se mostrar defasados, se o que motivou a defasagem

decorrer de risco assumido pela concessionária, deve ser respeitado o parâmetro de custo disposto na avença;

33. Ainda em relação ao Fator E, nos casos em que não houver correspondência direta entre a melhoria necessária e as obras indicadas no Estoque de Melhorias, os parâmetros dos custos devem ser acordados pela ANTT e pela concessionária, não se admitindo a definição unilateral dos custos pela agência reguladora.

Neste capítulo 3, foram examinadas questões jurídicas comuns a todos ou, em alguns casos, à parte dos mecanismos de preservação do equilíbrio contratual, chegando-se às seguintes conclusões:

34. Os contratos de concessão podem ser alterados a fim de incorporar, suprimir ou alterar mecanismos de preservação do equilíbrio contratual, observados os seguintes parâmetros: (i) consenso entre as partes; (ii) formalização da alteração por meio da celebração de termo aditivo; (iii) preservação da natureza do objeto contratual; (iv) peso favorável à alteração frente ao tempo transcorrido desde a celebração do contrato conjugada à evolução regulatória, especialmente quando constatada a partir da análise dos contratos mais recentes; (v) é possível mesmo que não haja impacto positivo sobre o usuário;

35. Os mecanismos de preservação do equilíbrio econômico-financeiro devem estar inteiramente disciplinados em contrato, sendo vedadas cláusulas que deixam o tema em aberto e o submetem à posterior regulação estatal. Isso não obsta a edição de normas disciplinando a matéria pelo agente regulador. Contudo, como esses mecanismos de preservação do equilíbrio contratual devem estar plenamente disciplinados em contrato, a incidência de normas infralegais sobre o contrato de concessão no lugar das regras estipuladas contratualmente somente ocorrerá caso a concessionária decida aderir à norma infralegal, por meio da celebração de termo aditivo;

36. Se mostrar-se necessário modificar a disciplina contratual dada a um mecanismo de preservação e em um cenário em que a negociação de alteração contratual pelas partes não é, via de regra, acompanhada de medidas de participação social, é mais adequado que haja a regulação da matéria pela agência precedida de audiência pública que resultará na edição de regulamento e que, então, a concessionária venha a aderir à nova disciplina da matéria, se assim desejar;

37. Havendo divergência entre contrato e regulamento em matéria de mecanismos de preservação do equilíbrio econômico-financeiro, aquele prevalece sobre este. Nos casos em que o contrato não disciplinar a matéria de forma expressa e suficiente, as regras complementares

previstas em regulamento devem ser incorporadas ao contrato por meio da celebração de aditivo;

38. Certos mecanismos de preservação do equilíbrio contratual estabelecem o parcelamento tarifário a fim de evitar que a incidência do mecanismo em um dado ano da concessão resulte em significativa oscilação tarifária. Embora seja juridicamente possível que o contrato estabeleça espaço de discricionariedade para que a agência defina o parcelamento tarifário e que essa discricionariedade exista no plano concreto ainda que após exames técnicos, é mais salutar à gestão contratual que a competência discricionária seja limitada pelos próprios termos contratuais, por meio do estabelecimento de parâmetros objetivos, de marcos temporais e de regras de procedimentalização.

CONCLUSÃO

Esta obra partiu da hipótese de que o equilíbrio econômico-financeiro de contratos de concessão é matéria que não pode ser depreendida, em sua inteireza, da lei, nem da literatura jurídica, mas sim de que se trata de questão extraída, majoritariamente, dos contratos de concessão. Assim, para compreender o tema em questão, é sempre necessário examinar esses contratos e sua aplicação no curso dos anos.

Guiada por essa hipótese, esta obra focou nos mecanismos de preservação do equilíbrio econômico-financeiro dos contratos de concessão do setor rodoviário federal. Esses mecanismos foram examinados, primeiramente, a partir de uma análise seca dos contratos de concessão, que são a fonte primária do tema em análise. Posteriormente, conjugou-se esse exame a outras fontes, como regulamento, manifestações e decisões administrativas, literatura jurídica e econômica. Tanto o recorte temático, cingido a um determinado setor, quanto o exame das referidas fontes, na ordem estabelecida, visou a evitar que os mecanismos fossem lidos de forma genérica e desprendida da realidade contratual do setor.

A hipótese acima aventada foi confirmada no decorrer deste trabalho: a lei apenas estabelece regras-chave e a literatura jurídica muitas vezes ainda incorpora ideias típicas da teoria francesa das áleas, o que impede conhecer o equilíbrio econômico-financeiro das concessões, sob a ótica de seus mecanismos, a partir dessas fontes, exclusivamente. É do contrato de concessão e de sua aplicação que se depreende com exatidão o que é, na prática, o equilíbrio econômico-financeiro das concessões, como se opera a preservação da equação e quais são as celeumas jurídicas que envolvem o tema, à luz da dinâmica do contrato durante a sua vida.

Ao analisar os mecanismos de preservação do equilíbrio contratual, esta obra pôde constatar constante evolução no desenvolvimento desses mecanismos. Contratos com textos bastante genéricos, que não faziam nem mesmo referência a como o reequilíbrio deveria ser feito, deram espaço para a disciplina contratual cada vez mais depurada. Portanto, de 1995 a 2021, houve verdadeiro refinamento contratual. Além disso, ao longo dos anos, ocorreu a experimentação desses mecanismos, tendo alguns sido bem-sucedidos, enquanto outros foram considerados, depois das primeiras tentativas de aplicação, impertinentes. Isso se deve ao exercício da capacidade de aprendizagem que deve haver em contratos de concessão, isto é, incumbe às partes envolvidas no contrato de concessão aprender com a experiência ao longo dos anos e aplicar o conhecimento adquirido às avenças em curso e, também, aos futuros contratos.

Apesar de o exercício da capacidade de aprendizagem ser salutar a esses contratos, especialmente a um robusto programa de concessões, como é o caso do PROCROFE, percebeu-se haver certa hesitação pelo Poder Público, em especial pela Advocacia-Geral da União, no que toca à alteração dos contratos de concessão quando constatado que certa disposição contratual está em descompasso com as melhores práticas, fruto da evolução regulatória. A vinculação do contrato ao instrumento convocatório vem, por vezes, obstando a modificação dos contratos de concessão vigente. É preciso, portanto, melhor compreensão de como a evolução regulatória impacta a alteração dos contratos de concessão, com o propósito de impedir que o contrato de concessão fique preso a seus contornos originais, mesmo que eles se mostrem incompatíveis com as mais modernas práticas, tanto em matéria de mecanismos de preservação do equilíbrio econômico-financeiro, como em tantas outras.

O exame dos mecanismos em questão também demonstrou os desafios atinentes à atuação da agência reguladora no curso da vigência dos contratos de concessão, em matéria de preservação do equilíbrio contratual. Há tensão na conjugação dos termos contratuais com os regulamentos da agência reguladora. Em alguns casos, o próprio contrato deixou a disciplina de certos aspectos para a regulação, porém a inércia em regular tornou a disposição contratual ineficaz. Em outros, a regulação surgiu sem que os contratos tivessem previsto sua incidência para disciplinar determinada matéria, por vezes resultando em divergência com os termos contratuais. Há, também, desafios no exercício da competência discricionária conferida à agência reguladora pelo próprio contrato. Em cada uma dessas hipóteses, surgiram celeumas jurídicas sobre até onde o contrato deve disciplinar certas matérias e onde começa o exercício de competências da agência na matéria em questão. Embora possam ser dadas respostas a essas celeumas, como feito no capítulo 3, ainda urge aprimorar a dinâmica entre os termos contratuais e a atuação concreta da agência reguladora no curso da concessão.

Ademais, no curso desta obra, foram apresentados diversos exemplos de pronunciamentos do TCU sobre os mecanismos de preservação de equilíbrio-contratual, seja em exame prévio de edital, seja ao fiscalizar os contratos em curso. Conquanto em alguns casos a agência reguladora tenha refutado os apontamentos do órgão de controle, em sua grande maioria, houve o acatamento das recomendações. Isso demonstra a relevância do papel do TCU na formatação dos mecanismos de preservação do equilíbrio contratual das concessões de rodovias federais, bem como a intensa sujeição da agência ao controle externo.

Também, no curso desta obra, constatou-se que algumas das conclusões alcançadas em relação aos contratos aqui examinados nem sempre se aplicarão a outros contratos de concessão. Algumas dessas conclusões são pertinentes a todos os contratos de concessão enquanto outras, não. Muito embora contratos de distintos setores possam adotar mecanismos de preservação do equilíbrio contratual sob a mesma alcunha, nem sempre esses mecanismos serão integralmente iguais. Até mesmo os contratos de concessão de rodovias federais que adotam os mesmos mecanismos de preservação contratual apresentaram contornos distintos, seja em razão do estabelecimento, pelos contratos mais recentes, de novas práticas, seja em razão das caraterísticas próprias de uma dada rodovia objeto do contrato de concessão.

Em razão disso, generalizações em matéria de preservação de equilíbrio econômico-financeira não somente são frágeis, mas também estão em desconformidade com a lógica do nosso sistema legal, que delega aos contratos a missão de disciplinar a questão. Ao abordá-los, é recomendável que seja apresentado quais contratos disciplinam este ou aquele mecanismo da forma como relatada, pois, como visto, essa é uma matéria eminentemente contratual. Com isso, podem ser evitadas confusões acerca do tema, que é naturalmente árido, e assim aprimora-se a construção do conhecimento, especialmente jurídico, a respeito dos mecanismos de equilíbrio contratual nos contratos de concessão. A constatação ora apresentada não se restringe ao setor examinado, abarcando todos os setores nos quais há contratos de concessão.

Nesse cenário, os mecanismos ora em análise não têm apenas a função de definir como apurar o desequilíbrio da equação econômico-financeira e como reequilibrá-la. Mais do que isso, esses mecanismos são responsáveis por expressar o que verdadeiramente é, sob esse aspecto, a tutela jurídica do equilíbrio econômico-financeiro das concessões nos contratos na prática, algo que não pode ser extraído tão somente da intepretação da legislação e de teorias dissociadas do plano concreto.

REFERÊNCIAS

ALENCAR, Leticia Lins. Alteração do Contrato de Concessão: Algumas Notas sobre a Jurisprudência do Tribunal de Contas da União. *In*: TAFUR, Diego Jacome Valois; JURKSAITIS, Guilherme Jardim; ISSA, Rafel Hamze. *Experiências práticas em concessões e PPP:* Estudos em homenagem aos 25 anos da Lei de Concessões. Volume II. São Paulo: Quartier Latin, 2021. p. 195-210.

ALENCAR, Leticia Lins. *Equilíbrio na concessão.* Belo Horizonte: Fórum, 2019.

ALMEIDA, Fernando Dias de Menezes. *Contrato Administrativo.* São Paulo: Quartier Latin, 2012.

ALMEIDA, Fernando Dias Menezes de. *Formação da Teoria do Direito Administrativo no Brasil.* São Paulo: Quartier Latin, 2015.

ALVES, Lucas Leite; NUNES, Thiago Mesquita. Investimentos adicionais em concessões e parcerias públicos-privadas. *Revista da Procuradoria Geral do Estado de São Paulo*, Parcerias Público-Privadas, v. II, n. 89, p. 65-88, jan./jun. 2019.

ANAUATTI-NETO, Francisco; GUENA DE OLIVEIRA, Roberto. Análise crítica do mecanismo de desconto de reequilíbrio. *In:* CONGRESSO BRASILEIRO DE REGULAÇÃO DA ABAR, 7, 2011, Brasília. *Anais.* Disponível em: https://www.researchgate.net/publication/235687391_ANALISE_CRITICA_DO_MECANISMO_DE_DESCONTO_DE_REEQUILIBRIO. Acesso em: 3 abr. 2021.

ARRUDA CÂMARA, Jacintho. Licitação e contratos administrativos. *In:* DI PIETRO, Maria Sylvia Zanella (Coord.). *Tratado de direito administrativo.* v. 6. 2. ed. São Paulo: Thomson Reuters Brasil, 2019.

ARRUDA CÂMARA, Jacintho. *Tarifa nas concessões.* 2. ed. São Paulo: Malheiros, 2009.

ASSOCIAÇÃO BRASILEIRA DE CONCESSIONÁRIAS DE RODOVIAS. *Novos caminhos para concessão de rodovias no Brasil.* São Paulo: ABCR, 2018.

BANDEIRA DE MELLO, Celso Antônio. Concessão de serviço público e sua equação econômico-financeira. *Revista De Direito Administrativo,* v. 259, p. 251-272, 2012. Disponível em: https://doi.org/10.12660/rda.v259.2012.8649. Acesso em: 18 nov. 2021.

BANDEIRA DE MELLO, Celso Antônio. Consulta. *In:* BRASIL. Tribunal de Justiça do Estado de São Paulo. *Recurso de apelação nº 1040370-54.2014.8.26.0053.* 6 fev. 2017. p. 6711-6731.

BANDEIRA DE MELLO, Celso Antônio. *Curso de Direito Administrativo.* 35. ed. São Paulo: Malheiros, 2021.

BARBO, André Roriz de Castro *et al.* A evolução da regulação nas rodovias federais concedidas. *Revista ANTT*, Brasília, v. 2, n. 1 e 2, p. 110-123, maio e nov. 2010.

BARROSO, Luís Roberto. Contrato de concessão de rodovias: particularidades, alteração e recomposição do equilíbrio econômico-financeiro. *Revista de Direito da Procuradoria-Geral*, Rio de Janeiro, Edição Especial, p. 186-215, 2012.

BINENBOJM, Gustavo. *Uma teoria do Direito Administrativo*. Rio de Janeiro: Renovar, 2006.

BRAGANÇA, Gabriel Godofredo Fiuza de; CAMACHO, Fernando Tavares. Uma nota sobre repasse de ganhos de produtividade em setores de infraestrutura no Brasil (Fator X). IPEA, *Radar*, n. 22, p. 7-16, 2012.

BRASIL, *Eric Universo Rodrigues et al.* Análise dos mecanismos de reequilíbrio econômico-financeiro adotados no arcabouço regulatório brasileiro. *Brazilian Journal of Development*. Curitiba, v. 6, n. 4, p. 16930-16947, 2020.

BRASIL. Advocacia-Geral da União. *Parecer nº 0086-3.4.1.12/2010/ANTT/PRG/AT*. Porto Alegre, 10 fev. 2010.

BRASIL. Advocacia-Geral da União. Parecer *nº 01890/2018/PF-ANTT/PGF/AGU*. Brasília, DF, 9. nov. 2018.

BRASIL. Advocacia-Geral da União. *Parecer nº 02083/2018/PF-ANTT/PGF/AGU*. Brasília, DF, 2 jan. 2019a.

BRASIL. Advocacia-Geral da União. *Parecer nº 00753/2019/PF-ANTT/PGF/AGU*. Brasília, DF, 29 maio 2019b.

BRASIL. Advocacia-Geral da União. *Parecer nº 00169/2020/PF-ANTT/PGF/AGU*. Brasília, DF, 7 maio 2020a.

BRASIL. Advocacia-Geral da União. *Parecer nº 00439/2020/PF-ANTT/PGF/AGU*. Brasília, DF, 30 set. 2020b.

BRASIL. Agência de Transporte do Estado de São Paulo. *Edital, contrato e termos aditivos e modificativos*. Contratos de concessão. Disponível em: http://www.artesp.sp.gov.br/Style%20 Library/extranet/transparencia/contratos-de-concessao.aspx. Acesso em: 17 jul. 2021.

BRASIL. Agência Nacional de Transportes Terrestres. *1º Termo Aditivo ao Contrato Relativo ao Edital nº 003/2007*. Brasília, DF, 2013.

BRASIL. Agência Nacional de Transportes Terrestres. *Análise de impacto regulatório SEI nº 5071447/2021*. Brasília, DF, 25 jan. 2021a. Disponível em: https://participantt.antt.gov.br/Site/AudienciaPublica/VisualizarAvisoAudienciaPublica.aspx?CodigoAudiencia=446. Acesso em: 31 ago. 2021.

BRASIL. Agência Nacional de Transportes Terrestres. *Ata de respostas aos pedidos de esclarecimentos*. Edital nº 01/2018. Brasília, DF, 21 jul. 2018a.

BRASIL. Agência Nacional de Transportes Terrestres. *Atas de respostas e esclarecimentos*. Brasília, DF, 2015.

BRASIL. Agência Nacional de Transportes Terrestres. *Comentários dos artigos da minuta do regulamento de concessões rodoviárias e quadro de comparativo do RCR com os contratos de concessão e regulamentação da ANTT*. Brasília, 2021b. Disponível em: https://participantt.antt.gov.br/Site/AudienciaPublica/VisualizarAvisoAudienciaPublica.aspx?CodigoAudiencia=446. Acesso em: 31 ago. 2021.

BRASIL. Agência Nacional de Transportes Terrestres. *Despacho nº 551/2018/SUINF*. Brasília, DF, 16 nov. 2018b.

BRASIL. Agência Nacional de Transportes Terrestres. *Despacho GEREG nº 3610533*. Brasília, DF, 16 abr. 2019a.

BRASIL. Agência Nacional de Transportes Terrestres. *Despacho GEREG nº 6722965*. Resposta ao pedido de acesso à informação. Processo nº 50001.027212/2021-35. Brasília, DF, 7 jun. 2021c.

BRASIL. Agência Nacional de Transportes Terrestres. *Despacho GEREG nº 6722965*. Resposta ao pedido de acesso à informação. Processo nº 50001.037938/2021-86. Brasília, DF, 21 jul. 2021d.

BRASIL. Agência Nacional de Transportes Terrestres. *Evento nº 298*. Despacho. TC 024.813/2017-6. Brasília, DF, 2 maio 2019b.

BRASIL. Agência Nacional de Transportes Terrestres. *Memorando nº 269/2008/SUREF*. Processo nº 50500.083799/2008-64. Brasília, DF, 2008.

BRASIL. Agência Nacional de Transportes Terrestres. *Memorando nº 007/2013/Comissão de Outorga nº 004/13*. Pergunta 35. Brasília, DF, 2013.

BRASIL. Agência Nacional de Transportes Terrestres. *Memorando nº 202/2014/GEROR/SUINF*. Brasília, DF, 18 dez. 2014a.

BRASIL. Agência Nacional de Transportes Terrestres. *Memorando nº 017/2018/GEFOR/SUINF*. Brasília, DF, 24 jan. 2018c.

BRASIL. Agência Nacional de Transportes Terrestres. *Memorando nº 530/2018/GEFIR/SUINF*. Brasília, DF, 3 out. 2018d.

BRASIL. Agência Nacional de Transportes Terrestres. *Memoriais em Defesa*. TC *nº* 023.298/2015-4. Brasília, DF, 17. dez. 2015a.

BRASIL. Agência Nacional de Transportes Terrestres. *Memoriais em Defesa*. TC. *nº* 028.343/2017-4. Peça 108. Brasília, DF, 19 fev. 2018e.

BRASIL. Agência Nacional de Transportes Terrestres. *Memoriais em Defesa*. TC *nº* 016.936/2020-5. Peça 85. Brasília, DF, 13 nov. 2020a.

BRASIL. Agência Nacional de Transportes Terrestres. *Nota Técnica nº 171/GEROR/SUINF/ANTT/2010*. Processo Administrativo nº 50500.010568/2010-56. Brasília, DF, 2010.

BRASIL. Agência Nacional de Transportes Terrestres. *Nota Técnica nº 115/2016/GEROR/SUINF*. Brasília, DF, 24 jun. 2016a.

BRASIL. Agência Nacional de Transportes Terrestres. *Nota Técnica nº 01/2018/COOUT/SUINF*. Brasília, DF, 11 abr. 2018f.

BRASIL. Agência Nacional de Transportes Terrestres. *Nota Técnica nº 0004/2018/GEREF/SUINF*. Brasília, DF, 17 maio 2018g.

BRASIL. Agência Nacional de Transportes Terrestres. *Nota Técnica nº 095/2018/GEREF/SUINF*. Brasília, DF, 6 dez. 2018h.

BRASIL. Agência Nacional de Transportes Terrestres. *Nota Técnica nº 2786/2019/SUREG/DIR*. Processo Administrativo nº 50501.338298/2018-92. Brasília, DF, 2019c.

BRASIL. Agência Nacional de Transportes Terrestres. *Nota Técnica nº 2383/2020/GEREF/SUINF*. Brasília, DF, 3 jun. 2020b.

BRASIL. Agência Nacional de Transportes Terrestres. *Nota Técnica nº 2693/2020/GEFIR/SUROD/DIR*. Processo Administrativo nº 50500.056439/2020-86. Brasília, DF, 2020c.

BRASIL. Agência Nacional de Transportes Terrestres. *Nota Técnica nº 4332/2020/GEGEF/SUROD/DIR*. Brasília, DF, 29 set. 2020d.

BRASIL. Agência Nacional de Transportes Terrestres. *Nota Técnica nº 4683/2020/GERER/SUROD/DIR*. Brasília, DF, 13 nov. 2020e.

BRASIL. Agência Nacional de Transportes Terrestres. *Nota Técnica SEI nº 992/2021/GECEF/SUROD/DIR*. Brasília, DF, 10 mar. 2015b.

BRASIL. Agência Nacional de Transportes Terrestres. *Nota Técnica SEI nº 2281/2019/GEREF/SUINF/DIR*. Processo nº 50501.239211/2018-03. Brasília, DF, 22 jul. 2019d.

BRASIL. Agência Nacional de Transportes Terrestres. *Nota Técnica SEI nº 5376/2020/GEFIR/SUROD/DIR*. Brasília, DF, 26 nov. 2020f.

BRASIL. Agência Nacional de Transportes Terrestres. *Nota Técnica nº 1101/2020/GEERF/DIR*. Brasília, DF, 4 maio 2020.

BRASIL. Agência Nacional de Transportes Terrestres. *Ofício nº 533/2012/ANTT*. Brasília, DF, 3 jul. 2012a.

BRASIL. Agência Nacional de Transportes Terrestres. *Ofício nº 1113/2014/DG/ANTT*. Brasília, DF, 19 dez. 2014b.

BRASIL. Agência Nacional de Transportes Terrestres. *Ofício nº 167/2015/DG/ANTT*. Brasília, DF, 10 mar. 2015c.

BRASIL. Agência Nacional de Transportes Terrestres. *Ofício nº 220/2016/DG/ANTT*. TC 023.298/2015-4. Brasília, DF, 22 mar. 2016b.

BRASIL. Agência Nacional de Transportes Terrestres. *Ofício nº 23/2021/GERER/ANTT*. Brasília, DF, 11 jan. 2021e.

BRASIL. Agência Nacional de Transportes Terrestres. *Parecer nº 142/2019/GEFIR/SUINF*. Brasília, DF, 11 mar. 2019e.

BRASIL. Agência Nacional de Transportes Terrestres. *Parecer nº 148/2020/GEFIR/SUINF/DIR*. Brasília, DF, 18 fev. 2020g.

BRASIL. Agência Nacional de Transportes Terrestres. *Parecer nº 178/2020/GEFIR/SUINF/DIR*. Brasília, DF, 11 mar. 2020h.

BRASIL. Agência Nacional de Transportes Terrestres. *Processo administrativo nº 50501.327546/2018-70*. Brasília, DF, 2018i.

BRASIL. Agência Nacional de Transportes Terrestres. *Resolução nº 3.651/2011*. Aprova a metodologia de recomposição do equilíbrio econômico-financeiro dos contratos de concessão de rodovias federais da 1ª Etapa, da 2ª Etapa – Fase I e do Pólo Pelotas, em decorrência de novos investimentos e serviços. 2011. Disponível em: http://ftp.antt.gov.br/acpublicas/apublica2010-112/Resolucao3651.pdf. Acesso em: 31 ago. 2021f.

BRASIL. Agência Nacional de Transportes Terrestres. *Resolução nº 4.075, de 3 de abril de 2013*. Dispõe sobre a metodologia de cálculo da taxa de desconto e de suas variáveis, nos termos do parágrafo único do art. 8º da Resolução nº 3.651, de 7 de abril de 2011. 2013. Disponível em: https://anttlegis.antt.gov.br/action/UrlPublicasAction.php?acao=getAtoPublico&sgl_tipo=RES&num_ato=00004075&seq_ato=000&vlr_ano=2013&sgl_orgao=DG/ANTT/MT&cod_modulo=161&cod_menu=5408&print=S. Acesso em: 20 jun. 2022.

BRASIL. Agência Nacional de Transportes Terrestres. *Resolução nº 5.850, de 18 de julho de 2019*. Estabelece os procedimentos a serem observados pela Agência Nacional de Transportes Terrestres – ANTT para o reequilíbrio econômico-financeiro dos contratos de concessão de rodovias. Diário Oficial da União. Brasília, DF, 2019. Disponível em: https://portal.in.gov.br/web/dou/-/resolucao-n-5.850-de-16-de-julho-de-2019-196324921. Acesso em: 20 jun. 2022.

BRASIL. Agência Nacional de Transportes Terrestres. *Resolução nº 5.865, de 19 de dezembro de 2019*. Atualiza e revisa a Metodologia para Cálculo da Taxa de Retorno do Fluxo de Caixa Marginal – WACC, de que trata o artigo 5º da Resolução nº 4.075, de 3 de abril de 2013. Diário Oficial da União. Brasília, DF, 2019. Disponível em: https://www.in.gov.br/en/web/dou/-/resolucao-n-5.865-de-19-de-dezembro-de-2019-234968235. Acesso em: 20 jun. 2022.

BRASIL. Agência Nacional de Transportes Terrestres. *Resposta ao pedido de acesso à informação nº 50001.029211/2021-25*. Brasília, DF, 1 jun. 2021g.

BRASIL. Agência Nacional de Transportes Terrestres. *Resposta ao pedido de acesso à informação nº 50001.023317/2021-15*. Brasília, DF, 4 maio 2021h.

BRASIL. Agência Nacional de Transportes Terrestres. *Resposta ao pedido de acesso à informação nº 50001.029233/2021-95*. Brasília, DF, 10 jun. 2021i.

BRASIL. Agência Nacional de Transportes Terrestres. *Resposta ao pedido de acesso à informação nº 50001.029210/2021-81*. Brasília, DF, 14 jun. 2021j.

BRASIL. Agência Nacional de Transportes Terrestres. *Resposta ao pedido de acesso à informação nº 50001.031069/2021-86*. Brasília, DF, 15 jun. 2021k.

BRASIL. Agência Nacional de Transportes Terrestres. *Resposta ao pedido de acesso à informação nº 50001.032971/2021-10*. Brasília, DF, 25 jun. 2021l.

BRASIL. Agência Nacional de Transportes Terrestres. *Resposta às consultas formuladas*. 2007. Brasília, DF. Disponível em: https://portal.antt.gov.br/documents/359170/91654cdb-fe40-75d7-2a16-d686482cd995. Acesso em: 27 mar. 2021.

BRASIL. Agência Nacional de Transportes Terrestres. *TC nº 014.6182015-0*. Brasília, DF, 18 dez. 2014c.

BRASIL. Agência Nacional de Transportes Terrestres. *Voto nº 095-A/2012*. Processo nº 50500.083840/2012-89. Brasília, DF, 2012b.

BRASIL. Agência Nacional de Transportes Terrestres. *Voto-DEM nº 09-2020*. Brasília, DF, 3 nov. 2020i.

BRASIL. Assembleia Nacional Constituinte. *8ª Reunião Ordinária da Comissão de Redação*. Brasília, DF, 1988a. Disponível em: https://www.senado.leg.br/publicacoes/anais/constituinte/redacao.pdf. Acesso em: 9 out. 2021.

BRASIL. Assembleia Nacional Constituinte. *257ª sessão*. Brasília, DF, 1988b. Disponível em: http://imagem.camara.gov.br/Imagem/d/pdf/234anc28abr1988.pdf. Acesso em: 9 out. 2021.

BRASIL. Assembleia Nacional Constituinte. *257ª sessão*. Emenda nº 822 da Fase W. Brasília, DF, 1988c. Disponível em: https://www.camara.leg.br/internet/constituicao20anos/DocumentosAvulsos/vol-315.pdf. Acesso em: 9 out. 2021.

BRASIL. Assembleia Nacional Constituinte. *258ª sessão*. Brasília, DF, 1988d. Disponível em: http://imagem.camara.gov.br/Imagem/d/pdf/235anc29abr1988.pdf. Acesso em: 9 out. 2021.

BRASIL. Assembleia Nacional Constituinte. *Comissão da Ordem Econômica*. Fase C – Anteprojeto da subcomissão. Brasília, DF, 1988e. Disponível em: https://www.camara.leg.br/internet/constituicao20anos/DocumentosAvulsos/vol-171.pdf. Acesso em: 9 out. 2021.

BRASIL. Assembleia Nacional Constituinte. *Comissão de Sistematização*. Fase P: Segundo substitutivo do relator. Brasília, DF, 1988f. Disponível em: https://www.camara.leg.br/internet/constituicao20anos/DocumentosAvulsos/vol-242.pdf. Acesso em: 9 out. 2021.

BRASIL. Assembleia Nacional Constituinte. *Destaques da Fase S*. Brasília, DF, 1988g. Disponível em: https://www.camara.leg.br/internet/constituicao20anos/DocumentosAvulsos/vol-262.pdf. Acesso em: 9 out. 2021.

BRASIL. Assembleia Nacional Constituinte. *Emenda substitutiva nº 2P1043-1*. Brasília, DF, 1988h. Disponível em: https://www2.camara.leg.br/atividade-legislativa/legislacao/Constituicoes_Brasileiras/constituicao-cidada/o-processo-constituinte/plenario/vol255_centrao_aprovadas.pdf. Acesso em: 9 out. 2021.

BRASIL. Assembleia Nacional Constituinte. *Emendas oferecidas em plenário*. Volume II. Brasília, DF, 1988i. Disponível em: https://www.camara.leg.br/internet/InfDoc/Constituicao20anos/vol-255_FaseSEmendas2P.pdf. Acesso em: 9 out. 2021.

BRASIL. Assembleia Nacional Constituinte. *Relatórios sobre as emendas oferecidas em plenário*. Volume II. Brasília, DF, 1988j. Disponível em: https://www.camara.leg.br/internet/constituicao20anos/DocumentosAvulsos/vol-259.pdf. Acesso em: 9 out. 2021.

BRASIL. Banco Nacional de Desenvolvimento Econômico e Social. *Estruturação de projeto de parceria público-privada destinada à modernização, eficientização, expansão, operação e manutenção da infraestrutura da rede de iluminação pública do município de Macapá – AP*. c2021. Disponível em: https://macapa.ap.gov.br/arquivos/publicacoes/consulta_publica/iluminacao/3%20-%20BNDES%20-%20Relatorio%20Economico-Financeiro%20final_V_Consulta_Publica.pdf. Acesso em: 3 abr. 2021.

BRASIL. Banco Nacional de Desenvolvimento Econômico e Social. *Nota Técnica BNDES/AP nº 09/2008*. Processo nº 50500.083799/2008-64, Brasília, DF, 2008.

BRASIL. Banco Nacional de Desenvolvimento Econômico e Social. *Nota Técnica sobre Desconto de Reequilíbrio*. 2010. Disponível em: http://200.198.195.136/acpublicas/apublica2010-108/Nota_Tecnica_sobre_Desconto_de_Reequilibrio.pdf. Acesso em: 3 abr. 2021.

BRASIL. Câmara dos Deputados. *Quadro histórico dos dispositivos constitucionais*. Art. 37, XXI. 2021a. Disponível em: https://bd.camara.leg.br/bd/handle/bdcamara/35543. Acesso em: 9 out. 2021.

BRASIL. Câmara dos Deputados. *Quadro histórico dos dispositivos constitucionais*. Art. 175. 2021b. Disponível em: https://bd.camara.leg.br/bd/handle/bdcamara/31059. Acesso em: 9 out. 2021.

BRASIL. Conselho Nacional de Desestatização. *Resolução nº 8, de 14 de agosto de 2007*. Aprova as condições gerais para a licitação da concessão de trechos rodoviários de que trata a Resolução CND nº 05/2007. Brasília, DF, 2007.

BRASIL. Controladoria-Geral da União. *Relatório de Avaliação*. Agência Nacional de Transportes Terrestres. Exercício 2018. Brasília, DF, 20.01.2020

BRASIL. Governo do Estado do Rio Grande do Sul. Departamento Autônomo de Estradas e Rodagem. *Expediente nº 15193*. Porto Alegre, RS, 11 dez. 1997.

BRASIL. Ministério da Fazenda. *Metodologia de Cálculo do WACC*. Brasília, DF, 2018.

BRASIL. Ministério da Fazenda. *Nota Técnica nº 64 STN/SEAE/MF*. Brasília, DF, 2007.

BRASIL. Ministério do Planejamento, Orçamento e Gestão. *Nota Técnica nº 35/2006-ASSEC*. Brasília, DF, 14 ago. 2006.

BRASIL. Ministério dos Transportes. *Concorrência para concessão de exploração da Ponte Presidente Costa e Silva (Rio de Janeiro-Niterói)*. 1993. Disponível em: https://portal.antt.gov.br/documents/359170/2393381/Editais+Fases+I%2C+II+e+III.pdf/e0f4b084-5d5b-244c-f0e3-0801e31e699d?t=1613695362807 Acesso em: 28 fev. 2021.

BRASIL. Secretaria Especial do Programa de Parcerias de investimentos. *Ofício nº 87/2018/SPPI*. Brasília, DF, 19 fev. 2018a.

BRASIL. Secretaria Especial do Programa de Parcerias de Investimentos. *Evento nº 63*. TC 028.343/2017-4. Brasília, DF, 10 maio 2018b.

BRASIL. Senado. *Projeto de Lei nº 179, de 1990*. Apresentado pelo senador Fernando Henrique Cardoso. Lei de Concessões. Dispõe sobre o regime de prestação de serviços públicos pela iniciativa privada, previsto no art. 175 da constituição, e regula a concessão de obra pública. Disponível em: https://www25.senado.leg.br/web/atividade/materias/-/materia/29077. Acesso em: 8 nov. 2021.

BRASIL. Senado. *Requerimento nº 107*. 1995. Disponível em: https://www.senado.leg.br/publicacoes/anais/pdf/Anais_Republica/1995/1995%20Livro%202.pdf. Acesso em: 17 out. 2021.

BRASIL. Superior Tribunal de Justiça do Estado de São Paulo. *Suspensão de Liminar e de Sentença nº 3082/DF*. Relator: Ministro Humberto Martins, Brasília, DF, 25 mar. 2022

BRASIL. Supremo Tribunal Federal. *Ação Direta de Inconstitucionalidade nº 5.991/DF*. Brasília, DF. Ministra Relatora: Cármen Lúcia. Brasília, DF, 10. mar. 2020.

BRASIL. Tribunal de Contas da União. *Acórdão nº 393/2002*. Plenário. Ministro Relator: Walter Alencar Rodrigues. Brasília, DF, 11 nov. 2002.

BRASIL. Tribunal de Contas da União. *Acórdão nº 988/2004*. Ministro Relator: Marcos Vinicios Vilaça. Brasília, DF, 21 jul. 2004.

BRASIL. Tribunal de Contas da União. *Acórdão nº 101/2007*. Ministro Relator: Augusto Nardes. Brasília, DF, 7 fev. 2007a.

BRASIL. Tribunal de Contas da União. *Acórdão nº 2154/2007*. Plenário. Ministro Relator: Ubiratan Aguiar. Brasília, DF, 15 out. 2007b.

BRASIL. Tribunal de Contas da União. *Acórdão nº 2104/2008*. Ministro Relator: Ubiratan Aguiar. Brasília, DF, 24 set. 2008.

BRASIL. Tribunal de Contas da União. *Acórdão nº 2927/2011*. Plenário. Ministro Relator: Walter Alencar Rodrigues. Brasília, DF, 18. nov. 2011.

BRASIL. Tribunal de Contas da União. *Acórdão nº 2302/2012*. Ministro Relator: Walton Alencar. Brasília, DF, 13 set. 2012a.

BRASIL. Tribunal de Contas da União. *Acórdão nº 2573/2012*. Ministro Relator: Walton Alencar. Brasília, DF, 16 out. 2012b.

BRASIL. Tribunal de Contas da União. *Acórdão nº 2759/2012*. Ministro Relator: José Múcio Monteiro. Brasília, DF, 31 out. 2012c.

BRASIL. Tribunal de Contas da União. *Acórdão nº 1974/2013*. Ministro Relator: Augusto Sherman. Brasília, DF, 22 ago. 2013.

BRASIL. Tribunal de Contas da União. *Acórdão nº 86/2015*. Ministro Relator: Walton Alencar Rodrigues. Brasília, DF, 6 fev. 2015.

BRASIL. Tribunal de Contas da União. *Acórdão nº 283/2016*. Ministro Relator: Augusto Nardes. Brasília, DF, 17 fev. 2016.

BRASIL. Tribunal de Contas da União. *Acórdão nº 1461/2018*. Ministro Relator: Augusto Nardes. Brasília, DF, 12 jul. 2017a.

BRASIL. Tribunal de Contas da União. *Acórdão nº 1473/2017*. Ministro Relator: Augusto Nardes. Brasília, DF, 20 mar. 2017b.

BRASIL. Tribunal de Contas da União. *Acórdão nº 738/2017*. Ministro Relator: Bruno Dantas. Brasília, DF, 12 abr. 2017c.

BRASIL. Tribunal de Contas da União. *Acórdão nº 1174/2018*. Ministro Relator: Bruno Dantas. Brasília, DF, 21 set. 2018a.

BRASIL. Tribunal de Contas da União. *Acórdão nº 1447/2018*. Ministro Relator: Augusto Nardes. Brasília, DF, 11 jul. 2018b.

BRASIL. Tribunal de Contas da União. *Acórdão nº 1096/2019*. Ministro Relator: Bruno Dantas. Brasília, DF, 24 maio 2019a.

BRASIL. Tribunal de Contas da União. *Acórdão nº 2175/2019*. Ministro Relator: Bruno Dantas. Brasília, DF, 23 set. 2019b.

BRASIL. Tribunal de Contas da União. *Acórdão nº 2190/2019*. Plenário. Ministro Relator: Bruno Dantas. Sessão de 11 set. 2019. Diário Oficial da União, Brasília, DF, 23 set. 2019c.

BRASIL. Tribunal de Contas da União. *Acórdão nº 617/2020*. Ministro Relator: Ana Arraes. Brasília, DF, 27 mar. 2020a.

BRASIL. Tribunal de Contas da União. *Acórdão nº 2477/2020*. Ministro Relator: Augusto Nardes. Brasília, DF, 19 set. 2020.

BRASIL. Tribunal de Contas da União. *Acórdão nº 4036/2020*. Ministro Relator: Vital do Rêgo. Brasília, DF, 8 dez. 2020b.

BRASIL. Tribunal de Contas da União. *Acórdão nº 4037/2020*. Ministro Relator: Benjamin Zymler. Brasília, DF, 8 dez. 2020c.

BRASIL. Tribunal de Contas da União. *Evento 302*. Despacho. TC nº 024.813/2017-6. Brasília, DF, 28 jun. 2020d.

BRASIL. Tribunal de Contas da União. *Secretaria de Fiscalização de Infraestrutura Rodoviária e de Aviação Civil*. Brasília DF, 19 jun. 2017d.

BRASIL. Tribunal de Justiça do Estado de São Paulo. *Apelação nº 1014891-25.2015.8.26.0053*. Relator: Desembargador Marcelo Semer, São Paulo, SP, 25 maio 2018.

BRIGHAM, Eugene F; HOUSTON, Joel F. *Fundamentos da Moderna Administração Financeira*. Rio de Janeiro: Campus, 1999.

CAMACHO, Fernando Tavares; RODRIGUES, Bruno da Costa Lucas. Regulação econômica de infraestruturas: como escolher o modelo mais adequado? *Revista do BNDES*, n. 41, jun. 2014.

CAMMAROSANO, Márcio. *Parecer*. São Paulo, SP, p. 40, 21 mar. 2012.

CASAROTO-FILHO, Nelson. *Análise de Investimentos*: manual para solução de problemas e tomadas de decisão. 12. ed. São Paulo: Atlas, 2020.

CINTRA DO AMARAL, Antônio Carlos. *A cláusula de "desconto de reequilíbrio" nos editais de licitação para concessão de rodovias federais*. 2013. Disponível em: http://celc.com.br/pdf/comentarios/c2013/c191.pdf. Acesso em: 22 jun. 2021.

CINTRA DO AMARAL, Antônio Carlos. *Concessão de serviços públicos*: novas tendências. São Paulo: Quartier Latin, 2012.

CONSEIL D'ÉTAT. *Compagnie générale d'éclairage de Bordeaux*, lecture du 30 mars 1916b. Disponível em: http://www.conseil-etat.fr/fr/arianeweb/CE/analyse/1916-03-30/59928. Acesso em: 7 out. 2021.

CONSEIL D'ETÁT. *Compagnie nouvelle du gaz de Deville-lès-Rouen*. 10 janvier 1902. Disponível em: https://www.conseil-etat.fr/ressources/decisions-contentieuses/les-grandes-decisions-du-conseil-d-etat/ce-10-janvier-1902-compagnie-nouvelle-du-gaz-de-deville-les-rouen. Acesso em: 6 out. 2021.

CONSEIL D'ETÁT. *Decision nº 59928*, lecture du 30 mars 1916. Disponível em: https://www.conseil-etat.fr/fr/arianeweb/CE/decision/1916-03-30/59928. Acesso em: 7 out. 2021.

CONCESSIONÁRIA DAS RODOVIAS INTEGRADAS DO SUL. S.A. *Processo nº 50500.113350/2020-24*. Manifestação nº SEI 4521218. Porto Alegre, Rio Grande do Sul, 13 nov. 2020.

DI PIETRO, Maria Sylvia. *Direito Administrativo*. 33. ed. Rio de Janeiro: Forense, 2020.

DI PIETRO, Maria Sylvia Zanella. *Discricionariedade administrativa na Constituição de 1988*. 3. ed. São Paulo: Atlas, 2012.

DI PIETRO, Maria Sylvia Zanella. *Parcerias na Administração Pública*. 9. ed. São Paulo: Atlas, 2012.

DIREITO DE INFRAESTRUTURA E DIREITO REGULATÓRIO. *Fluxo de Caixa Marginal: arbitrariedade na criação do fluxo de caixa regulatório*. Youtube, 26 maio 2021. Disponível em: https://www.youtube.com/watch?v=Npr45lTrkcg. Acesso em: 9 jun. 2021).

DIREITO DE INFRAESTRUTURA E DIREITO REGULATÓRIO. *Por que o fluxo de caixa marginal foi criado para reequilíbrio de contratos de concessão e PPP?* Youtube, 12 maio 2021. Disponível em: https://www.youtube.com/watch?v=On8fYHkMw-g. Acesso em: 13 maio 2021.

EHRLICH, Pierre Jacques; MORAES, Edmilson Alves. *Engenharia econômica:* avaliação e seleção de projetos de investimento. 6. ed. São Paulo: Atlas, 2005.

FIGUEIREDO, Lúcia Valle. *Curso de Direito Administrativo.* 8. ed. São Paulo: Malheiros, 2006.

FUNDAÇÃO GETÚLO VARGAS. *Projeto de estruturação organizacional.* Relatório 3. Mecanismos de Gestão de Contratos. Reequilíbrio Econômico-Financeiro, 2010.

GALÍPOLO, Gabriel Muricca; HENRIQUES, Ewerton de Souza. Rentabilidade e equilíbrio econômico-financeiro do contrato. *In:* MOREIRA, Egon Bockmann (Coord.). *Contratos administrativos, equilíbrio econômico-financeiro e a taxa interna de retorno:* a lógica das concessões e parcerias público-privadas. Belo Horizonte: Fórum, 2016.

GARCIA, Flávio Amaral. *A mutabilidade nos contratos de concessão.* São Paulo: Malheiros, 2021.

GARCIA, Leonardo Lopes. *Alocação de riscos, reajuste e revisão tarifária nas concessões de rodovias federais.* 2011. 37f. Monografia (Especialização em Controle Externo) – Instituto Serzedello Corrêa do Tribunal de Contas da União, Brasília, 2011.

GITMAN, Lawrence; ZUTTER, Chad J. *Princípios de Administração Financeira.* 14. ed. São Paulo: Pearson, 2017.

GUERRA, Sérgio. *Discricionariedade, regulação e reflexividade*: uma nova teoria sobre as escolhas administrativas. 4. ed. Belo Horizonte: Fórum, 2017.

GUERRA, Sérgio; SANTOS, José Marinho Séves Santos. Mutação regulatória e equilíbrio econômico-financeiro: caso ARTESP-TAM – Processo nº 1040986-29.2014.8.26.0053. *In:* MARQUES-NETO, Floriano de Azevedo; MOREIRA, Egon Bockmann; GUERRA, Sérgio. *Dinâmica da regulação:* estudos de casos da jurisprudência brasileira. A convivência dos tribunais e órgãos de controle com agências reguladoras, autoridade de concorrência e livre iniciativa. 2. ed. Belo Horizonte: Fórum, 2021.

GUIMARÃES, Bernardo Strobel. Os contratos de concessão como técnica de efetivação de benefícios sociais e os reflexos no seu equilíbrio econômico-financeiro. *In:* TAFUR, Diego Jacome; JURKSAITIS, Guilherme Jardim; ISSA, Rafael Hazme. *Experiências práticas em concessões e PPP*: estudos em homenagem aos 25 anos da Lei de Concessões. v. II. São Paulo: Quartier Latin, 2021.

GUIMARÃES, Fernando Vernalha. O equilíbrio econômico-financeiro nas concessões e PPPs: formação e metodologias para recomposição. *In:* MOREIRA, Egon Bockmann (Coord.). *Tratado de equilíbrio econômico-financeiro:* contratos administrativos, concessões, parcerias público-privadas, Taxa Interna de Retorno, prorrogação antecipada e relicitação. 2. ed. Belo Horizonte: Fórum, 2019. p. 99-117.

GROTTI, Dinorá Adelaide Musett. *O serviço público e a Constituição Brasileira de 1988. 2001.* 439 f. Tese (Doutorado em Direito Administrativo) – Pontifícia Universidade Católica de São Paulo, São Paulo, 2001.

HARB, Karina Houat. *A Revisão na concessão comum de serviço públicos.* São Paulo: Malheiros, 2012.

JÈZE, Gaston. *Revue du droit public et de la science politique en France et à l'étranger*. Paris: Librairie générale de droit et de jurisprudence, 1910. n. 27, p. 270 *et seq*. Disponível em: https://gallica.bnf.fr/ark:/12148/bpt6k7124051r/f279.item. Acesso em: 19 out. 2021.

JORDÃO, Eduardo; RIBEIRO, Maurício Portugal. Como desestruturar uma agência reguladora em passos simples. *Revista Estudos Institucionais*, v. 3, n. 1, 2017.

JURKSAITIS, Guilherme Jardim. *Uma proposta de releitura para o direito ao equilíbrio econômico-financeiro nos contratos administrativos*. 2019. 153 f. Tese (Doutorado em Direito do Estado) – Faculdade de Direito da Universidade de São Paulo, São Paulo, 2019.

JUSTEN-FILHO, Marçal. Parecer sobre a recomposição de equação econômico-financeira de concessão de rodovia em virtude de elevação de carga tributária. 2021. *In:* BRASIL. Tribunal de Justiça do Estado de São Paulo. *Recurso de apelação nº 1040370-54.2014.8.26.0053*. p. 6657-6710.

JUSTEN-FILHO, Marçal. *Teoria Geral das Concessões de Serviço Público*. São Paulo: Dialética, 2003.

LOUREIRO, Caio de Souza. Desconto de Reequilíbrio e a Nova Política de Remuneração em Concessões de Serviços Públicos. *Boletim de Licitações e Contratos*, São Paulo, v. 23, n. 6, NDJ, p. 565-575, jun. 2010.

LOUREIRO, Gustavo Kaercher. *Estudos sobre o regime econômico-financeiro de contratos de concessão*. São Paulo: Quartier Latin, 2020.

LOUREIRO, Gustavo Kaercher; NÓBREGA, Marcos. *Equilíbrio econômico-financeiro de concessões à luz de um exame de caso*: incompletude contratual, não ergodicidade e incerteza estratégica. 2020. Disponível em: https://www.researchgate.net/publication/345322633_EQUILIBRIO_ECONOMICO-FINANCEIRO_DE_CONCESSOES_A_LUZ_DE_UM_EXAME_DE_CASO_INCOMPLETUDE_CONTRATUAL_NAO_ERGODICIDADE_E_INCERTEZA_ESTRATEGICA. Acesso em: 28 set. 2021.

MARQUES-NETO, Floriano de Azevedo. *Concessões*. Belo Horizonte: Fórum, 2015.

MARQUES-NETO, Floriano de Azevedo; LOUREIRO, Caio de Souza. O equilíbrio econômico e financeiro nas concessões: dinamismo e segurança jurídica na experiência brasileira. *In*: MOREIRA, Egon Bockmann (Coord.). *Tratado de equilíbrio econômico-financeiro:* contratos administrativos, concessões, parcerias público-privadas, Taxa Interna de Retorno, prorrogação antecipada e relicitação. 2. ed. Belo Horizonte: Fórum, 2019. p. 135-157.

MARTINS, Ricardo Marcondes. Ato administrativo e procedimento administrativo. *In:* DI PIETRO, Maria Sylvia Zanella (Coord.). *Tratado de direito administrativo*. 2. ed. São Paulo: Thomson Reuters Brasil, 2019.

MAXIMILIANO, Carlos. *Hermenêutica e Aplicação do Direito*. 21. ed. Rio de Janeiro: Forense, 2017.

MEDAUAR, Odete. *Direito Administrativo Moderno*. Belo Horizonte: Fórum, 2018.

MENDONÇA, José Vicente. Art. 21: indicando consequências e regularizando negócios. *Revista de Direito Administrativo – RDA*, Rio de Janeiro, Edição especial, Lei de Introdução às Normas do Direito Brasileiro, FGV, 2018.

MEIRELLES, Hely Lopes. *Direito Administrativo Brasileiro*. 37. ed. São Paulo: Malheiros, 2011.

MELLO, Rafael Munhoz. *Princípios constitucionais de Direito Administrativo Sancionador:* as sanções administrativas à luz da Constituição Federal de 1988. São Paulo: Malheiros, 2007.

MONTEIRO, Vera. *Concessão*. São Paulo: Malheiros, 2010.

MOREIRA, Egon Bockmann. *Direito das concessões de serviço público:* inteligência da Lei 8.987/1995 (parte geral). São Paulo: Malheiros, 2010.

MOREIRA, Egon Bockmann. Contratos administrativos de longo prazo: a lógica de seu equilíbrio econômico-financeiro. *In:* MOREIRA, Egon Bockmann (Coord.). *Tratado de equilíbrio econômico-financeiro:* contratos administrativos, concessões, parcerias público-privadas, Taxa Interna de Retorno, prorrogação antecipada e relicitação. 2. ed. Belo Horizonte: Fórum, 2016a.

MOREIRA, Egon Bockmann; GUZELA, Rafaella Peçanha. Contratos administrativos de longo prazo, equilíbrio econômico-financeiro e Taxa Interna de Retorno (TIR). *In:* MOREIRA, Egon Bockmann (Coord.). *Contratos administrativos, equilíbrio econômico-financeiro e a taxa interna de retorno:* a lógica das concessões e parcerias público-privadas. Belo Horizonte: Fórum, 2016b.

NEVES, Carlos Eduardo Véras. Concessões de Rodovias e Fator X. *Economia de Serviços,* 1 nov. 2018. Disponível em: https://economiadeservicos.com/2018/11/01/concessoes-de-rodovias-e-fator-x-parte-ii/ Acesso em: 24 maio 2021.

NOHARA, Irene Patrícia; ARRUDA CÂMARA, Jacintho. Licitação e contratos administrativos. *In:* DI PIETRO, Maria Sylvia Zanella (Coord.). *Tratado de direito administrativo*. v. 6. 2. ed. São Paulo: Thomson Reuters Brasil, 2019.

OLIVEIRA, Roberto Guena (coord.). *Avaliação de Equilíbrio Econômico-Financeiro dos Contratos de Concessão de Rodovias*. São Paulo: FIPE/USP, 2001.

PAIVA, Alfredo de Almeida Paiva. Execução de obra pública: o contrato de empreitada e o sistema da administração interessada ou contratada. *Revista De Direito Administrativo,* n. 46, p. 488-493, 1956. Disponível em: https://doi.org/10.12660/rda.v46.1956.16541. Acesso em: 7 out. 2021.

PALMA, Juliana Bonacorsi. *Sanção e acordo na administração pública*. São Paulo: Malheiros, 2015.

PEREZ, Marcos Augusto. Mecanismos para a Recomposição do Equilíbrio Econômico-Financeiro nas Parcerias Público-Privadas. *In:* JUSTEN-FILHO, Marçal; SCHWIND, Rafael Wallbach (Org.). *Parcerias Público-Privadas Reflexões sobre os 10 anos da Lei 11.079/2004*. v. 1. 1. ed. São Paulo: Editora Revista dos Tribunais Ltda., 2015. p. 329-349.

PRADO, Lucas Navarro; GAMELL, Denis Austin. Regulação econômica de infraestrutura e equilíbrio econômico-financeiro: reflexos do modelo de regulação sobre o mecanismo de reequilíbrio a ser adotado. *In:* MOREIRA, Egon Bockmann (Coord.). *Tratado de equilíbrio econômico-financeiro:* contratos administrativos, concessões, parcerias público-privadas, Taxa Interna de Retorno, prorrogação antecipada e relicitação. 2. ed. Belo Horizonte: Fórum, 2019.

RIBEIRO, Maurício Portugal. 10 anos da Lei de PPP e 20 anos da Lei de Concessões: viabilizando a implantação e melhoria de infraestruturas para o desenvolvimento econômico-social. *Portugal Ribeiro Advogados,* 2015. Disponível em: https://portugalribeiro.com.br/wp-content/uploads/10-anos-lei-ppps-20anos-lei-concessoes.pdf. Acesso em: 1 maio 2021.

RIBEIRO, Maurício Portugal; PRADO, Lucas Navarro. *Comentários à Lei de PPP: fundamentos econômico-jurídicos*. São Paulo: Malheiros, 2007.

RIBEIRO, Mauricio Portugal. Concessões e PPPs: melhores práticas em licitações e contratos. *Portugal Ribeiro Advogados,* 2011. Disponível em: https://portugalribeiro.com.br/ebooks/concessoes-e-ppps/. Acesso em: 12 jun. 2021.

RIBEIRO, Mauricio Portugal. Dimensionamento do desequilíbrio de contratos de concessão e PPP: quando se deve usar dados projetados e quando se deve usar dados reais? *Portugal Ribeiro Advogados,* 2019. Disponível em: https://portugalribeiro.com.br/dimensionamento-do-desequilibrio-de-contratos-de-concessao-e-ppp-quando-se-deve-usar-dados-projetados-e-quando-se-deve-usar-dados-reais-2. Acesso em: 21 mar. 2021.

RIBEIRO, Maurício Portugal. Erros e acertos no uso do Plano de Negócios e da metodologia do fluxo de caixa marginal. *Portugal Ribeiro Advogados,* 2013. Disponível em: https://portugalribeiro.com.br/erros-e-acertos-no-uso-do-plano-de-negocios-e-da-metodologia-do-fluxo-de-caixa-marginal/. Acesso em: 28 fev. 2021.

RIBEIRO, Maurício Portugal. O que todo profissional de infraestrutura precisa saber sobre o equilíbrio econômico-financeiro de concessões e PPPs (mas os nossos juristas não sabem). *In:* MOREIRA, Egon Bockmann (Coord.). *Contratos administrativos, equilíbrio econômico-financeiro e a Taxa Interna de Retorno:* a lógica das concessões e parcerias público-privadas. Belo Horizonte: Fórum, 2016. p. 537-546.

RIBEIRO, Mauricio Portugal; PINTO, Gabriela M. Engler. Veto *à* exigência da LDO de uso do Sicro e Sinapi: quais os seus efeitos? *Portugal Ribeiro Advogados,* 2014. Disponível em: https://portugalribeiro.com.br/veto-a-exigencia-da-ldo-de-uso-do-sicro-e-sinapi-quais-os-seus-efeitos/. Acesso em: 23 mar. 2021.

RIBEIRO, Mauricio Portugal; SANDE, Felipe. Mitos, incompreensões e equívocos sobre o uso da TIR – Taxa Interna de Retorno para equilíbrio econômico-financeiro de contratos administrativos: um estudo sobre o estado da análise econômica do direito no direito administrativo. *SSRN Papers,* 2021. Disponível em: https://papers.ssrn.com/sol3/papers.cfm?abstract_id=3771770. Acesso em: 28. fev. 2021.

ROMAN, Flavio José. *Discricionariedade técnica na regulação econômica*. São Paulo: Saraiva, 2013.

SANTOS DE VASCONCELOS, Adalberto. *O equilíbrio econômico-financeiro nas concessões de rodovias federais no Brasil.* 2004. 159f. Monografia (Especialização em Controle Externo) – Instituto Serzedello Corrêa do Tribunal de Contas da União, Brasília, 2004.

SANVICENTE, Antonio Zoratto. Problemas de estimação de custo de capital de empresas concessionárias no Brasil: uma aplicação à regulamentação de concessões rodoviárias. *Rev. Adm.*, São Paulo, v. 47, n. 1, p.81-95, 2012.

SOUZA, Alceu; CLEMENTE, Ademir. *Decisões Financeiras e Análise de investimentos*: fundamentos, técnicos e aplicações. 6. ed. São Paulo: Atlas, 2008.

SUNDFELD, Carlos Ari. A vinculação ao edital da licitação e o problema da alteração das condições contratuais. *Interesse Público IP*, Belo Horizonte, n. 23, ano 6, (Parecer), 2004.

SUNDFELD, Carlos Ari; ARRUDA CÂMARA, Jacintho; SOUZA, Rodrigo Pagani. Concessão de Serviço Público: limites, condições e consequências da ampliação dos encargos da concessionária. *In:* RICCIO DE OLIVEIRA, Farlei Martins (coord.). *Direito*

Administrativo Brasil-Argentina: estudos em homenagem a Agustín Gordillo. Belo Horizonte: Del Rey, 2007. p. 25-44.

SUNDFELD, Carlos Ari. Os contratos de concessão e sua anulação. *Revista Eletrônica de Direito do Estado,* Salvador, Instituto de Direito Público da Bahia, v. 7, 2006. Disponível em: http://www.direitodoestado.com.br/codrevista.asp?cod=125. Acesso em: 15 ago. 2021.

SUNDFELD, Carlos Ari. Risco da concessão e sua base de cálculo: receita estimada ou receita real? *In:* SUNDFELD, Carlos Ari. *Pareceres, Vol. II.* São Paulo: Thomson Reuters – Revista dos Tribunais, 2013. p. 53-63.

SUNDFELD, Carlos Ari; SOUZA, Rodrigo Pagani de; ROSILHO, André. As cláusulas de reajuste nos contratos públicos e a segurança jurídica. *In:* SUNDFELD, Carlos Ari; ROSILHO, André. (Org.). *Contratos públicos e Direito Administrativo.* São Paulo: Malheiros, 2015.

TÁCITO, Caio. O equilíbrio financeiro na concessão de serviço público. *Revista De Direito Administrativo,* v. 63, p. 1-15, 1961. Disponível em: https://doi.org/10.12660/rda.v63.1961.21455. Acesso em: 19 nov. 2021.

QUINTELLA, Marcus; SUCENA, Marcelo. Controvérsias e utilização equivocada da Taxa Interna de Retorno (TIR) nas concessões e PPPs. *FGV Transportes,* 2021. Disponível em: https://www.linkedin.com/feed/update/urn:li:activity:6790080010951630848. Acesso em: 18 nov. 2021.

VÉRAS DE FREITAS, Rafael. O equilíbrio econômico-financeiro nas concessões de rodovias. *Revista de Direito Público da Economia – RDPE,* Belo Horizonte, ano 15, n. 58, p. 199-239, abr./jun. 2017.

VOLKMER, Glauber. *As variáveis regulatórias nas concessões rodoviárias e o nível de satisfação dos usuários:* existe uma relação entre os dois? 2017. 130 f. Dissertação (Mestrado em Administração) – Universidade Federal da Bahia, Salvador, Bahia, 2017.

VORONOFF, Alice. *Direito Administrativo Sancionador*: Justificação, interpretação e aplicação. Belo Horizonte: Fórum, 2018.

XAVIER, Eduardo; PINHEIRO, Luís Felipe Valerim. Atualidades e casuística sobre alteração dos contratos de concessão de infraestrutura. *In:* PEREIRA-NETO, Caio Mario da Silva; PINHEIRO, Luís Felipe Valerim (coords.). *Direito da Infraestrutura.* v. 2. São Paulo: Saraiva-FGV, 2017. p. 119-169.

Esta obra foi composta em fonte Palatino Linotype, corpo 10
e impressa em papel Polen Natural 70g (miolo) e Supremo 250g (capa)
pela Gráfica Formato.